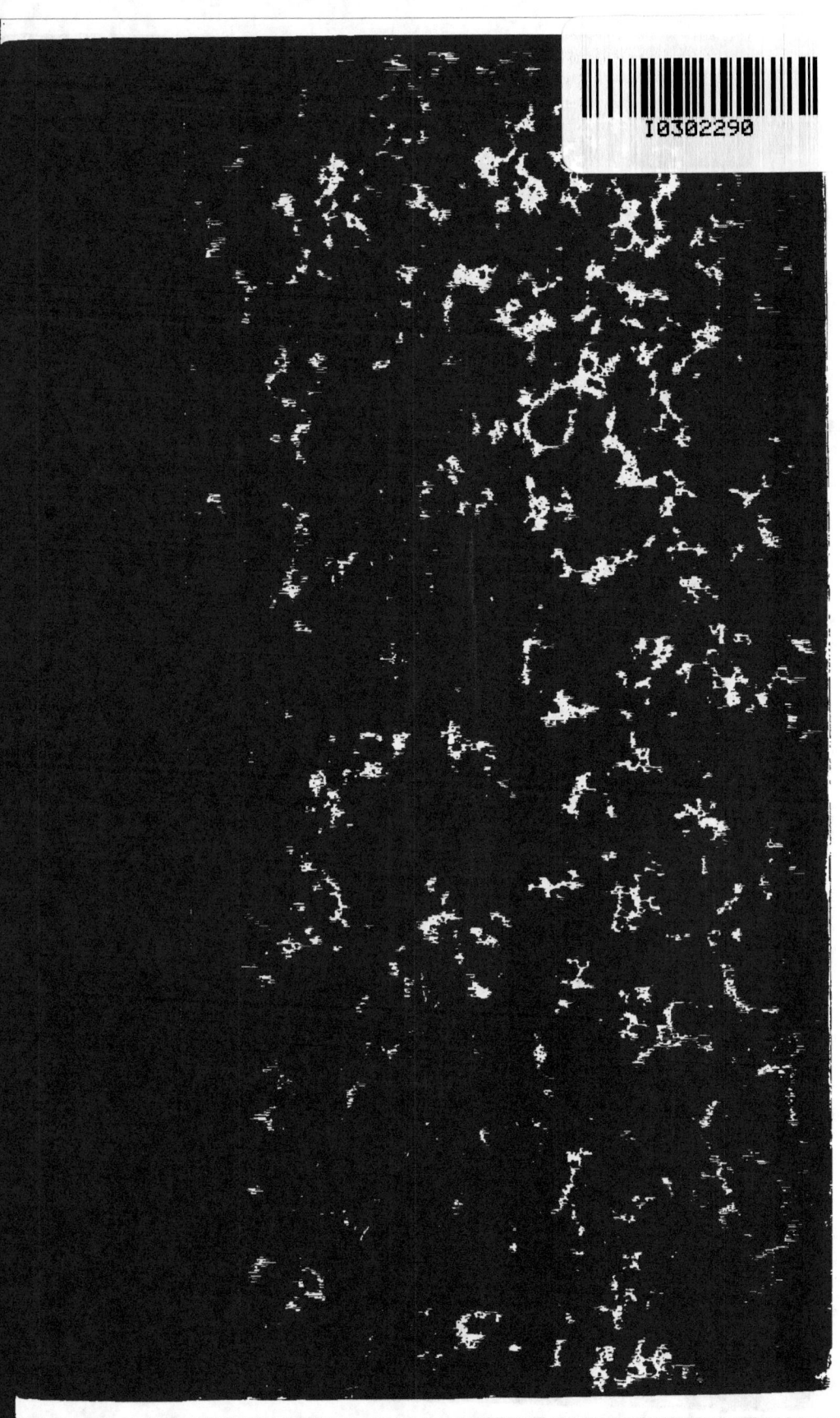

LA Guerre DE 1870-71

ORGANISATION ET OPÉRATIONS
DES
FORCES DE SECONDE LIGNE
DANS L'EST
AVANT LE 4 SEPTEMBRE 1870

PARIS
LIBRAIRIE MILITAIRE R. CHAPELOT ET Cie
IMPRIMEURS-ÉDITEURS
30, Rue et Passage Dauphine, 30
—
1908
Tous droits réservés

LA GUERRE DE 1870-71

ORGANISATION ET OPÉRATIONS

DES

FORCES DE SECONDE LIGNE

DANS L'EST

AVANT LE 4 SEPTEMBRE 1870

PARIS. — IMPRIMERIE R. CHAPELOT ET Cⁱᵉ, 2, RUE CHRISTINE.

LA Guerre DE 1870-71

ORGANISATION ET OPÉRATIONS
DES
FORCES DE SECONDE LIGNE
DANS L'EST
AVANT LE 4 SEPTEMBRE 1870

PARIS
LIBRAIRIE MILITAIRE R. CHAPELOT ET Cie
IMPRIMEURS-ÉDITEURS
30, Rue et Passage Dauphine, 30
—
1908
Tous droits réservés.

LA
GUERRE DE 1870-1871

ORGANISATION ET OPÉRATIONS

DES FORCES DE SECONDE LIGNE

DANS L'EST

AVANT LE 4 SEPTEMBRE 1870

AVERTISSEMENT

La présente étude, complétant les publications récentes de la Section Historique de l'Etat-major de l'Armée, est limitée à une partie des événements qui se sont déroulés dans la région Est de la France (6e, 5e et 7e divisions militaires) depuis la veille de la guerre jusqu'à la réception des nouvelles simultanées du désastre de Sedan et de la proclamation de la République (14 juillet — 4 septembre 1870).

Elle recherche dans quelles conditions militaires se trouvaient les territoires de l'Alsace, de la Lorraine et de la Franche-Comté, à l'ouverture de la campagne; elle expose sommairement les difficultés au milieu desquelles le gouvernement impérial eut à organiser dans ces régions les défenses et les forces mobiles de seconde ligne, lorsque l'armée du Rhin eut abandonné l'Alsace.

Enfin, elle montre quels efforts furent accomplis au sud de la zone d'opérations de la *III*ᵉ armée allemande, pendant la formation de notre armée de Châlons, et à quel résultat capital ces efforts promettaient d'aboutir, lorsque la catastrophe de Sedan vint bouleverser à nouveau la situation militaire et politique du pays.

Ce travail, tiré, en principe, des Archives inédites de la Guerre, est étroitement lié aux travaux précédents de la Section Historique, auxquels le lecteur aura souvent à se reporter, spécialement en ce qui concerne la formation et les opérations de l'Armée du Rhin.

Il évite d'entrer dans le détail des opérations de siège, qui méritent une étude spéciale.

Pour suppléer, autant que possible, à la perte des documents originaux disparus à Strasbourg et à Metz, les pièces de correspondance qui subsistent ont été mises à contribution dans la plus large mesure. Les sources étrangères aux Archives de la Guerre ont été indiquées chaque fois qu'on a dû y recourir

I

Le projet de passage du Rhin.

Dès après Sadowa, l'hypothèse d'une guerre franco-allemande avait fait naître dans nos états-majors une série d'études et de projets, dont la conclusion générale était la nécessité inéluctable de franchir le Rhin, en cas de rupture avec la Prusse (1). Mais cette conclusion, acceptée en principe par l'Empereur, ne fut sanctionnée par aucune préparation effective. D'ailleurs, dans les intentions du Gouvernement, il s'agissait d'exécuter tout d'abord sur la rive droite, moins une opération offensive, qu'une démonstration militaire propre à détacher les États du Sud de la politique prussienne : il convenait donc d'attendre d'être fixé sur l'attitude de ces États avant d'adopter un plan décisif.

Telle fut la base incertaine des projets militaires élaborés à Paris, en juin 1870, avec la participation de l'archiduc Albert d'Autriche. « On avait eu d'abord — déclare le maréchal Le Bœuf — la pensée de franchir le Rhin, de se jeter entre les troupes de la Confédération du Sud, que l'on croyait devoir prendre une attitude d'expectative, et les troupes de la Confédération du Nord (2). » La diplomatie escomptait, en même temps

---

(1) Sur les projets présentés, principalement en 1868 et 1869, ainsi que sur le projet du général Frossard en 1867, voir le *Fascicule spécial*, publié par la Section Historique de l'Etat-Major de l'Armée, p. 3, 4 et 108.

(2) *Enquête parlementaire sur les actes du Gouvernement de la défense nationale*. t. V, p. 25. (Déposition du maréchal Le Bœuf, Ministre de la

que cette scission, l'intervention armée de l'Autriche et de l'Italie en notre faveur.

Nous laisserons entièrement de côté la question diplomatique (1) pour n'envisager que les faits d'ordre militaire. A ce point de vue, deux questions se présentent tout d'abord. Le cours du Rhin pouvait-il être un obstacle appréciable à la marche d'une armée? Et, à la veille d'une lutte sur cette frontière, quelle était l'organisation défensive de chacune des régions riveraines?

Guerre.) Le 21 juillet, l'Empereur fit connaître au maréchal de Mac-Mahon qu'il avait l'intention de franchir le Rhin au-dessous de Strasbourg de manière à séparer le Sud et le Nord de l'Allemagne : trois corps d'armée devaient se concentrer à Metz, deux à Strasbourg, deux en réserve à Châlons. Il l'invita à examiner le point qui semblait le plus convenable pour traverser le Rhin, entre Strasbourg et Wissembourg [Lauterbourg]. (Maréchal de Mac-Mahon, *Souvenirs inédits* cités par le *Fascicule spécial*, p. 42).

(1) Cette question, longtemps controversée sans bases précises, semble avoir été élucidée par le récent volume de M. E. Bourgeois sur la question romaine.

II

Le Rhin en 1870.

Le Rhin en 1870 n'était plus ce large fossé, si facilement guéable et franchissable, que nous montrent les récits des anciennes campagnes.

Depuis 1840, d'immenses travaux avaient été accomplis dans le but de supprimer, petit à petit, les multiples dérivations du vieux Rhin, et de parer aux inondations qui désolaient chaque année les campagnes riveraines (1). Pour maintenir l'étiage du lit navigable, défendre les rives naturelles contre les courants, élever des fascinages ou des enrochements aux points menacés et réparer constamment les digues, les levées et les vannes — travaux si urgents, que la guerre les suspendit à

---

(1) La convention franco-badoise de 1840 régla la question si délicate de la nationalité des alluvions, îles nouvelles, etc., formés par les déplacements continuels du cours du fleuve, et jeta les bases de la canalisation du Rhin. Les ingénieurs des deux rives devaient se réunir chaque année à Strasbourg et à Carlsruhe pour régler en commun les difficultés de cet énorme travail, dont la dépense totale était estimée à une centaine de millions. Les travaux badois, favorisés par la proximité des carrières du Kaiserstuhl, furent beaucoup plus efficaces que les travaux français, qui consistaient surtout en fascinages constamment remplacés et coûtant un million par an. En 1866, le Conseil supérieur des ponts et chaussées décida qu'il était plus avantageux de doubler la dépense, pour procéder, comme les Badois, par enrochements. La protection de l'une des rives constituant une menace pour la rive opposée, il en résultait l'étroite nécessité d'une entente préalable à l'exécution de tous les travaux; cette circonstance contribuait à rapprocher les populations des deux rives. (Archives du Ministère des Travaux publics.)

peine (1) — il était besoin d'un personnel nombreux et d'un matériel considérable (2) confiés à des ingénieurs spéciaux. Dans l'espace de trente ans, le service franco-badois des travaux du Rhin avait transformé le fleuve, de Lauterbourg à Huningue, en un chenal large de 250 mètres, assez profond pour assurer la navigation en toute saison, rapide comme un torrent (3) et bordé presque constamment de boisages et de talus pierreux.

Il n'y avait plus un seul gué praticable en aucune saison. Les moyens de passage réguliers se réduisaient à un seul viaduc de chemin de fer (celui de Kehl), trois ponts de bateaux démontables (à Kehl, Vieux-Brisach et Huningue) et treize bacs, de différents modèles, reliant : Lauterbourg à Au — Münchausen à Steinmauern — Seltz à Plittersdorf — Fort-Louis à Stollhofen — Drusenheim à Lichtenau — Gambsheim à Freystett — Rhinau à Kappel — Marckolsheim à Sasbach et à Bürckheim — Chalampé à Neuenbourg — Niffer à Rheinwiller — et Kembs à Kleinkembs (4).

---

(1) L'ingénieur Gauckler au commandant de Neuf-Brisach, 25 août 1870 : « Veuillez me dire où il y a des bateaux en péril. On ne travaille qu'à la borne 10, où j'ai ordre de tenir les travaux à tout prix. *Les Badois y ont autant d'intérêt que nous et ne nous dérangeront pas.* »

(2) Le matériel consistait surtout en chalands, dragues et bateaux plats (*langweidlings*) pouvant contenir 60 hommes. Le personnel français en 1870 se composait de MM. Bénard, ingénieur en chef à Strasbourg, Gauckler et Bœswillwald, ingénieurs ordinaires, de 15 conducteurs du service actif, attachés chacun à un secteur, et d'un grand nombre de cantonniers et d'ouvriers.

(3) « En hiver, à l'étiage le plus bas, sa profondeur et la vitesse de son courant par seconde sont de 1 m. 50. Cette profondeur augmente généralement de juillet à septembre et atteint quelquefois 3 mètres; quant à la vitesse du fleuve, elle varie jusqu'à 2 mètres. Dans ces dernières conditions, les communications entre les deux rives deviennent excessivement difficiles; souvent elles deviennent impossibles, si les eaux s'élèvent outre mesure et si la vitesse du courant dépasse 3 mètres. » (Capitaine Bodenhorst, *Le Siège de Strasbourg en 1870.*)

(4) Chacun de ces bacs pouvait transporter de 60 à 100 hommes d'une rive à l'autre en cinq minutes. Ils n'étaient donc pas négligeables militairement.

En plein été, la fonte des neiges des Alpes augmentait le débit et la rapidité du fleuve. En hiver, la vitesse du courant empêchait la congélation, qui, dans les siècles passés, avait favorisé plusieurs expéditions militaires.

La frontière du Rhin n'était donc pas seulement une ligne géographique. Elle constituait aussi un obstacle extrêmement sérieux.

III

La rive française.

Derrière le Rhin, l'Alsace offrait contre une invasion une série de lignes de défense faciles à utiliser et reliées aux places fortes construites par Vauban : Strasbourg, Schlestadt, Neuf-Brisach (1).

C'était d'abord la grande levée d'inondation, large voie dépassant de 1 m. 50 le niveau de la digue du Rhin, et séparée d'elle par les anciens lits du fleuve ou par des marais infranchissables sinon sur de rares levées transversales; plus loin, la route impériale d'Huningue à Strasbourg, établie sur un large remblai dominant la campagne; puis le canal du Rhône au Rhin, creusé jadis par M. de la Chiche, officier du génie, « pour servir à la défense du pays en même temps qu'à l'avantage du commerce », suivant le profil d'une fortification battant la plaine au levant. Enfin les cours d'eau d'Alsace, coulant tous du Sud au Nord, et traversés par un petit nombre de ponts, permettaient d'inonder non seulement les abords des places, mais aussi une grande

---

(1) Fort-Louis était démoli depuis 1815 et il n'existait plus que des ruines de cette belle place, encore gardée par un artilleur; mais ces ruines pouvaient encore servir de point d'appui au lancement d'un pont. Les enceintes de Lauterbourg, Wissembourg et Haguenau avaient été déclassées en 1867, mais on les avait laissées subsister, contre toutes les règles. Quant à Huningue, également déclassée, les remparts en étaient encore réparables et utilisables. Sur la valeur militaire de Strasbourg, Schlestadt et Neuf-Brisach, seules places *classées* à l'Est des Vosges, on trouvera plus loin des renseignements (§ XXI, XXXIV, et XXXV).

partie du pays, et de rendre celui-ci impraticable en dehors des grandes routes.

Derrière ces obstacles successifs, le rempart des Vosges semblait offrir un abri sûr à la concentration des forces de deuxième ligne.

Dès 1814, le général Haxo, étudiant la défense des départements de l'Est, écartait comme invraisemblable l'hypothèse d'une attaque directe sur la ligne frontière du Rhin, si les Vosges étaient gardées, et il attendait plutôt l'ennemi par la trouée de Belfort (1). A la vérité, les colonnes autrichiennes et russes franchirent le fleuve aisément, grâce aux circonstances exceptionnelles qui avaient dégarni la rive gauche (2), mais elles se heurtèrent ensuite à de plus sérieux obstacles.

En présence de ces formidables difficultés matérielles, l'état-major prussien avait renoncé à envisager l'hypothèse d'une invasion de l'Alsace par le Rhin.

---

(1) « Une grande armée ennemie réunie dans le Brisgau avec le projet de pénétrer dans le Haut-Rhin ne tentera probablement pas de forcer le passage du Rhin, opération difficile et d'un succès incertain; elle préférerait sans doute s'emparer du pont et de la ville de Bâle..., qui déjà [en 1709] a laissé violer son territoire par les Allemands envahissan la France. » (*Mémoire* succinct sur la frontière de France entre les Vosges et les Hautes-Alpes, par le général Haxo, 1814, Ms.)

(2) Les points de passage les plus favorables étaient dans le Haut-Rhin. Le général Doutrelaine en énumérait huit sur un parcours de 60 kilomètres. En 1814, les Russes avaient franchi le fleuve à Gretzhausen. En 1815, les Russes l'avaient franchi à Niffer et Artzenheim, les Autrichiens à Merkt, les Badois à Rheinwiller, les Wurtembergeois à Bischofsheim.

IV

La rive badoise.

La rive badoise était, au contraire, dénuée de toute protection. Sa place d'armes naturelle, le massif du Kaiserstuhl, demeurait inutilisée. Si l'on excepte la tête de pont de Kehl, défendue par quelques canons, elle ne comptait qu'une seule place forte, Rastadt. Tout le Brisgau était ouvert à une invasion française ; aucune défense n'y était préparée, sinon quelques destructions d'ouvrages d'art sur les voies ferrées.

Mais cet abandon répondait à un plan arrêté de longue date. Car, dès le mois de juin 1863, le général de Moltke avait exposé les principes stratégiques auxquels il devait demeurer fidèle en 1870 : « La défense locale du Rhin ne peut être couronnée de succès, et la concentration des VIIe et VIIIe corps fédéraux, même effectuée derrière la Forêt-Noire, entraîne tout au moins l'abandon du grand-duché de Bade tout entier. Ce pays, voisin de la France sur une étendue de plus de 25 milles, et dont la profondeur ne dépasse pas deux ou trois étapes, ne peut être défendu que *par une position de flanc* prise dans la vallée du Rhin, et qui ne peut avoir d'autre point d'appui que Rastadt... Le contingent badois, rassemblé sur la Murg, couvre tout au moins la partie Nord du grand-duché : il forme l'avant-garde de l'armée du Main, qui n'est qu'à cinq étapes de lui, et qui, seule, peut le soutenir à temps ou le recueillir (1). »

---

(1) *Correspondance militaire du maréchal de Moltke* (trad. franç.), t. I, p. 73.

Cette disposition présentait, en outre, l'avantage, inappréciable pour la politique prussienne, d'englober à l'avance les forces grand'ducales dans les contingents de la Confédération du Nord.

En conséquence, le roi de Prusse s'était appliqué à inspirer au grand-duc de Bade, son gendre, des mesures politiques et militaires cadrant avec le plan général du grand état-major prussien. Un traité d'alliance défensive entre le grand-duché de Bade et la Prusse fut signé au mois d'août 1866. Une convention ultérieure ouvrit Rastadt à la Prusse en cas de guerre. Enfin « l'application la plus complète des institutions militaires prussiennes eut lieu dans le grand-duché de Bade (1) », et, tandis que nos vieilles places bastionnées du Rhin étaient à peine entretenues, le camp retranché de Rastadt, avec ses forts détachés, fut armé avec la plus grande prévoyance. De Rastadt au Rhin, le génie badois canalisa la Murg, à l'embouchure de laquelle fut envoyé de Mannheim un équipage de pont, menaçant la Basse-Alsace.

---

(1) *Historique du Grand État-Major Prussien*, fasc. 1, p. 55 (trad.). C'est au mois de mai 1868 que le colonel von Blücher, fils de l'illustre feldmaréchal, vint de Berlin pour organiser, dans le grand-duché de Bade, la landwehr grand'ducale sur le modèle prussien.

V

Période de tension politique. — Grèves du Haut-Rhin.

Au cours de la crise diplomatique ouverte par la succession d'Espagne et lors même que la police militaire badoise se montrait particulièrement rigoureuse à l'égard des Français, le Gouvernement impérial s'efforça de continuer avec le grand-duché les relations de bon voisinage commandées par la communauté d'intérêts des deux pays. Il affecta de négliger l'attitude discourtoise de ses fonctionnaires et de ne lui adresser que des représentations de pure forme relativement aux fréquentes violations de frontière des pontonniers badois, qui, dans leurs exercices, passaient dans les îles du Rhin, en face de Münchhausen (1).

L'Empereur, étrangement abusé sur les dispositions de l'Allemagne, ne doutait pas, semble-t-il, qu'un passage lui fût ouvert, de bon gré, sur les territoires de la Confédération du Sud. Il n'est, en effet, que trop certain qu'à la veille même de la guerre, aucun point de ces territoires n'était menacé par nos armes, et, en particulier,

---

(1) On ouvrit à ce sujet, le 4 juin 1870, une conférence diplomatique, au cours de laquelle les exercices devaient être suspendus de part et d'autre. Le 15 juillet, les négociations n'ayant pas fait un pas, l'Empereur écrivit en marge du dossier : «C'est le canon qui va régler cela.» Cependant, la guerre était déjà déclarée à la Prusse, que notre Ministre des Affaires étrangères donnait une nouvelle preuve de mansuétude au Gouvernement de Carlsruhe : le capitaine badois baron von Roëder, arrêté pour espionnage à Strasbourg, le 12 juillet, fut remis en liberté sans conditions le 18, sur les instructions expresses du duc de Grammont « et bien que son arrestation pût sembler une représaille légitime de toutes les mesures adoptées sur la frontière par le Gouvernement badois ». Nous retrouverons cet officier à la tête d'une des colonnes chargées de la répression du val de Villé, le 20 août 1870.

que rien n'avait été organisé en vue d'une offensive contre le grand-duché de Bade; nous n'avions pas même un pont militaire complètement prêt à être jeté sur le Rhin en cas de rupture des ponts en service (1). Quant à la défensive, c'est vainement qu'au mois de juin 1870, le général de Failly, commandant le 3e corps, proposa de faire élever des ouvrages en terre aux abords de Seltz et de Münchhausen et d'envoyer à Haguenau une brigade de dragons (2) et la batterie à cheval de Wissembourg, pour pouvoir, en cas d'alerte, occuper rapidement ces ouvrages et y tenir jusqu'à l'arrivée de l'infanterie.

Cette imprévoyance inexplicable en face de l'hostilité ouverte des Gouvernements du Sud, et à la veille peut-être d'une guerre avec la Prusse, alarmait vivement nos officiers. Le général Doutrelaine, envoyé en mission dans la 6e division, le 6 juillet, n'hésita pas à proposer d'y remédier en nous assurant, par un coup de force, d'un des ponts sur le Rhin : « Le passage du pont de bateaux de Vieux-Brisach ne serait peut-être pas difficile à surprendre. Et les fortifications de Vieux-Brisach n'ont pas tellement disparu, qu'il ne soit possible de s'en servir pour constituer rapidement une solide tête de pont (3). » Mais au même moment, par la plus malheureuse coïncidence, une grève ouvrière éclatait dans le Haut-Rhin, obligeant les autorités à détacher successivement à Mulhouse un bataillon du

---

(1) Plus encore : nos états-majors de l'armée du Rhin ne possédaient, au début de la campagne, aucune carte des défenses de Rastadt. Ces cartes leur devaient être envoyées seulement quinze jours après, lorsque le grand-duché fut entré en hostilité déclarée contre nous.
(2) Les dépôts de ces deux régiments auraient été envoyés à Schlestadt et Neuf-Brisach.
(3) *Rapport* du général Doutrelaine, en mission dans les places de la 6e division, au Ministre de la Guerre (14 juillet 1870). C'était une rencontre avec le plan du général Frossard, de 1867 (Fascicule spécial, p. 108).

74ᵉ de ligne (Neuf-Brisach), deux bataillons du 45ᵉ (Belfort), deux escadrons du 9ᵉ cuirassiers (Belfort et Huningue) et enfin les 2ᵉ et 3ᵉ escadrons du 6ᵉ lanciers (Neuf-Brisach)(1). Lorsque le général Doutrelaine envoya son rapport à Paris, il était trop tard : toute la garnison de Neuf-Brisach était absente, et la division badoise recevait de Carlsruhe ses instructions pour le cas d'alerte (14 juillet 1870). Le lendemain 15, cette division reçut l'ordre de la mobilisation générale. Aussitôt la travée tournante du pont de Kehl fut mise en travers, au mépris des protestations diplomatiques, et le télégraphe porta sur toute la frontière l'ordre de couper immédiatement les communications avec la rive gauche du Rhin.

Pendant que, en dépit des faits, notre Ministre des Affaires étrangères refusait encore d'abandonner des illusions entretenues par le mutisme absolu du Gouvernement badois, les troupes grand'ducales se concentraient à Rastadt et terminaient en hâte l'armement de

---

(1) Le travail avait brusquement cessé à Mulhouse, sans raison apparente, car les ouvriers n'y formulaient ni griefs, ni revendications (V. Documents annexes. *Journées des 14, 15, 16 juillet*. Voir aussi : Lieutenant Urdy, *Souvenirs d'un ex-officier de lanciers*, publiés par le *Spectateur militaire*, 1902. — Julien Sée, *Journal d'un habitant de Colmar*, Paris 1884. — *Enquête parlementaire* sur les actes du gouvernement de la Défense Nationale : 24 mai 1871, déposition de M. Fontaine, chargé de la surveillance des sociétés secrètes). Le 7 juillet, la grève, localisée à la ville de Mulhouse, comprenait 15.000 ouvriers de fabriques. Le 9, sous l'influence d'une organisation occulte, le travail fut arrêté simultanément dans les usines de Guebwiller, Thann, Cernay, Saint-Amarin, Bühl, Soultz, Wesserling, Massevaux, Felleringen, et le nombre des chômeurs dans le département passa à 40.000 menaçant les propriétés. Le 18, après la déclaration de la guerre, le travail reprit graduellement, moyennant une augmentation de salaires de 8 p. 100 et une diminution d'heures de travail offertes par les chefs d'industrie. Le 22, la grève était terminée, en partie grâce aux pressants et patriotiques appels du député Keller, dont l'influence était grande dans la région. Mais elle laissait une impression de crainte et de défiance qui fut malheureusement ineffaçable.

guerre de la forteresse et des forts, avec les premières troupes prussiennes d'infanterie et de génie (régiment de fusiliers de Poméranie n° *34* (1) et une compagnie de mineurs) qui venaient d'y renforcer la garnison, accueillies à bras ouverts par la population. Les Prussiens avaient accrédité le bruit que Rastadt serait le premier objectif de l'armée française, et, dès la nuit de 16 au 17 juillet, — alors que nous ne devions pas avoir, de plusieurs semaines, un seul de nos parcs organisé, — les patrouilles de cavalerie y jetaient la terreur en signalant l'arrivée des équipages de ponts français en face de Plittersdof et de Steinmauern, à trois quarts d'heure de marche de la place (2).

A ce moment précis, nous pouvions éprouver des craintes plus légitimes pour le passage d'Huningue et la trouée de Belfort, qui étaient à peine gardés (3), la plupart des troupes du Haut-Rhin se trouvant encore immobilisées par l'émeute.

---

(1) Ce régiment, en garnison à Constance, prit ses dispositions le 13, se mobilisa le 16 au matin, et partit pour Rastadt dans la nuit du 16 au 17. Les réservistes devaient rejoindre à Francfort-sur-le-Mein, d'où le premier convoi arriva à Rastadt le 25. (*Geschchite des Pommerschen Fus. Regiments*, n° 34.)

(2) J. Zaiss. *Aus dem Tagebuch eines Badischen-Pioniers*, Carlsruhe, 1894.

(3) A la date du 13 juillet, le général de Saint-Sauveur, commandant la subdivision de Colmar, s'avisant « que la place de Belfort, de même que celle de Huningue, sont complètement dégarnies de troupes », décide de renvoyer à Belfort, le 13 au soir, le 2e bataillon du 45e de ligne, et, le 15 au matin, le 1er bataillon du même corps, qui sera remplacé à Mulhouse par le bataillon du 74e appelé de Neuf-Brisach, et de rappeler de Guebwiller à Mulhouse l'un des escadrons du 9e cuirassiers, ce qui permettra de renvoyer l'autre à Huningue, tandis que 2 escadrons de lanciers seront appelés de Neuf-Brisach à Colmar pour protéger contre les bandes de grévistes les usines de la vallée de Munster. Ces divers mouvements étaient terminés le 16.

VI

Rupture des passages sur le Rhin (16-17 juillet).

La crainte d'une irruption française avait été répandue sur toute la rive droite du Rhin, où les magistrats commençaient à faire couper les câbles des bacs et à noyer les embarcations.

A Vieux-Brisach, le directeur du cercle, obéissant aux ordres reçus le 15, faisait démonter la partie badoise du pont de bateaux, quand il fut arrêté par une énergique protestation du commandant d'armes du fort Mortier, s'indignant d'un tel acte d'hostilité en pleine paix, et déclarant qu'il allait ouvrir le feu sur la ville si le passage n'était pas aussitôt rétabli. Sous cette menace, on répara le pont, qui fut à nouveau praticable le 17 au matin. Mais le Gouvernement impérial, rendu, par les grèves d'Alsace, doublement soucieux de l'attitude des Etats du Sud (1), s'empressait de désavouer l'officier, et, à la même date du 17, sur des instructions venues de Paris, le général Ducrot, commandant la 6ᵉ division, donnait l'ordre « de laisser les Badois démolir tout ce qu'ils voudraient sur leur territoire, et d'éviter surtout le moindre engagement avec eux (2) ».

---

(1) Voir *Metz, campagne et négociations*, par un officier supérieur de l'armée du Rhin, p. 14-15 ; et A. Sorel, *Histoire diplomatique de la Guerre franco-allemande*, t. I, p. 220. « L'Empereur se refusa à toute tentative sur les places de la Bavière et de Bade (Kehl et Landau) sous prétexte que l'on pourrait indisposer ces États et les jeter dans les bras de la Prusse. »

(2) Le général Ducrot au commandement de Neuf-Brisach, 17 juillet.

Aussi, dès le surlendemain 19, jour même où la déclaration de guerre de la France était notifiée à la Prusse, le pont de Vieux-Brisach fut définitivement rompu. Les 13 pontons badois, lâchés au fil de l'eau, allèrent se garer dans les bras du vieux Rhin voisins du Sponeck, près de Bürgheim, où ils étaient attendus. Pour les pontons français, rien n'était préparé, et il fut très difficile de les replier. Le colonel de Kerhor, commandant à Neuf-Brisach, avait ordre de prêter main-forte aux ingénieurs du Rhin, mais il se trouva précisément, le 20 juillet, sans aucune troupe sous ses ordres (1) et il ne put mettre à leur disposition que les 15 hommes formant ce jour-là toute la garnison de fort Mortier, et qui travaillèrent courageusement pendant quinze heures consécutives. Enfin on put abriter nos bateaux dans le canal du Rhône au Rhin, et, le 22, on les fit haler jusqu'au garage de Rhinau, à portée de Strasbourg.

Là furent également transportés les éléments français des deux ponts de bateaux d'Huningue et de Kehl, qui avaient été rompus dans la nuit du 16 au 17, et l'on commença d'y réunir les matériaux nécessaires pour construire deux ponts volants, destinés à l'armée du Rhin, qui ne possédait encore aucun moyen de passage prêt à être utilisé (2).

---

(1) *Registre* de correspondance du commandant supérieur de la place de Neuf-Brisach. Le général Ducrot en avait prévenu le Ministre, 20 juillet : « Demain, il y aura à peine 50 hommes pour garder Neuf-Brisach et Fort-Mortier; Schlestadt, La Petite-Pierre, Lichtenberg sont également dégarnis. » Le 74e de ligne (Neuf-Brisach, Mulhouse et Ensisheim) aussitôt rentré de son détachement aux grèves, partit, les 20-21 juillet, pour Strasbourg (1er corps, division Douay) laissant à Neuf-Brisach son dépôt avec les cadres du IVe bataillon. C'est seulement le 31 juillet qu'on put faire occuper à nouveau le fort Mortier par 1 officier et 150 hommes du 74e.

(2) L'un de ces ponts devait être jeté à Kehl, sous la protection de la citadelle de Strasbourg, pour remplacer le viaduc ; l'autre en aval de Strasbourg.

VII

Déclaration de guerre du grand-duché de Bade
(22 juillet).

Le 22 juillet, le Gouvernement badois, ayant officiellement adhéré à la Confédération du Nord, entra en guerre ouverte avec la France. Ce jour-là, par surcroît de précaution, l'état-major prussien donna ordre de faire sauter plusieurs ouvrages d'art sur les routes de Strasbourg à Rastadt et à la Forêt-Noire — à commencer par le beau pont de Kehl (1) et le viaduc sur la Kinzig — et tous les bacs encore en service sur le Rhin furent repliés.

En même temps, on apprenait à Paris que l'Allemagne du Sud, l'Autriche et l'Italie semblaient tromper à la fois l'attente de nos diplomates, et qu'enfin à la concentration française projetée entre Bitche et Colmar, en vue d'une action sur le Rhin, répondait la concentration allemande vers le Palatinat bavarois, menaçant l'aile gauche de notre base stratégique.

En dépit de surprises aussi inquiétantes pour la politique française, il semble que l'Empereur voulût encore à cette heure tardive escompter un revirement des principautés du Sud, et que cet espoir chimérique l'engageât à ménager jusqu'au dernier moment le territoire grand-ducal. Car on ne tint aucun compte du rapport du

---

(1) Les pionniers badois firent sauter, le 22 juillet, la culée de pierre du pont tournant, lequel avait été mis en travers le 15.

général Doutrelaine (12 juillet) préconisant un coup de main sur Vieux-Brisach; et, le général Ducrot ayant à son tour, le 23 juillet, demandé à faire passer le Rhin à une avant-garde pour établir immédiatement des têtes de pont à Kehl et à Vieux-Brisach (1), le maréchal de Mac-Mahon lui interdit toute initiative de cette nature.

Pour répondre à la déclaration de guerre du Gouvernement grand-ducal et à la rupture des ouvrages badois, nous nous contentâmes de replier les bacs français, sans toutefois en rompre les agrès.

---

(1) *Correspondance militaire* du général Ducrot, vol. III, et fascicule spécial, p. 51. (*Note* du général Ducrot en réponse à une demande de renreignements du commandant de Chalus.)

VIII

Couverture de la concentration française.

Bien que les grèves, si malheureusement provoquées au moment même où la frontière était menacée, eussent obligé le gouvernement à détacher dans les centres ouvriers du Haut-Rhin pendant douze jours, du 7 au 19 juillet, toutes les troupes disponibles de cette subdivision, la mobilisation et la concentration des troupes d'infanterie de la 6ᵉ division purent s'effectuer avant le passage des convois amenant à Strasbourg les régiments du Centre et du Sud-Est (1).

Quant aux troupes de cavalerie, elles avaient été rappelées par télégrammes, sans attendre ni la fin des grèves, ni le complément de leur matériel de campagne, pour recevoir une répartition provisoire destinée à couvrir la frontière, ou plutôt le chemin de fer, pendant la constitution de l'armée du Rhin. Dès les premières menaces de conflit avec le grand-duché de Bade, le Ministre des Travaux publics avait mis à la disposition

---

(1) Le 74ᵉ de ligne, parti de Neuf-Brisach, en trois colonnes, le 20 et le 21 juillet, était réuni à Strasbourg le 23. Il fut incorporé dans la division Abel Douay.

Le 45ᵉ, venant de Belfort, arriva à Strasbourg, en deux colonnes, le 25 juillet.

Le 50ᵉ, venant de Langres, était à Haguenau le même jour. Les trois premiers bataillons du 8ᵉ, en garnison à Strasbourg, quittèrent cette ville le 26 pour Haguenau.

Rappelons que les corps se mobilisèrent sans attendre leurs réservistes, et laissèrent derrière eux le petit état-major, deux compagnies de dépôt et les éléments nécessaires à la constitution d'un IVᵉ bataillon.

du commandant de la 6ᵉ division militaire ses ingénieurs — assimilés aux officiers du génie — avec tous leurs agents, pour replier les passages français, puis pour couper les passages badois non encore repliés par l'ennemi. A la déclaration de guerre, les conducteurs et les cantonniers du service, tous affectés en temps normal à des secteurs déterminés, y furent maintenus pour exercer une surveillance active sur le Rhin, de concert avec les officiers et employés des douanes, également mis à la disposition du commandant dans les limites de leur circonscription respective (1). C'est en arrière de cette première ligne de vigies que la cavalerie de la 6ᵉ division fut appelée à opérer.

Au Nord, le 2ᵉ lanciers (Haguenau) avait pour secteur de surveillance l'espace compris entre Wissembourg, Lauterbourg et Gambsheim (2); ses détachements de Wissembourg et de Lauterbourg firent filer par les voies ferrées leurs magasins sur la portion principale (3) qu'ils rejoignirent eux-mêmes en deux étapes,

La garde des environs de Strasbourg était confiée au 1ᵉʳ escadron du 6ᵉ lanciers (qui n'avait pas été détaché aux grèves). Complété en quelques heures à l'effectif de guerre, il partit aussitôt de Schlestadt pour Strasbourg.

Plus au Sud, le 3ᵉ escadron du même régiment fut, dès son retour à Schlestadt, réparti entre Benfeld et Marckolsheim, pendant que les trois autres escadrons se mobilisaient à Schlestadt (4).

---

(1) Décret du 26 juillet 1870. *Journal militaire officiel*, 1870, 2ᵉ semestre, p. 272. Plus tard, le général Cambriels fut obligé, dans l'intérêt de la défense, de faire abroger cette limitation.
(2) *Historique* du 2ᵉ lanciers.
(3) *Ordre* de la 6ᵉ division militaire. Strasbourg, 17 juillet 1870. Le dépôt du 2ᵉ lanciers quitta Haguenau pour Schlestadt le 31 juillet.
(4) *Historique* du 6ᵉ lanciers, et *Souvenirs* d'un ex-officier de lanciers (*Spectateur militaire*, 1902). Le 3ᵉ escadron rejoignit le 1ᵉʳ à Strasbourg

Colmar se trouvant dégarni par suite du détachement du 4ᵉ chasseurs à cheval au camp de Châlons (1), le 4ᵉ escadron du 9ᵉ cuirassiers, resté à Wesserling, s'y rendit dès le 17 « pour protéger le chemin de fer, déjà menacé, disait-on par les éclaireurs prussiens » (2) et il y fut rejoint le 19 par les quatre escadrons de guerre (3) qui demeurèrent dans la région jusqu'au 24.

Pour chaque corps, le sort avait désigné les escadrons de dépôt, qui, devaient être laissés dans les places frontières (4) : mesure correspondant exclusivement à un plan de guerre offensif et forcément désastreuse dans le cas de la défensive.

Devant la Hardt et jusqu'à la frontière suisse, la garde du Rhin demeurait confiée au seul dépôt du 45ᵉ de ligne (Huningue), et à la gendarmerie locale, éclairée en première ligne par les cantonniers et douaniers du service ordinaire.

---

le 27 juillet, et tous deux partirent le 4 août de Strasbourg pour Haguenau (avant-garde de la 4ᵉ division Lartigue), détachant à leur droite deux pelotons en reconnaissance sur le Rhin. Les 4ᵉ et 5ᵉ escadrons (incomplets), envoyés à Marckolsheim et Benfeld en remplacement du 3ᵉ (22-25 juillet) regagnèrent ensuite Schlestadt pour s'y compléter, passèrent le 5 août à Strasbourg et arrivèrent le 6 à Reichshoffen, à la fin de la bataille. Le 2ᵉ escadron, désigné pour constituer le dépôt, demeura à Schlestadt. Un peloton (réservistes) désigné pour servir d'escorte au général Uhrich, commandant la 6ᵉ division, partit de Schlestadt le 5 et arriva à Strasbourg le 6 au matin. Il fut versé ensuite au corps de cavalerie de marche organisé par le commandant de Serlay.

(1) Le 4ᵉ chasseurs à cheval, de Châlons, gagna directement Saint-Avold. Son 4ᵉ escadron, laissé à Colmar, partit le 24 juillet pour l'y rejoindre. Il ne laissait derrière lui que le magasin et quelques cadres pour le dépôt; l'arrivée des réservistes porta cette fraction à l'effectif de deux pelotons, qui furent envoyés à Neuf-Brisach.

(2) « On aurait capturé deux individus occupés à déchausser les rails entre Herrlisheim et Rouffach. » (*Journal* d'un habitant de Colmar, 18 juillet.)

(3) *Historique* du 9ᵉ cuirassiers. Ce régiment, surveillant les voies ferrées autour de Colmar, y demeura jusqu'au 24 juillet, date à laquelle il se mit en route pour rallier le 1ᵉʳ corps. Arrivé à Brumath le 26, il y fut rejoint le 31 par le 8ᵉ cuirassiers pour constituer avec lui la brigade Michel.

(4) A Colmar (puis à Neuf-Brisach), celui du 4ᵉ chasseurs à cheval; à

A l'abri de ce trop léger rideau (1), tous les corps d'infanterie de la 6e division, destinés au 1er corps de l'armée du Rhin (maréchal de Mac-Mahon) complétaient leurs trois bataillons actifs, et, sans attendre les réservistes, partaient, du 19 au 22, pour Strasbourg, point de concentration du corps d'armée. A la date du 25, où les premières troupes du 7e corps arrivèrent à Colmar, il ne restait plus dans les garnisons d'Alsace que les magasins, les petites fractions de dépôt, et les éléments des IVe bataillons, que devait compléter l'arrivée des hommes de la 2e portion et des réserves.

Lorsque les premiers escadrons du 7e corps commencèrent à débarquer à Belfort, quartier général désigné de ce corps d'armée, la mission des troupes de cavalerie laissées en surveillance dans le Haut-Rhin fut considérée comme terminée et elles rallièrent leurs unités — tandis que, dans le Bas-Rhin, le 4e et le 5e escadron du 6e lanciers demeuraient à Marckolsheim et Benfeld (en remplacement du 3e escadron) pour veiller jusqu'au 3 août sur les passages entre Strasbourg et Neuf-Brisach (2) et que le 2e lanciers, renforcé successivement par les corps de la division Duhesme, continuait, au Nord de Strasbourg, à surveiller les abords de la forêt de Haguenau (3).

Mais l'appoint de la brigade de cavalerie du 7e corps (Cambriels) pour la garde du Haut-Rhin était illusoire, car, n'étant pas encore autorisée à vivre sur le pays au

---

Schlestadt, celui du 6e lanciers; puis celui du 2e lanciers (venu d'Haguenau le 31 juillet); à Belfort, celui du 9e cuirassiers.

(1) Le 23 juillet, le maréchal de Mac-Mahon avait reçu le commandement des 1er et 7e corps avec la mission de « surveiller la frontière, des Vosges à Lauterbourg et de Lauterbourg à Bâle ». Le tiers de ce front de surveillance allait être négligé par suite de l'insuffisance de la cavalerie du 7e corps.

(2) Voir note plus haut, p. 21, note 4.

(3) Voir plus loin, § XVI *Escarmouches de Seltz et de Münchhausen*.

moyen d'achats directs, il lui était impossible de s'éloigner des magasins (1) et, par surcroît, elle ne possédait encore ni matériel, ni ustensiles de campement. Le 4ᵉ hussards, à son arrivée de Clermont à Belfort, les 22-23 juillet, y fut utilisé à un service de garde à pied, de 100 hommes par jour. Le général Douay se hasarda seulement à l'envoyer à Altkirch, où ce corps ne reçut que le 1ᵉʳ août son campement envoyé de Paris (2). Les 4ᵉ et 8ᵉ lanciers, arrivés de Lyon à Belfort les 25-26 juillet, s'y trouvaient encore immobilisés le 2 août, attendant toujours leur matériel.

Ainsi, pendant six jours (24-31 juillet), les voies ferrées et les voies de terre furent encombrées de convois et d'isolés; les places n'eurent aucun défenseur (les gardes mobiles n'étant convoquées que pour le 29), et, en dépit des avertissements du plan Frossard (3), la plaine du Sundgau demeura tout ce temps à la merci d'un coup de main des Badois — sans que le commandement actif (7ᵉ corps) ni le commandement territorial (6ᵉ division) eussent pris aucune mesure pour parer au danger.

---

(1) Voir lettre du général Douay au Major général. Documents annexes *Journée du 30 juillet*.
(2) Voir lettre du général Douay au Major général. Documents annexes *Journée du 1ᵉʳ août*.
(3) Fascicule spécial, p. 111.

IX

Le commandement territorial.

Par suite de la pénurie de nos états-majors, les cadres des officiers généraux de l'armée du Rhin n'avaient pu être constitués qu'aux dépens des commandements territoriaux.

A la vérité, la répartition du territoire français en *divisions* et en *subdivisions militaires*, après avoir été un progrès dans la préparation de la guerre (1) avait totalement changé d'objet — et l'on peut regarder ce changement comme un recul dans notre organisation militaire, puisque, à nouveau, il rendait impraticable le passage normal du pied de paix au pied de guerre (2). Quoi qu'il en soit, le maintien de cette répartition territoriale paraissait s'imposer par la nécessité d'assurer en permanence le fonctionnement des services qui ne relevaient pas directement des troupes *en activité*. Aussi tous les régimes politiques l'avaient successivement confirmée, et le décret de 1858 l'avait sanctionnée en

---

(1) *Ordonnance* du 17 mars 1788, partageant les troupes de Sa Majesté en vingt et une divisions « le Roi voulant que la paix soit pour elles une école constante de discipline et d'instruction en même temps que pour ses officiers généraux une école de commandement ».

(2) « Les bases de la grandeur d'un pays doivent être stables. Les cadres ne doivent jamais être improvisés, et il ne doit y avoir entre le pied de paix et le pied de guerre d'autre différence que celle de l'effectif. » (*Rapport* de la Commission de réorganisation de l'armée, en tête de la loi du 24 juillet 1873).

groupant les divisions militaires en cinq grands commandements (1), dits de corps d'armée.

Par le décret du 16 juillet 1870, les cinq corps d'armée du temps de paix, qui ne correspondaient à aucune conception stratégique, furent supprimés, et tous les corps de troupe stationnés dans leur ressort, mis *en activité* et affectés à de nouvelles formations, brigades, divisions et corps d'armée de campagne. Les généraux commandant les divisions militaires gardaient sous leur autorité les dépôts, les places fortes et les services territoriaux, auxquels l'état de guerre allait ajouter la direction de tous les services de l'arrière (renforcement, ravitaillement, évacuation, transports de toute nature) et la mission d'organiser l'armée de seconde ligne, la garde nationale mobile. Dès ce jour, les états-majors des divisions militaires devaient correspondre directement avec le Ministre.

A la déclaration de la guerre, le personnel des divisions et subdivisions militaires subit un changement complet; la plupart des officiers généraux qui y étaient alors en fonction avaient reçu des lettres de service pour des commandements actifs, et ils furent remplacés (19 juillet) dans leurs commandements territoriaux par un cadre improvisé, tiré des généraux de la section de réserve, ou en retraite.

A la tête des divisions militaires de l'Est, qui vont nous occuper, il ne resta pas un des officiers généraux familiarisés avec le pays. Le général de Failly, appelé au

---

(1) 1er corps (Paris) : les 1re, 2e et 3e divisions militaires territoriales (Paris, Rouen, Lille). — 2e corps (Nancy) : 4e, 5e, 6e, 7e divisions (Châlons, Metz, Strasbourg, Besançon). — 3e corps (Lyon) : 8e, 9e, 10e, 17e, 20e divisions (Lyon, Marseille, Montpellier, Bastia, Clermont-Ferrand). — 4e corps (Toulouse) : 11e, 12e, 13e, 14e divisions (Perpignan, Toulouse, Bayonne, Bordeaux). — 5e corps (Tours) : 15e, 16e, 18e, 19e, 21e divisions (Nantes, Rennes, Tours, Bourges, Limoges).

commandement d'un corps d'armée, fut remplacé à Metz (5ᵉ division) par le général Crespin, venant de la position de retraite. Le général Ducrot, à Strasbourg (6ᵉ division) par le général Uhrich, du cadre de réserve. Le général A. Douay, à Besançon (7ᵉ division), par le général de Prémonville, inspecteur général de gendarmerie. Les subdivisions recevaient également de nouveaux titulaires : celle des Vosges et Meurthe (Nancy), le général Ladreit de la Charrière ; celles du Bas-Rhin et du Haut-Rhin (Strasbourg et Colmar), les généraux de Gaujal et de Chargère ; celle du Jura et Doubs (Besançon), le général Appert.

Ainsi les commandements territoriaux, qui, dès le temps de paix, comportaient l'expérience de la topographie et des ressources locales, et qui, même dans le cas d'une guerre offensive — seul envisagé, semble-t-il, par le Gouvernement — devaient exiger de plus une extrême activité d'esprit et de corps, étaient brusquement confiés à des hommes nouveaux (1), sans doute courageux et intelligents, mais déjà alourdis par l'âge (2) et nullement préparés à rétablir l'ordre dans le chaos. Dans la pire hypothèse, celle d'une invasion, on pouvait se demander s'ils auraient les forces et l'autorité nécessaires pour assumer les écrasantes initiatives de la situation.

Le général Uhrich entra à Strasbourg le 21 juillet,

---

(1) « J'étais au cadre de réserve depuis trois ans et demi lorsque la guerre éclata. Dès qu'elle fut imminente, j'offris mon épée au Gouvernement. Je ne demandai pas au Ministre le gouvernement de Limoges, de Nantes ou même de Rennes, où j'avais laissé de bons souvenirs, encore récents. Je demandai Metz ou Strasbourg ; je fut envoyé dans cette dernière ville. » (*Observations* présentées par le général Uhrich contre le Rapport du Conseil d'enquête relatif à la capitulation de Strasbourg.)

(2) Général Crespin, 60 ans ; général de Prémonville, 65 ans ; général Uhrich, 68 ans ; général de Gaujal, 58 ans ; général de Chargère, 63 ans ; général Ladreit de La Charrière, 64 ans.

et ses adjoints les généraux de Gaujal (1) et de Chargère prirent leurs postes du 20 au 23.

Le général de Prémonville arriva à Besançon le 24. Pour couper court aux compétitions et aux complications de service dont on avait vu de fréquents exemples entre les états-majors des divisions militaires et ceux des troupes actives voisines, la 7e division avait été (2), par exception, comprise « dans l'arrondissement du nouveau 7e corps d'armée » (général F. Douay), dont le quartier général allait être établi le lendemain à Belfort, et qui devait tirer de Besançon la plus grande partie des ressources nécessaires à l'armement de cette place.

---

(1) Le général de Gaujal, qui avait pris son poste le 20 juillet à Strasbourg, y étant mort le 31, le commandement de la subdivision du Bas-Rhin fut réuni à celui de la 6e division militaire.

(2) *Ordre* de la 7e division militaire, du 17 juillet 1870.

X

L'œuvre du 7ᵉ corps à Belfort et dans la Haute Alsace (22-30 juillet).

Le *Mémoire* militaire du général Frossard (mai 1867), qui devait inspirer en grande partie le plan de campagne de l'état-major français en 1870, envisageait Belfort comme la base indispensable d'une action offensive au delà du Rhin.

Dans l'hypothèse de la défensive, cette position n'était pas moins importante. Barrant la trouée qui sépare la Haute-Alsace de la Franche-Comté, et menaçant le flanc de toute marche agressive contre Dijon ou Langres, un ennemi venant de l'Est était forcé de la masquer par un corps d'observation, ou de s'en emparer (1) : mission ardue, ne fût-ce qu'en raison de la force naturelle de la place.

En 1815, le général Lecourbe, avec 4,000 hommes de troupes actives et 11,000 gardes nationaux, l'avait heureusement défendue contre une armée de 40,000 Autrichiens. Depuis cette époque, entre 1825 et 1838, on avait renforcé l'enceinte bastionnée de Vauban, du côté

---

(1) « Belfort est le centre de la défense et le pivot du corps défensif chargé de s'opposer à la marche d'un corps ennemi qui voudrait se porter de Bâle sur Langres (Commissions de défense de 1818 et de 1836) ». — « Un corps d'armée qui s'y appuierait pourrait disputer avec avantage les routes allant de la haute Alsace dans la vallée de la Saône, à condition toutefois d'occuper solidement, à droite, la position de Montbéliard sur la route d'Huningue à Vesoul, et, s'il est possible, une position entre Thann et Cernay. » (Commission de défense de 1836).

de la frontière, par deux forts établis sur les buttes de la Justice et de la Miotte; du côté opposé, on avait construit l'ouvrage des Barres, tout voisin des faubourgs; mais ce dernier était encore dominé par les hauteurs de Bellevue et des Basses-Perches, qui devinrent, avec les progrès de l'artillerie, un danger pour la place et la citadelle. En 1867, le *Mémoire* militaire du général Frossard prévoyait la constitution d'un camp retranché au moyen d'ouvrages *de campagne* « dont le projet est étudié et dont l'exécution ne demanderait que quelques semaines (1) ». Mais, en 1869, une Commission technique, réunie à Belfort, réclama l'établissement d'ouvrages *permanents* à Bellevue, aux Hautes et Basses-Perches. Les crédits demandés aux Chambres à cet effet furent refusés, et il fallut ajourner ce projet. La valeur défensive de Belfort avait donc perdu, depuis 1838, vis-à-vis de l'artillerie allemande, tout ce que celle-ci avait gagné en puissance de destruction. Enfin, depuis fort longtemps, personne n'avait fait respecter la zone militaire et un grand nombre de maisons s'étaient bâties sur les glacis de Vauban (2).

Le 1er juillet 1870, l'artillerie de la place comportait 380 bouches à feu, dont 121 rayées de siège et de place, chiffre supérieur, à la vérité, à l'état de prévision établi le 5 juin 1869, mais fort inférieur aux besoins qu'allaient lui créer les développements de sa défense.

Les approvisionnements en munitions d'artillerie (non compris les poudres) n'allaient pas, à la fin de juillet (3), à la moitié de l'approvisionnement normal, et les mu-

---

(1) Fascicule spécial, p. 112.
(2) C'est seulement le 20 août que le Conseil de défense demanda au Ministre la démolition de quinze maisons des faubourgs.
(3) Voir lettre du Colonel directeur de l'artillerie à Strasbourg au général Soleille, 29 juillet 1870. Documents annexes *Journée du 29 juillet.*

nitions d'infanterie (chassepot) y étaient en petit nombre (1).

Les dépôts de matériel étaient fort insuffisants, les réserves de vivres sans concordance avec les chiffres fixés par le Ministre en 1867. Il n'y avait ni biscuit, ni vin, ni viande de conserve, ni bois de chauffage (2). C'est seulement un mois après la déclaration de guerre que l'on commença à constituer un approvisionnement de siège (3).

La garnison nécessaire à la défense de Belfort avait été estimée, en 1869, au chiffre de 12,000 hommes. Dès la déclaration de guerre, les deux régiments de la garnison (45e de ligne et 9e cuirassiers), alors détachés aux grèves à Mulhouse et Guebwiller, ayant reçu pour destination l'un Strasbourg, l'autre Colmar, il ne resta plus dans la ville que le dépôt du 9e cuirassiers réduit aux ouvriers et aux malades. Belfort se trouvait donc, depuis quatre jours, dans un état d'abandon complet, lorsque les premières troupes destinées à former le 7e corps y débarquèrent et s'installèrent au bivouac sur les glacis Sud-Ouest (22 juillet). C'était le 4e régiment de hussards, qui dut être tout d'abord employé, comme infanterie, aux besoins du service de la place (4), détachant seulement une trentaine de cavaliers pour la garde des fourneaux de mine les plus voisins (5).

Il fallait qu'aussitôt les troupes arrivées, on fut en me-

---

(1) Le 24 juillet 1870, le général commandant l'artillerie du 1er corps rend compte, que, par suite des distributions faites à ce corps, Belfort n'a plus de cartouches modèle 1866.
(2) *Registres* de l'intendance de Belfort.
(3) Le général Douay au Major général, 30 juillet 1870 : « Le 7e corps n'a aucun approvisionnement du service des subsistances. Il vit au jour le jour. La place de Belfort n'a pas non plus d'approvisionnement de siège. » (*Journée du 31 juillet*, 3e fascicule, p. 127.)
(4) *Historique* du 4e hussards.
(5) Documents annexes. *Journée du 23 juillet*.

sure, non seulement de mettre la place en état de défense, mais aussi d'établir l'enceinte du camp retranché. Ce fut le premier souci du général Doutrelaine, directeur du génie du 7ᵉ corps, qui était accouru à Belfort avec son état-major. Sans attendre l'arrivée du général Douay, il employa immédiatement le personnel de M. Renault, ingénieur des ponts et chaussées, à tracer sur le terrain les travaux projetés en 1869 ; mais, en prévision de manque de temps, d'hommes et de matériel, il ne leur donna que des profils de fortification passagère (1). En même temps, il jalonnait la nouvelle enceinte des faubourgs de Belfort, et faisait étudier la mise en état de défense de Montbéliard, clef de la trouée du Doubs (2). Sur son rapport, le Ministre approuva cette initiative (3).

Puis il se hâta d'assurer la protection provisoire du rassemblement du 7ᵉ corps en préparant une série d'obstacles sur les voies d'accès à l'Est et au Nord des positions Belfort-Montbéliard. A l'Est, on ouvrit des fourneaux sous les ponts routiers de l'Ill, à Ruelisheim, Ensisheim, Waldighoffen, Werentzhausen (4) et sous ceux de la Largue, à Seppoy-le-Haut, à Spechbach et à Dannemarie. Le pont sur le canal près de Mulhouse, les viaducs de la voie ferrée d'Altkirch, à Tagolsheim et Dannemarie, étaient également minés ; mais comme il fallait se garder de compromettre cette précieuse ligne de transports par des destructions prématurées, on en

---

(1) Parapets de 4 mètres de large et 4 mètres de relief. Fossés de 3 mètres de profondeur et 4 mètres de largeur. Abris blindés à la gorge des redoutes, pour hommes et munitions.
(2) Sur les projets relatifs à Montbéliard, voir Documents annexes, *Journée du 30 juillet*. Le général Doutrelaine au Directeur des fortifications à Besançon.
(3) Documents annexes, *Journée du 29 juillet*.
(4) *Journal* de marche du génie du 7ᵉ corps. *Registre* de correspondance, date du 3 août 1870.

déchargea provisoirement les chambres à poudre (1). Au Nord, on devait pouvoir compter sur les Vosges comme sur un bouclier impénétrable au cas où le passage de Neuf-Brisach eût été surpris par l'ennemi avant le déploiement de notre 1re division autour de Colmar. Dès le 24 juillet, le général Doutrelaine voulut reconnaître lui-même la route de Münster à Gérardmer (col de la Schlucht) pour y faire préparer des dispositifs de mines et des traverses (2); par cette route et par celle de Bussang, dont le tunnel était également miné, notre avant-garde pourrait se retirer lentement et défendre les cols. Tranquillisé de ce côté, il revint ensuite à Belfort, où, les effectifs de la 2e division s'étant renforcés, on avait pu commencer l'armement des remparts.

En attendant les ordres du Ministre relatifs à Montbéliard, on entreprit alors, avec tous les travailleurs disponibles (3), l'exécution du camp retranché de Belfort (25-26 juillet). L'arrivée du général en chef, le 28 juillet, ajouta encore à cette grande activité. A dater du 29, tous les ateliers du terrassement étant constitués, le génie put employer journellement 1,400 travailleurs militaires, — le quart des troupes présentes (4), — et 200 à 400 ouvriers de la ville. Mais l'œuvre était immense et on prévoyait déjà qu'on manquerait à la fois de bras

---

(1) « Les deux corps d'armée de Strasbourg et de Belfort ne sont pas encore constitués et il serait désastreux qu'il arrivât le moindre accident de nature à arrêter ou retarder les transports. »
(2) *Journal* de marche du génie du 7e corps, 24 juillet 1870.
(3) A cette date, le 7e corps avait : à Colmar, la 1er division d'infanterie (5,200 hommes); à Lyon, sa 3e division (en formation) et une brigade de cavalerie: à Belfort, sa 2e division (constituée le 26, sous le commandement provisoire du général Bordas; son chef, le général Liébert, n'ayant pu quitter Bastia qu'à cette même date du 26), une brigade de cavalerie, et des détachements d'artillerie et du génie (total : 6,476 hommes).
(4) Ces travailleurs militaires, volontaires en principe, recevaient une haute paye de 0 fr. 48 par jour.

pour terminer les nouveaux ouvrages, et de canons pour les armer. Le 29 juillet, le directeur de l'artillerie de la 6ᵉ division écrivait : « L'armement de défense de Belfort est avancé ; mais il ne faut pas compter sur les pièces qui composent son armement pour les utiliser ailleurs. Un temps énorme serait employé pour le désarmement de cette place et de ses forts. Comme à Strasbourg, pas d'officiers, pas d'artilleurs, et, de plus, pas de chevaux (1). » Pour les travaux de Montbéliard, il avait fallu, faute d'effectifs disponibles, passer marché avec des entrepreneurs civils : « Il y a si peu de troupes en ce moment, écrit le 30 juillet le général Doutrelaine, et ce qu'il y a est si peu organisé, qu'en présence des énormes travaux à faire à Belfort, il m'est impossible de demander au général Douay l'envoi d'un détachement quelconque à Montbéliard (2). »

---

(1) Documents annexes, *Journée du 29 juillet*. Les réquisitions d'attelages pour les convois du 1ᵉʳ corps avaient déjà vidé la 6ᵉ division.
(2) Le général Doutrelaine au général Véronique, 30 juillet 1870.

XI

Impossibilité matérielle du passage du Rhin.

L'arrivée en ligne de deux divisions du 7ᵉ corps dans le Haut-Rhin et celle du parc du corps d'armée à Vesoul (1) avaient paru confirmer l'attente générale d'une opération sur le cours du fleuve ; et, bien qu'aucun projet précis dans ce sens n'eût été communiqué aux états-majors (2) on continua de prendre des dispositions en vue d'un passage éventuel dans le grand-duché de Bade.

A première inspection, les moyens de passage paraissaient nombreux. Il y avait à Strasbourg, en outre de l'équipage de pont destiné au 2ᵉ corps, 80 bateaux appartenant tant à l'équipage de réserve garé à l'arsenal qu'au matériel de manœuvres du régiment des pontonniers (3) ; 55 de ces bateaux étant pourvus de tous leurs accessoires (haquets de transport, poutrelles et madriers constituant le tablier) furent remis en état, puis placés sur roues le 29 juillet, transportés le 30 au

---

(1) C'est seulement le 26 juillet que le capitaine d'artillerie Rigour, appelé de Rennes, arriva à Vesoul pour y installer, par ordre du ministre, le parc de service du 7ᵉ corps. Le 29, arrivée du premier détachement du 2ᵉ régiment du train. Le 30, arrivée du colonel Hennet, commandant le parc du corps d'armée. Les parcs des corps d'armée allemands étaient depuis plus d'une semaine organisés, et tous leurs personnels à leur poste.

(2) Voir Documents annexes, *Journée du 3 août*. Le général Doutrelaine au lieutenant-colonel Segretain : «... Sans en être positivement informé, je crois savoir que le 2ᵉ corps et le 1ᵉʳ doivent opérer ensemble sur le Rhin... »

(3) Le Colonel directeur de l'artillerie à Strasbourg, au général Soleille, 29 juillet 1870. (Documents annexes, *Journée du 29 juillet*).

Petit-Rhin, en aval de l'île des Épis, et mis à l'eau, chargés de leur travée de pontage (1). Pour les 25 bateaux restants, le général Soleille avait prescrit de les compléter, mais la main-d'œuvre faisant défaut, ils demeurèrent inutilisables.

Les équipages de pont des corps de l'armée du Rhin s'organisaient avec une extrême lenteur. Celui du 1er corps (Strasbourg) monté à Auxonne et ayant reçu sa compagnie de pontonniers (la 3e, venue de Lyon le 21 juillet) allait être envoyé au parc du corps d'armée à Besançon le 29; pour gagner du temps, le Ministre le fit expédier directement sur Strasbourg (30 juillet), d'où il devait rejoindre directement son parc appelé de Besançon à Haguenau (2), mais il était impossible que la compagnie du train d'artillerie qui lui était affectée fût sur pied avant longtemps (3) : désastreuse erreur que le maréchal de Mac-Mahon fit ressortir trop tardivement (29 juillet) : « Je disposerais de ressources suffisantes pour un passage de vive force; mais, ce passage effectué, l'armée se trouvera dans l'impossibilité d'emmener avec elle l'équipage de pont, modèle 1866, parce que la compagnie du train destinée à l'atteler ne pourra être arrivée en même temps que lui. » En effet, cette compagnie ne put arriver à Strasbourg que le 5 août au soir, alors qu'il n'était plus question de franchir le Rhin.

Seul l'équipage de pont du 2e corps (Lunéville) eut tous ses éléments réunis à Strasbourg et prêts à partir

---

(1) *Historique manuscrit* du 16e régiment d'artillerie (pontonniers).
(2) Sur les ordres et contre-ordres à ce sujet, V. Documents annexes, *Journée du 29 juillet et du 30 juillet*.
(3) « Cette compagnie, qui doit être prise dans le 1er régiment du train d'artillerie, ne serait que la 15e de ce régiment à mettre sur le pied de guerre et il faudrait que ce corps reçut encore 2,300 chevaux pour la compléter à son tour. » (Documents annexes, *Journée du 20 juillet*. Le maréchal de Mac-Mahon au Ministre de la Guerre).

le 1ᵉʳ août (matériel sur haquets — 2ᵉ compagnie de pontonniers, complétée à 140 hommes, et 1ʳᵉ compagnie du train d'artillerie). Si le maréchal de Mac-Mahon avait dû franchir le Rhin immédiatement, cet équipage pouvait entrer dans la colonne, au risque de désorganiser le parc du 2ᵉ corps. Mais personne ne le proposa, et le pont du 2ᵉ corps partit le 2 pour Saint-Avold (1).

Il ne fallait pas compter sur les équipages de pont des autres corps d'armée, même les plus rapprochés : celui du 3ᵉ corps attendait vainement une compagnie du train, qu'il ne devait jamais recevoir (2). Quant à celui du 7ᵉ corps, qui se complétait à Auxonne, on ne comptait pas qu'il pût rejoindre son parc avant le 3 août, et ce parc était lui-même trop incomplet pour pouvoir quitter Vesoul aussitôt. A la date du 30 juillet, il lui manquait 198 chevaux, 150 voitures (sur 211) — et le morcellement du 7ᵉ corps d'armée entre Colmar, Belfort et Lyon (3) faisait prévoir des difficultés pour sa mise en service.

Pour libérer éventuellement les travées du matériel

---

(1) L'équipage de pont du 2ᵉ corps, parti de Strasbourg le 2, arriva le 3 à Saint-Avold et le 4 à Forbach, d'où il fut renvoyé sur Metz par les voies ferrées. (*Historique manuscrit* du 16ᵉ régiment d'artillerie (pontonniers).)

(2) L'équipage de pont de Metz, destiné au parc du 3ᵉ corps et servi par une compagnie de pontonniers de Strasbourg (la 4ᵉ) fut embarqué le 3 pour Saint-Avold, sans aucun moyen d'attelage. Le 4, il débarquait à Forbach, d'où il lui fut impossible de rétrograder. Ramené à bras jusque dans le village par les pontonniers eux-mêmes, le matériel y fut pris par l'ennemi, le 4 août.

(3) La 7ᵉ compagnie de pontonniers était partie de Lyon le 21 juillet pour prendre à Auxonne l'équipage de pont destiné au parc du 7ᵉ corps d'armée, en formation à Vesoul. Elle reçut, à Auxonne, le complément de son effectif (135 hommes), avec une compagnie du train d'artillerie (la 11ᵉ compagnie principale du 2ᵉ régiment, effectif 200 chevaux). L'équipage, transporté le 3 août à Vesoul, y demeura jusqu'au 9, puis fut envoyé par voies de terre successivement à Besançon et à Langres, et rejoignit enfin le 7ᵉ corps à Sedan, d'où il put rétrograder à temps. Documents annexes, (*Journée du 4 août. — Historique manuscrit* du 16ᵉ régiment d'artillerie, (pontonniers), — Documents annexes : *Journée du 3 août*, le général Liégeard au général Soleille.)

de réserve en attente à l'île des Épis, le général Forgeot prescrivit, le 1ᵉʳ août, de rapprocher de Strasbourg les matériaux des trois ponts volants du Haut-Rhin, garés dans le canal près du Rhinau (1), mais le halage de ces lourds bateaux nécessita plusieurs journées de travail (2).

Enfin, et pour comble, on s'avisa alors, *dix-huit jours après la déclaration de la guerre*, que les ancres des ponts volants, dont le modèle n'avait pas été modifié depuis la canalisation du Rhin, seraient trop faibles pour retenir contre le courant du fleuve, enflé par les crues d'été, des ponts pesamment chargés, et qu'il fallait en demander de plus fortes à la marine (3). Ces nouvelles ancres n'arrivèrent jamais à Strasbourg.

Pour protéger le lancement des ponts de l'armée du Rhin, le ministre de la marine avait mis à sa disposition les cinq canonnières fluviales de l'arsenal de Toulon, petits navires démontables construits à fond plat pour opérer sur les lacs et les cours d'eau d'Italie en 1859, et remaniés successivement en 1864 et 1867. Mais, de ce côté encore, on rencontra les mêmes déboires : rien n'était prêt. Les canonnières avaient besoin de notables manipulations avant d'être remises en service, et, de plus, leur chargement sur trucs et leur transport jusqu'au Rhin par les voies ferrées exigeaient au moins une semaine. Les préparatifs commencèrent à

---

(1) Ces trois demi-ponts (dont la partie badoise avait été repliée vers la rive droite) devaient, dans la pensée du général Forgeot, servir à constituer deux ponts volants, destinés, l'un à remplacer le pont de Kehl, et l'autre à être employé au passage des troupes en aval de Strasbourg.

(2) Le même ordre fut donné au général Forgeot par le général Soleille, le 5 août. (Le général Soleille au général Forgeot, à Haguenau. De Metz, 5 août).

(3) *Lettres* du général Soleille au général Forgeot et au Ministre de la Marine, (Documents annexes, *Journée du 5 août*).

Toulon le 16 juillet (1), et, le 18, le sous-ingénieur Du Buit vint à Strasbourg, avec 100 ouvriers des constructions navales, pour installer les cales de montage (2). On eut beau presser le travail d'embarquement à Toulon : le premier convoi de matériel de montage et d'agrès ne put arriver en gare de Strasbourg que le 3 août, et les canonnières y furent devancées par l'ennemi (3).

Quant au matériel des bacs voisins, qu'on avait un instant songé à utiliser pour le passage, il n'aurait pu, dans les meilleures conditions, transporter sur la rive droite que l'effectif d'un bataillon par heure, mais ni convois, ni artillerie, ni cavalerie ; l'idée était donc matériellement inexécutable.

Ainsi, du fait de notre lamentable imprévoyance, l'éventualité d'une opération offensive française sur la rive droite — opération qui avait été l'une des bases de notre plan de campagne, que le maréchal de Moltke

---

(1) Le maréchal de Moltke en fut informé avant le 18. (*Correspondance du maréchal de Moltke*, vol. I, p. 28.) *Lettre* au colonel Leckzinsky, chef d'état-major de la division badoise.

(2) Les cales sèches et les ateliers furent installés à l'Orangerie, près de l'embouchure de l'Ill.

(3) Le 6 août au soir, après le désastre de Frœschwiller, le contre-amiral Exelmans, commandant désigné de la *Flottille du Rhin*, fut informé que le train portant la canonnière nº 3, parti de Toulon le 5 au matin, était à Erstein, celui de la canonnière nº 1 à Belfort, et les autres convois à Dijon (c'étaient des trains de 45 wagons). En raison de l'approche des Badois, l'amiral prit l'initiative de faire immédiatement rétrograder tous les convois sur Paris, tandis que le personnel du premier train continuait seul sa route sur Strasbourg ; il n'y avait donc dans la place, au moment où elle fut investie, que les officiers du cadre de la flottille (contre-amiral Exelmans, capitaine de vaisseau du Petit-Thouars, lieutenant de vaisseau Bauer) avec un détachement de 100 ouvriers et 45 marins. A la vérité, ces canonnières, dont la vitesse (7 nœuds) dépassait à peine celle du courant du Rhin, auraient rendu peu de services sur le fleuve. Mais le général Forgeot comptait sur leur excellente artillerie (deux pièces de 14 centimètres et deux mitrailleuses par bateau) comme un appoint pour le parc de l'armée du Rhin, qu'il organisait en vue du siège de Rastadt.

avait prévue praticable dès le 10ᵉ jour de notre mobilisation (26 juillet) et à laquelle l'archiduc Albert assignait la date extrême du 16ᵉ jour (2 août) — se trouvait reculée à une date si éloignée, qu'elle ne pouvait plus inspirer la moindre inquiétude au Grand État-Major prussien.

XII

Adoption de la défensive pour la Haute Alsace (30 juillet).

De son côté, l'Etat-Major français ne pouvait plus se dissimuler que ces retards irréparables, aggravés encore par l'extrême lenteur de l'organisation de l'armée du Rhin — et en particulier des formations du 7e corps, toujours incomplet de plus d'une division et dénué de matériel (1) — avaient enlevé toutes chances de succès au projet d'une démonstration sur la rive droite du Rhin. — Dès le 29 juillet, l'Empereur, ne se faisant plus d'illusions sur la neutralité de l'Allemagne du Sud, déclara ce projet ajourné, sinon abandonné. Le 1er corps eut ordre de demeurer dans l'expectative à Strasbourg, et le 7e corps, réparti entre Belfort et Colmar (2) reçut pour

---

(1) L'organisation de l'armée du Rhin ayant été étudiée antérieurement, nous ne reviendrons pas sur ce sujet. Il suffira de rappeler qu'à la date du 29 juillet, le 7e corps avait à Colmar et à Belfort ses deux premières divisions (Conseil Dumesnil et Liébert) encore incomplètes. La 3e division (Dumont) n'avait pas quitté Lyon. La division de cavalerie (Ameil) allait constituer (le 31) sa première brigade (Cambriels) à Belfort. La 2e brigade (Jolif-Ducoulombier) était encore à Lyon. Le parc d'artillerie s'organisait à Vesoul. L'état du matériel ne permettait encore aux troupes ni de bivouaquer, ni de camper, et leur armement même était défectueux. (Documents annexes, *Journée du 31 juillet* et *Journée du 1er août*).

(2) Situation du 7e corps à la date du 29 juillet 1870 :
A Belfort : 2e division d'infanterie (5e, 1re colonne du 37e, 89e de ligne : 4,513 fusils).
— Cavalerie (4e hussards, 4e et 8e lanciers : 1,414 sabres).
— Génie : 119 sapeurs.
— Artillerie : 431 canonniers avec 18 pièces.
A Colmar : 1re division (17e bataillon de chasseurs, 3e et 21e de ligne : 3,548 fusils).
A Lyon : 3e division et une brigade de cavalerie.

instructions de compléter son organisation et de se borner à « surveiller les abords du fleuve, de Neuf-Brisach à Huningue. »

En apparence, ce passage à la défensive se justifiait par les nouvelles, de source badoise ou prussienne, indiquant des rassemblements de troupes à Lörrach et à Nollingen, au Sud de la Forêt-Noire, et faisant craindre quelque attaque sur le Haut-Rhin. D'après un renseignement accueilli avec quelque crédulité, le dépôt du 45ᵉ de ligne (750 hommes environ), laissé seul à Huningue, paraissant fort menacé, le commandant du 7ᵉ corps l'appela à Belfort, le 30 juillet : « Pour le moment, écrivait le général Douay, nous serions très vulnérables de ce côté, si l'ennemi devenait entreprenant, car il pourrait faire passer le Rhin à quelques détachements, et tenter des entreprises contre notre ligne ferrée... même contre la ville de Mulhouse (1). » En effet il semblait que les confédérés, déjà maîtres du Rhin en aval de Lauterbourg, n'eussent avantage à tenter le passage ni au Nord de Strasbourg, ni sous le canon de nos places d'Alsace, tandis que les riches plaines du Haut-Rhin et la trouée de Belfort ouvraient une route facile à l'invasion des contingents de l'Allemagne du Sud.

Telle était l'infériorité de notre service de renseignements (2) qu'alors que le Brisgau était, depuis dix jours, complètement évacué et toutes les forces badoises et wurtembergeoises concentrées autour de Rastadt, nos états-majors pouvaient encore regarder comme imminente l'irruption de ces forces dans la haute Alsace !

---

(1) Le général F. Douay au Major général, 29 juillet, 7 heures soir (Documents annexes, *Journée du 29 juillet*).

(2) Le service des renseignements ne fut organisé qu'après la déclaration de guerre, et par corps d'armée. Le commandant Loizillon, chargé de ce service au 7ᵉ corps, ne put commencer à s'en occuper que le 30 juillet. (Documents annexes, *Journée du 30 juillet*).

Depuis le départ de nos garnisons de cavalerie pour Strasbourg — la cavalerie du 7ᵉ corps étant liée à la place de Belfort par son dénûment en matériel — il ne restait pour surveiller la rive gauche du Haut-Rhin que la gendarmerie locale, avec le personnel des administrations civiles des travaux du Rhin et des douanes.

Ce n'était là qu'une première ligne de vigies, qu'il fallait songer à soutenir effectivement en cas d'alarme. Dans ce but, lorsque la défensive eut été adoptée, le général Doutrelaine proposa au général en chef (31 juillet) de renoncer aux concentrations par division à Colmar et à Belfort, et d'adopter un nouveau dispositif de sûreté. Il voulait répartir en seconde ligne neuf postes d'un bataillon, entre Huningue et Artzenheim, puis établir une troisième ligne de Bartenheim à Neuf-Brisach. Toute une division d'infanterie du 7ᵉ corps, avec 3 régiments de cavalerie et 8 batteries, seraient ainsi employés à la surveillance de la vallée du Haut-Rhin, faisant front vers l'Est. En arrière, la 2ᵉ division avec la 2ᵉ brigade de cavalerie et une batterie seraient distribuées entre Colmar, Mulhouse et Altkirch. Enfin la 3ᵉ division, dès son arrivée, serait placée en réserve à l'extrême droite, barrant la trouée de Belfort (1). Les garnisons de Schlestadt et de Strasbourg et les troupes du 1ᵉʳ corps d'armée devaient prolonger la ligne à gauche et couvrir le Bas-Rhin.

Outre que le plan du général Doutrelaine donnait au front de surveillance une étendue disproportionnée avec nos effectifs et qu'il escomptait la jonction, toujours problématique, de la 3ᵉ division, il parut au commandant du

---

(1) *Note* du général Doutrelaine, commandant le génie du 7ᵉ corps d'armée, remise le 31 juillet au général Douay. (Documents annexes, *Journée du 31 juillet*). Nous verrons que ce plan, qui ne put être exécuté, exerça néanmoins une certaine influence sur les dispositions prises le 4 août par le général Douay pour couvrir la Haute Alsace.

7ᵉ corps, déjà sollicité par le Maréchal de venir le rallier, qu'il devait tenir ses divisions groupées, jusqu'à ce qu'une circonstance nouvelle l'obligeât, soit à les déployer face au Rhin, soit à les rapprocher de Strasbourg. Ce plan fut donc provisoirement écarté (1) et le 7ᵉ corps continua à se consacrer, jusqu'à nouvel ordre, à la mise en état de défense du Haut-Rhin et à l'armement de Belfort. Seul le 4ᵉ hussards, pour maintenir la liaison et transmettre les nouvelles du Rhin, fut envoyé, le 31, de Belfort à Altkirch, où il bivouaqua. Il avait ordre de détacher, le 2 août, deux escadrons à Huningue, pour explorer, les 3 et 4, les rives du fleuve jusqu'à Kembs (2). Le même jour, la place de Belfort n'ayant aucun commandant désigné et devenant le principal centre du rassemblement des gardes mobiles du département, le général de Chargère y transporta, le siège de la subdivision du Haut-Rhin (3).

Grâce à l'activité des troupes de la division Liébert, les travaux de la place prirent alors un grand essor. L'ouvrage de Bellevue fut commencé le 31. Comme les outils de parc étaient insuffisants pour l'effectif des terrassiers, on se décida, vu l'urgence, à démagasiner l'approvisionnement de siège (4) et, comme on manquait aussi de brouettes et que les réquisitions autour de Belfort étaient difficiles (5), le commandant Denfert-Rochereau eut

---

(1) Documents annexes, *Journée du 4 août*.

(2) *Historique* du 4ᵉ hussards, et *Lettres* du général Douay au Major général, 31 juillet (Documents annexes, *Journée du 31 juillet*).

(3) Général commandant subdivision à Commandant de place de Neuf-Brisach. De Colmar, 31 juillet, 7 h. 10 matin.

(4) Voir Documents annexes, *Journée du 31 juillet*. (Le général Doutrelaine au général Coffinières), et *Journée du 1ᵉʳ août*, (Le général Doutrelaine au général Véronique, à Paris, Belfort, 1ᵉʳ août).

(5) Le territoire de la 6ᵉ division était épuisé. Celui de la 7ᵉ, tout proche de Belfort, n'étant pas encore mis en état de siège, le droit de réquisition ne pouvait s'y exercer.

recours aux bons offices du sous-préfet de Mulhouse, qui lui en procura 200 (2). Pendant quatre jours encore, on travailla fébrilement, tandis que les gardes mobiles arrivaient dans la place, et qu'enfin l'ordre succédait au désordre et l'esprit de résistance à l'inertie des premiers jours.

---

(2) *Correspondance* de la place de Belfort.

XIII

L'appel des gardes mobiles dans la 6ᵉ division militaire.

Tandis que des formations de l'armée active attendaient ainsi qu'on leur assignât un rôle, celles de l'armée de seconde ligne — la garde mobile — sortaient du néant et gagnaient leur poste de combat dans les places d'Alsace.

Le décret impérial du 16 juillet avait prescrit la réunion immédiate, dans les chefs-lieux de départements, des gardes mobiles appartenant aux trois premiers corps (Paris, Lille, Nancy), en laissant toutefois aux généraux commandant les divisions militaires le soin de fixer les dates et de modifier, en cas de nécessité, les emplacements de réunion. Un officier supérieur avait été désigné, dans chaque corps d'armée, pour présider à l'organisation des gardes nationales mobiles. Ce fut, pour le 3ᵉ corps, le colonel Sautereau (1) dont, malheureusement, l'énergie se trouva, dès le début, paralysée par des dispositions antérieures et aussi par des conflits d'autorité avec les généraux commandant les divisions militaires. Le général Uhrich, en arrivant le 21 juillet à la tête de la 6ᵉ division, en remplacement du général Ducrot, fixa lui-même la répartition des bataillons et des batteries de la garde mobile du Haut-Rhin et du Bas-Rhin entre les places fortes de son commande-

---

(1) Désigné par le ministre, le 21 juillet.

ment (1) et il convoqua ces unités, pour la date du 29, à Strasbourg et à Colmar.

Il est utile de rappeler ici que l'institution de la garde nationale mobile (loi du 1er février 1868) comprenant les célibataires ou veufs sans enfants, ne faisant partie d'aucune portion du contingent régulier, ou s'étant fait remplacer, n'avait existé jusqu'alors que sur le papier ; que le Corps législatif et la Commission des Finances, hostiles de parti pris aux dépenses militaires, ayant constamment laissé à la charge du budget normal de la Guerre les dépenses afférentes à l'entretien, à l'habillement et à l'instruction de la nouvelle milice, le Ministre n'avait pu y affecter que 5 millions 1/2 au lieu des 22 millions qui eussent été nécessaires ; et que, dans ces conditions, il avait été impossible de la convoquer (2) et de rien préparer pour elle, à l'exception de son armement.

Les cadres eux-mêmes étaient incomplets. Les officiers supérieurs, en général anciens officiers de l'armée, d'opinion réputée favorable au régime impérial, avaient été seuls désignés par le Gouvernement (1868-69) et il restait à pourvoir à la plupart des emplois d'officiers subalternes (3) et à tous ceux de sous-officiers. Par le

---

(1) Comme c'est le général Uhrich qui le déclare (*Siège de Strasbourg*), il y a lieu de penser que la répartition des gardes mobiles avait été laissée à l'initiative des commandants des divisions militaires. Cet emploi exclusivement défensif de la garde mobile était commandé par les termes mêmes de la loi organique de 1868 (art. III) qui la définissaient une force « appelée à concourir, comme auxiliaire de l'armée active, à la défense des places fortes, des côtes et des frontières de l'Empire, et au maintien de l'ordre dans l'intérieur. »

(2) Il y eut une convocation à Paris en septembre 1869, mais les gardes mobiles s'y montrèrent si turbulents, que l'expérience fut écourtée et jugée suffisante.

(3) Sur le choix des cadres dans la garde nationale mobile, voir *Guerre de 1870-71, mesures d'organisation jusqu'au 4 septembre*, documents annexes (Rapports du colonel Bertrand, août et décembre 1868, février 1869.

décret du 16 juillet 1870, la nomination des lieutenants et sous-lieutenants fut déléguée aux généraux commandant les divisions territoriales, sous la réserve de l'approbation des préfets, et celle des sous-officiers et caporaux aux officiers supérieurs.

Le nombre des bataillons (à 8 compagnies de 250 hommes) demandés à chaque département était proportionnel à sa population. Le Haut-Rhin devait fournir 5 bataillons et 5 batteries, le Bas-Rhin 5 bataillons et 14 batteries. Ces unités, qui n'avaient jamais été rassemblées, même pour un appel (1), se réunirent et s'organisèrent, à Strasbourg et à Colmar, du 20 au 30 juillet, au milieu d'un grand enthousiasme. Logés chez l'habitant, qui leur faisait fête, et touchant une paye de 1 franc par jour, les mobiles manifestèrent d'abord le meilleur esprit et firent naître de patriotiques espérances.

L'institution des gardes mobiles départementales ayant pour principe la défense « des places fortes, des côtes, et des frontières (2) », c'est ce principe qui régla, au début, la destination des unités dans les départements de l'Est.

A la garnison de Strasbourg étaient affectés 4 bataillons et 9 batteries de la garde mobile du Bas-Rhin : le

---

Notes et rapports du ministre à l'Empereur, septembre et novembre 1869).

Dans la 6ᵉ division, où la question religieuse compliquait tout, les listes des capitaines avaient été préparées d'avance, avec le souci que chaque religion y fût représentée dans une proportion équitable. (Le maréchal Bazaine, commandant le 3ᵉ corps d'armée, au ministre, 4 décembre 1868). Les officiers avaient été désignés en tenant compte de leur esprit militaire, de leur activité, et de l'autorité que devait leur donner leur situation personnelle. Ces cadres ne méritèrent, en général, que des éloges. « J'ai de mauvaises troupes, écrit le général Uhrich au Ministre, mais de bons officiers, etc. »

(1) Général Uhrich, *Défense de Strasbourg*.
(2) Art. 3 de la loi du 1ᵉʳ février 1868.

Ier bataillon (Saverne) commandant baron de Schauenbourg (1); le IIIe (Haguenau) commandant Jaluzot; le IVe (Strasbourg) commandant de Pourtalès; le Ve (Wissembourg) commandant Storck, et les batteries nos 5 à 14 (2), le tout formant un total de 3,394 hommes.

A celle de Schlestadt, le IIe bataillon (Schlestadt) commandant du Reinach de Werth, et les batteries nos 1 à 4 du Bas-Rhin (3). Total 1,170 hommes.

A celle de Neuf-Brisach, deux bataillons et deux batteries du Haut-Rhin : le IIe bataillon (Colmar) commandant Messager; le IIIe (Colmar) commandant Blin, et les batteries nos 1 et 2 (4). Total 2,800 hommes.

A celle de Belfort, trois bataillons et trois batteries du Haut-Rhin : le Ier bataillon (Belfort) commandant Dumas; le IVe (Mulhouse) commandant Dollfus-Galline; le Ve (Altkirch) commandant Knauss, et les batteries nos 3, 4 et 5 (5). Total 2,368 hommes (6).

Malheureusement, il fallut vite reconnaître que cette armée de seconde ligne, pour laquelle rien n'avait été prévu, n'offrait, à l'encontre de la landwehr prussienne, aucune des qualités d'une troupe de guerre et ne pouvait donner que de cruelles déceptions.

L'effectif normal des bataillons était de 2,000 hommes. Nulle mesure n'avait paré au déchet, qui dépassa 50 p. 100, et c'est en vain que le Ministre chercha à le combler (24 juillet) en ouvrant la garde mobile aux engagements volontaires, même limités à la durée de la guerre (7).

---

(1) Cet officier, malade, fut remplacé par le capitaine Lambouley.
(2) Capitaines Du Pin de Saint-André, Lirant, Kling, Royer (tué), Mammoser, Carbonel, Weber, Mosser, Lecomte.
(3) Capitaines Perfetti, Stoffel, Magnier, Julien.
(4) Capitaines de Lacroix et Willemey.
(5) Capitaines Palangier, Vallet, Deffayet.
(6) Nous verrons qu'une compagnie du génie, prélevée sur le contingent de la garde mobile du Haut-Rhin, fut créée à Belfort le 20 août.
(7) D'autre part, il fut obligé d'accorder des sursis aux employés des chemins de fer de l'Est et des services publics, appartenant à la garde

Sur le total attendu de 22,000 hommes dans la 6ᵉ division, il ne s'en présenta que 9,800 (5,200 pour le Haut-Rhin et 4,000 seulement pour le Bas-Rhin).

L'instruction militaire des mobiles était nulle. Fort peu d'entre eux avaient eu un fusil de guerre entre les mains. Les artilleurs, de l'aveu du général Uhrich lui-même, ne savaient pas ce que c'était qu'un canon (2).

L'équipement et l'armement des mobiles incombaient à l'autorité militaire. Mais les magasins manquaient de sacs et de cartouchières. Quant aux arsenaux, ils renfermaient, à destination de la mobile, des fusils de divers modèles, transformés *à tabatière* ; mais ces armes n'inspiraient pas confiance aux hommes, qui réclamèrent partout des *chassepots*, réservés pour l'armée active. Du reste, par crainte d'accidents ou d'abus, on recula leur armement jusqu'à la dernière limite, et ils manœuvrèrent d'abord avec des bâtons. A Strasbourg, il ne leur fut distribué de fusils (à tabatière) et de munitions, que le jour même de la bataille de Frœschwiller (6 août). A Neuf-Brisach, le commandant demanda seulement le 7 au soir, lors de la panique qui sévit sur le Haut-Rhin, l'autorisation de délivrer aux mobiles des fusils 1867. A Belfort, le même jour, le commandant distribua aux mobiles les 250 fusils à tabatière qui formaient alors tout son approvisionnement. Nous verrons que dans une division voisine (la 7ᵉ) aucun mobile n'eut de fusil que le 15 août — un mois après la déclaration de la guerre !

L'habillement de la garde mobile avait été impossible à constituer, faute de crédits. Les officiers durent s'habil-

---

mobile, et dont la convocation menaçait de désorganiser les transports. La situation de ces employés, qu'on avait oubliés, fut régularisée par une dépêche ministérielle du 28 juillet, confirmée le 24 août. (Documents annexes.)

(2) Général Uhrich, *Défense de Strasbourg*.

ler à leurs frais (1). Quant à la troupe, aucune mesure n'avait pu être prise, ni en vue d'une campagne d'hiver, ni même pour parer aux nécessités les plus urgentes. C'est une circulaire du 12 août qui ordonna aux préfets, en leur allouant des fonds, de pourvoir les mobiles de leurs départements de blouses de toile, de chaussures et de képis uniformes. Les gradés seuls reçurent alors un uniforme de drap. Le 1er et le 2 août, les deux bataillons de la mobile du Haut-Rhin envoyés à Neuf-Brisach y arrivèrent en sabots et en vêtements de travail ; le commandant de place (Lostie de Kerhor) prit sur lui de faire confectionner des blouses (2) et un capitaine (Hartmann) leur acheta des chemises de ses deniers. Aucun matériel de couchage n'ayant été prévu pour eux, on fut obligé de les loger d'abord chez l'habitant (3).

A Strasbourg, c'est seulement le 10 août que le général Uhrich put faire distribuer une paire de chaussures et une chemise à chacun des hommes de la garnison. A Belfort, le 28 août, les mobiles n'avaient encore reçu ni gibernes, ni souliers, ni chemises (4) et plus tard lorsque viendront les grands froids (6 novembre) nous verrons le colonel Denfert faisant appel à la charité de la population pour les pourvoir de vêtements de laine.

Les règles fixées pour l'administration des gardes mobiles (centralisée au chef-lieu du département) étaient

---

(1) Une dépêche du 15 août leur alloua une demi-entrée d'indemnité en campagne. A Strasbourg, les officiers de la garde nationale mobile reçurent intégralement l'indemnité d'entrée en campagne le 14 août, sur l'ordre personnel du général Uhrich, le Ministre n'ayant pu être consulté.
(2) On trouvera plus loin des extraits et analyses de la Correspondance échangée à ce sujet entre le colonel Lostie de Kerhor et le sous-intendant militaire de Schlestadt.
(3) Documents annexes, *Journée du 2 août*. Sous-Intendant de Colmar à Commandant de Neuf-Brisach).
(4) Lettre de M. Keller, ancien député, au Ministre de la Guerre.

impraticables en temps de guerre et surtout en temps de siège (1).

Par ce qui précède, on jugera ce que les gardes mobiles d'Alsace pouvaient ajouter à la faible valeur militaire des places dont la défense allait leur être confiée, et dont le sort allait dépendre uniquement de leur valeur morale.

---

(1) D. T. du Général commandant la subdivision de Vesoul (au Ministre, 9 août 1870) insistant pour que les conseils d'administration centraux des gardes mobiles départementales soient placés, non au chef-lieu du département, mais au centre du rassemblement des bataillons.

XIV

Concentration de la division badoise.

Tandis que la rive française du Rhin continue à se garnir de troupes, la rive opposée ne présente plus aucune animation. Dans la nuit du 16 au 17 juillet, les *5ᵉ* et *6ᵉ* régiments d'infanterie badoise ont quitté leurs garnisons de Fribourg et Constance pour se rendre à Rastadt, où ils sont ralliés le 17, à 6 heures du matin, par le régiment des fusiliers de Poméranie (nº *34*) arrivant de Francfort-sur-Mein, et par une compagnie de mineurs prussiens arrivant de Coblentz. Les réservistes rejoignent directement Rastadt, point de concentration de toute la division badoise, dont le quartier général reste à Carlsruhe.

Le grand-duché, de Bâle à Rastadt, est donc, dès le 17 juillet, complètement dégarni de troupes, si l'on excepte toutefois la très faible garnison laissée à Kehl (1).

Mais le même jour, la brigade de cavalerie badoise (régiments de dragons nº *2* Margrave-Maximilien, et nº *3* Prince-Charles) est déjà répartie en avant-postes autour de Carlsruhe, gardant la rive du Rhin, de Lichtenau jusqu'au pont de Maxau. Le 18, un bataillon et deux

---

(1) Les seules autorités militaires demeurées dans le Brisgau étaient les commandants des districts de landwehr de Fribourg et de Lorrach (von der Wengen, *Der Kleine Krieg am Ober-Rhein*). — A Kehl, il y avait une compagnie et demie du régiment d'infanterie nº *3*, 40 artilleurs et quelques pionniers badois. Le 16 juillet, le général de Weyler, commandant la place, fut appelé au commandement de Rastadt et remplacé par un officier plus jeune.

escadrons passent sur la rive gauche à Maxau : l'infanterie (bataillon du 2ᵉ régiment de grenadiers (Roi-de-Prusse) avec un escadron (du régiment des dragons du corps n° *1*) pour occuper Hagenbach et surveiller Lauterbourg du côté du Nord ; l'autre escadron pour renforcer un bataillon rhénan occupant le nœud de chemins de fer de Winden et pour patrouiller sur Wissembourg. Ces forces n'ont en face d'elles sur la rive gauche, ainsi que nous l'avons vu, qu'un seul régiment de cavalerie française, le 2ᵉ lanciers, en garnison à Haguenau, lequel a reçu, le 18 juillet, la mission « de surveiller les bords du Rhin entre Lauterbourg et Germersheim et dans l'espace compris entre le Rhin et les Vosges, de Niederbronn à Wissembourg (1) » et qui, ayant éparpillé ses pelotons de toutes parts, demeurera seul chargé de cette tâche écrasante jusqu'à l'arrivée des brigades de Bernis à Niederbronn et de Septeuil à Soultz.

Le 20, les *3*ᵉ et *5*ᵉ régiments d'infanterie badois, ayant reçu leurs réservistes, se formèrent en une brigade (2) et quittèrent Rastadt (3) pour aller prendre position plus au Nord, entre Morsch et Dachslanden. Près d'eux, un escadron de dragons et deux batteries continuaient à surveiller la rive du fleuve entre la Lauter et la Murg ; au Sud de la Murg, c'est à la garnison de Rastadt qu'il incombait de garder, jusqu'à Hügelsheim, un front de 12 kilomètres dont une partie, enclavée dans la fron-

---

(1) *Historique* du 2ᵉ lanciers. — Le 28 juillet, la brigade de Septeuil (de la division de cavalerie du 1ᵉʳ corps) arrivant à Soultz, remplaça le 2ᵉ lanciers dans sa mission : le 3ᵉ hussards avait à garder le Nord de la forêt d'Haguenau jusqu'à la Lauter ; le 11ᵉ chasseurs entre la forêt d'Haguenau et le Rhin, de Seltz à Bischwiller.

(2) Combinée avec le *5*ᵉ régiment de dragons Prince-Charles, la 1ʳᵉ abtheilung montée du régiment d'artillerie de campagne, et deux compagnies de pontonniers munies d'un équipage de pont léger.

(3) Ils y étaient remplacés par les *32*ᵉ et *37*ᵉ régiments d'infanterie prussiens.

tière française, paraissait d'autant plus exposée à nos tentatives de passage.

Le 22, en même temps que le Grand-Duc déclarait la guerre à la France, la division badoise, complètement mobilisée, acheva de se concentrer entre Carlsruhe et Morsch (1) et, le lendemain, elle était prête, aux équipages près, à entrer en campagne. Le même jour, le Grand État-Major prussien lui envoyait, de Stuttgart et de Ludwigsbourg, un renfort de 10 escadrons wurtembergeois (2). La garde du Rhin fut alors spécialement confiée au général de La Roche, avec le commandement d'une avant-garde de circonstance, composée du 2e régiment de grenadiers (Roi-de-Prusse), du 2e dragons (Margrave-Maximilien) et de deux batteries. Le gros de cette avant-garde, dirigée vers le Sud, s'échelonnait en profondeur près de Rastadt (entre Kuppenhein et Oos) ayant deux escadrons en pointe sur les deux routes parallèles au Rhin (à Lichtenau et à Brühl) et menaçant de flanc le débouché des colonnes françaises qui pénétreraient en pays badois.

Trois régiments prussiens occupaient Rastadt, y attendant l'arrivée de leurs réservistes.

Par le Nord, la cavalerie badoise prenait le contact du XIe corps, et quelques détachements, passant le fleuve, exploraient la rive gauche près de Lauterbourg (3).

---

(1) Le bataillon de Hagenbach regagna Maxau dès qu'il eut été relevé par l'avant-garde du Ve corps.
(2) *Correspondance militaire du maréchal de Moltke.* Vol. I, lettre 40 (p. 198)
(3) Le 24 juillet, une reconnaissance badoise d'une quinzaine de cavaliers commandée par 5 officiers, franchit la frontière à Lauterbourg, abat quelques poteaux de télégraphe, détruit 100 mètres de rails du chemin de fer près d'Altendorf et se retire. (État-major général, *Journal de marche et Documents annexes. Journée du 25 juillet 1870. Rapport* du commandant de gendarmerie de Wissembourg). C'est apparemment la même reconnais-

Rien de commun, on le voit, entre ce dispositif et celui de juin 1815, où l'armée badoise, chargée par Schwarzenberg de garder le Rhin sur les derrières des Alliés, s'était répartie sur toute la route de Carlsruhe à Fribourg, sans réserves et sans moyens de concentration rapide (1). Le dispositif de 1870, répondant exactement au plan tracé en 1863 par le général de Moltke (2), faisait succéder, pour la première fois dans ces parages depuis les campagnes de Turenne, la défensive stratégique à la défensive passive. Au lieu de se morceler, suivant l'ancienne école, en risquant d'être faibles à la fois sur tous les points, ces 20,000 Badois et Würtembergeois, organisés sur le pied de guerre, parfaitement groupés dans la main de leurs chefs et à proximité des contingents du Nord, se tenaient prêts à toute éventualité.

Du côté matériel, aucune mesure de précaution n'avait été négligée. Après avoir abandonné le Brisgau et sacrifié les ponts frontières, les Badois avaient évacué (22 juillet) les ouvrages blindés de Kehl, qui, non soutenus, ne pouvaient qu'attirer inutilement la destruction de la petite ville par les canons de la citadelle de Strasbourg; ils en avaient retiré l'artillerie et détérioré l'entrée, pour qu'ils ne pussent pas, comme en 1814 et 1815, servir de tête de pont à l'armée française.

Voulant, d'autre part, défendre et conserver si possible le passage capital de Maxau (pont de bateaux), entre Carlsruhe et Winden, l'état-major prussien y fit élever une tête de pont par les troupes du génie badoises et

---

sance qui fut cernée le lendemain à Schirlenhof par un escadron du 12ᵉ chasseurs de la brigade de Bernis, cantonnée à Niederbronn.

(1) « *Aus den Denkwürdigkeiten der Markgrafen Wilhelm von Baden.* » (Heidelberg. 1906.)

(2) Voir *passim*, § IV. La rive badoise.

bavaroises (1) et fit approcher des remorqueurs à vapeur, pour pouvoir, si l'ouvrage était forcé, sauver au moins les travées du pont, qui servirait à doubler celui de Germersheim. En prévision des attaques de nos canonnières, on avait barré le Rhin en amont de Maxau par des estacades (terminées le 22) que protégèrent huit pièces de 12, ramenées de Kehl. Pour défendre l'approche de Rastadt par le Rhin, on coula des bateaux chargés de pierres à l'embouchure de la Murg (2). Enfin, pour ralentir au besoin la marche de nos armées de l'Est, des destructions étaient préparées sur les voies ferrées des vallées du Rhin et de la Kinzig, et sur la route de Stuttgart par le Kniebis ; un détachement volant stationné à Oberkirch en assurait l'exécution éventuelle (3).

---

(1) Cet ouvrage était achevé le 24.
(2) *Historique du Grand État-Major prussien* et J. Zaiss, *Tagebuch eines badischen Pioniers*.
(3) *Id.* Le 23 juillet, la 11ᵉ compagnie du 6ᵉ régiment d'infanterie badois Kaiser Friedrich III, n° 114, est envoyée de Rastadt à Renche pour couvrir les préparatifs de destruction de la voie ferrée. (*Historique du corps*).

XV

Passage des Badois à la défense active.

Le maintien intégral des dispositions qui précèdent, jusqu'à la date du 3 août (1) atteste que le Grand État-Major prussien eut constamment, pendant cette période de concentration, la hantise d'une invasion française de l'Allemagne du Sud. C'était, en effet, suivant l'estimation de M. de Moltke, une masse de 80.000 hommes que nos 1er et 5e corps réunis devaient pouvoir, à partir du 26 juillet, lancer sur le grand-duché de Bade, soit par Strasbourg ou Lauterbourg, soit par l'un des passages du Haut-Rhin, et cela indépendamment du renfort que leur apporterait le 7e corps s'il parvenait à se compléter à temps.

Dans cette appréhension, le Prince royal prescrivait de Berlin, le 25 juillet, que le XIe corps prussien, cantonné sur le Klingbach, entre Landau et Germersheim, se tînt prêt à repasser sans délai sur la rive droite du Rhin, pour appuyer éventuellement la division badoise et mettre à l'abri d'une surprise la concentration des troupes du Nord dans le Palatinat (2). Dans la matinée du 26, on crut à Landau que le maréchal de Mac-Mahon

---

(1) Documents annexes, *Journée du 2 août*, *Rapport* de reconnaissance du capitaine Rau sur la rive droite du Rhin.
(2) *Historique du Grand État-Major prussien*, trad., p. 98 et D. T. du général de Moltke, du 26 juillet *(Correspondance militaire du maréchal de Moltke*, vol. 1, n° 63, p. 215) : « Si les Français s'avancent par la rive droite, les divisions badoise et würtembergeoise seraient soutenues à temps près d'Ettlingen. »

avait franchi le Rhin, et une alerte réunit en hâte tous les éléments du XIe corps, prêts à repasser le fleuve à Maxau. Mais l'arrivée de nouveaux renseignements les fit renvoyer dans l'après-midi à leurs cantonnements. D'après l'*Historique du Grand État-Major prussien*, c'est ce jour-là qu'une reconnaissance fut poussée au Sud de la Lauter par un détachement mixte (une compagnie du 4e régiment d'infanterie bavarois, une compagnie du 4e badois, un escadron de dragons badois du corps), qui, après avoir constaté la tranquillité du pays jusqu'au Seltzbach, fit des réquisitions à Lauterbourg et y coupa le télégraphe (1). De l'autre rive, le 29 au matin, l'escadron du 2e dragons badois (Margrave-Maximilien) posté à Lichtenau, échangea des coups de fusil avec nos patrouilles du 11e chasseurs à cheval, détaché de Bischwiller à Dürrenheim (2), mais le général de la Roche ne fit aucun mouvement.

Chaque jour, en effet l'éventualité d'une attaque dans le Sud, qui seule aurait pu troubler la concentration allemande, devenait moins inquiétante pour le Grand État-Major prussien. Cependant, le maréchal de Moltke considéra qu'il serait bon de l'écarter définitivement et aussitôt que possible; et, lors de l'arrivée du Prince royal à Spire (30 juillet), il lui proposa de faire rallier, sans plus tarder, la IIIe armée, sur la rive gauche, par les divisions badoise et würtembergeoise, pour assaillir avec toutes ces forces réunies notre 1er corps, avant qu'il eût rien entrepris sur le Rhin (3).

---

(1) *Historique du Grand État-Major prussien*, p. 98. Peut-être s'agit-il d'une seconde destruction distincte de celle du 24? Voir *passim* § XIV Concentration de la division badoise.

(2) (Documents annexes, *Journée du 30 juillet*), le colonel Dastugue, commandant le 11e chasseurs à cheval, au général de Septeuil. Voir aussi § XIV, page 54, note 1.

(3) *Id.* et D. T. du maréchal de Moltke du 30 juillet *(Correspondance militaire*, vol. 1, p. 229) : « ... on empêchera ainsi l'établissement d'un pont

L'ennemi avait été informé du déplacement des forces du maréchal de Mac-Mahon au Nord de Strasbourg; mais il semble qu'il ne fût pas encore renseigné ni sur l'extraordinaire faiblesse de nos effectifs (1), ni sur l'insuffisance de nos moyens de passage (2), car le Prince royal ordonna (31 juillet) de ne rien changer aux cantonnements de la *III*ᵉ armée, concentrée autour de Graben, avant qu'elle se fût complétée des derniers éléments du *V*ᵉ corps, qui y étaient attendus le 4 août. Sur la rive droite, les deux divisions alliées demeuraient groupées autour de Carlsrune, ne laissant plus au Sud de Rastadt que deux escadrons en obvervation à Oos et Landweier. Le reste de la cavalerie badoise et würtembergeoise, déployé parallèlement à notre 1ᵉʳ corps, s'était porté entre Rastadt et Maxau, prêt, soit à repasser le Rhin pour se jeter en Alsace par la Lauter, soit à attaquer nos colonnes si, de Seltz, elles franchissaient le Rhin pour marcher sur Rastadt.

à Lauterbourg et l'on protégera de la manière la plus efficace toute l'Allemagne du Sud. »
(1) Causée par la mobilisation hâtive des régiments avant l'arrivée de leurs hommes de la réserve et de la 2ᵉ portion du contingent.
(2) Voir *passim*, § XI, *Impossibilité matérielle du passage du Rhin*.

XVI

Escarmouches de Seltz et de Münchhausen (2-4 août).

Cette position de Seltz, sur laquelle le général Ducrot avait fondé de grandes espérances, comme base d'une offensive sur le Rhin (1), excitait dès la fin de juillet l'inquiétude de l'état-major badois. Nous n'avions cependant là que de faibles postes, sans aucun équipage de pont à proximité (2).

Un détachement du 2ᵉ lanciers, qui battait l'estrade au Nord de la forêt d'Haguenau (3), y avait campé du 26 au 28, relevé à cette date par un escadron et demi du 11ᵉ chasseurs à cheval (brigade de Septeuil) et par le 16ᵉ bataillon de chasseurs à pied (4). Le 30, le ras-

---

(1) « Il faut être toujours en mesure de prendre une vigoureuse et rapide offensive sur la rive droite du Rhin, ayant pour premier objectif la magnifique position d'Heidelberg. Plus j'étudie la position de Seltz, plus je suis convaincu de sa haute importance... Une armée, passant le Rhin entre Strasbourg et Seltz, peut occuper le même jour l'excellente position de Bruchsal... »

(2) Voir *passim*, § XI. *Impossibilité matérielle du passage du Rhin*.

(3) Voir *passim*, § VIII. *Couverture de la concentration française.* — Le 2ᵉ lanciers, chargé de garder le quadrilatère entre le Rhin, la Lauter et la forêt de Haguenau, occupe, le 26 juillet, Hatten, poussant des grand'gardes jusqu'à Trimbach et Seltz. Le 28, relevé à l'Est par le 11ᵉ chasseurs à cheval (brigade de Septeuil), il rebrousse chemin et se porte à Soultz-sous-Forêt, où le rejoignent un bataillon d'infanterie et le 3ᵉ hussards, chargés de la garde de la frontière du nord de la forêt. Le 31, il a deux escadrons à Wissembourg et deux à Hatten. Enfin le 3 août, jour de la marche de la division A. Douay sur Wissembourg, il démasque Soultz pour aller bivouaquer au camp de Seltz. *(Historique du corps).*

(4) Sur la disposition du camp de Seltz, voir Documents annexes, *Journée du 29 juillet*. — *Rapport* du commandement d'Hugues au général de Montmarie, 28 juillet.

semblement du 1ᵉʳ corps à Haguenau et l'arrivée de l'avant-garde de la division Duhesme (3ᵉ hussards) au Nord de Soultz attirèrent en deçà de la Lauter de nouvelles pointes de cavalerie ennemie, appartenant les unes au *XIᵉ* corps prussien, les autres à la division badoise, et qui firent naître le bruit d'une concentration ennemie proche de Lauterbourg; de Seltz, le commandant d'Hugues (16ᵉ bataillon de chasseurs), envoya à son tour sur la Lauter des reconnaissances, qui revinrent sans avoir rien vu. Le 1ᵉʳ août, un escadron du *14ᵉ* hussards prussien, soutenu par 40 fantassins du *82ᵉ* régiment, passa la frontière et poussa délibérément sur Seltz; mais il se heurta, à Schafshausen, à une grand'-garde du 11ᵉ chasseurs à cheval, qui le mit en fuite. Le lendemain, un nouvel escadron de découverte, avec 60 fantassins, fut plus heureux. D'après l'*Historique* de ce corps, il aurait pénétré jusque dans le bourg, et y aurait détruit le poste de télégraphe (1). Rejeté sur Lauterbourg et poursuivi par les feux de nos chasseurs à pied, il avait constaté la présence de forces importantes d'infanterie et de cavalerie. C'étaient, avec les six pelotons du 11ᵉ chasseurs à cheval (2), le 16ᵉ bataillon de chasseurs à pied et le IIᵉ bataillon du 50ᵉ de ligne (3), au total 2,000 hommes, placé en flanc-garde de la division Douay.

---

(1) *Geschichte der 14. Preuss. Husaren Regiments.* « Le 3ᵉ escadron, sous les ordres du capitaine de Lowenstein, avec 69 hommes du 82ᵉ régiment d'infanterie, marcha sur Seltz, accompagné par le major comte de Strachwitz. Là, les hussards, après avoir détruit un poste télégraphique, tombèrent sur d'importantes forces ennemies. Le détachement réussit à se retirer sans pertes jusqu'à Lauterbourg, occupé par notre infanterie, et à confirmer à nos avant-postes que l'ennemi n'avait aucune intention offensive sur son aile droite, mais plutôt vers le centre des positions allemandes... »

(2) 5ᵉ escadron, capitaine Durget. 2ᵉ division du 4ᵉ escadron, capitaine Marque.

(3) Envoyé de Soultz à Seltz, le 3 août, par ordre du général Ducrot (Documents annexes, *Journée du 1ᵉʳ août.*)

Le soir même du 2 août, les troupes du XIe corps prussien furent rapprochées de la IIIe armée et réunies près de Winden, et la division badoise quitta les abords de Rastadt pour passer à Maxau sur la rive gauche du Rhin (1). Dès lors, le rassemblement de Seltz, uniquement surveillé par quelques pelotons de dragons badois, constituait un danger immédiat pour la place de Rastadt : et ce danger parut encore plus sérieux lorsque, dans la journée du 3, le général de Nansouty eut amené de Soultz à Seltz le 2e lanciers (2).

Dans ces conditions, le gouverneur de la place, lieutenant général Waag, jugea particulièrement urgent d'empêcher une reconnaissance française sur la rive droite; et il prescrivit d'opérer, dans la nuit même du 3 au 4 août, une razzia de tous les bateaux de la rive opposée, pouvant servir au passage.

L'expédition, divisée en deux, fut confiée aux pionniers badois, soutenus par deux compagnies d'infanterie (12e compagnie du 6e régiment badois Kaiser-Friedrich-III, n° *114*, et 3e compagnie du 34e prussien Pommerschen Fus.-Reg., n° *34*). L'un des détachements disposait de quatre pontons amarrés sur la Murg; pour le second, cinq autres pontons furent conduits au Rhin dans l'après-midi par la route de Plittersdorff, dissimulés sous des chargements de paille pour ne pas éveiller l'attention de la rive française. A la nuit tombante, on doubla les avant-postes, et, à 9 h. 30, les deux colonnes se mirent en marche, au clair de lune et

---

(1) Dans la pensée du maréchal de Mac-Mahon, les six pelotons du 11e chasseurs à cheval devaient aussitôt rallier la division Douay au Geisberg, (Documents annexes, *Journée du 3 août*), mais il n'en fut rien.

(2) On a vu (*Revue d'Histoire*, mai-juillet 1901) par quel concours de circonstances, la IIIe armée arriva en ligne avant la date fixée, et comment les contingents badois et würtembergeois, ayant passé le Rhin le 3 août, purent se trouver prêts à profiter de notre défaite de Wissembourg et contribuer, comme réserve, à celle de Wœrth.

par une accablante chaleur d'orage. Elles quittèrent la rive en même temps, à 2 h. 30 du matin. Le détachement prussien embarqué à Plittersdorff, arrêté par les feux de salves de notre 16e bataillon de chasseurs, perdit un homme et n'osa pas accoster. Quant au détachement badois, après avoir eu les plus grandes peines à ouvrir un chenal à travers le barrage des bateaux coulés dans la Murg, il avait atterri sur la rive gauche, qu'il avait pu suivre pendant quelque temps; mais, l'alerte ayant été donnée à Münchhausen, le poste français (maréchal des logis Gossein avec quatre chasseurs à cheval du 11e) laissa approcher l'ennemi, qui s'avançait par deux chemins différents et il ouvrit le feu à bonne portée. Les deux colonnes badoises, surprises, se fusillèrent l'une l'autre, puis lâchèrent pied pour se rembarquer au plus vite, laissant sur le terrain un officier et deux soldats. Pendant cette reconnaissance, les bateliers badois avaient détaché du port de Münchhausen et abandonné à la dérive 21 barques françaises (1).

Cette audacieuse provocation à notre aile droite ne pouvait que favoriser le succès du corps bavarois sur le front de la division Douay, car la crainte d'un passage des Badois à Seltz devait vraisemblablement retenir au bord du Rhin le général de Nansouty, à supposer que cet officier eût, le lendemain matin, la pensée de marcher au canon vers Wissembourg, sans attendre les bataillons de relève qui lui étaient annoncés d'Haguenau (2). Mais il est difficile de savoir si elle avait été préméditée dans ce but.

---

(1) *Geschichte der Pom. Fus-Regiments* n° 34, (p. 100). — *Geschichte der 6 Bad. Infanterie régiments Kais. Priedr. III*, n° 114. — *Aus dem Tagebuch eines badischen Pioniers*, von J. Zaiss (Carlsruhe 1894), p. 21-22. — *Historique* du 11e chasseurs à cheval.

(2) Le 16e bataillon de chasseurs à pied et le 11e bataillon du 50e de ligne

Pendant toute la journée de Wissembourg (4 août), tandis que le corps de Werder (Badois et Würtembergeois) cantonnait près de Lauterbourg, nos troupes, campées en avant de Seltz, et renforcées dans l'après-midi de deux bataillons du 36e de ligne (division Raoult) demeurèrent immobiles et inutiles, leurs patrouilles, répandues dans les îles du Vieux-Rhin, se bornant à tirailler sur les postes de la rive droite. Cependant, deux escadrons du 2e lanciers furent envoyés en reconnaissance du côté de Wissembourg, et firent connaître « qu'il y avait lieu de quitter la position occupée à Seltz (1) ». En effet, elle était absolument isolée, même du côté du Rhin, la surveillance du cours du fleuve jusqu'à Strasbourg, abandonnée par le 11e chasseurs, ayant été confiée à deux pelotons du 6e lanciers, qui avaient été détachés le matin même de Strasbourg sur Bischwiller et Soufflenheim, avec mission de pousser jusqu'au fleuve en avant de Drusenheim et de Rechwog, et qui furent rappelés vers Wissembourg, avant même d'avoir terminé cette reconnaissance (2).

---

avaient ordre de rejoindre la division A. Douay à Wissembourg, le 4, après avoir été relevés à Seltz par les 1er et 2e bataillons du 36e de ligne (de la division Raoult). Ces deux derniers, partis le 4, à 5 heures du matin, par la pluie, du camp près d'Haguenau, n'arrivèrent à Seltz qu'à 2 heures après-midi, alors que le canon avait déjà cessé de gronder du côté de Wissembourg (c'est donc par erreur que l'*Historique* du 16e bataillon de chasseurs attribue l'alerte de la nuit du 3 au 4 aux grand'gardes du 36e de ligne) et le général de Nansouty conserva toutes ses forces à Seltz. Le bataillon du 50e de ligne ayant quitté ce cantonnement à 4 heures, conformément aux ordres qu'il avait reçus, le général lui envoya l'ordre écrit de rétrograder (*Historique* du corps).

(1) Documents annexes. *Journée du 6 août. Rapport* du général de Nansouty sur les opérations de la 2e brigade de cavalerie.

(2) *Historique* du 6e lanciers. Ces deux pelotons, repartis de Soufflenheim le 4 au soir, coururent les plus grands dangers, le 5. Après une marche de trente heures en pays occupé par l'ennemi, ils rejoignirent leurs escadrons le 6 août, à 8 heures du matin, à Reichshoffen, et prirent part à la bataille.

XVII

Démonstrations des Wurtembergeois sur le Haut-Rhin
(1ᵉʳ-3 août.)

A l'autre extrémité de la frontière du Rhin, les deux rives du fleuve étaient, au même moment, le théâtre d'une activité nouvelle.

Tandis que le contingent badois évacuait successivement, comme on l'a vu, le Brisgau, puis toute la frontière rhénane au profit de la *concentration générale des forces allemandes sur la route d'invasion la plus menacée*, la concentration française s'était opérée en deux groupes bien distincts, au Nord et au Sud de l'Alsace, laissant les places du Rhin presques vides et le pays sans défenseurs. Aux derniers jours de juillet, il devint impossible à l'état-major prussien de continuer à voir dans notre 7ᵉ corps l'aile droite de l'armée du Rhin, puisque celui-ci n'avait gardé aucun contact avec elle; à ses yeux, le maintien du gros de ce corps à Belfort, loin des routes conduisant à Paris, à l'abri de toute menace (1), sur des positions facilement défendables, et accessibles à nos réserves de l'intérieur, ne s'expliquait plus que comme un prélude à l'invasion de l'Allemagne du Sud, invasion dont le Brisgau et le Würtemberg devaient être des premiers à souffrir.

Le lieutenant général de Sückow, Ministre de la

---

(1) Le général F. Douay au Major général, 31 juillet : « Il n'y a personne de Lörrach et de Nollingen jusqu'au val d'Enfer. » (Documents annexes, *Journée du 31 juillet*).

Guerre du Würtemberg, se décida alors à convoquer sa landwehr. En attendant les événements et pour calmer la population badoise, il confia au colonel de Seubert la mission de déployer sur la rive droite du Rhin une colonne mixte, composée du 6ᵉ régiment d'infanterie, d'un escadron de dépôt et d'une batterie de dépôt. Transportées par chemin de fer de Plochingen à Donaueschingen, ces troupes prirent les routes de la Forêt-Noire, partie à pied, partie sur des voitures de paysans (1). Elles cantonnèrent le 1ᵉʳ août au soir à Neustadt et à Saint-Blasien. De ces deux points partirent alors dans la direction du Rhin une série de démonstrations fort bien conçues, tant pour rassurer les riverains que pour fixer notre attention, nous faire croire à de grosses concentrations dans la Forêt-Noire et obliger le 7ᵉ corps à démasquer ses projets (2). « Le 2 août, le détachement de droite entre par la route de Kniebis dans la vallée de la Kinzig et s'arrête à Oppenau et à Biberach, d'où il lance des patrouilles sur Kehl et Lahr. En même temps, un peloton de cavalerie et une compagnie d'infanterie en chariots gagnent, par le val d'Enfer, Fribourg, d'où ils battent la rive du Rhin entre Vieux-Brisach et Neuenbourg. A gauche, le colonel de Seubert, partant de Saint-Blasien avec deux compagnies, gagne Waldshut, y prend le chemin de fer badois, arrive à Rheinfelden, et bivouaque le soir à Lörrach dans un camp préparé à l'avance par les paysans. Pour donner à la rive française l'impression de forces considérables, les Würtembergeois multipliaient les batteries de tambours, les feux de bivouac, les mouvements de nuit à la lueur

---

(1) *Historique du Grand État-Major prussien*, 1ʳᵉ livraison, trad., p. 99.
(2) *Der Kleine Krieg am Ober-Rhein im Monat September 1870*, Fr. v. der Wengen V (*Allegemeine Militar Zeitung*, Darmstadt, 1894), brochure traduite par le capitaine Carnot.

des torches (1). » Ils parvenaient à leurs fins, si l'on en juge par les nouvelles alarmantes que communiquaient à l'état-major du 7e corps les riverains depuis Markolsheim jusqu'à Huningue (2).

Cependant nos troupes, encore réunies à Belfort, ne s'étaient pas encore montrées. Dès qu'on apprit à Lörrach l'arrivée de notre 4e hussards à Huningue, le colonel de Seubert, ne voulant pas trahir sa faiblesse, regagna ses cantonnements antérieurs (3 août).

---

(1) *Historique du Grand État-Major prussien*, 2e livraison, trad., p. 203.

(2) 1er août : « Le bruit a couru que 2,000 soldats würtembergeois sont cantonnés dans la Forêt-Noire, en arrière du val d'Enfer. » (Documents annexes: *Journée du 1er août.*) — 2 août : « Passage de troupes prussiennes vers Huningue, sur la route badoise, pendant la nuit, depuis six jours. Nombre estimé : 20,000 hommes. » (Documents annexes; *Journée du 2 août.*) — 4 août : « Pendant la nuit du 2 au 3 août, des feux ont été aperçus au-dessus de Weil (Bade). On les attribue à un détachement de troupes. » — « Dans la crainte d'une tentative de passage de notre part, 90.000 ou 100.000 hommes auraient été massés dans la vallée de la Kinzig. . . . . . » (Documents annexes; *Journée du 5 août.*)

XVIII

**Déploiement du 7ᵉ corps en avant de Mulhouse (3-4 août).
Détachement de la 1ʳᵉ division dans le Bas-Rhin (5 août).**

C'est seulement le 1ᵉʳ août que le 7ᵉ corps, ayant reçu de Paris une grande partie du matériel de campement qui lui manquait, se trouva en mesure d'être rapproché du 1ᵉʳ corps, ainsi que le demandait depuis une semaine le maréchal de Mac-Mahon. Mais, comme, d'autre part, le maintien de sa 3ᵉ division à Lyon s'imposait pour des raisons de politique intérieure et qu'il ne pouvait être question d'abandonner Belfort, il fut décidé (2 août) que seule la 1ʳᵉ division (Conseil Dumesnil) serait détachée à Strasbourg ; l'infanterie partirait de Colmar en chemin de fer, et l'artillerie par voie de terre, tandis que la 1ʳᵉ brigade de la 2ᵉ division (Liébert) se porterait de la même manière de Belfort sur Colmar. Le 4ᵉ hussards, qui avait été envoyé sans bagages à Huningue pour rassurer les habitants, serait remplacé à Altkirch par six escadrons de lanciers (1). Le mouvement devait commencer le 4.

Mais, dans la soirée du 3, le général Douay, alarmé par les nombreux rapports qu'il recevait, signalant des rassemblements ennemis dans le Brisgau, fit part au Maréchal de ses inquiétudes (2), les 8,000 fusils et les 3,000 sabres qu'on lui laissait ne pouvant vraiment

---

(1) Documents annexes ; *Journée du 3 août*. Le général Douay au Major général, Belfort, 3 août, 10 h. 50 matin.
(2) Le maréchal de Mac-Mahon au Major général, 4 août, 2 h. 25 matin (Documents annexes ; *Journée du 4 août*).

pas suffire à parer à une attaque sur le Rhin. Le Maréchal reçut ces nouvelles, le 4 août, à 2 heures du matin, et, frappé de leur importance, il se hâta de suspendre, jusqu'à plus ample informé, l'exécution de ses premiers ordres, et de laisser au commandant du 7ᵉ corps une *entière liberté de manœuvre* pour surveiller avec toutes ses forces le Rhin, de Strasbourg à Bâle.

Le général Douay, qui croyait avoir devant lui, menaçant Mulhouse, « 6,000 Würtembergeois stationnés à Kandern et Neuenbourg et un corps considérable se dirigeant sur Lörrach », prit ses dispositions en conséquence (1). A la date du 5, la 1ʳᵉ brigade (Cambriels) de la division de cavalerie (Amiel) demeurerait répartie entre Huningue, Ottmarsheim et Altkirch (2), laissant seulement deux escadrons (du 4ᵉ lanciers) à Belfort. Chacune des deux divisions d'infanterie, se rapprochant de Mulhouse, aurait une brigade déployée de part et d'autre de la forêt de la Hardt, et une brigade en réserve, la 1ʳᵉ à Colmar et la 2ᵉ à Belfort. L'artillerie et le génie occuperaient des positions d'attente dans la main des généraux de division, à Bartenheim et Rixheim-Mulhouse, sauf deux batteries envoyées sur la ligne d'observation et une batterie à Colmar. Le quartier général du 7ᵉ corps restait à Belfort, qui continuait à jouer le rôle de réduit de la défense (3) et d'où le général en chef pouvait se

---

(1) Voir (*Guerre de 1870-71. V., Journée du 4 août.*) le plan de détail de ces dispositions et, même ouvrage, *Documents annexes*, p. 239-242, les ordres d'exécution.

(2) Constituée le 31 juillet par les 2ᵉ hussards, 4ᵉ lanciers, 8ᵉ lanciers (total 1,600 sabres), et encore très incomplètement pourvue de matériel (Voir Documents annexes, *Journées du 4 août* : le général de Liégeard au général Soleille).

(3) Le 3 août, la direction d'artillerie de Strasbourg avait reçu l'ordre d'évacuer sur Belfort 40,000 kilogrammes de poudre en excédent à Neuf-Brisach. Cet ordre ne fut exécuté que le 17 août (*Registre* de correspondance de la place de Neuf-Brisach).

porter avec la réserve, soit sur Huningue, soit sur Mulhouse. Le parc du corps d'armée était maintenu provisoirement à Vesoul (1).

Ce plan, inspiré manifestement des propositions du général Doutrelaine du 31 juillet (2), était en voie d'exécution le 4 août ; le 4ᵉ hussards, qui battait le pays, se rassembla à Huningue (3) ; la 1ʳᵉ brigade de la division Conseil Dumesnil, protégée jusqu'à Altkirch par les lanciers, qui s'y arrêtèrent, arrivait à Mulhouse (4) et, derrière elle, la 1ʳᵉ brigade de la division Liébert à Altkirch, quand, à 6 heures du soir, le général Douay reçut à Belfort un télégramme du maréchal de Mac-Mahon, l'informant que le 1ᵉʳ corps était attaqué par des forces supérieures, et lui prescrivant d'expédier immédiatement la division Conseil Dumesnil sur Haguenau.

Il fallut, en pleine nuit, envoyer contre-ordre partout, réveiller et rassembler des troupes fatiguées ; arrivées aux gares, les moyens d'embarquement se trouvèrent insuffisants, et certains corps eurent encore de longues heures d'une attente pénible (5). Enfin, dans la nuit du

---

(1) Voir Documents annexes, *Journée du 3 août* : le général de Liégeard au général Soleille.
(2) Documents annexes, *Journée du 31 juillet*.
(3) Les 2ᵉ et 4ᵉ escadrons arrivèrent le 4 à Huningue, où était déjà le lieutenant-colonel de Montauban avec le reste du régiment.
(4) *Historique* du 8ᵉ lanciers. Ce régiment serait arrivé directement près de Mulhouse dès le 4. Le 4ᵉ lanciers n'y arriva que le lendemain matin (Documents annexes).
(5) Documents annexes ; *Journée du 5 août*. Le IIIᵉ bataillon du 21ᵉ de ligne, escortant par voie de terre deux batteries de l'artillerie divisionnaire (5ᵉ et 11ᵉ du 7ᵉ régiment), cantonnait à Ensisheim le 4 au soir, quand y arriva (à 10 heures du soir) l'ordre appelant toute la division à Haguenau. La colonne reprit le lendemain, à 4 h. 30 du matin, la route de Colmar, où elle arriva à jeun, à 2 heures après-midi, et où il lui fallut attendre toute la journée, dans l'avenue de la gare, l'arrivée du matériel de transport. Embarquée enfin, en trois convois, de 9 heures du soir à minuit, avec la 3ᵉ batterie (laissée à Colmar), elle débarqua le 6, de 4 à 9 heures du matin, à Haguenau, et en repartit à midi, renforcée d'un bataillon du 50ᵉ de

5 au 6, la division Conseil Dumesnil avait entièrement quitté le Haut-Rhin, dégarnissant le secteur Nord de la Hardt.

Dès lors, le 7ᵉ corps, réduit à une seule division et incapable de remplir sa mission sur le Rhin, n'avait plus qu'à se grouper à nouveau près des voies ferrées, en attendant les événements.

---

ligne et précédée de deux escadrons du 6ᵉ lanciers, sur la route de Reichshoffen, mais elle n'arriva sur le champ de bataille que pour assister à la déroute.

« Le vendredi 5 août, à 2 heures, j'ai vu revenir d'Ensisheim un régiment parti d'ici la veille. Il était à jeun. Dans la cour de la gare, on lui a distribué à boire et à manger. Il y avait des pelotons débandés comme après un combat malheureux. Une étape à jeun, par un soleil de 45 degrés ! » (*Journal* d'un habitant de Colmar, par J. Séc.) — Déjà la veille, la subsistance de ce bataillon avait été improvisée. — Le sous-intendant au commandant de place à Neuf-Brisach, Colmar, 4 août, 10 heures matin : « Envoyez à Ensisheim, soit en pain, soit en biscuit, environ neuf cents rations pour distribution *de ce soir* à un bataillon du 21ᵉ et à deux batteries d'artillerie. » (*Registre* de correspondance de la place de Neuf-Brisach.) Les 1ᵉʳ et IIᵉ bataillons du 21ᵉ de ligne avaient été amenés en chemin de fer de Colmar à Mulhouse le 4, puis ramenés sur Reichshoffen dans la nuit du 4 au 5 ; en passant en gare d'Haguenau, le IIᵉ bataillon mit pied à terre et prit position en avant de la ville (*Historique* du 21ᵉ de ligne).

XIX

Marche de la division badoise sur Strasbourg (5-10 août).

Le grave échec de la division A. Douay à Wissembourg avait contraint tout le 1er corps de l'armée du Rhin à se concentrer à nouveau autour de Haguenau. Le général de Nansouty fit lever le camp de Seltz le 5, de grand matin, et se mit en retraite dans cette direction. Au moment du départ, vers 3 heures du matin, les avant-gardes badoises (IIe bataillon du régiment des grenadiers du corps, et un escadron de dragons) parties de Lauterbourg en pleine nuit, arrivaient près de Schafshausen (entre Seltz et Münchhausen) au contact de la compagnie de grand'garde (1re compagnie du Ier bataillon du 36e de ligne) qui, soutenue par la 2e compagnie du 16e bataillon de chasseurs à pied, prolongea le feu pour laisser filer la colonne, puis se replia à son tour sur Seltz, et prit isolément la direction de Soufflenheim, pendant que l'infanterie badoise s'arrêtait pour opérer la reconnaissance méthodique du Seltzbach.

Notre retraite sur Haguenau se fit en bon ordre : « Le 2e lanciers ouvrait la marche et fournissait la pointe d'arrière-garde, formée par un peloton du 3e escadron. L'infanterie de ligne occupait le centre de la colonne ; les chasseurs à pied et les deux escadrons du 11e chasseurs protégeaient son flanc droit. Plusieurs fois, en route, la compagnie d'arrière-garde fut obligée de s'arrêter et de faire feu sur les coureurs ennemis qui remplissaient la forêt et suivaient la colonne. En arrivant à Soufflenheim, le général laissa filer le 2ᵉ lanciers sur Haguenau et resta avec l'infanterie, qui se reposa pendant une heure, protégée par une compagnie établie en face de la forêt, dans le cimetière du village (1). » Renseignée sur notre direction, une partie de la cavalerie ennemie (hussards du corps n° 2, éclairant la IVᵉ division de cavalerie) se rejeta à l'Ouest de la route de Haguenau tandis que, du côté de l'Est, les dragons badois, sans s'attarder à garder le contact de la colonne du général de Nansouty, prenaient le contre-pied de nos lanciers du 6ᵉ régiment dans la direction de Strasbourg, et allaient fouiller le pays entre le Rhin et la forêt d'Haguenau, jusqu'à Fort-Louis et Drusenheim (2). En arrivant à Haguenau, notre colonne se disloqua, et les bataillons rejoignirent isolément leurs divisions dans la direction de Wœrth.

Le 6 août, pendant que la *IIIᵉ* armée écrasait, à Wœrth, Frœschwiller et Reichshoffen, les troupes de notre 1ᵉʳ corps et celles de la division Conseil Dumesnil, du 7ᵉ corps, la division badoise, ayant rompu la dernière, à 7 h. 30 du matin, demeura en réserve, d'abord à Hohwiller, puis à Surbourg, et, après la bataille, elle bivouaqua presque sur place, à Gunstett et Schwabwiller, gardant contre une offensive possible de notre 7ᵉ corps les débouchés Nord de la forêt de Haguenau. Aussi le lendemain, à l'heure où le reste de l'armée confédérée, harassé de fatigue, était contraint au repos, les Badois furent-ils seuls prêts à profiter de la victoire. Dès ce moment, ils étaient destinés à jouer derrière les armées

---

(1) *Historique* du 2ᵉ lanciers. Voir aussi (Documents annexes, *Historiques* du 16ᵉ bataillon de chasseurs, du 11ᵉ chasseurs à cheval et du 36ᵉ de ligne.
(2) *Journée du 5 août*. Fort-Louis, ancienne place française, avait été rasé en 1815 par les Badois sur l'ordre de Schwarzenberg, et il n'y restait plus qu'un village, relié à la rive droite par un bac, et encore protégé par des talus et par des fossés pleins d'eau.

allemandes le rôle que leurs pères avaient joué en 1814 et 1815 derrière les Russes de Wittgenstein et les Autrichiens de Schwarzenberg, et qui avait essentiellement consisté à ruiner les défenses et les richesses de l'Alsace.

En 1870, la possession de Strasbourg, nœud de chemin de fer, de routes et de voies navigables, véritable clef des relations entre la France et l'Allemagne du Sud, était, comme en 1815, d'une importance militaire capitale. Dans la défensive, la place, avec ses immenses approvisionnements de tout genre, pouvait soutenir longtemps une armée opérant en Alsace. Dans l'offensive, c'était encore une base d'opération d'autant plus précieuse, qu'elle était facile à ravitailler de toutes parts. Depuis 1815, sous le prétexte suranné du coup de force de Louis XIV, et par un volontaire oubli des traités qui l'avaient sanctionné, le peuple allemand était élevé dans la convoitise de cette ville prétendue allemande et que les écoliers plaçaient en terre germanique. Après la bataille qui rejeta les forces françaises sur Saverne, l'armée confédérée, ayant le champ libre vers le Sud, devait se hâter de profiter de l'isolement de Strasbourg : le soir même de Frœschwiller, le Prince royal décida de détacher la division badoise, sous le général de Beyer, dans la direction de cette place, avec la mission de l'isoler des secours du 7e ou du 4e corps.

Le 7 août, avant le jour, les avant-gardes badoises (brigade de cavalerie de La Roche) se mirent en marche de Gunstett vers Haguenau. Le IIe bataillon du 21e de ligne (division Conseil Dumesnil) qui, de Colmar, y était arrivé le 5 au matin (1), avait d'abord pris position à 1.500 mètres au Nord de la ville, pour défendre les approches de la gare, où des trains étaient tenus prêts à partir. Le 6, pendant

---

(1) Voir *passim*. page 71, note 5.

la bataille de Frœschwiller, les reconnaissances de la IVᵉ division de cavalerie prussienne étaient venues jusque sous le feu de ses avants-postes. Vers 5 heures du soir, la foule des fuyards et des blessés commençait à affluer vers Haguenau. Obéissant à des ordres péremptoires reçus, dans la journée, du maréchal de Mac-Mahon et, dans la nuit, du général Uhrich (1), le bataillon du 21ᵉ s'embarqua, le 7, à 3 heures du matin, pour Strasbourg, avec tout ce qu'il put emmener d'isolés arrivant du champ de bataille. Trois heures plus tard, à 6 heures du matin, les dragons badois parurent en vue de la ville. Leurs éclaireurs ayant reconnu que la porte de Wissembourg était ouverte, le général de La Roche fit mettre en batterie quelques pièces légères, et, sous leur protection, il entra au galop dans la ville. Quelques coups de feu, tirés de la caserne par des blessés qui venaient de s'y réfugier, tuèrent ou blessèrent quatre Badois. Mais la résistance était impossible. Haguenau surpris tomba aux mains de l'ennemi, qui y fit une centaine de prisonniers (2). Le même soir, toute la division badoise cantonnait dans la ville ou campait dans les faubourgs.

Aussitôt reposée, sa cavalerie de découverte avait repris les devants, partagée en deux colonnes : l'une sur la route de Brumath, pour reconnaître la direction de Strasbourg, l'autre sur celle de Hochfelden, pour couper entre Strasbourg et Saverne l'une des lignes ferrées qui eussent permis le retour d'une partie du 1ᵉʳ corps français sous le canon de la place. Ces deux

---

(1) Voir Documents annexes. *Journée du 6 août* : Ordre du maréchal de Mac-Mahon au commandant du IIᵉ bataillon du 21ᵉ de ligne, reçu à Haguenau le 6 août à 10 heures du matin; et *Journée du 7 août*, D. T. du général Uhrich, commandant la division militaire à Strasbourg, reçu à Haguenau le 7, à 2 heures du matin.
(2) *Strasbourg*, par A. Schneegans, député du Bas-Rhin, p. 65.

colonnes, traversant les villages au galop, ne rencontrèrent pas d'obstacles, et, à 5 heures du soir, elles prirent leurs cantonnements à Brumath et à Hochfelden.

Le lendemain 8, des renseignements secrets venus de Strasbourg donnèrent à penser au général de Beyer qu'il serait possible de tenter un coup de main et de surprendre la place, où rien n'était prêt et où les habitants, pensait-on, obligeraient le gouverneur à capituler (1). Dans l'après-midi, il fit rassembler les trois régiments de dragons de la brigade de La Roche, avec toute l'artillerie de la division (9 batteries) et 6 compagnies d'infanterie montées dans des chariots du train. La colonne s'arrêta, à 6 h. 30 du soir, à 2 kilomètres des ouvrages, dans lesquels on distinguait une grande agitation. Mais les dragons badois envoyés en fourrageurs trouvèrent les ponts dressés et furent accueillis par les coups de feu des remparts. A tout hasard, le général de Beyer envoya porter une sommation; son parlementaire ne fut pas même admis dans la place. Devant cet échec, la colonne revint à Brumath, à l'exception d'un détachement de cavalerie qui resta à Wendenheim pour occuper et organiser défensivement cette importante bifurcation. Un autre détachement aurait reçu la mission d'aller couper, près de Geispolsheim, la voie ferrée et la ligne télégraphique reliant Strasbourg à Mulhouse, mais il ne semble pas qu'il s'en soit acquitté (2).

Les journées du 9 et du 10 s'écoulèrent au cantonnement, et dans l'attente des ordres du Grand État-Major

---

(1) Voir plus bas, § XXI, *Strasbourg, le 10 août 1870*.
(2) D'après l'*Historique du Grand Etat-Major prussien*, p. 387, trad, la voie ferrée et le télégraphe auraient été coupés près de Geispolsheim le 8. Cependant, le lendemain 9, le général Uhrich écrivait au Ministre : « Nos communications, interceptées depuis plusieurs jours, ont été momentanément rétablies entre Strasbourg et Mulhouse. J'en profite pour vous dire, etc. » (Documents annexes, *Journée du 9 août*.)

prussien : ordres qui arrivèrent seulement dans la soirée du 10. Le maréchal de Moltke télégraphiait de Sarrebrück au commandant de la division badoise de s'opposer à tout ravitaillement de Strasbourg en troupes ou en matériel, et de surveiller particulièrement à cet effet la direction du Sud. « Le meilleur parti à prendre sera d'investir complètement la place; des renforts qui vous le permettront sont en route (1). » Ces renforts étaient la Ire division de landwehr (12 bataillons, 4 escadrons, 3 batteries) à laquelle devaient s'ajouter le 2ᵉ régiment de dragons de réserve, les deux batteries de réserve du 3ᵉ régiment d'artillerie de campagne, et enfin deux corps prussiens de première ligne, le régiment de Poméranie n° *34*, appelé de Rastadt, et le régiment d'infanterie n° *30*, appelé de Mayence.

Dès ce moment, le contingent badois, étant détaché en vue d'une opération spéciale, cessa de compter à l'effectif de la IIIe armée.

---

(1) *Correspondance militaire du maréchal de Moltke*, t. I, n°ˢ 129 et 145.

XX

Passage de la garnison de Rastadt en Alsace.

Nos désastres laissaient la Basse Alsace incapable de résister aux troupes ennemies qui étaient demeurées à Rastadt et dans le nord du grand-duché de Bade. Cependant celles-ci passèrent le Rhin avec autant de prudence que de méthode.

Après Wissembourg, le 5 août, les vedettes françaises ayant disparu de la rive gauche, le général Waag, gouverneur de Rastadt, y envoya des reconnaissances, qui la trouvèrent déserte. Il fit alors passer à Münchhausen une compagnie de fusiliers du 6e régiment badois, qui mit le village en état de défense et s'y installa, après avoir rétabli le bac. Le lendemain 6, cette compagnie descendit la rive gauche pour faire sa jonction, au bac d'Au, avec le IIe bataillon du même régiment, qui y relevait les postes würtembergeois laissés près de Lauterbourg (1); elle était remplacée par un détachement du régiment des fusiliers poméraniens (n° 34), qui de Münchhausen, poussait une reconnaissance sur Seltz et y signalait la trace d'un récent bivouac de 3,000 hommes, au moment précis où ses occupants de la veille se trouvaient engagés à Wœrth, Frœschviller et Reichshoffen (2).

---

(1) Le 6, pendant la bataille de Wœrth, Lauterbourg était occupé par les 7e et 8e compagnies du 2e régiment d'infanterie badois et le 2e escadron de cavalerie würtembergeoise (*Historique du Grand État-Major prussien*, p. 117).

(2) *Geschichte der Pommerschen Fus. Regiments* n° *34*.

Le 7, le poste de Münchhausen fut renforcé d'une compagnie badoise, tandis que le 1er bataillon des fusiliers poméraniens (n° *34*) remontant la rive droite, allait, près de Sœllingen, jeter sur le fleuve un barrage flottant, pour protéger contre nos canonnières la construction d'un pont de bateaux, dont les éléments furent ensuite ramenés entre Plittersdorf et Seltz (1).

Le lendemain 8, ce bataillon, gagnant la rive française, s'en fut cantonner en toute sécurité à Fort-Louis, où les dragons badois étaient passés en vainqueurs le 5, et où ses patrouilles rassemblèrent les traînards des deux armées, dispersés aux alentours depuis la bataille du 6. On y rétablit le bac et on commença à relever le parapet des vieux remparts du côté alsacien, pour protéger le passage (2). Le même jour, le bataillon des fusiliers du 6e régiment badois rétablissait le bac de Seltz, qui devenait la tête d'une nouvelle ligne d'étapes, reliée à Soultz-sous-Forêt, pour ramener à Rastadt les blessés et les prisonniers de Frœschwiller.

Le pont de bateaux de Plittersdorf, terminé le 10, servit à faire passer, dès le 11 août, les trains de combat que les troupes transportées en barques à Münchhausen et Fort-Louis n'avaient pu emmener avec elles. Un second pont volant, jeté le 8, entre Au et Lauterbourg, à côté du bac, fut employé dans la suite aux communications avec Carlsruhe.

---

(1) Il n'y eut pas d'autre pont allemand sur le Rhin français avant le 12 août, et il faut classer parmi les documents littéraires, la *Proclamation* du général Bourbaki à la Garde Impériale, en date du 8 août : « Soldats, les opérations sont commencées depuis quelques jours... Déjà les pertes qu'il avait subies.,. avaient appris à l'ennemi combien il devait compter sur la valeur du soldat français, lorsque des troupes considérables, *franchissant le Rhin sur un pont de bateaux jeté à la hâte et dissimulé par des obstacles naturels aux regards de tous*, ont débouché rapidement sur l'un des flancs de ce corps.... »

(2) Documents annexes, *Journée du 10 août*. D. T. du Directeur de la douane de Strasbourg au Major général à Metz.

Le 11, sur un ordre du Grand État-Major prussien, les deux derniers bataillons du *34ᵉ* poméranien quittèrent Rastadt pour passer à leur tour le Rhin à Plittersdorf, et se diriger sur Haguenau, où le régiment se retrouva au complet le 12, après avoir reconnu toute la rive gauche jusqu'à Gambsheim. En même temps, le 1ᵉʳ bataillon du *6ᵉ* régiment badois était envoyé à Kehl, pour surveiller Strasbourg par la rive droite; et l'état-major de la brigade d'infanterie, avec deux bataillons du *4ᵉ* régiment badois, arrivait à Brumath. Il ne restait donc plus à Rastadt, désormais à l'abri de toute inquiétude, qu'une garnison de quatre bataillons de landwehr.

A cette date du 12 août, le grand-duc de Bade, ayant passé le Rhin à Plittersdorf la veille au soir, traversait les cantonnements d'Haguenau et de Brumath pour aller installer son quartier général particulier à Lampertheim, à une heure de marche de Strasbourg, et présider au blocus de la place.

XXI

Strasbourg, le 10 août 1870.

Depuis sa belle défense de 1814, Strasbourg avait été longtemps abandonné. L'enceinte fortifiée, construite par les ingénieurs allemands du xvii siècle et améliorée successivement par Vauban et par Cormontaigne, avait perdu de sa valeur à mesure que l'artillerie s'était perfectionnée. Elle ne possédait de casemates et d'abris blindés que pour protéger 1,500 hommes environ (1) et en 1866, le Comité du génie avait reconnu qu'elle ne pouvait pas résister aux canons rayés. Plusieurs projets furent alors mis en avant, tendant à établir des ouvrages détachés pour couvrir des emplacements de camps au Nord et à l'Est, et pour renforcer les défenses de la citadelle, qui n'était plus à l'abri du canon de Kehl (2); mais des raisons politiques ou financières les firent ajourner, et on se contenta d'entretenir les défenses de la vieille enceinte, que l'on dota seulement d'une soixantaine de petits magasins à poudre et de traverses contre le tir d'enfilade. Au début de juillet 1870, après que 1,200,000 francs y eurent été dépensés en réfections de détail, le général Forgeot, envoyé pour activer les travaux, constatait que les remparts manquaient encore d'embrasures, de plates-formes, de petits magasins à poudre. Alors on demanda d'urgence au service des forêts les bois nécessaires aux

---

(1) Bodenhorst, *Siège de Strasbourg*. p. 19.
(2) Au mois de juin 1870, le général de Failly, commandant le 3ᵉ corps insista encore pour l'établissement d'un ouvrage avancé sur la hauteur de Schiltigheim, dominant la place au Nord, et d'un redan autour de la bifurcation et des rotondes du chemin de fer.

blindages, et les troupes de l'artillerie furent hâtivement employées à confectionner des gabions, claies et saucissons pour les revêtements. Mais les hommes et le temps firent également défaut, car il est constant qu'au début du siège, il manquait encore 70,000 pieux de palissade sur 110,000, et que les revêtements étaient presque nuls.

Le 15 juillet, à la veille de la déclaration de guerre, le général Ducrot, commandant la 6e division, revint du camp de Châlons à Strasbourg. La garnison (2 bataillons de chasseurs, 2 régiments d'infanterie, 2 régiments d'artillerie et 11 compagnies de pontonniers) reçut des munitions; l'île des Épis, où l'on avait dû élever un fort, fut occupée; on établit quelques postes sur le Rhin et un observatoire sur la plate-forme de la cathédrale. Mais il fallait, avant tout, se hâter d'achever l'armement des remparts; aussi, à la demande des généraux Ducrot, Doutrelaine (inspecteur du génie) et Véronique (directeur du génie au ministère), le Ministre alloua à la place de Strasbourg, du 16 juillet au 8 août, près de 200,000 fr. sur les nouveaux crédits mis à sa disposition par la Chambre. A la faveur de ces ressources et du rassemblement de deux divisions à Strasbourg depuis le 23 juillet (1), les défenses de l'enceinte intérieure étaient à peu près utilisables, lorsque les derniers éléments du 1er corps quittèrent Strasbourg (3 août).

L'armement des ouvrages avait rencontré de gros obstacles; car il avait fallu établir des portières pour traverser les lunettes; et pour pouvoir charrier les canons dans les demi-lunes et les ouvrages avancés, les pontonniers eurent à construire un grand nombre de ponts de chevalets et même de ponts de bateaux. Au départ

---

(1) Du 15 au 23 juillet, l'effectif de la garnison n'avait fait que décroître (Voir *Lettres* du général Ducrot au Ministre, 20 juillet 1870). Les travailleurs militaires recevaient une indemnité de 0 fr. 48 par jour.

du 1er corps, la citadelle n'étant pas encore en état, le gouverneur se décida à recourir à la main-d'œuvre civile, et 200 ouvriers, travaillant jour et nuit, achevaient de blinder ses trois poudrières, négligées jusque-là, quand l'ennemi parut en vue des remparts (8 août).

Les défenses extérieures et leurs abords avaient été presque complètement abandonnés au cours des dernières années. On avait laissé élever, à 1,300 mètres de la place, un remblai de voie ferrée, constituant une véritable fortification opposée à nos défenses. S'il était trop tard pour y remédier, il eût au moins fallu dégager le champ de tir immédiat des remparts en rasant les constructions et les hautes plantations qui, depuis 1815, avaient envahi la zone militaire. Mais le général Uhrich, en prenant son poste à Strasbourg le 21 juillet, avait reçu du Ministre des instructions contraires, ne l'autorisant à prendre les mesures nécessitées par l'état de siège, qu'*à la dernière extrémité* (1) : tant il semblait inadmissible qu'une place française pût être assiégée.

L'approvisionnement et l'armement de la place semblaient, du moins, mieux assurés.

Les ressources de l'intendance correspondaient, après le départ du 1er corps, à trois mois de pain et deux mois de viande pour 10,000 hommes (2).

Quant aux canons, les 400 pièces prévues pour la

---

(1) « Suspendez tous travaux de cette sorte jusqu'à la dernière extrémité : et encore ne faites rien sans vous entendre au préalable avec l'autorité civile. » Puis (31 juillet) : « Je vous informe que l'insertion au *Journal officiel* du décret de mise en état de siège des départements du Bas-Rhin et du Haut-Rhin (27 juillet) n'est pas suffisante pour que cette mesure soit immédiatement appliquée. Ce décret a été publié pour mettre l'autorité militaire, à un moment donné et lorsque les circonstances l'exigeront, à même de prendre les dispositions autorisées par ledit décret. »

(2) L'intendant général inspecteur Uhrich à l'intendant Blondeau, à Paris (de Belfort, 11 août). « Strasbourg est bondé de vivres et peut soutenir un siège de durée. »

défense étaient presque au complet, avec 575 affûts. En outre, l'arsenal et l'École d'artillerie, qui avaient reçu le matériel du parc de siège de l'armée du Rhin, renfermaient plus de 600 bouches à feu de différents calibres, dont un grand nombre non montées sur affûts, mais la plupart utilisables. Tout compte fait, le nombre des seules pièces rayées de place et de siège se trouva monter à 151, avec un approvisionnement de 135,000 projectiles, qui, bien qu'inférieur à l'approvisionnement normal (1) et insuffisamment pourvu de fusées réglables (2), paraissait suffisant pour assurer une défense honorable (3).

Ce qui allait surtout manquer à Strasbourg, c'était une garnison proportionnée à son importance militaire, à l'étendue de ses défenses, et au chiffre de sa population (80,000 habitants). Aucune troupe n'avait été spécialement affectée par le Ministre à la garde de la place; aucune mesure ne semblait être prévue pour le moment où les troupes de ligne seraient entrées en campagne. Par précaution, le 17 juillet, le préfet du Bas-Rhin proposait « d'y organiser, tout d'abord, une garde nationale solide ». Mais en raison des craintes que le mouvement ouvrier inspirait alors (4), le Ministre de l'Intérieur refusa l'autorisation. Vainement, le 20 juillet au soir, le

---

(1) Fixé à 246.500 coups.
(2) Il n'y avait que 35.000 fusées métalliques, emmagasinées ensemble à la citadelle, et que détruisit l'incendie du 23 août. A partir de ce moment, il fallut avoir recours à des fusées en bois, fabriquées au jour le jour et qui ne donnèrent que 20 p. 100 d'éclatements. Une caisse de fusées métalliques envoyée de Paris à Schlestadt, puis confiée à une barque de pêche sur l'Inn, fut interceptée. (*Historique* des pontonniers, et *Strasbourg*, par Schnœgans.)
(3) *Rapport* du général Doutrelaine, juillet 1870.
(4) Les grèves ouvrières du Haut-Rhin n'étaient pas encore apaisées. (Voir § VI, Période de tension politique, et § XXIX, L'esprit de résistance en Alsace. » « Il n'y a pas lieu en ce moment d'organiser une garde nationale à Strasbourg. » (*Papiers et correspondance de la famille impériale*, t. I, p. 452.)

général Ducrot revint à la charge (1). Son successeur, le général Uhrich, ne fut pas plus heureux. On savait, il est vrai, qu'en 1814, le général Bourcier n'avait pu soutenir l'effort des alliés qu'en faisant passer dans la garde nationale toute la population valide de la place, mais alors les passions politiques et religieuses n'avaient pas encore détruit l'union patriotique. Lorsqu'on apprit que les divisions Raoult et de Lartigue, concentrées à Strasbourg, allaient en repartir, le colonel directeur de l'artillerie, désespéré de cet abandon, écrivit encore, le 29 juillet : «... En cas de siège, il y aurait ici 72 pièces à blinder : dans quelques jours, je n'aurai ni officiers, ni canonniers pour les servir. » Pour remédier à cette détresse, le Ministre mit à la disposition des directeurs d'artillerie dans les places de la 6ᵉ division, les batteries de la garde mobile, convoquées pour le 2 août, et prescrivit de faire appel au patriotisme des anciens officiers et sous-officiers d'artillerie ; ce n'était là qu'une ressource illusoire en regard des immenses besoins du service (2). Le 30 juillet, le maréchal Le Bœuf, major général, put constater personnellement « qu'on n'avait pris à Strasbourg aucune disposition sous le rapport de la défense et que les pièces n'étaient même pas sur les remparts (3) » Il s'en indigna : mais n'était-il pas, un des premiers, responsables de cette situation ?

Le 3 août, le général Forgeot, commmandant l'artillerie de la 6ᵉ division, écrivait cette lettre, véritable

---

(1) Le général Ducrot au Ministre, 20 juillet 1870, 8 heures soir : « Il serait facile de trouver des ressources dans la garde mobile et sédentaire, mais je ne me crois autorisé à rien faire, puisque Votre Excellence ne m'a donné aucun pouvoir. »

(2) Le général Soleille au Général commandant la 5ᵉ division et au général Forgeot, 29 juillet 1870 (Documents annexes, *Journée du 29 juillet*).

(3) *Souvenirs inédits* du maréchal de Mac-Mahon, 30 juillet.

réquisitoire contre les fautes du passé et les illusions criminelles du présent (1) : « Les places de la direction de Strasbourg manquent d'une partie notable de leur approvisionnement normal et souffrent de la pénurie absolue du personnel destiné à leur défense. En ce qui concerne le manque d'approvisionnement, le Ministre sait parfaitement à quoi s'en tenir; il le sait depuis longtemps, et j'ai eu l'occasion de le lui rappeler, lors de la mission dont j'ai été chargé au commencement de ce mois (2). Quant au personnel, je dois vous faire remarquer que c'est depuis hier seulement que les troupes de la mobile commencent à arriver, et qu'il faut quelques jours encore pour qu'on puisse apprécier ce que ces hommes pourront fournir. Je crains que les anciens officiers ne soient peu nombreux : du moins, le colonel directeur est de cet avis. »

En conséquence, le général Forgeot proposait de répartir entre Strasbourg et Belfort 2 batteries montées, 4 batteries à pied et 2 compagnies du train des équipages, et d'envoyer à Neuf-Brisach, ainsi qu'à Schlestadt, une demi-batterie montée, une batterie à pied, et une demi-compagnie du train. « Dans ces conditions, concluait-il, l'armement des places sera fait rapidement et sera bien exécuté. La garde nationale mobile apprendra son métier, et *au bout de quelques semaines*, on retrouvera ici des troupes d'artillerie excellentes. » Au lieu de quelques semaines de répit, le sort des combats allait lui accorder quatre jours.

---

(1) Le général Forgeot, commandant l'artillerie du 1ᵉʳ corps, au général Soleille, Strasbourg, 3 août 1870.
(2) Les généraux Susane, Forgeot et Doutrelaine avaient été envoyés en mission, au début de juillet 1870, pour rendre compte de l'état des défenses des places frontières. Leurs rapports furent sincères, c'est-à-dire très défavorables, mais il n'en fut tenu, sur le moment, aucun compte, *faute de crédits*.

Le 4 août au matin, le maréchal de Mac-Mahon quitta Strasbourg, n'y laissant malgré les instances du général Uhrich, que le seul 85ᵉ de ligne, pour former avec les six compagnies non employées du 16ᵉ d'artillerie (pontonniers) une garnison provisoire (1). Il avait eu un moment le projet d'y laisser une brigade d'infanterie (2), mais la place, disait-il, n'avait pas besoin de défenseurs, puisqu'il la couvrait avec tout le 1ᵉʳ corps d'armée. Battu à Wissembourg le 4, coupé de sa droite à Frœschwiller le 6, sa retraite précipitée sur Niederbronn, puis sur Saverne, rendit cet abandon irréparable.

Ainsi le 6 août, tandis que la cavalerie prussienne patrouillait aux abords d'Haguenau, Strasbourg, dont la garnison de guerre eût dû comporter au moins 15,000 hommes, dont un quart d'artilleurs et 600 sapeurs du génie avec 30 officiers (3), ne possédait pour toutes forces régulières qu'un régiment de ligne, laissé à titre provisoire, six compagnies et le dépôt du 16ᵉ d'artillerie (pontonniers), le noyau des quatrièmes bataillons des 18ᵉ et 96ᵉ de ligne, quatre compagnies de chasseurs, six petits dépôts d'ouvriers affectés aux magasins (4), un peloton de cavalerie d'escorte (réservistes du 6ᵉ lanciers) et deux détachements surpris au moment de partir : l'un pour Paris (43 marins de la canonnière n° 3)

---

(1) Le 5, arriva à Strasbourg la compagnie du train affectée à l'équipage de pont du 1ᵉʳ corps. On fit alors rentrer dans la place cet équipage, laissé au bord du petit Rhin sous la garde de la 3ᵉ compagnie de pontonniers.

(2) Le maréchal de Mac-Mahon au Major général, Strasbourg, 4 août, 2 h. 25 matin. Documents annexes, (*Journée du 4 août*).

(3) Elle avait été fixée par le Ministre, en 1867, à 11,702 hommes d'infanterie, 595 de cavalerie, 1.310 d'artillerie (pontonniers, train et ouvriers compris) et 393 du génie, total 14.000 hommes. Evaluation bien insuffisante, surtout quant aux troupes d'artillerie.

(4) 5ᵉ et 20ᵉ d'artillerie, 10ᵉ et 13ᵉ bataillons de chasseurs, 18ᵉ et 90ᵉ de ligne.

et l'autre pour Toul (40 pontonniers du 16ᵉ d'artillerie destinés au complément du 2ᵉ équipage de réserve). Pas un officier de l'état-major de l'artillerie, et seulement 16 gardes du génie ! La garde nationale mobile du Bas-Rhin (3,476 hommes non habillés, ni instruits et n'ayant touché leurs fusils à tabatière que la veille, 6 août) était encore absolument inutilisable. Les corps auxiliaires des douaniers, de la garde nationale sédentaire et des francs-tireurs n'étaient pas encore organisés. En cet état lamentable, si, le soir même de la bataille de Frœschwiller, les Badois, plus audacieux, se fussent présentés sous les murs de Strasbourg, la place ne pouvait leur opposer aucune résistance sérieuse. Par bonheur, les débris des corps de toutes armes dispersés dans cette terrible journée, qui avaient eu l'instinct de suivre la route de Strasbourg et la force de marcher toute la nuit, purent précéder les colonnes ennemies à Haguenau et Brumath. L'arrivée successive de ces 1,600 hommes, si démoralisés qu'ils fussent par leur défaite et leur fuite désordonnée (1), fut regardée comme

---

(1) L'effectif de ce renfort a été évalué de 4,000 à 5,000 hommes ; en réalité, il fut beaucoup moindre. Le 11 août, le général Uhrich donna au Ministre de la guerre le chiffre officiel de « 1,598 isolés rentrés après la bataille de Frœschwiller, et 408 chevaux rentrés avec les isolés ». (*Papiers secrets et correspondance du Second Empire*, 1871, p. 264.) Les deux régiments de marche, comprenant, en outre de ces isolés, tous les détachements de réservistes, hommes de la 2ᵉ portion ou conscrits surpris par l'état de siège, avaient le 17 août, l'effectif total de 4,650 hommes.

Quant à la qualité de ces troupes, appartenant pour la plupart à la division de Lartigue, elle ressort des témoignages et date de 6 et 7 août : « Arrivée au village de Gundershoffen, vers 3 heures de l'après-midi (6 août) la tête de la colonne a été longuement arrêtée par une bande de fuyards rétrogradant sur Haguenau dans le plus grand désordre, et sur une grande profondeur, disant que l'ennemi était très proche et criant de se sauver. Dans l'impossibilité d'arrêter ce torrent affolé et afin de n'être pas entraînée par lui, la colonne a dû se porter à gauche... etc... » (*Rapport* du commandant de l'artillerie de la 1ʳᵉ division du 7ᵉ corps). Le 7 août au matin, le préfet du Bas-Rhin télégraphiait au Gouvernement : « La panique qui s'est produite hier soir à Strasbourg, par suite de mauvaises nouvelles

une aubaine inespérée pour la place dont ils allaient devenir les défenseurs.

Le 7 août, le général Uhrich, toujours sans ordres et redoutant un nouveau désastre, décida, *de son autorité privée* (1), de prendre les mesures correspondant à l'état de siège dans toute la 6ᵉ division militaire, et il convoqua le conseil de défense de Strasbourg. On commença seulement ce jour-là les travaux les plus urgents autour des ouvrages Nord de la place, et M. Bénard, ingénieur en chef des travaux du Rhin, ouvrit les écluses sur le front Sud.

Dans la journée du 8, on retira de l'eau tous les bateaux du pont de réserve, garés dans le Petit-Rhin; alors que ce pont, s'il eût été amarré aux piles du viaduc, pouvait encore nous servir à tenir Kehl, on en remit les travées sur roues, et on les fit rentrer dans la place, pour qu'il ne tombât point aux mains de l'ennemi (2). Le 8 au soir, quand la cavalerie badoise parut devant les remparts, on achevait de mettre en état les ponts-levis des fossés, et de couper la voie ferrée venant d'Haguenau; on distribuait encore ses fusils à piston à la garde nationale sédentaire, que le général Uhrich avait pris sur lui d'organiser par un choix entre les bourgeois volontaires, et deux officiers énergiques (le commandant de Serlay du 2ᵉ lanciers, pour la cavalerie, et le lieutenant-colonel Rollet du 47ᵉ de ligne, pour l'infanterie) s'efforçaient d'organiser en escadrons et bataillons de marche les petits détachements venus du Haut-Rhin, les isolés

---

venues de Haguenau, et de l'arrivée de soldats traînards, fuyards et généralement peu blessés... » (*Papiers secrets et Correspondance du Second Empire*, édit. de 1871, p. 252).

(1) Le décret impérial, daté de Metz 7 août, déclarant en *état de siège* « Strasbourg et les places de l'Alsace » ne parvint à Strasbourg qu'après la proclamation du général Uhrich. Ce décret complétait celui du 27 juillet qui avait mis les places d'Alsace en *état de guerre*.

(2) *Historique* du 16ᵉ d'artillerie, pontonniers.

arrivés de Frœschwiller, les réservistes rejoignant leurs dépôts, les convalescents sortant des hôpitaux, etc. (1).

Quelles étaient à ce moment les dispositions des Strasbourgeois? Les indicateurs que l'état-major prussien entretenait dans la place lui avaient fourni sur ce point des renseignements contradictoires Dès le 7, on s'attendait à un coup de main des vainqueurs de Frœschwiller; il y eut alors dans la ville des rassemblements et des manifestations pour obtenir des armes, et le préfet dut promettre d'armer, le jour même, 400 à

---

(1) Voir ci-après l'état de la garnison, le 17 août 1870. (Documents annexes).

Toutes les archives des deux régiments de marche de Strasbourg ont disparu, détruites par l'incendie des bâtiments de la citadelle, ou abandonnées lors du départ de la garnison en captivité.

On sait seulement que le régiment d'infanterie, organisé d'abord à quatre bataillons, puis augmenté d'un cinquième le 16 août, n'avait qu'un bataillon homogène, le IIe, formé du 11e bataillon du 21e de ligne, venu d'Haguenau, et que son V^e bataillon fut ainsi composé : 1re compagnie, détachement du 16e bataillon de chasseurs; 2e et 3e, 200 réservistes du 74e de ligne, venus de Neuf-Brisach le 7 août avec le lieutenant Four; 4e, 5e et 6e compagnies, 340 réservistes du 78e de ligne, venus de Besançon. Quant aux 1er, IIIe et IVe bataillons, ils comprenaient quelques détachements (en particulier 104 hommes du 45e, venus du dépôt de Belfort le 6 août avec le lieutenant Homps) mais surtout des isolés réfugiés dans la place après Frœschwiller, et qu'on eut la plus grande peine à réorganiser. 220 chasseurs à pied du 1er bataillon, et un groupe de chasseurs du 17e bataillon formèrent les 1re et 2e compagnies du IIIe bataillon. Les zouaves et les tirailleurs appartenant aux six régiments d'Afrique formèrent le fond du IVe bataillon. Le reste appartenait principalement aux 8e, 11e, 20e bataillons de chasseurs, aux 3e, 36e, 47e, 48e, 50e, 56e, 77e 88e, 99e de ligne. Les éléments de ce régiment de marche, tirés de 35 corps différents, étaient, pour les quatre cinquièmes, sans aucune solidité. Le colonel (plus tard général) Rollet, sollicité d'en rédiger l'historique, se déroba à ces tristes souvenirs. Ses premiers chefs de bataillon avaient été MM. de Momigny (du 3e de ligne), Hulleu (du 21e) et Bertel (rappelé à l'activité le 9 août)

Le régiment de cavalerie de marche (commandant Gosse de Serlay) était formé de 340 cuirassiers (des 1er, 2e, 3e, 4e, 8e, et 9e) et dragons (du 10e) et 240 hussards (du 3e) chasseurs (du 11e) et lanciers (des 2e et 3e), en outre d'un peloton de réservistes du 6e lanciers arrivés le 6 août de Schlestadt pour servir d'escorte au général commandant la division. Un grand nombre des cavaliers échappés à Reichshoffen étaient arrivés à pied; on ne pouvait les remonter qu'en chevaux de trait ou de réquisition.

500 gardes nationaux (1); mais la présence d'un très grand nombre d'étrangers à Strasbourg (2) rendait également possibles des manifestations hostiles à la défense de la place, où le général de Beyer croyait pouvoir se flatter de trouver un appui chez une partie des habitants (3). Toujours est-il que le major von Amerungen, qui apporta, le 8 au soir, la sommation des Badois, fut reçu du haut des remparts, à l'avancée de la porte de Saverne, au lieu d'être amené à l'hôtel du gouverneur, et que le colonel Ducasse l'éconduisit brièvement (4). Les conditions spéciales dans lesquelles se trouvait alors Strasbourg justifient également la prudence extrême apportée par le gouverneur et le préfet dans la formation de la garde nationale, où ne furent admis que 4,500 citoyens non suspects, sur les 12,000 hommes qui demandaient à être armés. Le 9 août, le général Uhrich déclarait « l'esprit des habitants agité, mais peu hostile (5) » et le 10, il adressait *aux habitants de Strasbourg*, de concert avec le préfet, une proclamation pour les rappeler à leurs devoirs : « Des bruits inquiétants, des paniques ont été répandus ces jours derniers,

---

(1) Préfet du Bas-Rhin à Intérieur, Strasbourg, 7 août, 10 h. 15 matin (*Papiers secrets et Correspondance du Second Empire*, p. 252).
(2) La population de Strasbourg comptait plus de 10.000 étrangers (Documents annexes, le général Uhrich à Guerre, 9 août).
(3) On ne saurait passer sous silence, en dépit de son évidente partialité l'opinion exprimée par le préfet du Haut-Rhin (D. T. à l'impératrice régente, 9 août, 11 h. 5 soir. *Papiers secrets et Correspondance du Second Empire*). « La situation de l'Alsace empire à chaque heure. Les protestants donnent la main aux Prussiens... » Contre ces préventions abusives de l'administration, plusieurs familles luthériennes (en particulier celles de MM. Renouard de Bussière et de Pourtalès) protestèrent avec énergie et avec d'autant plus de raison, qu'elles faisaient journellement preuve du plus patriotique dévouement.
(4) « J'ai préféré ne jamais laisser entrer de parlementaires allemands, pour ne pas occasionner de l'émotion dans la ville. (Général Uhrich, *Déposition* devant le conseil d'enquête).
(5) Documents annexes, *Journée du 9 août*. Le général Uhrich à Guerre.

involontairement ou à dessein, dans notre brave cité. Quelques individus ont osé manifester la pensée que la place se rendrait sans coup férir. Nous protestons énergiquement, au nom de la population courageuse et française, contre ces défaillances lâches et criminelles. Les remparts sont armés de 400 canons. La garnison est composée de 11,000 hommes, sans compter la garde nationale sédentaire. Si Strasbourg est attaqué, Strasbourg se défendra tant qu'il restera un soldat, un biscuit, une cartouche. Les bons peuvent se rassurer. Quant aux autres, ils n'ont qu'à s'éloigner (1). »

Le même jour, le directeur de l'artillerie de Strasbourg pouvait écrire : « L'armement est complet, l'inondation tendue ; il y a des soldats, j'espère qu'ils feront leur devoir. »

---

(1) Général Uhrich, *Le siège de Strasbourg* et Schneegans, *Strasbourg*.

XXII

Premier investissement de Strasbourg.

Conformément aux ordres du maréchal de Moltke, la division badoise prit, le 11 août au matin, ses dispositions en vue du blocus de la place : « ses deux brigades d'infanterie au Nord et à l'Ouest, la cavalerie au Sud (1) ». La faiblesse de ses effectifs (12 bataillons, 12 escadrons, 9 batteries de campagne) exigeait un soin minutieux dans la répartition de ces forces. La 1re brigade d'infanterie, l'artillerie de corps et deux escadrons du 3e dragons occupèrent la région au Nord de la place, entre Mittelhausbergen et Souffelweyersheim, à gauche et à droite de la route venant de Brumath; le général de Beyer avait son quartier général sur cette ligne de retraite, à Mundolsheim. La 2e brigade d'infanterie (combinée) placée entre la route de Saverne et la Bruche pour couper les communications de Strasbourg avec l'Ouest, occupa, avec l'artillerie divisionnaire et les deux escadrons de 3e dragons, la position d'Oberschœffolsheim, couverte du côté de la place par un réseau d'avant-postes. La brigade de cavalerie, jetée tout d'abord sur Wendenheim pour éclairer la direction de Saverne, avait été envoyée sur la Bruche près de Holtzheim, avec mission de pousser des reconnaissances au Sud de Strasbourg et de détruire les voies

---

(1) Le Commandant de la division badoise au maréchal de Moltke, à Saint-Avold, 12 août 1870 (*Correspondance militaire du maréchal de Moltke*, vol. 1, n° 146, note).

d'accès de ce côté. Ses détachements, répandus dans les villages, ordonnèrent d'embarrasser les rues et les traverses, pour se mettre à l'abri des attaques qu'ils redoutaient de la part des troupes du 7e corps (1). Pour soutenir la cavalerie en cas de retraite, un bataillon d'infanterie était posté au pont d'Holtzheim. Enfin, un détachement de pionniers avait été adjoint aux avant-postes pour opérer les destructions; dans la nuit même du 11, il fit sauter le pont du chemin de fer sur l'Andlau, près de Fegersheim, coupant ainsi définitivement les communications entre Strasbourg et Belfort. Le télégraphe entre ces deux places cessa de fonctionner le 11, à 7 h. 15 du soir (2).

Dans la journée du 12, nos détachements de travailleurs, occupés à dégager le champ de tir autour de la place, furent constamment harcelés par les patrouilles badoises, qui avaient ordre de se multiplier pour dissimuler la faiblesse momentanée du corps d'investissement autant que pour gêner les travaux de la défense (3).

Le 13 au matin, deux compagnies du 87e de ligne, protégeant l'exécution d'abatis vers Kœnigshoffen, repoussèrent un parti de dragons badois qui s'était glissé le long du chemin de fer, et l'artillerie de la

---

(1) Le Préfet du Haut-Rhin au Ministre de la guerre, Colmar, 13 août 1870.
(2) La nouvelle de cette destruction fut apportée le 12 au soir par la douane de Marckolsheim au commandant de Neuf-Brisach, qui la télégraphia au Ministre, à 8 h. 45 du soir (Pièces annexes). Le même jour, à 3 h. 30 du soir, le conseil de défense de Belfort avait rendu compte au Ministre que ses communications avec le commandant de la 6e division étaient coupées. (Ibid.)
(3) Il est important de noter ici l'extrême pénurie de documents originaux subsistant du côté français sur les petites opérations autour de Strasbourg. Le *Journal* de la défense ne fait qu'une mention très succincte de ces opérations, et n'entre dans aucun détail sur les dispositions prises. Pour les récits qui vont suivre, tous les témoignages, même étrangers à l'armée, ont été utilisés.

place les appuya en envoyant quelques obus sur Kœnigshoffen. Dans un secteur voisin, une reconnaissance française de deux escadrons et deux compagnies dirigée sur Illkirch, reprit sur les fourrageurs badois un troupeau de 200 têtes de bétail réquisitionnées dans les villages au Sud de Strasbourg. Mais les patrouilles ennemies avaient pu constater que presque tous nos dehors étaient dégarnis de défenseurs, et leur audace s'accroissait d'autant.

Le soir, un détachement du 2ᵉ régiment d'infanterie badoise ayant occupé le cimetière Sainte-Hélène — redoute de 1814 que nous n'avions eu ni assez de monde pour occuper nous-mêmes, ni assez de temps pour raser — il fallut, pour l'en déloger, faire intervenir, après la fusillade de nos tirailleurs, la mitraille du corps de place.

Enfin, dans la nuit, la 4ᵉ batterie légère badoise réussit à brûler d'abord un train resté en dehors de la gare du chemin de fer, puis, à la lueur de l'incendie, les rotondes de la gare elle-même. De simples canons de campagne, mis en batterie en plein champ, insultaient impunément une place frontière de 1ʳᵉ classe.

XXIII

Affaire de la Cour Anglaise (14 août).

Une des premières préoccupations du Gouverneur, — elle avait inquiété le général Ducrot dès la rupture du pont de Kehl (1) — fut l'approvisionnement de la place en viande fraîche. On décida qu'il fallait, sans délai, mettre à l'abri des réquisitions ennemies les ressources en bestiaux et en fourrages qu'offrait la riche plaine de la Robertsau, comprise, au Nord de la citadelle, entre l'Ill et le Rhin.

Le 14 août, le général Uhrich confia au colonel du génie Maritz la mission d'aller couper, du côté de Wantzenau (2), les ponts qui, franchissant les canaux transversaux de l'Ill au Rhin, donnaient accès par le Nord dans l'île de la Robertsau. Au lieu de faire exécuter cette opération de nuit, et par quelques hommes du pays, on en fit une véritable parade. Une colonne, composée de deux bataillons d'infanterie de marche (900 hommes) de 50 cavaliers et d'une section d'artillerie, sortit à 3 h. 30 après-midi, par la porte des Pêcheurs. On laissa d'abord les deux pièces de canon en batterie, pour garder le pont des Quatre Colonnes,

---

(1) D. T., général Ducrot à Guerre, Strasbourg, 19 juillet 1870 : « ..... Situation inquiétante au point de vue des subsistances. Aucune mesure prise pour assurer fourniture de viande ».

(2) Cette affaire a été quelquefois classée sous le nom de Wantzenau, bien que cette ferme soit située sur la rive gauche de l'Ill et à 2 kilomètres de la Cour Anglaise (Englischer Hof).

sur le canal de l'Ill au Rhin, puis une compagnie détachée vers la gauche alla couper le pont suspendu de l'île de Wacken, pour garantir notre ligne de retraite. L'avant-garde du colonel Maritz traversa ensuite tout le village de la Robertsau; mais, au moment d'atteindre le premier canal, elle fut arrêtée par les feux de salve d'un peloton du 2ᵉ grenadiers badois, qui avait été posté dans la ferme de la Cour Anglaise pour protéger le lancement d'un pont volant sur l'Ill. Fusillée de flanc, notre avant-garde s'abrita pour répondre au feu. Les rapports laissent entendre que quelques hommes coururent au pont sur le canal, mais, que faute d'outils et d'explosifs, force leur fut de renoncer à détruire cet ouvrage d'art; en tous cas, la colonne dut battre en retraite (1).

Elle rentra dans Strasbourg à 7 heures du soir, sans avoir rempli sa mission, et ayant négligé de laisser derrière elle un poste de communication avec la Robertsau : nouvelle et grave imprévoyance qui allait être fatale pour la défense de la place.

A minuit, le pont volant près de la Cour Anglaise ayant été achevé, le IIᵉ bataillon du 2ᵉ grenadiers pénétra à son tour dans l'île; il s'avança en silence sur la route que nous avions laissée libre, et les pionniers badois purent, à loisir, et sans donner l'éveil aux sentinelles du pont tournant du Hinterort, situé à 800 mètres à l'Est, préparer une mine sous le pont des Quatre

---

(1) Les différentes relations sont d'accord sur le fait que l'on ne s'était nullement renseigné sur la nature ni la résistance du tablier du pont, qui ne put être entamé : « Le pont étant empierré et la nuit approchant [il était 6 heures du soir, en plein été], on est forcé d'interrompre le travail commencé et d'opérer la retraite. » (*Journal* du Conseil de défense de Strasbourg.) Le colonel Maritz déclara devant le Conseil d'enquête qu'il avait demandé à l'arsenal de Metz, avant l'investissement, des cordeaux porte-feu, et n'avait pu les obtenir.

Colonnes. La destruction de ce bel ouvrage eut lieu à 3 heures du matin. Sa conséquence immédiate était d'assurer à l'ennemi la possession d'une partie de la Robertsau, et de limiter au canal l'action de notre défense mobile. Mais personne dans la place ne parut s'émouvoir de l'explosion, et le pont tournant aurait eu le même sort que le pont des Quatre Colonnes, si le poste voisin n'avait ouvert au hasard, dans l'obscurité, un feu violent qui arrêta les pionniers badois. Toutes les troupes de la gauche du corps d'investissement avaient été tenues sur pied, prêtes à intervenir. Mais elles n'eurent pas à entrer en ligne pour soutenir la retraite des grenadiers, qui se fit en ordre, et sans poursuite de notre part. Aussitôt hors de portée, l'ennemi établit ses grand'gardes derrière les clôtures de la Robertsau, parallèlement au canal.

Nous ne fîmes, le 15, aucun retour offensif de ce côté, pourtant si inquiétant, et c'est entre les bastions du Pâté et les bois de la Bruche, occupés par des tirailleurs badois, que la fusillade reprit, vers 2 h. 30 après midi. Le soir, à 11 heures, les batteries de campagne ennemies amenées près des ruines des rotondes, au Nord de la gare, lancèrent sur la ville les premiers obus.

Dans cette même journée du 15, le général de Beyer, qui venait de recevoir du Grand Quartier Général l'ordre de passer du blocus à la préparation du siège (1),

---

(1) *Historique du Grand État-Major prussien*, livraison 9 (trad.), p. 1269. A la date du 13 août, le Roi avait arrêté la formation d'un « grand corps de siège » sous le général de Werder, et composé de la division badoise (général de Beyer, puis général de la Roche, le 17), la division de landwehr de la Garde (général baron de Loën) et la 1re division de landwehr (général-major de Treskow) renforcée d'une brigade d'infanterie prussienne (*30*e et *34*e régiments), du *2*e dragons de réserve et de trois batteries de réserve, avec un équipage de siège, 30 compagnies d'artillerie de place et 10 compagnies de pionniers.

avec la faculté d'y employer toute la garnison de Rastadt, faisait appeler de Haguenau le régiment de fusiliers de Poméranie n° *34*, de Seltz le III⁣ᵉ bataillon du *6ᵉ* régiment d'infanterie badois, de Rastadt deux compagnies de pionniers ; il confiait le service d'étapes aux troupes de landwehr et ne laissait plus à Rastadt que le IIᵉ bataillon du *6ᵉ* régiment badois, rappelé de Lauterbourg. Enfin il adjoignait au 1ᵉʳ bataillon de ce dernier régiment, d'abord chargé d'une simple mission de surveillance du côté de Kehl, 50 chevaux et 16 pièces d'artillerie lourde.

Notre inaction et l'absence de tout service d'information nous laissèrent dans l'ignorance de ces mouvements ainsi que des projets de l'ennemi. Nous ne savions pas même alors que Strasbourg fût déjà bloqué par le Nord. Le 16, à la pointe du jour, le Gouverneur, pour donner le change sur une expédition plus importante projetée dans la direction du Sud, fit envoyer de fortes patrouilles à l'Ouest et au Nord, vers Kœnigshoffen et vers l'Orangerie. On s'aperçut alors seulement que la Robertsau était aux mains de l'ennemi, qui, ayant déplacé le pont de la Cour Anglaise, communiquait directement avec Biesheim (1); mais il était trop tard pour en déloger les grenadiers badois, l'un des ponts sur le canal étant détruit, l'autre enfilé par les feux d'une tranchée, et les nageurs ennemis étant venus, sous notre fusillade même, détacher les bateaux qui auraient pu nous servir à reprendre l'offensive.

---

(1) Voir plus loin § XXXVIII, *Rétablissement des passages du Bas-Rhin*.

XXIV

Affaire d'Illkirch (16 août.)

Ainsi la place était irrémédiablement bloquée au Nord, sur le front de 3 kilomètres qui s'étend de l'Ill au Rhin.

Il n'en était que plus urgent de la dégager vers le Sud, par où le général Uhrich attendait chaque jour l'arrivée en ligne des secours du 7ᵉ corps (1). Cependant au lieu d'une attaque de ce côté, c'est une réquisition qu'on y opéra. Le colonel Fiévet, du 16ᵉ d'artillerie (pontonniers) reçut du Gouverneur le commandement de deux bataillons de marche, de 400 hommes chacun, de deux escadrons de marche, à 100 chevaux, de deux sections du 5ᵉ d'artillerie (4 canons rayés de 8 avec 24 artilleurs) et d'un détachement de douaniers (2), avec la mission de fouiller le terrain au Sud de Strasbourg (Neudorf, pont d'Illkirch, Neuhof), pour en ramener le bétail dans la place. C'était donc à nouveau une opération sans caractère nettement offensif, alors que la ligne occupée par l'ennemi, faible sur tous les points en raison de sa grande étendue, et n'ayant encore reçu aucun matériel ni aucun soutien, pouvait être facilement rompue par quelque vigoureuse action.

---

(1) La division Dumont venait d'arriver de Lyon dans le camp retranché de Belfort. C'est sur son secours que comptaient les défenseurs de Strasbourg.

(2) Le service d'évacuation était assuré par un détachement d'infirmiers avec douze cacolets.

Au dernier moment, le Gouverneur organisa deux colonnes, qui devaient s'appuyer réciproquement.

Avec celle de droite, le colonel Fiévet suivrait la route d'Illkirch, tandis que celle de gauche, formée par le IV⁰ bataillon du 96ᵉ de ligne et confiée au chef de bataillon de Momigny, opérerait la reconnaissance de Neuhof. Mais il n'y eut aucun ensemble, aucune liaison entre ces deux expéditions. Le 16, à 1 heure après-midi, celle de gauche sortit de la citadelle, précédée de 30 cavaliers et laissant deux compagnies en réserve; elle ne poussa même pas jusqu'à Neuhof, où n'était aucun ennemi, et elle rentra dans la place sans avoir, semble-t-il, fait aucune réquisition (1).

Pendant ce temps, la troupe du colonel Fiévet sortait moitié par la porte de l'Hôpital, moitié par la porte d'Austerlitz, et se formait en colonne à Neudorf, sur la route impériale, seule voie alors praticable à l'artillerie pour franchir l'inondation du front Sud. Sa marche était protégée sur son flanc droit par le cours de l'Ill et par le canal du Rhône au Rhin, à la condition qu'elle s'assurât tout d'abord du pont sur le canal, à 1 kilomètre en avant d'Illkirch. Aussitôt la zone d'inondation franchie, on se dirigea vers ce point, l'artillerie sur la chaussée, encadrée par des lignes de tirailleurs, et faisant des haltes fréquentes « pour fouiller, au moyen de boîtes à mitraille, les bois et les taillis situés près du canal. »

---

(1) Sur le bruit que cette colonne était arrêtée par des forces supérieures, deux compagnies du 87ᵉ (les 4ᵉ et 5ᵉ du IIIᵉ bataillon), conduites par le commandant Rousseau, furent envoyées pour la soutenir, et elles la trouvèrent en retraite, « son chef ayant cru prudent de ne pas la porter plus loin, sur un rapport qui lui a présenté l'ennemi comme occupant en force le Neuhof ». Les deux compagnies du 87ᵉ poussèrent jusqu'au village, trouvèrent le pont rompu par les habitants, mais ne virent aucun ennemi (*Historique* du 87ᵉ de ligne).

Les baraques de la patte d'oie (Weghaüsel), en avant du pont d'Illkirch, étaient gardées, depuis le matin même, par un poste tiré d'une compagnie du 3ᵉ régiment d'infanterie badoise, détachée elle-même à Illkirch par un bataillon qui occupait sur la rive gauche de l'Ill le village d'Ostwald. Il semble bien que notre cavalerie, quelque mal montée et quelque timide qu'elle fût (1) aurait pu tenter de surprendre ce poste si le colonel Fiévet l'eût employée à l'exploration au lieu de se servir pour cet objet de ses canons. On n'opéra même pas la reconnaissance des abords du défilé. En arrivant près des Weghaüsel, le colonel fit mettre trois pièces en batterie sur le Calvaire voisin (2), puis il ordonna à ses 170 cavaliers de charger, par pelotons, au trot, sur la route du pont. On n'y voyait personne ; mais les Badois avait eu tout le loisir de prendre position dans les maisons et derrière les clôtures. A leur première décharge, nos chevaux de tête, pris de panique, firent demi-tour, rejetant les pelotons suivants en désordre sur la colonne d'infanterie et y semant l'épouvante. Nos cavaliers, encore hantés du souvenir de leurs terribles charges du 6 contre des ennemis invisibles, n'eurent pas l'énergie de lutter avec leurs montures d'occasion et de revenir au combat. La 8ᵉ compagnie badoise, accourue d'Illkirch et abritée par le talus du canal, ouvrit sur cette masse confuse d'hommes

---

(1) La plupart des cavaliers démontés à Morsbronn et Reichshoffen avaient gagné Haguenau à pied, abandonnant casques, cuirasses et pistolets.
L'arsenal de Strasbourg compléta seulement leur armement en sabres et lances, et on les remonta avec des chevaux du train d'artillerie ou de réquisition, sans doute mal dressés à la selle et au feu. Le 17, après le désastre d'Illkirch, les cuirassiers demandèrent soit à recevoir des cuirasses et des casques, soit à être armés de fusils et à combattre comme dragons ; c'est ce dernier parti qui fut adopté.
(2) La quatrième pièce, ayant eu un timon brisé, ne put se mettre en batterie ; elle fut seule ramenée dans la place (Schneegans, *Strasbourg*).

et de chevaux un feu à volonté, qui de son désordre fit une affreuse déroute. Le colonel Fiévet, une jambe fracassée (1), ne put arrêter le flot des fuyards, que les conducteurs avaient suivis avec les avant-trains, et nos trois canons demeurèrent abandonnés, sous la protection lointaine d'une compagnie de zouaves ralliée à grand'-peine par le capitaine Caillard (2). Les Badois, indécis, n'osaient avancer, craignant une surprise; ce ne fut qu'au bout d'un temps assez long qu'un peloton de leur infanterie, débouchant du pont d'Illkirch, se jeta sur les trois pièces, qu'il emmena après une courte résistance des derniers servants. Vainement quelques officiers énergiques tentèrent un retour offensif avec des groupes isolés du régiment de marche (3), la partie était perdue. Deux nouvelles compagnies ennemies, accourues

---

(1) Il mourut de sa blessure à Strasbourg, le 9 septembre.
(2) Schneegans, *Strasbourg*, p. 104.
(3) On a cité en particulier le lieutenant Homps, du 45e de ligne, le sergent-major Couesnon, du même corps, et une demi-section du 17e bataillon de chasseurs à pied, comme ayant fait leur devoir.
Le régiment d'infanterie de marche déclara comme pertes pour la journée du 16 : 2 tués (du 3e tirailleurs algériens), 4 blessés (1 du 17e bataillon de chasseurs, 2 du 45e de Ligne, 1 du 1er zouaves), et 14 disparus (1 du 17e bataillon de chasseurs, 12 du 45e de ligne, 1 du 3e tirailleurs). La cavalerie aurait eu un blessé, du 2e lanciers. Le 5e d'artillerie : 3 tués, 4 blessés et 1 disparu.
Ce n'était assurément pas là le bilan d'un combat acharné. Le général Uhrich en fit l'aveu au Conseil d'enquête : « Un bataillon du régiment de marche d'infanterie et deux escadrons du régiment de cavalerie de marche, à qui j'avais confié quatre canons pour faire une grande reconnaissance, abandonnèrent presque sans combat trois de ces pièces, et se réfugièrent en désordre sur la place. Tous étaient également coupables. Je ne crus pas pouvoir sévir autrement qu'en les livrant à leur propre honte et au mépris de la garnison. »
La femme du commandant de recrutement de Bourges, qui habitait alors Geispolsheim, près d'Illkirch, y vit passer nos trois canons, avec les prisonniers français : un sergent de tirailleurs, deux soldats de la ligne, et deux mobiles [chasseurs à pied]. *Guerre de 1870-71. Armée de Châlons*, tome I, p. 246. D. T. du sous-préfet de Schlestadt à Guerre et Intérieur, 25 août, 6 h. 12.

d'Ostwald, entraient alors en ligne, tandis que la IIe batterie lourde, venue d'Eckbolheim, ouvrait le feu à bonne portée sur ce qui résistait encore. Bientôt les débris de la colonne Fiévet couvrirent toute la route de Strasbourg, fuyant bien qu'ils ne fussent pas poursuivis; on ne put les rallier que derrière la levée du chemin de fer, sous la protection des remparts et grâce à la fermeté d'un bataillon du 87e de ligne, que le Gouverneur avait appelé du front d'attaque pour soutenir cette lamentable retraite.

XVX

Alerte et renforcement du corps d'investissement (16-17 août).

Bien que l'insuccès de l'expédition fût surtout imputable aux dispositions prises par son chef, tout le poids en fut porté par les troupes de marche, que l'on estima trop profondément démoralisées par le désastre de Frœschwiller pour être dorénavant employées dans une opération offensive.

Il est juste de dire que la confiance de nos troupes en elles-mêmes aurait été tout autre, si un service de renseignements mieux organisé (1) eût révélé à l'état-major de la place les graves préoccupations qui allaient être, dès le soir même, suggérées à l'état-major badois.

Le 16, vers 11 heures du soir, le général de Werder (qui avait succédé la veille au général de Beyer) reçut du quartier général de la *IIIe* armée, au moment où celle-ci entrait dans Lunéville, la nouvelle que deux divisions du corps de Failly paraissaient s'avancer par Charmes et Épinal pour dégager Strasbourg; escomptant d'autre part l'approche des renforts qui lui étaient annoncés de Brumath et de Haguenau, il prit le parti de ne laisser devant la place que les troupes strictement nécessaires pour occuper les principaux débouchés, et

---

(1) C'est seulement le 11 août que le général Uhrich, ayant demandé au Ministre de lui ouvrir un crédit « pour organiser à l'extérieur un service de recherches enfin d'avoir des nouvelles de l'ennemi », obtint des fonds du Major général. Il était déjà trop tard pour rien organiser. (Documents annexes, *Journée du 11 août*, général Uhrich au Ministre.)

de concentrer tout le reste en attente sur les hauteurs à l'Ouest de Strasbourg.

Le groupe principal des forces badoises prit position entre Achenheim et Ernolsheim, le quartier général au centre, à Brüschwickersheim. Un autre groupe se massa à Entzheim, à la fourche des routes venant de Barr et de Schirmeck. Enfin la cavalerie fut envoyée, partie en avant-postes face à l'Ouest, partie en reconnaissances vers le Sud-Ouest. D'un côté, des détachements de 30 à 40 hommes occupèrent Erstein, Benfeld, Eberstein, Dambach, Barr, Obernai, et se montrèrent jusque sous le canon de Schlestadt (1); de l'autre, le régiment des Dragons du corps fut divisé en deux colonnes chargées de reconnaître, tout en réquisitionnant des vivres, les voies amenant du col de Saales vers Strasbourg : deux escadrons sur la route de Schirmeck, deux sur celle de Barr et Saint-Maurice; ces deux reconnaissances, qui entrèrent en contact l'une à Thanvillé avec la défense mobile de Schlestadt, l'autre à Saint-Blaise avec la population armée, seront relatées plus loin. En résumé, il en resta pour bloquer Strasbourg, dans la matinée du 17, que trois bataillons, deux escadrons et une batterie d'artillerie.

Insuffisamment informés, nous ne sûmes pas profiter de l'occasion inespérée qui s'offrait à nous de reprendre les positions perdues. Ce jour-là, on tiraille de part et d'autre du grand canal de l'Ill au Rhin, mais sans effort sérieux de notre part pour reconquérir la Robertsau, bien que tout le front Nord entre Schiltigheim et le Rhin

---

(1) *R. H.*, 1905, fasc. 52 (documents annexes), p. 168. Le Sous-Préfet de Schlestadt aux Ministres de la Guerre et de l'Intérieur, au général Douay et au Préfet de Colmar et Schlestadt, 16 août, 10 h. 45 du soir. Le commandant de place de Neuf-Brisach au général commandant le 7e corps, 17 août, 6 h. 50 du matin (D. T.) : « Un gendarme de Marckolsheim, en correspondance sur le village Sundhausen, a été poursuivi par cinq Prussiens à cheval, hier, dans l'après-midi. » (*Registre* de correspondance de Neuf-Brisach.)

fût uniquement gardé par le bataillon de fusiliers du 2ᵉ régiment badois, renforcé d'une compagnie du bataillon du 6ᵉ, stationné à Kehl, et qui avait franchi le Rhin sur des chalands.

Une compagnie d'infanterie (la 3ᵉ du IVᵉ bataillon du 18ᵉ de ligne) (1), chargée de reconnaître et de faire évacuer le couvent du Bon-Pasteur et les bâtiments voisins, qui gênaient les vues de la place, s'acquitta strictement de cette mission, tout en répondant au feu de l'ennemi (2) et elle rentra ensuite dans les ouvrages avancés de la citadelle.

Dans l'après-midi et la soirée, les premiers renforts attendus par l'ennemi — le *30ᵉ* régiment prussien, le IIᵉ bataillon du *4ᵉ* régiment badois, le 2ᵉ régiment de dragons de réserve — ralliant par les routes du Nord, s'établissaient successivement, à l'abri de nos vues, en soutien des troupes laissées au blocus.

---

(1) Capitaine Laporte, lieutenant Luya, sous-lieutenant Leroy.
(2) Cette compagnie eut 7 blessés. Des habitants de la Robertsau assurèrent que les Badois avaient eu 40 hommes mis hors de combat. (Fischbach. *Le siège et le bombardement de Strasbourg*, 1870.)

XXVI

Affaire de Schiltigheim (18 août). — Établissement définitif du blocus.

Le 17 au soir, le conseil de défense, dans le but de profiter des mouvements qui lui avaient été signalés le matin et qui paraissaient avoir affaibli les lignes ennemies du côté de Schiltigheim, décida d'envoyer sans retard abattre les arbres et raser les murs du cimetière Sainte-Hélène, ainsi que les maisons avoisinantes, qui commandaient les abords de la porte de Pierres. Pour la quatrième fois, c'était une opération de défensive passive, et sans aucun but agressif.

Le 21e de ligne fournit 200 travailleurs, le fusil en bandoulière et armés de haches. Une partie du 1er bataillon du 87e de ligne (400 hommes avec le commandant Rousseau) fut chargé de les protéger. L'opération, dirigée par le colonel Blot, du 87e, commença à 4 heures du matin. La colonne déboucha de la porte de Pierres, et courut droit au cimetière; deux compagnies (capitaine Chavant et lieutenant d'Arcine) se déployèrent en avant de la clôture Nord de l'enceinte, pendant que les travailleurs abattaient les arbres. Deux compagnies étaient demeurées en réserve, dissimulées dans le chemin couvert des lunettes 52 et 53. Dès que le gros de la destruction fut terminé, le colonel Blot s'avança en reconnaissance avec la 6e compagnie jusqu'au couvent de Saint-Charles, sans rencontrer d'abord de résistance; en même temps, la 1re compagnie, avec le commandant Rousseau, pénétra dans Schiltigheim, où elle se heurta à une série de fortes barricades défendues par deux compagnies du 2ᵉ régiment d'infanterie badois. Formés en colonne, nous emportâmes la première barricade, mais la seconde était inaccessible; après une vive fusillade, suivie d'un assaut malheureux que le colonel Blot, accouru de Saint-Charles, ne parvint pas à soutenir à temps, nos soldats cédèrent le terrain devant une contre-attaque du 4ᵉ régiment badois, qui était arrivé de la veille et qui avait cantonné dans la partie arrière du village; et ils battirent en retraite par échelons jusqu'au cimetière, laissant dans Schiltigheim 6 tués et 19 blessés, dont le sous-lieutenant Petit (1). Après avoir achevé de raser le cimetière Sainte-Hélène sous la protection du reste du 87ᵉ, les travailleurs avaient mis le feu aux brasseries, aux malteries et aux bâtiments à l'abri desquels l'ennemi aurait pu s'approcher du bastion de Pierres. La petite expédition rentra dans la place à 7 h. 30 du matin.

Vers 7 heures du soir, la 4ᵉ compagnie du IVᵉ bataillon du 18ᵉ de ligne fut envoyée sur la route de Kehl, pour mettre le feu à quelques maisons qui masquaient les abords des ouvrages avancés.

Sur ces entrefaites, le général de Werder, tranquillisé par de nouvelles dépêches du grand quartier général, et par les rapports de sa cavalerie, revenait de Mundolsheim et il répartissait à nouveau la totalité de ses troupes, y compris les renforts, autour de la place, dont l'investissement fut alors établi sur des bases définitives. Le même jour, 18 août, l'ennemi ouvrit la tranchée en avant d'Eckbolsheim, et le bombardement commença dans la soirée.

Strasbourg étant dès lors — nous avons vu par quelle

---

(1) *Historique* du 87ᵉ de ligne.

suite de circonstances funestes (1) — réduit à la défensive passive; on doit faire dater de ce jour les opérations du siège, qui feront l'objet d'une étude spéciale.

Ainsi se confirmait, par une fatalité sans exemple, la mauvaise fortune des armes françaises.

Aux erreurs diplomatiques et aux fautes d'organisation qui, dès la fin de juillet, avaient rendu impossible l'offensive de l'armée du Rhin, s'étaient ajoutés, à Wissembourg et à Frœschwiller, deux cruels désastres, contraignant nos généraux à abandonner les places du Rhin aux mains de troupes improvisées, sans instruction ni énergie.

Mais l'Alsace n'était pas encore conquise. En outre de ses quatre places encore intactes, et de l'appoint possible des 23,000 hommes de troupes fraîches (7e corps) qui occupaient encore le Haut-Rhin, il lui restait les immenses ressources de sa population, de ses montagnes, de ses communications ouvertes avec le reste de la France par la trouée de Belfort.

Ce danger paraissait si menaçant à l'état-major badois, bien qu'il n'ignorât rien de l'inertie et de la désunion des populations alsaciennes, qu'il jugea indispensable d'observer les plus extrêmes précautions du côté du Sud, jusqu'au moment où le corps de blocus de Strasbourg pourrait être renforcé.

Durant ces dix journées de répit, deux départements patriotes ne pouvaient-ils pas, à la voix d'un véritable chef, s'armer, se ruer sur ces 20,000 Badois, les con-

---

(1) L'organisation de ces petites expéditions avait été aussi déplorable que leur exécution. Vu la spécialisation qui existait alors, il semble étrange qu'un officier du génie ait été choisi comme chef d'une reconnaissance d'infanterie, un pontonnier comme chef d'une reconnaissance de cavalerie, et une troupe de ligne pour abattre des arbres. On n'en voit d'autre raison que dans l'étroite application des tours de service prescrits par le *Règlement sur le service des places fortes.*

traindre à lever le blocus, et arrêter du même coup la marche de toute la *III*ᵉ armée allemande? Aucun effort ne fut tenté en vue de ce résultat. Le gouverneur de Strasbourg, bien qu'en relations constantes avec le dehors (1) semblait avoir oublié qu'il était encore commandant de la 6ᵉ division et chef militaire d'une province frontière. La première proclamation reçue dans les villages alsaciens leur vint du général ennemi.

---

(1) Après la rupture du télégraphe et de la voie ferrée, la correspondance entre Neuf-Brisach et Strasbourg fut assurée par les employés des travaux du Rhin qui, la nuit et le plus souvent à la nage, transportèrent les lettres dans des enveloppes de caoutchouc. (Schneegans, *loc. cit.*)

XXVII

Concentration du 7ᵉ corps devant Mulhouse (5-6 août).
Retraite sur Belfort (7-8 août).
La panique après Frœschwiller.

La défaite de Wissembourg fut connue du 7ᵉ corps dans la matinée du 5 août, au moment où les derniers éléments de la division Conseil Dumesnil, appelée à Haguenau par le maréchal de Mac-Mahon, allaient gagner leurs points d'embarquement.

Cette triste nouvelle confirma le général Douay dans l'idée que son concours pourrait, d'un instant à l'autre, devenir nécessaire au 1ᵉʳ corps (1); elle le détermina à quitter Belfort, n'y laissant que les gardes mobiles et les dépôts (2), pour rassembler toutes ses forces aux environs de Mulhouse, où il faisait réunir tout le matériel de transport disponible. Dans cette position, il pourrait également se tenir en liaison, par les routes de la Hardt, avec les postes du Rhin, et surveiller la région qui paraissait depuis quelques jours menacée par les Wurtembergeois (3).

Tous les éléments de la 2ᵉ division s'ébranlèrent donc

---

(1) Prince G. Bibesco, *Belfort, Reims, Sedan, le 7ᵉ corps*, p. 26.
(2) Etat de la garnison de Belfort le 7 août : 45ᵉ régiment de ligne (1 bataillon) 18 officiers, 505 hommes de troupe; 9ᵉ cuirassiers (2 escadrons) 11 officiers, 217 hommes; 7ᵉ régiment d'artillerie, 1 officier, 62 hommes; gardes mobiles du Haut-Rhin : artillerie, 9 officiers, 75 hommes; infanterie, 68 officiers, 2.293 hommes, dont 250 armés.
(3) Voir § VIII. *Démonstration des Wurtembergeois sur le Haut-Rhin.*

le 5 août au matin, La 1re brigade d'infanterie, partie à 8 heures de Wettershoff, près d'Altkirch, alla camper d'abord à Rixheim, au Sud-Est de Mulhouse, dans l'angle formé par le canal et le chemin de fer, tandis que la 2e brigade, partie de Belfort dès 6 h. 30, cheminait sous un soleil brûlant pour venir prendre sa place, à 5 heures du soir, en avant d'Altkirch (31 kilomètres) et établissait son camp sur la rive droite de l'Ill. L'artillerie (trois batteries de la 2e division, six de la réserve, et une de la 3e division), le génie et le convoi étaient bivouaqués sur la rive gauche, près de la grande route. La brigade de cavalerie avait pris les devants et campé dès 10 heures du matin dans les prairies au Nord-Est de Mulhouse, près de la route de Colmar (1). Le quartier général s'installait à Mulhouse.

Le 6, de grand matin, on leva les camps de Rixheim et d'Altkirch, et toutes les troupes (7 bataillons, 12 escadrons, 10 batteries) évitant la traversée de Mulhouse, vinrent se rassembler dans les prairies de Modenheim, au Nord-Est de la ville, entre l'Ill et le canal : la 1re brigade en première ligne, la 2e en deuxième ligne, ayant à leur gauche l'artillerie divisionnaire, à leur droite la réserve d'artillerie et la brigade de cavalerie. Aucun document n'établit que des mesures eussent été prises en vue des distributions de vivres à l'arrivée; des témoignages établissent, d'autre part, que des distributions eurent lieu dans l'après-midi, mais que, le bois de chauffage ayant manqué, la plupart des hommes ne purent pas faire la soupe dans la soirée.

Le 7, à 3 h. 30 du matin, une dépêche de Bâle apportait au quartier général à Mulhouse la nouvelle du désastre du 1er corps à Frœschwiller (2), nouvelle dont

---

(1) *R. H.* 1901, n° 2, p. 1141-1143. (Doc.) et *Historique* du 4e lanciers.
(2) *Belfort, Reims, Sedan, le 7e corps*, p. 27.

le général Douay eut la confirmation officielle à 7 heures du matin. Entre temps, il avait reçu de l'Empereur une dépêche, inexécutable dans sa teneur littérale (1) et qui l'avait jeté dans une grande perplexité.

Devait-il s'embarquer immédiatement et amener son unique division au secours de l'armée du Rhin? Pouvait-il abandonner à quelques bataillons de gardes mobiles la défense de la trouée de Belfort? Telle était l'angoissante alternative de cette heure tragique.

Il semble qu'à ce moment précis, l'arrivée de nouveaux renseignements sur les mouvements ennemis dans le grand-duché de Bade (mouvements qui seront relatés plus loin) vint renouveler les inquiétudes de l'état-major français du côté du Rhin, et lever l'indécision du commandant du 7e corps : le général Douay s'arrêta au parti de ramener toutes ses troupes à Belfort, et d'y reprendre les dispositions de défense suspendues par le départ de la 2e brigade.

A 9 heures du matin, les marmites étaient enfin sur le feu et les troupes attendaient leur premier repas, quand l'ordre fut donné de lever le camp pour repartir immédiatement. On se mit en marche, à 10 h. 30, dans ces conditions déplorables. Les deux brigades, disposées en deux colonnes, la gauche en tête, avaient reçu des itinéraires différents (route de Dannemarie et route d'Altkirch), pour couvrir plus de terrain avant de se rejoindre près d'Altkirch. Mais, par suite d'erreur dans les ordres de marche, ou plutôt par défaut de cartes (2), elles se

---

(1) *Ibid.* et *R. H.*, 1902, n° 21, p. 596 : « Si vous le pouvez, envoyez une division à Strasbourg pour défendre la place. Gardez les autres à Belfort. »

(2) Le général commandant le 7e corps d'armée n'ayant reçu du grand quartier général que *onze* cartes au 1/80.000e de la région du Haut-Rhin, il

croisèrent et se confondirent, et cela aux portes mêmes de Mulhouse, où la population se montrait violemment surexcitée (1). Quelques unités eurent à marquer le pas ou à stationner, sac au dos, pendant des heures entières, sous un soleil ardent, puis à exécuter des mouvements de manœuvre sur un terrain difficile. Pour gagner du temps, on supprima la grand'halte; on fit passer la cavalerie de la tête à la queue des colonnes en marche. Il n'y avait, en arrière, ni voitures d'ambulance pour les malades en cours de route, ni équipages de transport pour les sacs des hommes fatigués, ni garde de police pour faire rejoindre les traînards (2). Enfin, en arrivant à l'étape, il fallut bivouaquer sans déplier les tentes, et une fausse alerte de nuit vint encore ajouter à la fatigue et à la démoralisation générales. Beaucoup d'hommes, exténués par la chaleur et la faim, n'avaient pu suivre, et la marche avait pris l'allure d'une déroute, attristée par certains cas d'indiscipline (3).

Pour couvrir la retraite de la 2ᵉ division, il avait semblé nécessaire de déployer de la cavalerie du côté du Rhin. A 10 heures du matin, le général de brigade Cambriels, avec le 4ᵉ hussards, fut envoyé de Modenheim vers Huningue; et dans la soirée, sur le bruit invraisemblable du passage du Rhin par les Prussiens, le 8ᵉ lanciers

---

n'avait pas été possible d'en pourvoir les généraux de brigade. Voir, Documents annexes, *Journée du 5 août*, l'état de répartition de ces cartes. (Général commandant le 7ᵉ corps au maréchal major général de l'armée du Rhin, à Metz.)

(1) *R. H.* 1902, n° 22, p. 926.

(2) Documents annexes, *Journée du 9 août. Ordre* du général Douay au général commandant le génie du 7ᵉ corps.

(3) L'*Historique du Grand Etat-Major prussien*, d'après un ouvrage anonyme imprimé en Belgique, a souligné ces défaillances, que la littérature devait à son tour exploiter (Zola, *La Débâcle*, chap. Iᵉʳ), mais sans indiquer ce qui pouvait leur servir d'excuse, et sans rappeler qu'elles furent amplement rachetées par la magnifique attitude de la division Liébert au calvaire d'Illy.

détacha du bivouac d'Altkirch un escadron en reconnaissance jusque vers Kembs, les deux autres attendant à Tagsdorf (1).

Par ordre du général Douay, tout le matériel des chemins de fer disponible entre Strasbourg et Mulhouse était ramené sous Belfort, où désormais allaient s'arrêter tous les approvisionnements destinés à Strasbourg (2). En même temps, le général de Chargère envoyait, de Belfort, au commandant du génie à Neuf-Brisach, l'ordre de faire immédiatement garnir et amorcer les neuf dispositifs de mines préparés dans sa circonscription (cols du Bonhomme et de la Schlucht, ponts sur le Giesen, l'Ill et la Largue) (3). Pour les destructions qui restaient à préparer, aux ponts du canal et aux viaducs du chemin de fer, on envoyait de la poudre à Huningue et à Tagolsheim (4). Enfin, dans la journée, le général en chef allait reconnaître lui-même des positions défensives en avant d'Altkirch, pour le cas où l'ennemi aurait franchi le Rhin à Huningue et marcherait sur Belfort (5).

Cette lamentable retraite du 7e corps acheva de consterner les populations de la haute Alsace, où la nouvelle du désastre de Frœschwiller avait semé une pani-

---

(1) *Historique* du 8e lanciers.
(2) Documents annexes, *Journée du 7 août*. Télégrammes du Ministre de la Guerre aux intendants militaires du 7e corps à Mulhouse et à ceux des 7e, 8e, 9e, 10e, 11e divisions militaires.
(3) Y compris le viaduc de Dannemarie. C'est à cinq de ces dispositifs qu'étaient destinées les poudres envoyées à Colmar, dans l'après-midi du 7, et qu'un moment d'aberration fit détruire en partie.
(4) Cette mesure générale, attribuée d'abord au général Doutrelaine, émanait de l'autorité territoriale. (Le commandant du génie de Neuf-Brisach au général Doutrelaine, 8 août 1870 et le général Doutrelaine au commandant du génie de Neuf-Brisach, 10 août. Documents annexes.) Personne d'ailleurs ne savait par qui l'ordre de mise de feu devait être donné aux cantonniers (*Id.*).
(5) *R. H.* 1901, n° 21, p. 697 (*Note*) et 689-692 (Documents).

que générale, les autorités elles-mêmes donnant l'exemple de l'affolement. Dans la soirée du 7, des riverains virent ou crurent voir du monde dans les îles du vieux-Rhin, en face de la ferme de Limbourg, et accoururent à Marckolsheim. Là, les villageois, laissés sans moyens de défense, perdirent la tête (1) et le maire expédia un courrier à Schlestadt, annonçant qu'une armée ennemie était rassemblée au Sponeck. Le sous-préfet de Schlestadt transmit la nouvelle, sans tenter de la vérifier, et le préfet du Haut-Rhin, enchérissant encore, télégraphia au Ministre que les Prussiens avaient passé le Rhin et marchaient à la fois sur Schlestadt et sur Mulhouse. Ce fonctionnaire se hâta de détruire les cartes de la région, et, n'ayant pu obtenir que les francs-tireurs de Colmar fissent disparaître leurs uniformes « pour ne pas faire brûler la ville », il les obligea à se retirer immédiatement dans les Vosges (2). Les autorités renvoyèrent à Belfort un convoi de poudres destinées aux destructions du génie, et la foule noya vingt barils qui venaient d'être amenés au quartier de cavalerie (3). L'alerte dura toute la nuit et au delà, car le 8, à 9 h. 30 du matin, le procureur général confirmait encore au Gouvernement le passage des Prussiens à Brisach et l'occupation imminente de Colmar (4).

---

(1) Dépêches du maire de Marckolsheim, 7 août, 7 h. 50 soir, et du sous-préfet de Schlestadt, 7 et 8 août. *R. H.* 1902, n° 21, p. 707 et 22 p. 926 (Doc.).
(2) *Journal* d'un habitant de Colmar, et *Les francs-tireurs* de Colmar, par Eudeline.
(3) D. T. du commandant du génie de Neuf-Brisach, au général Doutrelaine, du 9 août 1870, lettres du même au même, du 11 août (Doc. annexes) p. 49 et 281, *Journal* d'un habitant de Colmar, p. 49 et 281, et *Séance* du corps législatif du 31 août.
(4) La nouvelle avait été transmise sans contrôle à l'État-major de l'armée du Rhin. Le 8 août, le colonel Hennet, directeur du parc du 7ᵉ corps, à Vesoul, reçut du général Soleille le télégramme ci-après : « L'ennemi a passé le Rhin sur plusieurs points dans la Haute-Alsace, et

A Mulhouse, à Munster, à Rouffach, où l'on croyait l'ennemi déjà maître de Colmar, régnait une extrême agitation, accrue de toutes les haines politiques et religieuses du moment (1). A Mulhouse, une partie des bourgeois voulaient résister, et demandaient des fusils au sous-préfet (2). D'autre part, l'attitude des ouvriers, qui avaient déserté les fabriques, inspirait autant d'inquiétude que l'approche des Prussiens (3) et, pour maintenir l'ordre dans la rue, des corps de *constables* volontaires se formaient à Mulhouse et à Colmar. Après le passage désordonné de la division Liébert, les habitants des villages s'étaient enfuis dans les bois. La panique gagna les places elles-mêmes. A Neuf-Brisach et à Belfort, comme à Schlestadt, la générale battit le 7 au soir, les commandants se hâtèrent de distribuer des fusils et des cartouches à leurs jeunes troupes, qui, tout incapables qu'elles étaient encore de s'en servir, passèrent la nuit sur les remparts ; le lendemain matin, par ordre du général commandant la subdivision (4), l'état de siège fut déclaré partout, et toutes les brigades des douanes vinrent se réfugier dans les places.

Dans les départements de deuxième ligne, l'affolement des autorités n'était pas moindre. Toutes les municipa-

---

envoie des coureurs fort avant devant lui : faites évacuer notre parc par la voie ferrée sur Besançon. » Le général Douay dut solliciter le retrait de cet ordre, que ne justifiait aucun des renseignements reçus par lui (*Registre de correspondance de la subdivision de Vesoul.*)

(1) On y était en pleine crise d'élections municipales.
(2) Le sous-préfet de Mulhouse au maréchal Canrobert, au camp de Châlons, 8 août 1870, 1 h. 30 soir. (*R. H.* 1902, n° 22. Doc., p. 926.)
(3) « On est aussi inquiet des ouvriers que des Prussiens.... l'armurier a vendu en quelques heures tout ce qu'il possédait de revolvers, pistolets, etc. Chacun veut avoir une arme, en prévision de dangers possibles. » (*Journal d'un habitant de Colmar.*)
(4) Cet ordre paraît avoir été simultané à celui du général commandant la 6ᵉ division à Strasbourg. En tout cas, il devança la réception de l'ordre du gouvernement.

lités de la région, même celle de Montbéliard, demandaient au gouvernement des armes pour se défendre. De leur côté, les préfets et les sous-préfets, ne sachant s'ils devaient rester à leur poste ou se retirer devant l'invasion, imploraient des ordres télégraphiques du Ministre de l'Intérieur. Quelques-uns prenaient d'étranges initiatives, tel le préfet du Jura, qui annonçait l'intention de se réfugier dans le fort des Rousses, avec tous les services du département. La gendarmerie elle-même suivait le mouvement général.

Le 8 août, à 3 h. 15 du matin, les troupes bivouaquées à Altkirch levèrent le camp, sans batteries, ni sonneries, sous la protection de l'artillerie divisionnaire et de détachements de flanqueurs, et la 2ᵉ brigade reprit la route de Belfort. La colonne de division se reforma à Dannemarie, où avait campé la 1ʳᵉ brigade. Elle était couverte en arrière par la cavalerie, qui, sa reconnaissance vers le Rhin accomplie sans incident, était revenue à Altkirch à 5 heures du matin. Sur l'ordre du général en chef, le 4ᵉ hussards laissa un peloton en vedette dans chacun des villages entre Dannemarie et Belfort (1).

Arrivés sous le canon de la place, les régiments s'installèrent au bivouac, à l'abri des lignes fortifiées qu'ils avaient encore à achever : ceux de la 1ʳᵉ brigade à Pérouse, ceux de la 2ᵉ au col des Perches, la cavalerie occupant le camp retranché, les batteries de la 2ᵉ division près du fort des Perches, celles de la

---

(1) *R. H.* 1902, n° 22, p. 907 (Doc.). Cet ordre aurait été donné directement au général Cambriels. Il existe, d'autre part, un télégramme du général Amiel au général Cambriels à Altkirch, 8 août (sans indication d'heure) : « Faites boire, reposer, et ralliez ensuite Belfort en exécutant les ordres du général en chef, qui sont : laissez, pour nous éclairer à partir de Dannemarie, un peloton dans chaque village. » Ces détachements, fournis par le 4ᵉ hussards, ne furent relevés que le 16 août, par le 8ᵉ lanciers (*Historique du corps.*)

réserve sous le fort des Barres. Alors seulement on apprit, par le sous-préfet de Schlestadt lui-même, qu'aucun ennemi n'avait franchi le Rhin à Marckolsheim ni aux environs. Comme, d'autre part, nos reconnaissances de cavalerie n'avaient rien signalé de suspect aux environs de Kembs, ni de Huningue, il fut évident que le danger était imaginaire. Les troupes de la 2ᵉ division, exténuées par les fatigues de cette fausse alerte, eurent alors un repos complet de vingt-quatre heures et, peu à peu, la panique s'apaisa dans les départements de deuxième ligne.

XXVIII

Nouvelle évacuation du Brisgau par l'ennemi.

A la vérité, le danger d'une invasion de la Haute Alsace avait été, non seulement réel, mais particulièrement menaçant. S'il disparut brusquement, dans la soirée du 8 août, ce fut par le fait d'un enchaînement fortuit de circonstances, dont on n'eut connaissance que plus tard (1) et dont voici le résumé :

Le 5 août, deux compagnies et une batterie wurtembergeoises, envoyées par le colonel de Seubert, avaien traversé le Val d'Enfer, avec mission d'aller détruire certains travaux français signalés à Brisach, et qui ne pouvaient être autre chose que la réfection des talus au fort Mortier. Dans l'après-midi du 6, ce détachement l'avisa que le corps F. Douay se rassemblait en avant de Mulhouse et se préparait à franchir le Rhin; aussitôt Seubert rallia toutes ses unités près de Schliegen, en

---

(1) Par le *Rapport* du capitaine des douanes de Bantzenheim (Documents annexes). Plusieurs auteurs allemands ont attribué au commandement français en Alsace l'organisation d'un remarquable service de renseignements sur la rive droite du Rhin, service centralisé à Bâle, et auquel les autorités suisses se seraient montrées favorables, au point d'exciter la juste vindicte des Badois. (Voir, en particulier, Von der Wengen, *der Kleine Krieg am Ober Rhein*). En réalité, le consul de France à Bâle, M. Truy, qui n'avait reçu ni la mission, ni les crédits nécessaires pour organiser un tel service, s'employa avec dévouement à faire passer à Colmar, par la voie suisse, les nouvelles qui circulaient à Bâle. Mais beaucoup de ces nouvelles étaient erronées, et beaucoup arrivèrent trop tard pour être utilisées. Quant aux services des renseignements organisés à la fin de juillet dans les corps d'armée (voir p. 42 note 2) ils avaient disparu dès la journée de Wissembourg.

face des débouchés de la Hardt, et, le 7 au matin, les villages de Rheinwiller, Bamlach et Blansingen parurent encombrés de troupes, creusant des tranchées défensives du côté de Niffer (1) tandis que, en réalité, il avait fait filer le gros de ses forces dans les villages au-dessus et au delà du coteau d'Istein, jusqu'à Eimeldingen, où elles trouvèrent trois pièces de campagne.

Dans la journée du 7, Seubert envoya près du Rhin des patrouilles, qui constatèrent partout la tranquillité sur la rive gauche. C'est alors qu'il apprit notre défaite de Frœschwiller, et qu'il résolut de profiter sans retard de l'enthousiasme manifesté par ses troupes, en jetant 1.200 à 1.500 hommes dans la forêt de la Hardt pour s'assurer des forces campées en avant de Mulhouse et pour couper, au besoin, leurs communications avec Belfort et Strasbourg. C'eût été, dans sa pensée, une simple reconnaissance de partisans et non une opération de guerre, puisqu'il n'avait derrière lui aucune réserve.

La date et l'heure choisies étaient la nuit du 8 au 9, à 1 heure du matin, et le passage devait s'opérer sur trois points : au port de Kirchen, au Petit Kembs et à Rheinwiller, au moyen des bateaux du service badois des travaux du Rhin (langenweidlings) garés à Bellingen, qui seraient renforcés par d'autres embarcations venues de Neuenbourg et de Vieux-Brisach.

Toutes les dispositions étaient prises lorsque, à 11 heures du soir, un télégramme de Carslruhe apporta au colonel de Seubert l'ordre formel d'abandonner son

---

(1) *R. H.*, n° 21, p. 706. (*Rapport* du lieutenant de gendarmerie de Saint-Louis au Ministre, 7 août. – Le vice-consul de France à Bâle, au Ministre des affaires étrangères, 7 août.) — *R. H.*, n° 22, p. 627. (Le général Douay au Major général, 8 août). — *Historique du Grand État-Major prussien*, 2ᵉ livraison, p. 203. — Documents annexes. *Journée du 8 août : Bulletin* de renseignements du capitaine des douanes de Saint-Louis, 24 août 1870. (Sur les projets de passage des 7-8 août.)

projet. Le gouvernement badois, informé de la retraite du 7ᵉ corps, jugeait inutile une expédition que la crue du Rhin eût rendue dangereuse, et, la landwehr pouvant suffire à la garde de la frontière (1), il chargeait Seubert de venir occuper le pont de Maxau avec une partie de ses forces (2) ; celles-ci devaient être, quelques jours plus tard, rappelées dans le Wurtemberg.

Ainsi disparut du Brisgau cette petite troupe, qui avait, semble-t-il, parfaitement rempli sa mission et qui laissait un exemple intéressant pour l'art militaire.

Dès lors, la plaine d'Alsace abandonnée, et les Vosges découvertes par la retraite du 7ᵉ corps, cessaient d'être menacées de front. La population allait-elle profiter de ce répit pour se ressaisir, pour prendre conscience de sa force et pour organiser elle-même la défense de ses foyers?

---

(1) Les 6 bataillons de landwehr du grand-duché de Bade étaient organisés à la date du 8 août, et prêts à entrer en campagne. Dans le royaume de Wurtemberg, où les principes du recrutement prussien n'avaient pas été adoptés, le ministre de Suckow prit occasion des prétendues menaces d'invasion française pour faire adopter un plan d'organisation de la landwehr, qui entra en vigueur, sous la protection de la colonne de Seubert, mais sans enthousiasme de la part de la population.

(2) Voir D. T., Général Douay à Major général, Metz, de Belfort, 11 août 1870, 1 h. 50 soir, annonçant que le 10, un train badois a emmené vers Kehl 1.200 hommes et 5 canons, et qu'il ne reste devant Kembs que quelques compagnies. (Documents annexes, *Journée du 11 août*).

XXIX

L'esprit de résistance en Alsace.

Il est impossible de suivre le récit des événements militaires dans l'Est et de comprendre les difficultés et les lenteurs de la défense en Alsace, si l'on néglige de tenir compte de l'état politique et social de la région à cette époque.

L'indignation soulevée dans les départements de l'Est par les menaces prussiennes (1) lors des affaires du Luxembourg (1866-68) avait valu dans toute la France un regain de sympathie à nos populations frontières. Le gouvernement s'y était associé, en patronnant les groupes de Francs-tireurs qui se formaient alors en Alsace et en Lorraine. D'autre part, des romans si répandus d'Erckmann-Chatrian, rappelant les épisodes de la résistance à l'invasion de 1815, contribuaient à entretenir la confiance générale dans la barrière des Vosges et dans le patriotisme des Alsaciens. Avec les publicistes et les romanciers, des écrivains militaires s'y laissaient gagner : « Quant aux prétentions de l'Empire germanique sur l'Alsace et la Lorraine, écrivait un officier, ce sont là des bourdes qu'on ne peut faire avaler qu'à des niais : ces provinces sont, Dieu merci, soudées à la France, et, de l'autre côté du Rhin, on le sait bien, on n'ignore pas que leurs populations belliqueuses sont

---

(1) Voir : P. de la Gorce, *Histoire du Second Empire*.

notre plus solide rempart et qu'il ne ferait pas bon venir s'y frotter » (1).

Malheureusement, les populations de nos départements du Rhin au moment de la déclaration de la guerre à la Prusse nous offrent un tout autre spectacle. Là, comme dans tout le reste de la France, les écoliers n'ont reçu aucune notion du devoir patriotique en temps de guerre (2) et les luttes de classes, les luttes de partis, les luttes de religions y sévissent alors avec une violence extrême, qui dissocie par avance tous les éléments de la résistance nationale.

Aux portes mêmes de l'Alsace, le principe de l'autorité, celui du devoir militaire, et l'ordre social tout entier, viennent d'être discutés avec passion, dans une série de congrès internationaux (3) dont les échos ont semé des ferments de haine et de désordre dans nos agglomérations industrielles. Les grèves du Haut-Rhin (7-20 août) qui apparaissent comme la conséquence directe de ces excitations (4) et qui pendant quelques

---

(1) A.F. Couturier de Vienne, docteur en droit, chef d'escadron d'Etat-Major en retraite : « *Aurons-nous la guerre ?* » (Paris, Lechevallier. 1868)

(2) Les programmes d'instruction élémentaire de 1852, qui sont restés en vigueur jusqu'après la guerre, réunissaient tous les devoirs du jeune Français sous la rubrique *morale*. Nulle part, on n'y trouve trace de la préparation au devoir militaire (lequel n'était d'ailleurs pas encore une obligation générale) ni même de l'esprit de sacrifice à la Patrie. (Voir la bibliographie du Musée pédagogique de Paris, article *Morale*, et, parmi les publications alsaciennes, les *Conférences pédagogiques* des instituteurs du Bas-Rhin en août 1866 (Strasbourg, imp. Silberman) Dans ces conférences, présidées par le Préfet, sont seulement rappelés, à propos de l'enseignement de l'histoire, *l'amour de la France* et le *dévouement au Prince*.

(3) Congrès de Lausanne, de Bâle et de Genève. — Sur ce sujet, voir P. de la Gorce, *Histoire du Second Empire* t. V, liv. XXXV, *Le déclin de l'empire*. § V. *L'association internationale des travailleurs* et F. Goyau, *l'Idée de patrie et l'humanitarisme*. p. 80. 84. Au congrès de Lausanne, présidé par Victor Hugo, l' « Internationale des travailleurs », qui avait des ramifications dans les centres ouvriers d'Alsace, adhérait aux théories antimilitaristes les plus violentes.

(4) *Rapport* politique trimestriel du Maréchal commandant le IIIe corps d'armée à l'Empereur, 3e trimestre de 1869. » L'opinion publique se montre

jours ont ouvert la frontière à l'ennemi, absorbant l'activité de toutes les troupes de la région, au détriment de leur discipline même (1), ont jeté le Gouvernement dans une véritable appréhension politique à l'égard des ouvriers alsaciens, à qui il se gardera dès lors de confier des armes. Au reste, cette partie de la population, qui, ne possédant rien, se sent plus directement menacée par le chômage que par l'invasion ennemie, montrera moins d'empressement à résister, que les cultivateurs; et les chefs d'industrie eux-mêmes, tout entiers à leurs devoirs humanitaires, mettront plus de zèle à assurer la continuité du travail qu'à organiser des troupes pour la défense du sol.

Il faut encore tenir compte du fait de l'immigration allemande dans nos départements frontières, immigration qui allait chaque année en croissant; le grand nombre des étrangers alors appelés dans les centres industriels et dans les riches campagnes d'Alsace par les besoins du commerce ou par la rareté de la main-d'œuvre, y eût nécessité certaines mesures de précaution, que l'on n'osa pas prendre avant la déclaration de la guerre. On comptait, en effet, 10,000 Allemands résidant à Strasbourg (2) plus de 12,000 à Mulhouse (3), un grand nombre étaient répandus dans la région indus-

---

péniblement impressionnée par les assises révolutionnaires que les ennemis de l'ordre viennent de présider près de nos frontières. Si insensés que soient les principes professés dans les congrès de Lausanne, de Bâle et de Genève, ils recrutent chaque jour de nouveaux adeptes au milieu des classes ouvrières. Les comptes rendus de ces provocations à la révolte, qui tendent à généraliser les grèves, inspirent de sombres réflexions — Le danger de l'avenir est dans cette organisation menaçante, qui grandit et se fortifie chaque jour... »

(1) *Rapports* du général de Saint-Sauveur, commandant la subdivision de Colmar, 2 août.

(2) *R. H.* n° 78. Documents annexes, p. 659.

(3) Documents annexes, *Journée du 10 août*. Sous-préfet Mulhouse à Intérieur.

trielle et dans la plaine. C'est par des moissonneurs bavarois, travaillant en Lorraine, que le général de Beyer devait apprendre l'entrée de la *IIIe* armée à Lunéville, et pourrait décider aussitôt de la reprise de l'investissement de Strasbourg (1); c'est aussi par des ouvriers allemands fixés dans le pays, que les détachements de cavalerie de la *IIIe* armée allaient faire interpréter leurs réquisitions aux communes de la Haute-Marne (2). Contre ce danger, on n'avait pris, avant 1870, aucune mesure efficace, et cependant, la pénétration pacifique, après avoir ouvert la voie à l'invasion armée, laissait encore à celle-ci de trop précieux auxiliaires, pour qu'il fût permis de les négliger.

A cet avantage pour l'ennemi s'ajoutait celui de nos divisions politiques et religieuses, qui pas un instant ne désarmèrent devant lui (3). L'élément protestant, hostile en majorité au régime impérial, ayant triomphé aux élections dernières (4) était combattu systématiquement par l'administration ; de là des haines profondes, déchirant les villages et s'opposant à tout effort commun.

Malgré tout, les populations rurales eussent été sans doute entraînées, par le souvenir commun des ruines de 1815, à se réunir pour lutter contre l'ennemi extérieur et intérieur, si elles s'étaient senties soutenues par des

---

(1) Voir plus loin, § XXXVI. *Tentatives de résistance locale*.

(2) Cavaniol. *L'invasion de 1870-71 dans la Haute-Marne*.

(3) Ces querelles confessionnelles, en présence même de l'invasion, allèrent si loin, que les préfets furent sur le point de confier à l'autorité militaire, vu l'état de siège, le soin de rappeler au patriotisme les fanatiques des deux partis. *(Correspondance des préfets.)*

(4) Par l'élection du républicain Tachard. Aussi, lorsque la grève de Mulhouse éclata, le bruit se répandit qu'elle était soutenue secrètement par l'Empereur et par le parti catholique, en représailles de l'attitude des industriels. Cette thèse, adoptée par M. Aug. Dollfus et M. Scheurer-Kestner, est en opposition avec les rapports militaires contemporains. — Sur ces faits, voir : *Compte rendu* de la Séance de la Chambre des députés, du 4 mars 1872. (Discours Tolain, Keller et Scheurer-Kestner.)

forces mobiles régulières, et si on leur avait donné des armes et des chefs. Mais, éloignés du canon des places, et laissés sans organisation et sans protection dans un pays découvert, les villages de la plaine étaient incapables de lutter. C'est seulement dans les terrains plus difficiles des vallées vosgiennes, où les bois offraient une retraite sûre, que les paysans eurent des velléités d'organisation, et insistèrent pour obtenir des fusils, que les préfets leur refusaient de parti pris. D'ailleurs, les convocations du recrutement n'ayant pas atteint les villages du Bas-Rhin, les hommes en état de porter les armes y étaient demeurés encore nombreux après le 8 août. L'épisode de Thanvillé et quelques faits isolés montreront quel parti on aurait pu tirer de ces éléments de résistance.

La majorité de la population des villes, hostile au régime impérial, se montra peu disposée à seconder les fonctionnaires dans la préparation de la défense locale. Les longues années de paix avaient transformé les remparts en promenades publiques, sur lesquelles il était devenu imprudent de laisser l'armement de sûreté (1) et, lorsqu'il lui fallut, brusquement, invoquer les exemples virils de 1814 et de 1815, l'autorité militaire ne rencontra que peu de bonnes volontés. Les commandants d'armes n'avaient pu, tout d'abord, obtenir ni des particuliers, ni des municipalités, ni du gouvernement lui-même, qui toujours confiant dans une guerre offensive voulait ainsi ménager sa popularité, les mesures indispensables pour l'armement et la mise en état de défense des fortifications : la dépêche ministérielle du 30 juillet, déclarant les places de l'Est « en état de guerre, mais

---

(1) Colonel directeur d'artillerie de Strasbourg au général Forgeot, 2 août 1870 : « ... A Schlestadt, on ne peut rien laisser sur les remparts en fait d'armement : faute de factionnaires, tout serait volé ou dégradé... »

non en état de siège » paralysa tout travail aux abords des murailles. Il fallut toute l'énergie du général Uhrich pour réveiller les citadins strasbourgeois de leur trop confiante torpeur, celle du commandant Taillant pour rappeler leur devoir aux habitants de Phalsbourg (1). Le commandant de Reinach à Schlestadt, le colonel de Kerhor à Neuf-Brisach, allaient éprouver les mêmes difficultés pour créer et entretenir dans ces places l'esprit de résistance.

L'Alsace était donc loin de l'état moral exigé par les circonstances, et sur lequel nos chefs militaires s'imaginaient encore pouvoir compter. Immédiatement après nos premiers désastres, le général d'artillerie Susane écrit : « Nous étions riches dans le cas d'une guerre ordinaire, où l'on se bat pendant des mois, nous ne le sommes plus après avoir approvisionné toute l'armée, après la perte de Strasbourg et bientôt peut-être celle de Metz et de Besançon, et en face d'une nation affolée qui demande des armes et des cartouches. Il faut sauver tout ce qui peut être retiré de la bagarre et nous ménager les moyens de *nous défendre à la façon des Espagnols de 1808 à 1812.* » (2) Et le même jour, le Ministre de l'Intérieur télégraphie dans tous les départements : « ... Replions-nous sur nous-mêmes, et que nos envahisseurs se heurtent contre un rempart invincible de poitrines humaines, *comme en 1792.* » (3)

---

(1) *Conseil d'enquête* sur la capitulation de Phalsbourg. Journal de la place (11 août) : « Les bourgeois ont, pour la troisième fois, protesté contre la résolution de la garnison de la défendre, malgré sa faiblesse » — Même date : « Les bourgeois se sont absolument refusés à travailler : presque tous les ouvriers d'arts, charpentiers ou maçons avaient quitté la place immédiatement après la retraite du 1er corps. »

(2) Général Susane à général Soleille, de Paris 8 août 1870.

(3) Le Ministre de l'Intérieur à MM. les Préfets et Sous-Préfets. Paris 8 août, 6 heures 50.

Les exemples historiques ne manquaient pas. Nous verrons que l'Alsace, maîtrisée par avance, fut impuissante à les suivre.

XXX

Les francs-tireurs.

Après la retraite de l'armée du Rhin, toute la région de l'Est, dégarnie de troupes actives et n'ayant plus à opposer à l'invasion que des murailles sans défenseurs, était livrée à l'ennemi, si le gouvernement n'y créait immédiatement de nouvelles ressources.

De propros délibéré, et en raison de l'opposition au régime, nettement manifestée par une grande partie de la population, l'Empire se refusa à faire sortir du sol, par des distributions d'armes, une armée nationale, mais il chercha à utiliser les bonnes volontés isolées, qui s'étaient déjà offertes à lui sous différentes formes; et, au détriment même des gardes nationales mobiles, il donna d'abord tous ses soins à l'extension de groupements sélectionnés : les *francs-tireurs*.

Ces groupements « de citoyens réunis par leur patriotisme et leur goût pour les armes » s'étaient formés dans plusieurs départements frontières, au moment des affaires du Luxembourg; le maréchal Niel les avait rattachés ensuite à la garde nationale mobile, sous le nom de Sociétés de francs-tireurs « pour concourir à la défense du territoire national (1) ». Les francs-tireurs contractaient, en principe, un engagement d'un an. Leurs officiers étaient nommés par l'Empereur, les sous-

---

(1) Voir *Guerre de 1870-71. Mesures d'organisation depuis le début de la guerre jusqu'au 4 septembre.*

officiers et caporaux par l'autorité militaire. En cas d'appel à l'activité des bataillons de la garde mobile, les compagnies de francs-tireurs devaient être, de préférence, employées à la défense de leur pays et chargées d'assurer la sécurité de leurs foyers.

Sous ce statut s'étaient organisées, en 1868-69, les sociétés des francs-tireurs de Mirecourt, Metz, Nancy, Verdun, Ars-sur-Moselle, Lamarche, Frouard, Colmar, Saverne et Neuf-Brisach.

Quelques-unes d'entre elles ayant montré une certaine indépendance politique, le gouvernement employa pour se les concilier des mesures qui les indisposèrent (1), puis il négligea, faute de crédits budgétaires, de leur verser les subventions promises, ce qui provoqua beaucoup de démissions; en juillet 1870, l'effectif de la plupart d'entre elles était réduit à quelques dizaines de tireurs, leur valeur militaire était devenue presque négligeable. De plus, ces groupes, armés de la carabine Minié, se trouvaient liés aux arsenaux des grandes places par la nécessité de se ravitailler en munitions (2) et ils n'étaient entraînés ni à la marche, ni à la discipline militaire.

C'est pourtant de ce côté qu'on voulut d'abord chercher le salut. Aucun fusil ne fut donné aux communes de la zone frontière, bien qu'un certain nombre eussent demandé des armes dès le mois de juillet (2) et bien que

---

(1) En particulier, on leur donna comme Président général le jeune Prince impérial, ce qui fut regardé comme une dérision.

(2) Les nouvelles unités de francs-tireurs reçurent la carabine Minié transformée à tabatière. Mais elles ne trouvèrent dans l'Est que peu de ressources en munitions pour cette arme. Le 16 septembre, les francs-tireurs du Rhône, qui viennent d'épuiser leurs munitions en Alsace et rentrent à Belfort par les Vosges, ne trouvent pas dans l'arsenal de cette place de quoi s'approvisionner en cartouches Minié. Ils se rendent à l'arsenal de Besançon, qui n'en a pas davantage. Il leur faut envoyer un officier jusqu'à Lyon pour en rapporter une caisse, le 11, après six jours d'attente inutile.

(3) Intérieur à Préfet Bas-Rhin, de Paris, 17 juillet : « Le maire de Barr

la rive badoise du Rhin passât pour être garnie de paysans armés (1); en revanche les préfets furent autorisés à encourager et à armer les groupements de volontaires, sous la forme de francs-tireurs : « Le Gouvernement admet en principe la formation des corps de francs-tireurs. Il est disposé à leur donner des armes;... c'est aux préfets qu'il appartient de faire des propositions à cet égard. Il n'y a pas lieu d'organiser et d'armer en ce moment une garde nationale... dans les principaux centres. La formation d'un corps de francs-tireurs la remplacerait avec avantage, là où vous croiriez qu'ils peuvent utilement s'organiser (2). » Confirmant ces instructions officieuses, des décisions impériales des 28 et 31 juillet autorisent la création de nouvelles unités de francs-tireurs, non rattachées à la garde mobile, et où l'engagement sera limité à la durée de la guerre : « Ils seront donc de véritables gardes nationaux sédentaires, mais uniquement composés de volontaires choisis avec soin, habitués aux armes, en ayant le goût, etc... (3). »

Avec les désastres du 4 et du 6 août, la menace d'une invasion par le Haut-Rhin vient stimuler toute la région de l'Est, jusqu'à Lyon même, et partout on réclame à nouveau des armes aux préfets, mais généralement sous la condition de ne contracter aucun engagement. Le

---

me demande s'il peut former des troupes de francs-tireurs et obtenir les armes nécessaires à l'équipement des volontaires.... (*Id.*, p. 157.) — Général de Failly au Major général, de Sarreguemines, 29 juillet : « Faut-il armer celles des populations qui sont en avant de nous et qui le demandent? » (*R. M.* n° 20, p. 957.)

(1) Le maréchal de Mac-Mahon au Major général, de Strasbourg, 2 août. (*R. H.* n° 4. p. 908.)

(2) Intérieur à Préfet, Bas-Rhin, 17 juillet 1870 (*Papier secrets et correspondance du Second Empire*, p. 257.) — Même recueil, p. 259 : Préfet, Valence, à Intérieur, 8 août : « L'armement de toute la garde nationale pourra être un gros danger; je pousse aux francs-tireurs et aux volontaires. »

(3) Circulaire du 31 juillet.

Ministre de la Guerre écrit, le 8 août, au Major général : « Il faut absolument profiter du seul bon côté des excitations actuelles, il faut ordonner *l'armement de la population*, c'est le salut. Mais il faut ne pas gaspiller nos armes, et n'en donner qu'à ceux qui veulent véritablement s'en servir.. Je désirerais bien que Votre Excellence donnât des ordres dans ce sens aux autorités militaires des places, qui sont actuellement dans le territoire contesté, afin de distribuer les armes dont elles disposent aux habitants décidés à défendre leurs villes ou leur montagnes (1). » Le 12 août, une dépêche du Ministre de l'Intérieur invite officiellement les préfets à encourager la formation de « compagnies de gardes nationaux volontaires, de francs-tireurs, sans solde, dont le Ministre de la Guerre devait fournir les armes et les munitions ». Mais la restriction relative à la solde, que touchent les gardes mobiles, arrête brusquement l'enthousiasme (2), et on ne verra paraître d'abord, dans l'Est que les rares groupements en mesure de se soutenir seuls : il faut noter en particulier, l'ancienne compagnie de *Remiremont*, dissoute, qui, le 8 août, cherche à se reformer pour défendre les cols des Vosges, abandonnés par l'autorité militaire (3).

Parmi les anciennes sociétés de francs-tireurs des départements alsaciens, une seule, celle de *Colmar* (capitaine Eudeline) avait donné, dès la déclaration de la guerre, des preuves de vitalité. Sous le nom de « compagnie de francs-tireurs volontaires de Colmar », elle ouvrit ses rangs, le 16 juillet, aux engagements, et son

---

(1) Documents annexes. *Journée du 8 août*. Le Ministre de la guerre au Major général.
(2) Documents annexes. *Journée du 9 août*. Le Général commandant la 5ᵉ division militaire au Major général. D. T. réclamant l'entrée en solde pour la compagnie de francs-tireurs de *Frouard*, qui serait prête à marcher.
(3) *Ibid.* Nous verrons que cette formation fut entravée par ordre.

effectif monta à 82 hommes, armés de carabines Minié et complètement équipés. Cette petite troupe, si elle se fût portée du côté du Rhin, en avant-poste du 7e corps, aurait pû rendre confiance aux villages français terrorisés par les démonstrations de la rive droite. Mais éloignée de la ville par ordre du préfet, lors de la panique des 7-8 août, elle prit la direction opposée et gagna les Vosges, puis Belfort (14 août). Nous aurons occasion de la retrouver à l'escarmouche de Bellingen, puis dans les tentatives d'expédition sur les communications allemandes, et dans les opérations de l'armée des Vosges.

La compagnie de *Neuf-Brisach* (capitaine Thiébault), ayant attendu jusqu'au 6 août pour offrir ses services au commandant d'armes, fut, sur autorisation ministérielle, *mobilisée* le 8 août, pour aider à la défense de la place. Elle n'avait que des fusils, point de gibernes ni de ceinturons. On ne la fit sortir des murs qu'une fois, pour appuyer éventuellement la petite expédition envoyée à Bellingen, et, pendant le siège, il fallut la licencier faute de numéraire pour sa solde, et la verser dans la garde nationale sédentaire.

La compagnie de *Saverne* (capitaine Ferré) semble n'avoir pas eu le temps de se reconstituer avant la retraite de l'armée du Rhin; en tout cas, elle ne rendit aucun service, alors que son rôle naturel eût été de détruire les ouvrages d'art de Lutzelbourg avant l'arrivée de l'ennemi.

Il n'y avait pas de société de francs-tireurs à *Strasbourg* ; l'investissement de la place y provoqua (12 août) la formation de deux compagnies franches, prises dans les rangs de la gardes nationale sédentaire, et qui furent armées de chassepots (1). Mais au moment où ces

---

(1) Sur l'initiative de M. Ferrand (12 août) furent organisées : le 18 août, la compagnie des *chasseurs volontaires* de la garde nationale (capitaine

sociétés s'organisèrent, le blocus était déjà complet, et elles n'eurent à jouer aucun rôle hors des murs.

A la vérité, l'Alsace était assez peuplée, et contenait encore assez de bonnes volontés, pour qu'il fût possible d'y lever d'autres corps francs, même sans solde. Des initiatives s'annoncèrent, en particulier à Colmar. Mais comme les désastres de l'armée du Rhin avaient réuni toute l'Alsace dans le parti de l'opposition, les Préfets invoquèrent des raisons politiques — les mêmes qui avaient arrêté l'armement des gardes nationales — pour leur refuser l'autorisation officielle (1). Lorsque le ministre Palikao envoya M. E. Dollfus à Mulhouse pour recruter des volontaires dans la population ouvrière (2), il était déjà trop tard, l'enthousiasme était tombé. Ce n'est qu'après le 4 septembre que le Haut-Rhin constituera de nouvelles compagnies de francs-tireurs.

Nous avons vu que, parmi les anciennes compagnies franches remises sur pied, en août 1870, dans les départements de deuxième ligne, quatre seulement (*Frouard, Ars, Mirecourt* et *Lamarche*) tentèrent de tenir la campagne devant l'invasion. Les trois premières firent presque toute la guerre dans les places fortes.

Quant aux unités nouvelles que nos premiers désastres firent surgir dans les 5e et 7e divisions militaires, un certain nombre auraient été prêtes à marcher dès le 8 août, si l'on avait pu leur donner des armes, leur assurer une solde indispensable à des troupes devant opérer hors du rayon des subsistances de l'armée, et les exempter de tout engagement formel (3). Au

---

Liès-Bodard), effectif 3 officiers et 120 hommes; et, un peu plus tard, celle des *tirailleurs* de la garde nationale (capitaine Geisen), effectif, 3 officiers et 100 hommes.

(1) Préfet du Haut-Rhin à Guerre, 23 août 1870, rendant compte que, sur l'avis du Ministre de l'Intérieur, il a arrêté ce mouvement.

(2) 27 août 1870.

(3) Préfet du Jura à Intérieur, de Lons-le-Saunier, 8 août : « Des corps

milieu du désarroi général, l'organisation de ces groupes devint très difficile, lors même qu'elle se trouvait être favorisée par l'administration : car mille causes retardèrent l'expédition des armes des arsenaux, et la loi du 12 août sur la mobilisation et la garde nationale eut pour effet de tarir le recrutement des corps francs. Parmi les compagnies nouvellement formées dans l'Est, deux seulement, celle du *Doubs* (commandant Schmidt) et celle de *Luxeuil* (commandant de Perpigna) prêtes dès le 8 août, puis soudainement dissoutes, réorganisées et armées au bout de trois semaines, purent être utilisées au début de septembre. D'autres avaient disparu à peine formées, telles la compagnie de *Remiremont*, qui, prête également le 8 août, mais jugée défavorablement au point de vue politique, s'était vu refuser par le Préfet la livraison des armes envoyées par l'autorité militaire, et les compagnies de *Bar-le-Duc* et de *Ligny*, dont les armes, expédiées de Vincennes le 11 août, n'arrivèrent pas avant l'invasion.

Il semble que le gouvernement et l'opinion se fussent étrangement exagéré le nombre et la valeur des groupes francs organisés dans l'Est. Lorsque la cavalerie d'exploration de la *III*[e] armée allemande, après avoir traversé la Lorraine sans y recevoir un coup de fusil, parut sur

---

de volontaires francs-tireurs ou gardes nationaux veulent se former. Partout on réclame des armes. L'émotion est ardente. Notre frontière est découverte, les Rousses sans garnison. Les bruits d'arrivée des Badois campés à Lorrach se propagent. » — Préfet du Doubs à Intérieur, 7 août : « 2,000 inscriptions pour gardes nationales sédentaires. Envoyez 2,000 fusils et 100 carabines de chasseurs à pied pour francs-tireurs, qui formeront une des compagnies de cette garde, et dont la plupart a remporté des prix aux concours internationaux. Mais, pour Dieu, ne leur demandez aucun engagement, je réponds d'eux comme de moi-même, etc. » — Préfet Haute-Saône à subdivision de Vesoul, 8 août : « Les francs-tireurs de Luxeuil prêts à partir, demandent des armes. Que faire ? » — Préfet de la Meuse à Intérieur, 8 août : « Les compagnies de Bar et de Ligny sont organisées, envoyez-moi 150 carabines, etc » (Documents annexes, *Journée du 8 août*).

les confins de la Champagne (11-13 août), la presse commença de s'étonner de leur inaction : et l'annotation suivante du général Susane, conservée sur une dépêche officielle (1), marque bien l'illusion générale à ce moment : « Il serait bon, maintenant *qu'un très grand nombre* de gardes nationales ou francs-tireurs des départements situés entre Paris et la frontière ont reçu les armes dont ils annoncent vouloir faire usage, *qu'on leur fît savoir* que leur véritable rôle et la seule manière de prouver qu'ils méritent d'être armés, c'est de courir sus aux éclaireurs ennemis et de les canarder à tous les coins de bois. S'ils ne s'y mettent pas, ce sont des pas grand'chose. » Une organisation plus prévoyante, d'abord, un service de renseignements plus exact ensuite, eussent évité d'enregistrer de telles récriminations. A peine y avait-il alors entre la Marne et le Rhin 400 francs-tireurs, liés aux places fortes par la nature de leur armement, et ignorant tout de la guerre de partisans.

XXXI

Les gardes nationales sédentaires.

L'institution des gardes nationales ne devait pas être plus utile à la défense du sol alsacien.

On a vu, dans une précédente étude (1) qu'après Forbach et Frœschwiller, le Ministre avait, par un décret du 7 août, appelé dans la garde nationale tous les citoyens de 20 à 30 ans, tandis que le Corps législatif était convoqué d'urgence pour prendre des mesures de défense; le 9 août, Jules Favre demanda *l'armement immédiat de tous les citoyens inscrits sur les listes électorales et la réorganisation des gardes nationales sédentaires sur tout le territoire français.*

Cette proposition, discutée à la séance du 11 août, donna naissance à la loi du 12 août, qui rétablissait la garde nationale d'après la loi de 1831 (2). Les officiers devaient être choisis parmi les anciens militaires, les armes distribuées tout d'abord aux départements envahis, et dans ces départements les villes mises en état de défense et les communes en état de siège.

---

(1) *Guerre de 1870-71. Mesures d'organisation depuis le début de la guerre jusqu'au 4 septembre.*

(2) Aux termes de cette loi, chaque commune formait une ou plusieurs compagnies, chaque canton un ou plusieurs bataillons, chaque département une ou plusieurs légions. Le rôle de la garde nationale consistait en : service ordinaire à l'intérieur de la commune; service de mobilisés pour seconder l'armée de ligne. Tous les Français (à part de nombreux cas d'exemption) faisaient partie de la garde nationale depuis l'âge de 20 ans. Les officiers subalternes étaient nommés à l'élection, les officiers supérieurs, par les officiers subalternes.

L'autorité militaire en Alsace n'avait pas attendu les lenteurs législatives pour tenter de restaurer en face de l'ennemi la glorieuse tradition de 1814-1815. Nous avons dit les vains efforts du général Ducrot, au début de la guerre, pour obtenir du Gouvernement la formation de gardes nationales dans le Bas-Rhin. Dans le Haut-Rhin, le général Douay se fit l'écho des mêmes doléances. « La population française de la rive gauche demande des armes, écrivait-il, elle est animée d'un excellent esprit (1). » Il n'eut pas plus de succès à Paris. C'est seulement le 7 août que, l'état de siège étant enfin déclaré dans la 6e division, le général Uhrich eut la latitude de décréter la formation d'une garde nationale à *Strasbourg* et d'ouvrir des registres d'enrôlement où, paraît-il, plus de 12,000 noms s'inscrivirent immédiatement. Le jour même, les cadres de la nouvelle garde nationale (colonel Saglio) furent nommés par le général, sur la présentation du maire et l'approbation du préfet. Le 8, l'effectif de sa batterie d'artillerie (2) et de ses quatre bataillons d'infanterie (de 500 hommes) étant au complet, chaque homme reçut un fusil à piston (3) sans cartouches.

Ainsi, du moment même où la loi est votée à Paris, la nouvelle milice de Strasbourg se trouve déjà complètement organisée; mais à vrai dire, c'est, en dépit de son titre de *garde nationale*, un corps sélectionné de 2,500 volontaires, dont la discipline et l'excellente tenue au feu devront être attribuées surtout à son recrutement spécial.

---

(1) *R. H.*, p. 1381. (Le général Douay au Major général, de Belfort 3 août.)

(2) Artillerie de la garde nationale de Strasbourg : Héring, capitaine commandant; Lucé, lieutenant en premier; Lavenue, lieutenant en second; Bernard, adjudant. Neuf pièces de 4.

(3) Le 1er septembre, ces armes furent échangées contre des fusils à tabatière.

Dans le reste de l'Alsace, les paniques des 6, 7 et 8 août — paniques qui doivent être expliquées par le manque absolu d'armes dans les communes riveraines du Rhin — suscitent des formations spontanées, destinées à remplacer en cas de péril les troupes de la ligne, mais qui ne sont approuvées et soutenues par le Gouvernement qu'autant qu'elles conservent le caractère de troupes sélectionnées et sans analogie avec une levée en masse. Ainsi le veut la crainte du péril ouvrier, que nous trouverons constamment dressée comme un obstacle à la défense de l'Alsace.

Dans tous les chefs-lieux de canton et dans les bourgs, existent déjà des groupes d'hommes armés, les sapeurs-pompiers. Ils ont des fusils, d'un modèle suranné sinon hors de service, et ne reçoivent de munitions que pour leurs tirs, mais ce sont des noyaux tout désignés pour la formation des gardes nationales. Le gouvernement fait fond sur leur nombre et sur leur solidité (1).

A *Colmar*, dès le 6 août, le commandant des sapeurs-pompiers Kœppelin propose, et, le 8 août, une réunion de citoyens à la mairie décide l'organisation d'un corps de *constables volontaires*, qui fera des patrouilles toutes les nuits : 300 personnes s'inscrivent séance tenante et vident les magasins des armuriers. Les constables portent un brassard aux couleurs de la ville, rouge et vert. Les cinq quartiers formeront cinq postes, dont chacun élira

---

(1) Général Rochebouët à Guerre, de Montmédy, 16 juillet : « Les pompiers de Longuyon ont, dans un excellent esprit, demandé des fusils à tabatière. Je pense qu'il sera bon de leur en délivrer sur toute la zone menacée. » (*Papiers secrets et correspondance du Second Empire*, p. 256.) Il y avait, le 12 août, 8,872 fusils en service aux mains des pompiers du seul département des Vosges. (Documents annexes, *Journée du 20 août*, D. T. du Préfet des Vosges, 5 h. 17 soir.) Lorsque le gouvernement appela à Paris les pompiers âgés de moins de 40 ans (15 août), ceux de la Lorraine montrèrent un grand élan. (*Guerre de 1870-71, Mesures d'organisation* et correspondance des Préfets.)

son chef (1). C'est le retour aux traditions des gardes bourgeoises d'antan. Le 13, le préfet, fort de la loi nouvelle, prend la direction du mouvement, auquel il est jusque-là resté étranger, sinon hostile (2), et il envoie à toutes les communes du département une circulaire pour la formation de gardes nationales et de corps de volontaires : « L'ordre garanti dans les communes par la garde sédentaire, les volontaires réunis sur les points indiqués par l'autorité militaire, telle est l'organisation immédiate que commande la gravité des circonstances (3). » Mais, malgré les demandes pressantes des communes, nulle activité n'est apportée à l'organisation ni à l'armement des milices nouvelles. C'est le 18 que le préfet se renseigne auprès du commandant de Neuf-Brisach sur les ressources en armes disponibles pour la dotation des gardes nationales sédentaires de l'arrondissement (4). Le 19, le conseil municipal de Colmar nomme la commission de recensement pour la formation des cadres (5), et le 20, le préfet précise sa demande d'armes, qui est renvoyée de Neuf-Brisach au commandant de la subdivision, à Belfort (6). Ce jour-là même, les nombreux gardes forestiers, réunis à Colmar par ordre du Ministre de la Guerre pour former un corps de guides (7), ont dû être renvoyés chez eux, faute de fusils

---

(1) *Journal* d'un habitant de Colmar, par J. Sée.
(2) *Ibid.*
(3) Circulaire publiée par le même ouvrage.
(4) *Registre* de correspondance du commandant de Neuf-Brisach. Réponse du colonel de Kerhor : il tient à sa disposition 500 fusils rayés se chargeant par la bouche, avec leurs munitions.
(5) *Journal* d'un habitant de Colmar.
(6) *Registre* de correspondance du commandant de Neuf-Brisach. Réponse du colonel de Kerhor au Préfet : il lui offre 400 fusils modèle 1842 transformé, à canon rayé se chargeant par la bouche : « Demandez les ordres au général de Belfort. »
(7) *Décret* impérial du 9 août 1870 (rénovant l'ordonnance royale du 29 mai 1831) sur l'organisation des gardes forestiers en compagnies de guides « pour servir dans le département où ils exercent leurs fonctions et dans les départements limitrophes. »

pour les armer. Pas une cartouche dans la ville (1), tandis que les Badois et Bavarois préparent ouvertement, tout en bombardant Strasbourg, l'invasion du Haut-Rhin! Colmar ne reçut des fusils (à piston) que le 31 août, et ses deux bataillons de garde nationale sédentaire furent organisés seulement le 7 septembre, sept semaines après la déclaration de guerre!

A *Schlestadt*, le 8 août, s'était formée une garde nationale de 400 habitants, qui avait été armée immédiatement de fusils à tabatière; mais, le danger passé, on fit intervenir le commandant de l'artillerie pour lui retirer ces armes. Le 18 août, au lendemain de l'escarmouche de Thanvillé, le Conseil de défense décida de réserver les fusils à tabatière pour les renforts attendus, et de donner à la garde nationale sédentaire de vieux fusils à balle sphérique, qui avaient été réunis à l'arsenal, pour être versés aux Domaines comme hors service. On distribuerait également de ces armes, avec des munitions, aux communes des environs, qui en réclamaient avec insistance (2).

Nous verrons cette question de l'armement des gardes nationales, même sélectionnées, question si délicate au point de vue politique, devenir irritante et cruellement décevante pour les populations des campagnes alsaciennes, qui purent croire qu'on les abandonnait, de parti pris, à la merci des Badois.

---

(1) *Journal* d'un habitant de Colmar.
(2) Documents annexes, *Journée du 18 août*, Délibération du Conseil de défense de Schlestadt.

XXXII

Le 7ᵉ corps dans la trouée de Belfort, du 8 au 17 août.

Dès le 7 août, l'état-major du 7ᵉ corps avait reçu du général Soleille l'avis de la retraite de l'armée du Rhin, de Saverne sur Phalsbourg, avec l'ordre de diriger immédiatement le parc d'artillerie sur Epinal (1). Dans ces conjonctures, le général Douay devait naturellement s'attendre à être bientôt appelé, avec toutes ses forces, à rejoindre, derrière les Vosges, le maréchal de Mac-Mahon. Aussi, en arrivant à Belfort le 8 août, crut-il devoir préparer le commandant de la place, général de Chargère, à l'éventualité de son abandon définitif par les troupes du corps d'armée (2). En attendant, il mettait à la disposition de la garnison toutes les facilités

---

(1) Cet ordre, adressé directement au général de Liégeard, commandan l'artillerie du 7ᵉ corps (7 août) était en voie d'exécution et la moitié du parc avait quitté Vesoul pour Epinal. (8 août) quand le colonel Heunet, directeur du parc, reçut du général Soleille l'ordre nouveau de le transporter à Besançon, pour échapper à l'ennemi, que l'on croyait avoir traversé le Rhin (voir plus haut § XXVII. *Concentration du 7ᵉ corps devant Mulhouse (5-6 août). Retraite sur Belfort (7-8 août). La panique après Freschwiller*). Le général Douay sollicita alors (9 août) et obtint (10 août) un troisième ordre, destinant le parc à Langres. (R. H., 1902, nᵒ 23. Doc., p. 1170, et nᵒ 24. Doc., p. 1409; R H., 1903, nᵒ 25. Doc.. p. 207-208.) Mais il fut entendu qu'il resterait sur trucs en attendant des dispositions ultérieures. Cette attente dura jusqu'au 17 août.

(2) Le général de Chargère, venu de la section de réserve, et appelé le 23 juillet au commandement de la 2ᵉ subdivision (Haut-Rhin) de la 6ᵉ division territoriale, en remplacement du général de Saint-Sauveur, avait transporté son quartier général de Colmar à Belfort, où il remplit les fonctions de commandant d'armes (commandant supérieur), puis celles de commandant du territoire non investi de la 6ᵉ division.

nécessaires pour l'instruction des mobiles et des jeunes soldats.

La perspective du départ du 7ᵉ corps détermina le général de Chargère, sur l'initiative du commandant du génie Denfert-Rochereau, à réunir le Conseil de défense. Celui-ci, dès sa première délibération, appuyée par l'autorité du général Douay lui-même (1), supplia le Ministre de convoquer immédiatement à Belfort les quinze bataillons de gardes mobiles des départements voisins (Haute-Saône, Jura, partie des Vosges et du Doubs) de faire envoyer leur armement par les arsenaux de Lyon et de Besançon, et de détacher, pour leur instruction, deux bataillons de ligne (en plus du 4ᵉ bataillon du 45ᵉ de ligne), deux batteries d'artillerie, une compagnie du génie, et deux escadrons de cavalerie légère.

Le Ministre, à la vérité, ne pouvait alors disposer dans cette région d'aucune troupe de ligne exercée, sans affaiblir d'autant le 7ᵉ corps, toujours réduit à sa 2ᵉ division (2) et déjà privé d'une partie de son artillerie, qui commençait à s'embarquer. Mais, pénétré de la nécessité de défendre la trouée de Belfort, il désigna, le jour même, les quatrièmes bataillons stationnés dans les garnisons voisines, pour venir occuper la place, en attendant qu'on leur adjoignît des troupes plus solides (3).

Quant aux gardes mobiles à appeler des départements voisins, le Ministre de l'intérieur devant être consulté, il ne fut pris aucune décision immédiate. Sans perdre de temps et sans compter sur les autorités civiles, le Conseil de défense s'occupa d'habiller les mobiles du

---

(1) Le général Douay au Ministre et au Major général, de Belfort, 8 août, 2 h. 50 (*R. H.*, 1902, n° 22. Doc., p. 909.)

(2) État du 7ᵉ corps à la date du 9 août.

(3) Le Major général au général Douay, à Belfort, de Metz, 8 août, 5 heures. soir. (*R. H.*, 1902, n° 22. Doc., p. 909.)

Haut-Rhin, et de les armer. Ils reçurent des fusils à tabatière le 9 août, et leur instruction commença le 10 (1).

Entre temps, les troupes du 7ᵉ corps, réagissant contre la dépression morale due au surmenage des derniers jours, recommencèrent à travailler avec ardeur aux lignes et aux ouvrages extérieurs du camp retranché, qu'elles pouvaient être appelées à défendre d'un instant à l'autre. Il appartiendra à une étude détaillée des sièges des places d'Alsace de remettre en lumière l'activité, l'habileté et l'énergie déployées par le chef de bataillon Denfert-Rochereau dans cette préparation de la défense. Mais on ne peut taire ici la confiance et l'entrain qu'il sut inspirer aux troupes du 7ᵉ corps employées momentanément sous ses ordres. Aussi bien l'œuvre matérielle accomplie par ces troupes fut-elle considérable.

Sous leur protection, la place de Belfort devint en quelques jours, grâce à la prévoyance action de l'état-major et de l'intendance du corps d'armée, le magasin d'armes, de munitions et de subsistances de toute l'Alsace, rôle réservé jusque-là à Strasbourg. Elle bénéficia, à partir du 12 août, des envois de biscuit destinés à l'armée du Rhin et à la place de Metz et qui ne pouvaient plus dépasser Langres (2). Enfin, les expéditions reçues presque chaque jour des arsenaux et des magasins du Centre, du Midi, et jusque de l'Algérie (3), lui permirent non seulement de constituer ses réserves de siège, mais de compléter l'approvisionnement en vivres de Neuf-Brisach et de Schlestadt, et de doter ces deux places ainsi que Colmar des armes demandées pour les gardes nationales sédentaires. En

---

(1) Procès-verbaux du Conseil de défense de Belfort.
(2) Le sous-intendant militaire de Langres au ministre de la guerre, 12 août 5 h. 25 soir, avec réponse en marge (Papiers de l'Intendant général Blondeau)
(3) La manutention de Constantine fabriquait et envoyait en France 500 quintaux de biscuit par semaine (même source).

échange, elle empruntait à Neuf-Brisach son excédent en approvisionnement de poudres (1).

Les nouvelles de Strasbourg, que le télégraphe apporta jusqu'au 11 août au soir, et dont un service d'émissaires fut ensuite chargé, n'étaient plus aussi menaçantes pour Belfort. Les troupes wurtembergeoises semblaient avoir disparu des bords du Rhin, que d'autre part la crue rendait plus difficilement franchissable (2). Il parut donc possible au général Douay de rapprocher sa cavalerie pour l'employer exclusivement au service des avant-postes, et de consacrer toute son infanterie aux travaux de fortification. Le 9, le 4e hussards quitta Dannemarie, et établit des grand'gardes à Offémont, Roppe, Bessoncourt et Pérouse. Le 4e lanciers occupa Andelnans et Bavilliers, le 8e lanciers Chèvremont et Vézelois (3). Mais dès le lendemain, la nouvelle de l'arrivée prochaine de la 3e division du 7e corps (quatre régiments d'infanterie, 3 batteries d'artillerie, une compagnie du génie) permit de songer à reprendre à nouveau le contact du Rhin. Les premières troupes du général Dumont devaient s'embarquer à Lyon le 10 à midi (4), et les dernières dans la nuit du 12 au 13 : la brigade de cavalerie Jolif Ducoulombier restant seule pour assurer la tranquillité de cette ville, où le Gouvernement redoutait des émeutes (5). L'activité reprit alors de toutes parts :
Le 11 août, le 4e lanciers fut envoyé à Altkirch avec mission d'organiser un service d'éclaireurs dans un

---

(1) Voir Documents annexes, 7 août. (D. T. du Ministre de la Guerre aux Intendants militaires et D. T. du même à l'intendant militaire Largillier, à Mulhouse). — Le 16 août, envoi de Neuf-Brisach à Belfort de 160 barils de poudre en excès.
(2) R. H., 1903, n° 25. Doc., p. 234; n° 26. Doc., p. 478. (Général Douay au Major général, 11-12 août.)
(3) R. H., 1902, n° 23, p. 1169.
(4) R. H., 1903, n° 25, p. 158.
(5) Historique du corps et R. H., 1905, n° 53, p. 359.

rayon de 4 ou 5 kilomètres, en observant surtout les directions de Mulhouse et de Huningue (1) et en laissant des détachements sur sa route pour assurer le service des estafettes et la garde des fourneaux de Valdieu et de Dannemarie. Ce régiment, remplacé dans ses postes par le 8e lanciers, entra à Altkirch le 11 au soir. En même temps le général de Chargère pressait les commandants du génie de la subdivision d'achever le chargement (interrompu par la panique du 7), des fourneaux de mines de leurs circonscriptions (2). Enfin, le Ministre ayant alloué un crédit de 44.000 fr. pour les travaux de mise en état de défense de Montbéliard, le général Douay y envoyait deux compagnies (3), pour protéger au besoin les ouvriers contre les mauvais citoyens de cette ville, qui voulaient empêcher les travaux (4).

---

(1) R. H., 1902, n° 24. Doc., p. 1408.
(2) *Journal* de marche du génie du 7e corps. *Registre* de correspondance. Lettres du Commandant du génie (Vesoul) au Général du génie (Belfort), 11 août : « J'ai l'honneur d'informer le général Doutrelaine qu'on ne chargera [le fourneau du viaduc de Faverney, ligne de Vesoul à Epinal] que sur un nouvel ordre. » — Du même au même, 13 août : « Les deux fourneaux du viaduc de Faverney sont chargés, une garde est établie. » — Du Préfet du Haut-Rhin à Guerre, Colmar, 13 août 1870 : « Toutes les mesures de défense recommandées par Votre Excellence sont concertées avec l'autorité militaire. Vu la situation spéciale du département, c'est au commandant du 7e corps à Belfort, qu'est réservée l'initiative des destructions jugées nécessaires, soit sur la ligne de fer, soit sur les routes traversant les défilés des Vosges. Ainsi que le sous-préfet de Mulhouse a eu l'honneur de l'exposer à Son Excellence le Ministre de l'Intérieur, une exécution prématurée pourrait causer un trouble sérieux dans les mouvements de l'armée... » — Voir plus loin (Documents annexes, *Journée du 14 août*, les lettres des commandants du génie de Langres (13 août) et de Neuf-Brisach).
(3) La 6e compagnie du Ier bataillon et la 1re du IIe bataillon du 37e de ligne. (*Historique* du corps.)
(4) Le général commandant la division de Besançon au général Douay, 11 août. — La population de Montbéliard s'opposait par la force aux travaux projetés, pour ne pas attirer sur la ville les malheurs d'un siège ; « une espèce d'émeute » arrêta ces travaux le 9, mais ils furent repris aussitôt les renforts arrivés. Voir Documents annexes, *Journées des 9 et 10 août*, lettres du Colonel directeur du génie à Besançon, au général Doutrelaine.

Le même jour, les communications entre Strasbourg et Belfort étant rompues, et Strasbourg étant considéré comme investi, le commandement effectif de la 6e division militaire passa aux mains du général de Chargère, à Belfort.

L'arrivée de la 3e division du 7e corps donna lieu à une modification dans les bivouacs des troupes autour de Belfort. La 2e division vint alors camper sur les glacis du fort de l'Espérance, à Bellevue, au fort des Barres, et sur le terrain qui s'étend en avant et à droite de ce fort. La 3e division fut placée aux Perches, à cheval sur la route de Bâle, sa gauche appuyée au camp retranché, sa droite aux glacis de la place, sur la Savoureuse (1). Les troupes continuèrent à travailler aux ouvrages voisins de leurs campements, qu'elles devaient occuper en cas d'alerte.

Cependant, tandis que l'espoir et l'activité semblaient renaître à Belfort, et que la garnison elle-même, ayant reçu quelques nouveaux contingents (2), reprenait confiance, la défense de la place, en cas de départ du 7e corps, demeurait toujours précaire, faute d'effectifs suffisants pour occuper tous les ouvrages. Le 11 août, le Ministre s'était décidé à télégraphier aux commandants des 5e et 7e divisions militaires (Nancy et Besançon) « d'envoyer à Belfort tout ce qu'ils avaient de bataillons de mobiles habillés et armés ». Malheureusement, la 5e division avait déjà envoyé à Metz tous ses bataillons de mobiles, sauf ceux des Vosges (Mirecourt, Epinal, Remiremont) qui, au moment de partir (11 août) pour leur destination respective, Thionville et Longwy, venaient d'être, par

---

(1) Prince Bibesco, *Belfort, Reims, Sedan, 7e corps*, p. 33.
(2) Le 11 août 1870, arrivée à Belfort de 652 hommes de la classe 1869, du Haut-Rhin, placés au dépôt du 45e de ligne. — Le 13 août, arrivée de quatre batteries à pied du 12e d'artillerie (1re pple et 1re bis, 2e pple et 2e bis, venues de Besançon : effectif, 6 officiers, 316 canonniers.

ordre supérieur, « réservés pour la défense des passages des Vosges » et mis à la disposition du commandant d'armes d'Epinal, et le 2ᵉ de la Meurthe (Lunéville) qui, arrêté, avant de gagner Marsal, par crainte des coureurs ennemis, avait été réexpédié sur Nancy et de là sur Langres (1); de toute manière, il ne lui restait pas un bataillon disponible. Dans la 7ᵉ division, la situation n'était pas plus favorable, car le général de Prémonville en était encore à « attendre les ordres du Ministre pour organiser ses seize bataillons de mobiles (12.000 hommes) dont aucun n'était ni armé, ni habillé, ni équipé! » Il n'y avait donc pour Belfort, aucun secours à attendre de ce côté (2).

Dans ces conditions, il pouvait sembler inutile, non seulement d'achever les travaux commencés autour de Belfort et de Montbéliard (3) mais même de laisser des canons dans tous les anciens ouvrages. Le 12 août, le Conseil de défense décida que, si le 7ᵉ corps devait s'éloigner de la place, l'armement du fort des Barres serait retiré, ce fort ne pouvant être défendu si celui des Perches n'était pas occupé, et la garnison étant bien trop faible pour tenir les deux positions.

Vainement le Conseil invoqua, tant auprès du général Douay, dont les forces allaient monter à 20.000 fusils, qu'auprès du Ministre lui-même, l'article 244 du Règlement sur le service des places, défendant aux généraux d'abandonner sans garnison une place forte de leur territoire (4). Le 7ᵉ corps, complété à deux divisions le

---

(1) D. T. du Général commandant la 5ᵉ division militaire au Gouverneur de Belfort, Metz, 12 août 1870, 6 h. 2 soir. (Documents annexes.)
(2) Documents annexes, 13 août. D. T. Le général de Chargère à Guerre.
(3) *Journal* du Conseil de défense de Belfort.
(4) *Ibid.* (Documents annexes). Art. 244 : « Le général commandant une armée dans l'arrondissement duquel une place se trouve comprise, veille à ce qu'il reste en tout temps une garnison suffisante pour en assurer la garde, etc. »

13 août, reçut le 16 l'ordre de s'embarquer et de rejoindre, en passant par Paris, l'armée qui se constituait au camp de Châlons. Un matériel de transport considérable avait été rassemblé à Belfort et à Montbéliard. Le 17, la 2e division commença son embarquement en gare de Belfort, pendant que la brigade de cavalerie (Cambriels), l'artillerie de la 2e division et la réserve d'artillerie du corps d'armée se rendaient à Héricourt et Montbéliard, d'où elles devaient être transportées par l'itinéraire Besançon — Dijon — Paris. Le 18 et le 19, le mouvement de la 3e division et des divers services continua par les deux itinéraires. Le 20 août, à 11 h. 20 du matin, la compagnie de l'Est télégraphiait qu'elle avait terminé l'expédition du 7e corps.

Avec lui s'éloignait le seul espoir de Strasbourg assiégé, et l'un des derniers espoirs de l'Alsace envahie.

En compensation de ces 20.000 vieux soldats, Belfort n'avait reçu que deux bataillons de recrues : le IVe bataillon du 85e de ligne, arrivé de Gray le 17 août (12 officiers, 793 hommes) et le IVe bataillon du 84e de ligne, arrivé de Lons-le-Saulnier le 18 (12 officiers, 581 hommes). La garde du camp retranché était réduite à quelques compagnies.

Quant à Montbéliard, le 7e corps n'y avait rien laissé, pas même des ouvriers : « Puisqu'on renonce à défendre le camp retranché de Belfort, écrivait le général Doutrelaine, je ne vois plus d'intérêt à la continuation des travaux à Montbéliard (1). »

---

(1) Le général Doutrelaine, commandant le génie du 7e corps, au colonel Benoit, directeur des fortifications à Besançon, Belfort, 17 août, 1870. — Deux mois après, ces travaux abandonnés de Montbéliard constituaient un excellent point d'appui pour le corps prussien assiégeant Belfort.

XXXIII

La garde des Vosges jusqu'au 20 août. — Evacuation d'Epinal et abandon des cols.

Après les quelques travaux opérés sur les routes des Vosges par le génie du 7ᵉ corps et par les ingénieurs des ponts et chaussées, il semblait qu'il n'y eût rien de plus à faire pour arrêter l'invasion, car aucune troupe ne gardait les défilés, et les habitants des vallées n'avaient reçu ni armes, ni instructions pour protéger l'accès des cols.

« Le col de Bussang, écrivait un habitant du pays (1), a été une véritable route militaire, servant, non pas seulement à la troupe, mais aux charrois et à de grands parcs d'artillerie. C'est par là que, dans ma jeunesse, j'ai vu arriver les Cosaques et, après eux, les Badois, les Wurtembergeois et les Bavarois (1814) et c'est encore par ce col que les Autrichiens sont entrés en 1815....

« On garde le souvenir de ces invasions, et l'on s'effraye de ne voir aucun préparatif de défense, et pas un seul homme pour combattre. Je me trompe, on a vu hier un officier du génie qui est allé voir si les mines préparées pour faire sauter le tunnel de Bussang sont encore en état de fonctionner... Eh quoi! est-ce là une opération sérieuse? Est-ce qu'il y a dans les décombres de ce tunnel un obstacle propre à arrêter un corps d'armée? Les

---

(1) *Lettre* (n. s.) adressée au Major général (A. G.).

populations sont pleines de patriotisme et de bonne volonté, mais, laissées à elles-mêmes, que peuvent-elles faire? Il leur faut une force militaire, autour de laquelle elles se grouperont; il leur faut des armes pour combattre, et elles se demandent pourquoi on ne leur confie pas les fusils à percussion qui dorment dans les arsenaux, et dont elles sauraient se servir. La garde mobile, il est vrai, leur enlève une partie active; mais il reste les gens de bonne volonté, notamment les anciens militaires et les chasseurs des montagnes... »

Dans toute la Lorraine, les municipalités, les conseils d'arrondissement exprimaient des vœux semblables, au moment où, coup sur coup, éclatèrent les nouvelles de nos désastres en Alsace. Ce fut une stupeur générale, que vint encore aggraver le spectacle de la retraite de l'armée du Rhin, abandonnant, sans les défendre, les belles positions du col de Saverne, et laissant intacts derrière elle le tunnel et le viaduc de Lutzelbourg (1).

Dans la 5ᵉ division militaire (2) qui comprenait les départements de seconde ligne (Moselle, Meuse, Meurthe. Vosges) l'emploi des gardes nationales mobiles avait été fixé sans qu'il fût tenu compte de la nécessité éventuelle de défendre les cols des Vosges au Sud de Saverne. Les neuf bataillons de la 3ᵉ subdivision (Meurthe-Vosges)

---

(1) Sur la non-destruction du tunnel, voir *R. H.*, n° 21, p. 594, note 4. Aux références déjà données sur cette question (ouvrages du commandant de Chalus et de M. Jacqmin) il faut ajouter la dépêche qu'on trouvera ci-après aux Documents annexes. (Le ministre de la Guerre au Préfet de la Moselle, pour faire parvenir au major général (D. T. ch.) de Paris, 11 août, 10 h. 25 soir). — Enfin, un ouvrage allemand récent (Hermann Budde, *Die französischen Eisenbahnen im deutschen Kriegsbetriefe, 1870-71* Berlin 1904) déclare (p. 17) que le tunnel de Saverne avait été laissé intact par l'armée du Rhin, alors que l'*Historique* du grand Etat-major prussien (livraison IX, p. 1298 et 1299 trad.) parle deux fois de son déblaiement par les 2ᵉ et 3ᵉ altheilungs des chemins de fer, opération qui suppose une obstruction préalable.

(2) La 5ᵉ division militaire (général Crespin, quartier général à Nancy) comptait trois subdivisions : 1ʳᵉ (Moselle) général de Vercly, 2ᵉ (Meuse) général Cussey, 3ᵉ (Meurthe-et-Vosges) général Ladreit de la Charrière.

étaient destinés aux garnisons des places, ceux de la Meurthe devant occuper Toul, Marsal et Phalsbourg, ceux des Vosges ayant à traverser tout le département voisin pour se rendre à Metz, Thionville et Longwy. Lorsque les gardes mobiles de cette subdivision se réunirent, du 31 juillet au 3 août, à Nancy et Épinal, personne ne songeait à occuper les cols de la haute Alsace, qui paraissaient suffisamment défendus par les places du Rhin et par le déploiement du 7ᵉ corps entre Colmar et Belfort.

Après les désastres du 1ᵉʳ corps, la retraite simultanée du gros de l'armée du Rhin sur Saverne et du 7ᵉ corps sur Belfort découvrit brusquement les passages, que semblait menacer d'autre part une invasion wurtembergeoise dans le Haut-Rhin. La première inspiration de l'Empereur fut alors de défendre la barrière des Vosges (1), mais elle n'eut aucune suite, et la retraite continua sur Châlons. Le rechargement des fourneaux de mines dans le Haut-Rhin ne suffisait assurément pas pour conjurer le danger, et le Ministre, obligé d'improviser un semblant de protection avec les faibles moyens qui lui étaient laissés, télégraphia alors au commandant de la 5ᵉ division de *réserver pour la défense des passages* trois bataillons de la garde mobile des Vosges, ceux de Mirecourt, Épinal et Remiremont (2).

Pour que cette mission fût effective, il importait, avant tout, de décentraliser le commandement. Le 7 août, le

---

(1) D'où le télégramme du Ministre de l'Intérieur aux Préfets. De Metz, 8 août, 7 h. 50 matin. « L'armée se concentre pour marcher sur les Vosges et défendre les passages. La nuit a été calme. Il n'y a pas eu d'engagement. Napoléon ». La veille, à 4 heures du soir, l'Empereur avait décidé la concentration sur Châlons. (*R. H.*, n° 21, p. 275.)

(2) Le quatrième (St Dié) était déjà à Metz, où le général Crespin avait prescrit d'envoyer tous les bataillons de gardes mobiles de la Meurthe et des Vosges. (Général commandant la 5ᵉ division militaire au major général à Metz, de Metz, 9 août.)

préfet des Vosges demanda au général Crespin, commandant la 5e division, de déléguer son autorité à un officier qui fût uniquement chargé de la défense des Vosges — « la nécessité de prendre des ordres à Nancy entravant tout » — et, sur sa proposition, les pouvoirs nécessaires furent conférés au commandant d'armes d'Épinal, qui se trouvait être le major Chevals, du 2e cuirassiers, laissé dans cette ville avec le dépôt de son corps. La besogne de cet officier fut courte mais ingrate. Ses trois bataillons n'étaient ni habillés, ni équipés ; il n'avait reçu pour eux que 1,300 fusils à tabatière et ne pouvait obtenir d'autres envois d'armes et de munitions, bien que Nancy en regorgeât. C'est l'arsenal d'Amiens qui devait envoyer des fusils aux mobiles des Vosges (1). Quant aux munitions, on en fit demander au Major général, qui par une mesure exceptionnelle, autorisa le commandant à en toucher au parc d'artillerie du 5e corps, encore stationné à Épinal ; mais comme ce parc n'avait que des cartouches de chassepot, il ne semble pas que l'autorisation ait été mise à profit. C'est seulement quatre jours après, lors du départ des dépôts laissés à Épinal, que nos mobiles reçurent des armes de ce modèle, et à ce moment le parc d'artillerie avait déjà quitté Épinal (2). En raison de l'impossibilité de maintenir des

---

(1) Ces armes, expédiées le 20 août, n'arrivèrent jamais à destination. (V. Documents annexes, *Journée du 21 août*, le sous-intendant de Langres au sous-préfet de Remiremont).

(2) Capitaine Jung au maréchal Le Bœuf, Nancy, 9 août, 12 h. 50 soir. « Le commandant d'armes d'Epinal, désigné pour défendre les Vosges, n'a que 1.300 fusils ; il réclame armes et munitions ; ici on n'en a que faire... » (*R. H.*, n° 23, p. 1191). Le même jour, le maréchal Le Bœuf faisait donner par le général Soleille au directeur du parc d'artillerie, alors stationné à Epinal l'ordre de délivrer au commandant d'armes 100.000 cartouches, modèle 1866. (Documents annexes, 9 août.) Le parc du 5e corps quitta Epinal pour Langres, le 10. Le 11, tous les isolés du corps Mac Mahon, qui avaient gagné Epinal, furent, par ordre du général Crespin, embarqués sur Châlons.

garnisons de recrues à proximité de l'ennemi, une dépêche ministérielle du 12 août appelait d'urgence dans les places fortes ou dans les villes de l'intérieur, avec tout ce qu'ils pourraient emporter de leur matériel, les dépôts laissés dans la région de la Meurthe, des Vosges et de la Haute-Saône. Les dépôts de cavalerie de Toul, de Lunéville, de Pont-à-Mousson, Verdun et Vesoul partirent immédiatement pour le camp de Châlons ou pour d'autres destinations à l'intérieur (1). Le dépôt du 60e de ligne quitta Nancy pour aller s'enfermer dans Marsal (2) quelques heures avant l'apparition de l'ennemi. Enfin, celui du 63e de ligne, stationné à Épinal, prit la route de Toul, laissant en magasin des chassepots et des effets d'habillement qui servirent aussitôt (13 août) à compléter l'armement de la garde mobile des Vosges et à habiller son 1er bataillon. Ce jour-là même, la *III*e armée allemande occupait la ligne Lunéville-Marsal, et sur son flanc gauche, la 2e division de cavalerie fouillait le pays jusqu'à Rambervillers (3), jetant des patrouilles à petite distance d'Épinal, où elles créaient une panique générale. Comme on ne pouvait songer à défendre Épinal avec trois bataillons de gardes mobiles à peine dégrossis et sans munitions, le Ministre de l'Intérieur télégraphia, dans la soirée du 13, au préfet des Vosges de les diriger immédiatement sur Vesoul :
« *Avant tout, il fallait éviter qu'ils fussent enlevés par*

---

(1) *Ordre* télégraphique du Ministre au général commandant la 4e division à Châlons, 12 août 1870.

(2) Ces 264 hommes (tailleurs, cordonniers, recrues et malades) formèrent toute la garnison de cette petite place, où il n'y avait pas un artilleur pour servir les canons et où rien n'avait été préparé pour la défense. Marsal investi par le corps bavarois, capitula le 14 août.

(3) Sur les opérations de la cavalerie de la *III*e armée, du 10 au 15 août, voir l'*Historique du Grand État-Major prussien*, et, dans le présent volume § XLIII. *Les reconnaissances de la cavalerie de la III*e *armée. Les alertes d'Épinal et de Chaumont et leur écho dans la 7*e *division militaire.*

l'ennemi ». Embarqués en trois échelons : 1ʳᵉ et 2ᵉ classes 1865, 66, 67, 68 — 3ᵉ, classe 1869, — ils débarquèrent à Vesoul (1) dans la soirée du 14. Le préfet de la Haute-Saône, n'ayant demandé aucune troupe, ne savait que faire de ces hommes « arrivés sans cartouches ni ordres »; sollicité lui-même d'envoyer des troupes de garde mobile à Belfort, il allait les diriger sur cette place, lorsque de nouvelles instructions prescrivirent successivement de les expédier à Besançon (2 h. 58 soir) puis, par contre-ordre (4 h. 3) à Langres, où se rassemblaient également tous les bataillons de la Haute-Marne (2) et où ils furent rendus dans la journée du 15 août.

Dans ces tristes conditions et en l'absence de tous ordres ou nouvelles de Paris (3), il était impossible d'organiser et d'armer les gardes nationales sédentaires dans le département des Vosges. Le 18 août, le préfet refusa les envois d'armes qui lui arrivaient de Besançon, et renvoya à Langres, au lieu de les distribuer dans les villages, 2,000 fusils restés au dépôt d'Épinal et qui auraient pu devenir la proie des ennemis cantonnés à Thaon (4).

Nous verrons (5) que, le 20, les deux officiers prussiens qui eurent l'audace de pénétrer seuls à Épinal sous le prétexte d'y frapper une réquisition, n'y trouvèrent plus un seul homme armé. Épinal était abandonné.

---

(1) R. H., n° 76, p. 215.
(2) D. T. du 12 août 1870.
(3) Du 8 au 19 août, on ne reçut dans les Vosges, aucun journal ni courrier venant de Paris, et cet isolement fut la principale cause de la nervosité et de l'abattement des populations lorraines.
(4) Documents annexes. Préfet des Vosges à Général de division à Besançon, d'Épinal, 18 août, 6 h. 50 soir.
(5) Voir § XLIII. *Les reconnaissances de la cavalerie de la IIIᵉ armée allemande. Alertes d'Épinal et de Chaumont (16-22 août). Leur écho dans la 7ᵉ division militaire.*

A cette date, il n'y avait plus dans les passages des Vosges que les agents des ponts et chaussées, prêts à opérer les destructions convenues (1); derrière eux, aucune troupe, même pas de francs-tireurs : les compagnies de Mirecourt et de Lamarche ayant été envoyées à Langres, celle de Luxeuil à Lure, et celle de Remiremont ne pouvant obtenir des fusils (2). Presque toute la population valide du département avait « émigré pour porter les armes », soit comme gardes mobiles, soit comme volontaires à différents titres (3). Quant au département de la Meurthe, envahi par la *IIIe* armée ennemie, il ne pouvait disposer d'un seul combattant au profit de la défense des passages (4).

Dans ces circonstances, les garnisons des places fortes de Neuf-Brisach et de Schlestadt pouvaient-elles suffire à garder la double barrière du Rhin et des Vosges et à protéger l'organisation de la résistance populaire en Alsace? c'est ce qui va être examiné.

---

(1) Documents annexes. Préfet du Haut-Rhin à Guerre, de Colmar, 23 août 1870.

(2) Le préfet des Vosges contrariait l'organisation de cette compagnie, en raison de son esprit libéral.

(3) *R. H.* n° 76, p. 215. cité, note 8 et *R. H.* n° 77, p. 378. Préfet des Vosges à Guerre, d'Épinal, 30 août.

(4) Les gardes nationales mobiles de la Meurthe, primitivement destinées à la garnison de Metz, avaient eu un sort, tout différent. Le 1er bataillon (Sarrebourg) avait été envoyé (5 août) à Phalsbourg; le 2e (Lunéville) affecté à la garnison de Marsal, se dirigeait vers cette place (le 10) quand on apprit que les éclaireurs bavarois en occupaient déjà les abords, et il rentra aussitôt à Nancy, d'où le général Crespin le réexpédia sur Langres. Les 3e et 4e bataillons, avec les batteries d'artillerie, gagnèrent la place de Toul. Le 5e bataillon (Château-Salins) désigné lui-même pour Marsal, ne put pas rejoindre. Les deux compagnies de francs-tireurs qui seules tentèrent de tenir la campagne (compagnies de Frouard et d'Ars) venaient d'être dispersées et rejetées sur Metz.

XXXIV

Les places fortes. — Armement de Neuf-Brisach.

Neuf-Brisach, chef-d'œuvre de Vauban, commandait le passage du Rhin entre le Brisgau et la Haute-Alsace, ainsi que le canal et toutes les belles routes de la plaine alsacienne. Au dire des ingénieurs, « c'était peut-être la place de France la mieux organisée et la plus prête à résister aux attaques de l'ennemi ». Seule en Alsace, elle possédait de bonnes casemates et des magasins et casernes blindés offrant des abris sûrs à la défense.

Mais les parapets du corps de place étaient devenus insuffisants contre la nouvelle artillerie allemande. Les contrescarpes des ouvrages extérieurs, sans réfection depuis deux cents ans, s'écroulaient et facilitaient le franchissement du fossé. Les manœuvres d'eau, si importantes en raison des ports du canal du Rhône au Rhin, étaient devenues inutilisables, faute de surveillance (1).

Un ouvrage détaché à l'Est, le fort Mortier, — ancienne demi-lune de la tête de pont allemande de Vieux-Brisach, aménagée ensuite contre la rive droite, — était dominé par cette rive et devenu vulnérable même à l'artillerie de campagne.

Ni dans la place, ni au Fort Mortier, on n'avait encore,

---

(1) *Rapport* du général Doutrelaine, le 14 juillet 1870.

le 15 juillet, préparé une fascine, ni un gabion, ni une palanque.

L'armement en artillerie était insuffisant, tout au moins en qualité, la place ayant 88 pièces de divers calibres, et le Fort Mortier seulement 7 pièces : 4 canons, 2 mortiers et un obusier (1); de plus, elle manquait d'accessoires élémentaires, tels que les hausses de tir. Cependant les projectiles et munitions étaient au complet, et les approvisionnements de poudre en excès sur la dotation de guerre (2). L'arsenal, abondamment garni de fusils 1867, avec 1 million de cartouches d'infanterie, reçut encore de Belfort et de Toulon plus de 5,000 armes transformées, qui furent plus tard — malheureusement trop tard — distribuées aux gardes nationales sédentaires du Haut-Rhin.

Par les soins de l'intendance du 7e corps, que remplaça, le 17 août, celle de la place de Belfort, Neuf-Brisach reçut 180,000 rations, soit quatre mois de vivres de conserves pour 4,000 hommes; le dernier convoi arriva le 22 août. Quant à la viande fraîche, lorsqu'on eut constitué un troupeau de 658 têtes, 330,000 rations, il fallut arrêter les achats (3) par suite de la difficulté de nourrir plus de bétail. La place était donc très complètement approvisionnée. En revanche, par une lacune incompréhensible, le matériel de cuisine pour la garnison y faisait entièrement défaut, ainsi que le matériel de couchage et les ressources en habillement.

Comme à Strasbourg et Schlestadt, dès la déclaration

---

(1) Le général Forgeot au général Soleille, Strasbourg, 1er août : « A Neuf-Brisach, 60 pièces en batterie sur 99. Aucunes ressources depuis quinze jours, ni en hommes, ni en chevaux » (R. H. n° 3, p. 586).

(2) 16 août, enlèvement à Neuf-Brisach de 160 barils de poudre, à destination de Belfort.

(3) *Registre* de correspondance de Neuf-Brisach. Dépêche du 22 août au Ministre.

de la guerre, la place de Neuf-Brisach, au lieu d'être renforcée, fut évacuée. Le bataillon du 74ᵉ de ligne qui y tenait garnison, à peine de retour de sa mission aux grèves, partit pour Haguenau, ne laissant dans la place que son dépôt, qui fournissait un détachement de 39 hommes de garde à la prison d'Ensisheim. Pendant quelques jours, le lieutenant-colonel Lostie de Kerhor, commandant d'armes, n'eut sous ses ordres que 50 hommes pour garder Neuf-Brisach et le Fort Mortier; on a vu que ce dernier ouvrage, qui pouvait être d'un instant à l'autre assailli par les Badois, n'eut pour défenseurs, le 20 juillet, que 15 hommes avec 1 lieutenant, sans aucun moyen pour sortir les canons des magasins et les monter sur les remparts. Le 22, le général commandant la 6ᵉ division écrivait au Ministre : « L'armement de défense de Neuf-Brisach n'est pas terminé, *il n'y a pas d'hommes.* » Enfin, le 29, les 2ᵉ et 3ᵉ bataillons de la garde mobile du Haut-Rhin, en blouses et en sabots, arrivèrent dans la place. On entreprit alors l'armement des remparts.

Le 1ᵉʳ août, si quelques canons étaient déjà en batterie, la place n'était nullement préparée à soutenir un siège ou même à appuyer un passage du Rhin. L'arrivée successive des hommes de la 2ᵉ portion du contingent, qui constituèrent le IVᵉ bataillon du 74ᵉ, permit de continuer l'armement, mais c'est seulement après les désastres de Frœschwiller et de Reichshoffen que, l'état de siège étant déclaré, on commença à y travailler utilement (1). La batterie 2 bis du 6ᵉ régiment d'artillerie, arrivée de Grenoble ce jour-là même (6 août), apportait à la garnison l'utile appoint de quelques vieux soldats (2). Le 7,

---

(1) *Rapport* du lieutenant Maëchtlin, de la 1ʳᵉ batterie de la garde nationale mobile du Haut-Rhin.
(2) Cette batterie avait pour effectifs 20 gradés et 56 servants et pour chefs un jeune sous-lieutenant sortant de l'Ecole polytechnique.

cédant à la terreur générale d'une irruption badoise (1), le colonel de Kerhor obtint du général de division *l'autorisation* d'armer ses mobiles (fusils 1857 transformés) il envoya alors au Fort-Mortier les hommes du 74ᵉ les plus anciens et les plus solides, avec 50 mobiles et un capitaine du 74ᵉ. Le lendemain 8, il reçut du Ministre celle de *mobiliser* la compagnie de francs-tireurs de Neuf-Brisach (capitaine Thiébault) qui lui avait offert ses services. Enfin, le 10 août seulement, le Conseil de défense s'occupa de faire dégager le champ de tir de la place en abattant les arbres et les baraques de la zone de servitude (2). A cette date, n'ayant encore pour toute troupe d'artillerie que la batterie du 6ᵉ régiment, le commandant de place demanda d'urgence à Strasbourg, puis à Belfort, et enfin à Paris, l'envoi d'une batterie complète d'artillerie à pied de 100 hommes ; mais le Ministre lui répondit, le 16 août : « Impossible, complétez-vous avec anciens soldats et volontaires, et instruisez les uns par les autres. »

Le colonel de Kerhor, convaincu de la nécessité d'une défensive active, fit, le 18 août, une sélection parmi ses mobiles et les recrues du 74ᵉ pour organiser un bataillon de *bons soldats* (3) destinés à opérer des sorties ou à tenter de petites opérations contre les partis de cavalerie badoise qui terrorisaient la plaine d'Alsace. Il comptait

---

(1) D. T. du Commandant de Neuf-Brisach au Ministre, 8 août : « Panique a eu lieu ici, je l'ai calmée par mon énergie. Il faut me laisser les hommes du 74ᵉ pour éviter des désastres. »

(2) Cette opération si importante du dégagement du champ de tir avait été exécutée, dans les places allemandes, dès les premiers jours de la guerre. A Rastadt, elle avait même devancé la déclaration de guerre du grand duché de Bade. (J. Zaiss. *Aus dem Tagebuch eines badischen Pioniers, 1870-1871*).

(3) « On demandait 17 volontaires par compagnie : il s'en est présenté 40 ; 5 ou 6 officiers, tous se sont proposés. On n'a pris qu'un lieutenant (Fritz Hauser) et un sous-lieutenant (Garnier). (*Journal* d'un habitant de Colmar).

pouvoir combiner ses mouvements avec ceux de la garnison de Schlestadt. Nous verrons que malheureusement celle-ci, trop faible pour occuper ses remparts, comptait elle-même sur le renfort de troupes de ligne, et que ses expéditions hors des murs ne dépassèrent pas la date du 17 août. Le long répit que la Haute Alsace dut à la résistance de Strasbourg permit au colonel de Kerhor d'atteler une section d'artillerie de campagne, de dresser des cavaliers du dépôt du 4ᵉ chasseurs à cheval, et de transformer la petite troupe de ses volontaires en une colonne volante des trois armes, à l'effectif de 1,200 hommes. Mais le commandant de Neuf-Brisach ne pouvait, sans compromettre la défense, lancer à grande distance l'élite de sa garnison, et, celle de Schlestadt n'ayant pu coopérer à aucune des expéditions projetées, il dut se résigner à une attitude passive qui démoralisa ses jeunes troupes (1). Le seul rôle actif de Neuf-Brisach avant le désastre de Sedan consista dans une démonstration à Chalampé (1ᵉʳ septembre) et dans la distribution des armes de l'arsenal aux villages des bords du Rhin (2).

---

(1) Douze jours avant le premier investissement de la place (25 septembre) les situations d'effectifs de la garnison de Neuf-Brisach accusent un total de 86 officiers et 4,813 soldats, y compris *723 absents* dont 631 mobiles des 2ᵉ et 3ᵉ bataillons du Haut-Rhin, soit près du quart du contingent de ces bataillons, qui étaient recrutés dans la région industrielle de l'arrondissement de Colmar : « Le malheur de la position, écrit le commandant de la place, vient de ce que les hommes sont près de leurs familles. » (1ᵉʳ octobre 1870).

(2) Le 8 septembre, l'artillerie de Neuf-Brisach avait déjà distribué 4,200 fusils aux gardes nationales sédentaires des environs.

XXXV

Armement de Schlestadt.

Cette petite place, fortifiée par Vauban pour couvrir à la fois le val de Villé et la route de Saint-Dié, pouvait avoir une grande importance comme base de la défense mobile des Vosges. Depuis le déclassement de Lauterbourg et de Wissembourg (1867), elle était classée, après Strasbourg et Belfort, comme la plus forte place de l'Alsace.

Cependant, comme Strasbourg, Belfort et Neuf-Brisach, elle avait été presque complètement négligée jusqu'en 1870. Les ouvrages détachés qui la couvraient au Nord tombaient en ruines : l'inondation qui devait la protéger au Sud ne possédait plus ni barrages, ni vannes utilisables. Les escarpes, jugées trop saillantes pour résister aux nouveaux projectiles percutants, avaient bien inspiré un projet de réfection générale, mais le Comité des fortifications avait dû, pour cause d'insuffisance du budget, en ajourner la mise en chantier. Enfin les terrassements, plantés de beaux arbres, étaient à demi éboulés, les cunettes comblées. Le général Doutrelaine, qui eut occasion de se rendre compte de ce délabrement au début de juillet 1870, ajoutait dans son rapport : « Les poternes sont trop étroites pour donner passage aux canons actuels, les ponts-levis sont hors d'usage, il n'y a rien de fait pour les manœuvres d'eau. Si l'on a blindé quelques poudrières, il n'y a aucune caserne à l'épreuve de la bombe (1). »

---

(1) *Compte rendu* de l'état de la défense de la place de Schlestadt à

Les crédits alloués à la hâte par le Ministre de la Guerre du 16 juillet au 1ᵉʳ août (1) permirent, grâce au long répit laissé par l'ennemi (2), de mener à bien la réfection des courtines des huit bastions, et celle des trois cavaliers qui les dominaient. Mais la faiblesse de la garnison ne devait permettre ni d'occuper, ni de réparer les ouvrages extérieurs, qu'il fallut se résoudre à abandonner, le 13 août. On fit alors murer les poternes de communication avec ces ouvrages.

Comme autour des autres places d'Alsace, les vues des remparts étaient complètement masquées par les constructions élevées dans la zone de servitude. C'est seulement le 22 août que le commandant d'armes donna l'ordre de dégager le champ de tir. Jusque-là, aucune surveillance n'avait été possible aux abords de la place (3).

L'artillerie de Schlestadt comptait 150 bouches à feu, y compris quelques pièces de campagne dépourvues de moyens d'attelage. Mais l'armement de sûreté avait dû être retiré des remparts, devenus des promenades publiques ; aucune plate-forme ; ni embrasure n'était préparée pour recevoir les canons et, la place ne possédant aucune ressource en hommes ni en chevaux pour travailler à son armement, presque tout le matériel d'artillerie était encore en magasin à la date du

---

la date du 13 juillet 1870, par le général Doutrelaine, envoyé en mission dans la Direction du génie de Strasbourg.

(1) Les crédits alloués pour l'armement de Schlestadt en 1870 se décomposent ainsi : 39,500 francs les 16 et 22 juillet ; 13,500 francs le 1ᵉʳ août ; 18.000 francs le 9 septembre ; enfin, 12,800 francs pour le complément de matériel y compris le matériel des mines. Total : 82,8'0 francs.

(2) Il y eut de constantes alertes à Schlestadt à partir du 1ᵉʳ septembre ; mais c'est seulement le 10 octobre que l'ennemi se présenta en force devant la place pour l'investir.

(3) *Journal* du commandant de la place de Schlestadt. Journée du 22 au 23 août.

2 août (1). C'est seulement après l'arrivée de la garde mobile, et à la nouvelle de la journée de Wissembourg, que les pièces furent amenées à bras sur les remparts et mises en batterie, en grande hâte.

L'approvisionnement en projectiles, bien qu'inférieur à la fixation officielle, eût été cependant suffisant (2) mais il n'y avait ni pièces d'artifice, ni fusées à éclatement.

Les ressources de l'intendance, complétées jusqu'au 20 août par les envois de Belfort et les réquisitions en nature de la préfecture de Colmar, étaient supérieures aux besoins de la défense. Elles portaient l'approvisionnement à quatre mois au moins de vivres pour 4,000 hommes (3).

Schlestadt possédant un beau quartier de cavalerie, le Ministre avait décidé, lors de la formation de l'armée du Rhin, d'y laisser le dépôt du 6ᵉ lanciers (2ᵉ escadron) (4) et d'y envoyer celui du 2ᵉ lanciers, en garnison à Haguenau, avec ses magasins (5). Le général commandant la 6ᵉ division y affecta une demi-batterie du 6ᵉ régiment d'artillerie (capitaine Morin) et le IIᵉ bataillon, avec 4 batteries, de la garde nationale mobile du Bas-Rhin, recrutés dans l'arrondissement même. C'est avec ces faibles moyens (2,200 hommes environ, dont

---

(1) *R. H.* n° 3, p. 586. Le général Forgeot au général Soleille, de Strasbourg, 1ᵉʳ août : «... A Schlestadt, 43 pièces en batterie sur 104. Aucunes ressources, en hommes et en chevaux, depuis un mois. »
(2) Il était loin d'être épuisé lors de la reddition de la place.
(3) *Registre de correspondance* de Neuf-Brisach. *Lettre* de l'Intendant de Schlestadt, du 22 août 1870.
(4) Effectif du dépôt du 6ᵉ lanciers, au moment du départ des escadrons de guerre (4 août) : 12 officiers, 285 hommes, 170 chevaux. *(Historique* du corps). — Le 5 août, à midi, un peloton (lieutenant de Boismont) composé de réservistes et destiné à l'escorte du général commandant la 6ᵉ division militaire, fut envoyé à Strasbourg, où il put entrer le 6, avant l'investissement. (*Historique* du corps).
(5) Arrivés le 31 juillet.

800 peut être capables de tirer, au lieu de 4,500 nécessaires à la défense) que le chef de bataillon de Reinach-Foussemagne, commandant la place, eut à improviser la défense, lors de la panique — due au manque de sang-froid du sous-préfet de Schlestadt — qui suivit les nouvelles de Reichshoffen (7-8 août). Après avoir armé les gardes mobiles, on distribua des fusils aux lanciers, pour faire le service dans la place, à pied, tandis que les malingres seraient chargés de la promenade des chevaux en main. Le commandant de place demanda vainement le remplacement de cette cavalerie par un corps d'infanterie (1).

Les trois quarts de la garnison n'avaient aucune instruction militaire, peu de confiance dans leur nombre, dans leurs armes, dans leurs chefs ; de plus, en ce qui concerne les gardes mobiles, le mauvais exemple que leur donnaient les citoyens de Schlestadt (2), et le voisinage immédiat de leurs familles au milieu des alarmes incessantes causées dans les campagnes par les réquisitions de la cavalerie badoise, achevaient de les démoraliser. Aussi fut-il très difficile de tirer parti de ces jeunes gens, même pour la préparation de la défense.

Il faut noter avec d'autant plus de détail une circonstance exceptionnelle dans laquelle la garnison de Schlestadt donna un exemple d'activité.

---

(1) Voir Documents annexes, *Journée du 18 août*. Résumé des dépêches reçues par l'Empereur. « A Schlestadt, la garnison est faible, il arrivera un moment où son insuffisance, déjà signalée à l'autorité militaire, pourra avoir de fatales conséquences. » (Préfet du Haut-Rhin à Guerre, Colmar, 23 août 1870).

(2) Le général de Failly, commandant le 3ᵉ corps d'armée, au Ministre de la Guerre, juin 1870: « ... L'esprit de la population de Schlestadt est fort mauvais sous tous les rapports. Des incendies nombreux y sont causés par la malveillance sans que les auteurs puissent être découverts. L'esprit de destruction y est poussé si loin, que les établissements militaires ne sont même pas épargnés... il serait impossible de multiplier le nombre des factionnaires au point de protéger toutes les parties exposées à dégradations malveillantes».

XXXVI

Tentatives de résistance locale. — Affaires de Thanvillé et de Saint-Blaise (17 août).

Nous avons vu (§ XXV) que, le 16 août au soir, sur le bruit d'un retour offensif du 5ᵉ corps (de Failly) à travers les Vosges pour débloquer Strasbourg, le général de Werder avait rassemblé toutes ses forces en position d'attente au Nord-Ouest de la place, et lancé une partie de sa cavalerie en reconnaissance vers l'Ouest et le Sud-Ouest. Les deux routes probables des Français étant celles des cols de Saales et de Schirmeck, il envoya deux colonnes dans ces directions, avec mission de faire des réquisitions de vivres et d'envoyer des nouvelles à Molsheim. L'une — 1ᵉʳ et 3ᵉ escadrons des dragons du corps, major von Kleiser (1) — s'avança par Barr et le val de Villé, sur Saales; l'autre — 2ᵉ et 5ᵉ escadrons du même régiment — par Mutzig, sur Schirmeck.

Les détachements de cavalerie badoise qui opéraient autour de Strasbourg exaspéraient les campagnes par leurs exactions et leurs violences (2) et les villageois des vallées vosgiennes auraient tenté de résister, comme avaient fait leurs pères en 1814 et 1815, si la préfecture de Colmar leur eût fait tenir des armes. Mais ils ne

---

(1) Cet officier fut, paraît-il, reconnu à Thanvillé et Saint-Maurice pour y avoir travaillé l'année précédente, sous un déguisement d'ouvrier.
(2) Sur ces faits, dont la liste n'est que trop longue, voir la *Revue alsacienne* (en particulier nº de novembre 1883) et Schneegans, *Strasbourg* 1871.

purent rien obtenir. Aussi, le 13 août, dans une réunion des principaux habitants du val de Villé et des environs de Schirmeck (1) il avait été décidé que, la résistance ouverte étant rendue impossible par le mauvais vouloir des autorités impériales, il fallait *provisoirement* se plier sous le joug des Badois. Mais le 17, à 10 heures du matin, le vicomte de Castex, maire de Thanvillé, qui amenait une fourniture de bétail sur pied à la place de Schlestadt (2), y apporta la nouvelle de la marche des dragons du corps sur Barr et le val de Villé. Comme la nature du terrain dans ce canton, couvert de bois et de vignes, ne permettait pas à la cavalerie de se déployer, un coup de filet parut avoir des chances de succès. Aussitôt et sans attendre les ordres du commandant de Reinach, qui eût sans aucun doute jugé l'effectif et l'instruction de sa garnison trop faibles pour autoriser le moindre détachement, le capitaine Stouvenot, du 2ᵉ bataillon du Bas-Rhin (8ᵉ compagnie), ancien militaire médaillé, sortit de la place, avec le lieutenant Minicus et 45 gardes mobiles de sa compagnie, tous originaires du val de Villé, la plupart encore vêtus de blouses bleues. La petite troupe se renforça, à hauteur de Châtenois et de Scherwiller, de parents et d'amis accourus de ces villages, armés à la hâte de fourches et de bâtons, et elle arriva à 2 heures après-midi en vue de Thanvillé, où une patrouille ennemie, saluée mal à propos d'un coup de fusil, donna l'alarme à son détachement (3).

---

(1) Sous la présidence du maire de Thanvillé, vicomte de Castex, chambellan de l'Empereur et conseiller général du Bas-Rhin.

(2) Le Conseil de défense de la place avait requis, par délibération du 16 août, 300 têtes de bétail sur pied dans les communes voisines. M. de Castex donna l'exemple en amenant tous les bœufs de ses fermes. Il en entra 140 à Schlestadt, le 17.

(3) *Rapport* d'un témoin oculaire au duc de Bassano (de Rixheim, 19 août), et *Rapport officiel* du capitaine Stouvenot (publié par le comte de Cambolas : *Notice sur le siège de Schlestadt*). — D'après l'*Historique* du

Les deux escadrons badois (230 chevaux) fatigués par une marche de sept heures, étaient installés en face du château de Thanvillé, dans une prairie bordée par le Giesbach et par des fossés profonds, et séparés de leurs officiers, qui déjeunaient à l'auberge de Saint-Maurice (1). Les dragons eurent le temps de sauter en selle avant d'être complètement cernés par nos mobiles, et de se rallier sur la route. La fusillade partit alors des haies et d'une barricade improvisée au carrefour de Thanvillé, qui leur coupait la retraite à la fois sur Barr et sur Scherwiller; elle ne dura que quelques minutes et fut peu meurtrière (2), la plupart des tireurs faisant alors pour la première fois usage de leur fusil (3). Au reste, les dragons badois n'y demeurèrent pas davantage exposés : après un instant d'hésitation et deux vaines tentatives pour charger en fourrageurs, et voyant les habitants de Trimbach mettre des charrettes en travers de la route de Villé, ils perdirent la tête et s'enfuirent dans toutes les directions. Le plus grand nombre revinrent vers la rivière, qu'ils passèrent à gué dans le plus extrême désordre, cherchant un débouché du côté de Neuve-Église pour repasser ensuite près de Trimbach sur la route de Villé. Après avoir traversé au galop les villages de Trimbach, Villé, Reichfelden et Eichhoffen,

---

régiment des dragons badois n° *20*, le bivouac des Badois était gardé par deux patrouilles, dans les directions de Saales et Schlestadt.

(1) Le petit village de Saint-Maurice était sommé de fournir, dans un délai de deux heures, 36 quintaux d'avoine, 206 miches de pain, 86 livres de viande.

(2) 1 tué, 1 blessé et 7 prisonniers (*Historique* du régiment de dragons badois n° *20*, chiffre adopté par le Grand Etat-Major prussien). — 30 hommes hors de combat, dont 12 morts et 5 prisonniers. *(Journal* de la place de Schlestadt.) — 10 tués, 4 prisonniers, un grand nombre de blessés. (Télégramme du sous-préfet de Schlestadt, 17 août). — 1 tué, 2 blessés et 7 disparus. *(Basler Nachrichten*, du 26 août). — 2 tués et 4 à 6 blessés. (*Lettre* d'un soldat du 5ᵉ régiment d'infanterie badois, correspondant du *Statthalter* von Schopfheim, *30 août*).

(3) Fusils à tabatière distribués le 7 août.

sabrant et tuant au hasard les malheureux habitants qu'ils rencontraient (1), le gros des fuyards s'enfonça dans la montagne et arriva péniblement, vers minuit, à Niedersee, tandis que le reste se rabattait par Saales, à travers des chemins presque impraticables, pour rejoindre les escadrons qui avaient poussé vers Schirmeck (2).

Tandis que les populations du val de Villé, terrifiées, se réfugiaient dans les bois pour y passer la nuit, le capitaine Stouvenot rallia ses mobiles, et, prudemment, il reprit avec eux la route de Schlestadt, sans avoir perdu un seul homme (3) et ramenant des chevaux et des prisonniers. Le commandant de Reinach, à la nouvelle que cette compagnie était engagée à Thanvillé, et bien qu'une telle initiative fût contraire à ses intentions (4) avait envoyé à son secours la 7ᵉ compagnie

---

(1) D'après l'enquête sur ces actes de sauvagerie, publié par la *Revue alsacienne*, 7ᵉ année, nᵒ 1 (novembre 1883), il y aurait eu au moins 7 victimes dans le seul village de Trimbach, qui n'avait pas tiré un coup de fusil. — Au contraire, l'*Historique* du régiment de dragons badois nᵒ 20 rapporte qu'un lieutenant aurait dû attaquer une barricade occupée par *un fort détachement de mobiles* à la sortie Ouest de Trimbach. Il aurait donc fallu que ces mobiles parcourussent, plus rapidement que la cavalerie badoise, la distance de 2 kilomètres qui sépare Thanvillé de Trimbach.

(2) *Historique du Grand État-Major prussien*, 1ʳᵉ partie, 2ᵉ vol., p. 1278 (trad.). Il y avait eu une vingtaine de cavaliers démontés à Thanvillé. D'autres se perdirent dans la montagne et ne reparurent qu'au bout de plusieurs jours. Car, le lendemain, il manquait 46 dragons à l'appel; on les crut tués et c'est ce qui décida le général de Werder à exercer de violentes représailles.

(3) Ce fait, qui n'est pas douteux, se trouve en contradiction avec l'assertion de l'*Historique* des dragons badois (combat de Saint-Maurice, 17 août). « ..., Le major de Kleiser avec l'escadron marcha sur Neuve-Église, ce qui lui permit de disperser les ennemis qui le poursuivaient et d'en tuer une grande partie. Dans cette affaire, se signalèrent particulièrement... (suit une énumération.) »

(4) Dans une attestation délivrée à M. de Castex pour le justifier des accusations allemandes, le capitaine Stouvenot déclare avoir reçu, le 18 août, le blâme formel du commandant de la place pour l'initiative de son opération à Thanvillé.

(Schmitt), avec 30 lanciers, mais ce détachement n'eut qu'à la recueillir en route et à la ramener triomphalement dans la place.

La deuxième colonne de cavalerie badoise avait été plus heureuse.

Les 2e et 5e escadrons de dragons, partis le 17 au matin de leur cantonnement d'Innenheim, atteignirent à 11 h. 30 Schirmeck, où ils bivouaquèrent. Deux détachements les gardaient au Sud et à l'Ouest, s'éclairant dans les directions de Saint-Dié et de Lunéville, par où les troupes françaises pouvaient arriver (1). Celui du Sud, arrêté par des coups de fusil tirés par des paysans, n'osa pas dépasser Saint-Blaise. Mais celui de l'Ouest s'installa sur la cime du Donon, et lança de là deux pointes hardies sur Badonviller et sur Raon-l'Étape, à 22 et 28 kilomètres en avant. Le lieutenant chef du détachement, qui conduisait lui-même la première, apprit, par des moissonneurs bavarois, en arrivant à Badonviller, l'entrée de la cavalerie de la *III*e armée à Lunéville, témoignant que tout danger par les routes de la Meurthe (2) avait disparu, et il se hâta d'en rapporter la nouvelle à Schirmeck. A Raon-Étape, une véritable panique avait précédé les trois cavaliers badois qui formaient toute la patrouille de gauche : la brigade de

---

(1) Il n'était pas invraisemblable que des troupes de cavalerie françaises fussent envoyées en reconnaissance par le col de Schirmeck. Ce chemin avait été utilisé lors de la concentration de l'armée du Rhin (25 juillet) par le 8e cuirassiers, venant de Vesoul. C'était aussi l'itinéraire donné au 10e dragons, venant de Limoges, et qui, en arrivant, le 11 août à Mirecourt, s'y arrêta sur le bruit prématuré de l'occupation de Schirmeck par l'ennemi.

(2) La vallée de la Meurthe se trouvait occupée, le 17, sur presque toute son étendue : à Frouard par la *II*e armée; à Nancy, Saint-Nicolas du Port et Lunéville par la *III*e armée: à Chenevières et Bouvart par la 2e division de cavalerie, flanc-garde de gauche de la *III*e armée, qui tenait aussi Rambervillers : enfin à Raon-l'Etape, par les éclaireurs de la division badoise. La seule route non explorée était celle d'Epinal au col de Saales, par Bruyères et Saint-Dié.

gendarmerie venant d'évacuer la ville, ils purent librement détruire les appareils du télégraphe, après avoir annoncé à la mairie l'arrivée d'une forte colonne (1).

Le soir même du 17, le général de Werder était pleinement rassuré sur les bruits d'un retour offensif du 5e corps français et il donnait l'ordre de reprendre plus étroitement les opérations de l'investissement de Strasbourg.

Mais en même temps, la nouvelle de l'entrée en ligne des paysans armés (au sujet de laquelle les blouses bleues des mobiles de Schlestadt avaient pu l'induire en erreur) le déterminait à prendre à la hâte des mesures de rigueur, pour étouffer dans l'œuf la résistance populaire.

---

(1) *Historique* du régiment des dragons badois n° *20*.

XXXVII

Les mesures de répression dans le Bas-Rhin.
La proclamation de Beyer. — Les réquisitions.

Les récits allemands de l'affaire de Thanvillé font présumer que la cavalerie badoise, pour justifier sa retraite désordonnée, exagéra dans ses rapports les dangers qu'elle avait courus. Sans retard, le 18 août au matin, un bataillon d'infanterie, le IIe du 5e régiment badois, major baron de Rœder (1) fut envoyé d'Entzheim par Barr pour venir châtier les villageois du val de Villé. Deux compagnies s'arrêtèrent à midi à Saint-Pierre-au-Bois, détachant des patrouilles, qui nulle part ne rencontrèrent de résistance, presque tous les habitants ayant fui dans les bois (2).

Mais, entre temps, le général de Werder recevait de Schirmeck l'avis de l'accueil hostile fait au détachement envoyé à Saint-Blaise, et il décidait d'organiser sans retard une expédition destinée à semer la terreur dans les vallées des Vosges.

Le 19, une colonne mixte, composée de dragons du corps, d'une section d'artillerie et du bataillon de Rœder, vint fouiller et piller le val de Villé, où elle commit des cruautés et des excès de toute nature. Douze personnes furent fusillées, les maires, les curés et les nota-

---

(1) Le même qui avait été arrêté comme espion à Strasbourg, le 13 juillet, et relâché le 19, par ordre spécial du Gouvernement. (Voir page 12, note 1.)
(2) Ceux qui étaient demeurés, furent exécutés sur le seuil de leurs maisons.

bles qui n'avaient pas quitté les villages, furent arrêtés, au nombre de trente-sept, et dirigés sur le quartier général pour y être jugés militairement. M. de Castex, considéré comme le chef du mouvement, fut condamné à mort par contumace, et son château de Thanvillé pillé de fond en comble (1). Pendant plusieurs jours, la colonne mobile badoise, soit en entier, soit par échelons, l'infanterie transportée sur quarante-huit voitures de réquisition (2) continua à sillonner et à désoler la région du Bas-Rhin limitée par Schirmeck, Saales, les environs immédiats de Schlestadt et Rhinau.

Mais la politique exigeait qu'en montrant sa force aux rebelles, l'envahisseur fît acte de mansuétude à l'égard des populations soumises — ou prêtes à se soumettre.

C'est à ce double but que répondit une proclamation du général de Beyer, appel adressé aux Alsaciens pour les engager à ouvrir les bras à leurs *frères* d'Allemagne.

Ce document mérite d'être reproduit :

Avis et appel aux habitants de l'Alsace.

« J'ai à vous faire entendre de graves paroles.

« Nous sommes voisins, nous vivions en bons amis

---

(1) « Sein Schloss wurde der Plünderung preisgegeben. Es barg dasselbe einen unermeszlichen Reichthum, namentlich ungeheure Mengen Weine.... Unser Bivouac ist vor dem Schlosse, und wir schaukeln uns darin auf mit sammt und gespolsterten Rollstuhlen, sitzen auf seidene Fauteuils. Diese Tage sind mir unvergesslich...... (*Lettre* d'un soldat du 5ᵉ régiment d'infanterie badois, publiée le 30 août par le journal *Der Statthalter von Schopfheim*.) — La voiture de M. de Castex, que le rittmeister von Kissling s'était attribuée comme part de butin, fut revendue par cet officier, à Gertwiller pour la somme de 400 francs (reçu conservé).

(2) Le Commandant de place de Neuf-Brisach au Général, à Belfort, 22 août (Documents annexes).

pendant les années de paix, nous parlons la même langue. Je viens vous dire : écoutez la voix de votre cœur, celle de l'humanité.

« L'Allemagne s'est trouvée, malgré elle, en guerre avec la France, et il nous a fallu pénétrer dans votre pays. Mais toute vie humaine, toute propriété qui peut être sauvée, nous la regardons comme un gain béni de la religion et de la civilisation.

« Nous sommes en état de guerre, et les armées des deux nations se rencontrent, loyalement, sur les champs de bataille. Quant aux citoyens sans armes et aux habitants des villes et villages, nous les épargnons : notre discipline est rigoureuse.

« Mais nous exigeons en retour, — et cela, je vous le signifie formellement, — que les habitants de ce pays s'abstiennent de tout acte d'hostilité ouverte ou cachée.

« A notre profond chagrin, nous venons d'être forcés de punir des excitations et des faits de violence et de sauvagerie.

« Je compte que les fonctionnaires locaux, les ecclésiastiques et les instituteurs obtiendront des municipalités, et les chefs de famille de tous les membres et serviteurs de leurs familles, qu'aucun acte d'hostilité ne soit exercé contre mes soldats.

« Car éviter toute misère est une bonne action devant le Juge suprême qui veille sur tous les hommes.

« Vous voilà dûment avertis. Réfléchissez. »

« *Le lieutenant général commandant la division du grand-duché de Bade*
Von Beyer. »

« *P.-S.* — J'ordonne d'afficher cet avis à la mairie de toutes les villes et de tous les villages, et il sera bon qu'il soit également répandu dans la campagne. »

Dans la zone de l'Alsace occupée par l'ennemi, cette

proclamation fut distribuée aux villages par les patrouilles de la cavalerie badoise. Dans la zone encore française, et jusqu'aux environs mêmes de Belfort, les maires des communes la reçurent par la poste, sous le timbre de Bâle. « Leur patriotisme s'en révolte », écrivait le préfet du Haut-Rhin (1). Cependant, la gendarmerie de Saint-Louis, communiquant au Ministre l'affiche reçue par le maire de Folgensbourg, ajoute : « La population en a écouté la lecture sans faire aucun commentaire (2). » A Colmar, les pouvoirs publics, au lieu d'en prohiber la publicité, la laissent répandre par les journaux (3). A Marckolsheim, où paraissent souvent les dragons badois, le maire refuse de l'arracher, par crainte des représailles, bien que la jeunesse y soit ardente et patriote (4). On reçoit et on laisse circuler des journaux prussiens déclarant que les francs-tireurs sont exclus du droit des gens (5). Ainsi la faiblesse de certains fonctionnaires faisait d'eux les auxiliaires de l'ennemi.

D'autre part, l'état-major badois instaurait (6) dans

---

(1) Préfet du Haut-Rhin à Guerre, 23 août 1870.
(2) *Rapports* de la gendarmerie du Haut-Rhin, août 1870.
(3) *Journal* d'un habitant de Colmar, p. 75. — D'après cette source, le préfet aurait même fait préparer l'affichage.
(4) « A Marckolsheim, les murs sont couverts de la proclamation Beyer. Un détachement de douaniers, envoyé de Brisach, a voulu les arracher : le maire s'y est vivement opposé et a fait très mauvais accueil à ces militaires, qui sont repartis furieux..... » (*Journal* d'un habitant de Colmar, p. 90. — « Les jeunes gens de Marckolsheim n'ont pas reçu ordre de se rendre au service ; ils demandent à partir. » (Le Commandant de place de Neuf-Brisach au Préfet du Haut-Rhin, 24 août 1870.)
(5) Ce n'était encore qu'une campagne de presse, préludant aux déclarations officielles. D'après cette thèse, les francs-tireurs devaient être mis hors la loi et traités comme des bandits, si, en outre de l'autorisation ministérielle, ils n'étaient pas soumis aux lois militaires et commandés par des officiers de troupe.
(6) Ce système arbitraire n'est nullement indiqué par « *l'Instruction pour les gouverneurs généraux des pays ennemis occupés* » signée par le Roi, le 21 août (*Historique du Grand État major prussien*, supplément LIV), dont les termes sont beaucoup plus libéraux.

le pays occupé un ingénieux système de responsabilités, en attribuant arbitrairement aux municipalités des chefs-lieux de canton l'autorité sur celles des petites communes du canton. Cette nouvelle centralisation, qui, en cas de résistance, lui donnait des otages de marque, (1) devait, d'autre part, favoriser la pacification en supprimant le contact direct entre l'envahisseur et les villageois.

Sous ce régime, les réquisitions administratives, auxquelles s'ajoutaient les trop fréquents brigandages des détachements en reconnaissance, (2) continuèrent à écraser et à ruiner le malheureux département du Bas-Rhin. Sous prétexte de faire vivre les troupes sur le pays, des contributions de guerre énormes étaient exigées des moindres villages. Du 11 au 17 août, les communes des environs de Strasbourg avaient eu à entretenir la seule division badoise, forte de 16,500 hommes et 6,500 chevaux; du 18 au 31, ce furent 40,000 hommes et 12,000 chevaux qui tombèrent à leur charge, soit un impôt de plus de deux millions à payer comptant (3), en outre des réquisitions en nature, qui vidèrent

---

(1) Arrestations arbitraires de MM. de Bussière, de Coëhorn, etc.

(2) Une partie de ces excès échappait certainement au contrôle du commandement badois : «..... Avec 80 lanciers et 100 mobiles, le commandant de Schlestadt ferait prisonniers tous ces brigands. Samedi, ils se sont présentés à Châtenois, voulant faire une réquisition de 8,000 francs. Le maire les a reçus en leur demandant l'ordre de leur général. Ils étaient bien contents de se retirer sans être menacés et n'ont plus reparu. » (Lettre de M. Radet, maire de Bergheim, du 22 août 1870.)

(3) A. Schneegans, Strasbourg, page 76 : « L'état-major comptait la ration d'un homme à 2 francs par jour, celle d'un cheval à 3 francs; les communes durent payer 2,149,000 francs en argent..... Le commissariat civil répartit ces réquisitions d'après la fortune des communes et le montant de leurs contributions. Les 2 millions furent répartis entre onze cantons du Bas-Rhin; ces onze cantons comptaient 312,000 âmes; chaque village paya proportionnellement à ce qu'il payait aux receveurs français.... Parfois l'autorité militaire exonérait tel village, et frappait plus durement tel autre, pour récompenser ou punir une population plus passive ou plus hostile... »

complètement le pays (1). La zone de ruine s'élargissait chaque jour. Après les cantons de Molsheim et d'Obernai, celui de Barr était frappé à son tour, la ville étant imposée à 100,000 francs en argent et en nature, le reste du canton à 80,000 francs, etc. Les attelages, les bestiaux, les fourrages, les grains, les outils, jusqu'aux bras des villageois étaient réquisitionnés, sous la menace d'exécutions militaires, soit pour subvenir aux besoins du corps ennemi, soit même pour aider aux travaux du siège (2). En dix jours, le pays était dompté par la famine autant que par la terreur, et le Bas-Rhin devenait incapable de participer à la défense nationale, dont Schlestadt, isolé de Neuf-Brisach et de Belfort par les patrouilles et les postes de la cavalerie badoise, demeurait dès lors le poste le plus avancé.

---

(1) A. Schneegam, *Strasbourg* : « Un officier délégué imposait un village, d'après quelques évaluations superficielles. » — A Saverne (5,331 habitants), les Allemands avaient demandé 10,000 pains, 60 bœufs, 800,000 cigares, etc. — Le 19 août, les trois petites communes de Dussenheim, Herrlisheim et Offendorff, au Nord de Strasbourg, étaient imposées à 15,000 kilogrammes de pain, 21,000 kilogrammes de viande, 5,000 kilogrammes de riz, 550 kilogrammes de sel, 700 kilogrammes d'avoine, 10,000 litres de vin, 180 kilogrammes de foin, 220 kilogrammes de paille, le tout à fournir avant le 28, sous la responsabilité personnelle du maire. » — Le comte de Bismarck-Bohlen, nommé gouverneur général de l'Alsace, avait établi son quartier général à Haguenau.

(2) Le sous-préfet de Schlestadt à Intérieur, 21 août : «... l'armée ennemie fait réquisitionner jusqu'à Barr toutes les pelles et pioches... et a fait demander un certain nombre d'habitants par village jusqu'à Obernai pour aller faire les tranchées de circonvallation autour Strasbourg. » (*Papiers et correspondance de la famille impériale*) — Le Préfet des Vosges à Guerre. Epinal, 25 août : «L'ennemi faisant des réquisitions d'hommes pour faire les tranchées devant Strasbourg, les jeunes gens d'Alsace et des environs se réfugient dans les Vosges et demandent à s'engager. Ils sont sans papiers et ne peuvent s'en procurer, dois-je les engager?.. » Réponse notée : « oui... »)

XXXVIII

Rétablissement des passages du Bas-Rhin (17-31 août).

L'ennemi, maître de la rive française du Rhin, de Lauterbourg jusqu'aux environs de Neuf-Brisach, continuait à rétablir les communications avec la rive allemande.

Après avoir restauré les bacs d'Au, de Münchhausen, de Seltz et de Fort-Louis (1), et construit le pont de Plittersdorf, que les renforts de la division badoise avaient pu utiliser dès le 11 août et qui devait servir encore le 18 et le 22 au passage des divisions de landwehr appelées devant Strasbourg, les pontonniers badois exécutèrent le passage de l'Ill près de la Cour d'Angleterre. Le matériel disponible ne leur permettant pas encore de constituer un nouveau pont entre la Robertsau et la rive droite du Rhin, le corps d'investissement fut mis en communication avec Kehl, d'abord en aval de Strasbourg près d'Auenheim, puis en amont près de Marlen, au moyen de deux bacs (2).

Sur le bruit du retour du 6ᵉ corps français au secours de Strasbourg (17 août), l'état-major badois s'empressa de rechercher dans la région au Sud de cette place un point favorable au lancement d'un pont, qui relierait les lignes ferrées badoise et française et faciliterait le ravitaillement du corps de siège en vivres et l'arrivée de la grosse artillerie. Cette reconnaissance du fleuve

---

(1) Voir *passim*, § XXI. *Passage de la garnison de Rastadt en Alsace.*
(2) *Historique du Grand Etat-Major prussien*, 9ᵉ livraison, p. 1279.

fut couverte par des pointes de cavalerie, qui s'avancèrent le 17 jusqu'à Sundhausen, près de Marckolsheim (1). Après avoir fait quelques travaux, le 18, à la hauteur de Nordhausen, on fit choix de Gerstheim, mieux desservi par les routes venant de Lahr et d'Erstein et, où la cavalerie laissa un poste. Le même jour, le maire de Rhinau recevait l'ordre de rétablir l'ancien bac. Ce magistrat, aussitôt dénoncé au commandant supérieur de Neuf-Brisach pour s'être concerté avec le bourgmestre badois de Kappel, vint se justifier auprès du sous-préfet de Schlestadt, qui le retint quelques jours (2). Pendant sa détention, le bac était rétabli, sans résistance de la part des habitants; placé sous la garde d'un faible poste prussien, il recommença à fonctionner le 25.

L'occasion était tentante, d'éprouver le *bataillon de bons soldats* de Neuf-Brisach. Le colonel de Kerhor proposa, le 22, au colonel de Reinach, à Schlestadt, de s'entendre avec lui pour aller, par une marche de nuit, couper à nouveau le bac de Rhinau. Il lui demandait 70 chasseurs à cheval, auxquels on pourrait adjoindre des fantassins en voiture. Le général de division pressenti, crut devoir interposer son autorité : la garnison de Schlestadt, entourée de troupes ennemies depuis l'affaire de Thanvillé, était trop faible pour coopérer à un coup de main, et celle de Neuf-Brisach ne devait compter que sur elle-même. Le projet fut alors ajourné.

---

(1) Commandant de Neuf-Brisach à Commandant 7ᵉ corps, 17 août 6 h..50 matin. « Un gendarme de Marckolsheim, en correspondance sur le village de Sundhausen, a été poursuivi par cinq Prussiens à cheval, hier, dans l'après-midi. »

(2) Correspondance du commandant de Neuf-Brisach avec le sous-préfet de Schlestadt, du 20 au 26 août. (Documents annexes.) Il était impossible de rendre ce magistrat responsable d'une situation qui était le fait des circonstances plus que de sa faiblesse.

Mais des indiscrétions avaient donné l'éveil à l'ennemi (1). Le 24, une colonne mixte de 3.000 Prussiens, quittant ses cantonnements de Plobsheim, alla reconnaître les passages, et renforcer les postes sur le fleuve. Elle laissa 500 fantassins et 40 cavaliers à Gerstheim, et s'installa à Booftzheim, d'où un second détachement de 400 fantassins et 150 dragons alla prendre position à Rhinau. Sous cette protection, les pionniers badois commencèrent, le 25, les travaux du pont, qui devait servir « pour le passage de la grosse artillerie et des approvisionnements de l'armée ».

Le 25, le colonel de Kerhor rendit compte de ces faits au Ministre, qui suivait avec une attention particulière les événements de la vallée du Rhin (2); il ajoutait : « Un petit corps de troupes partant de Schlestadt ou de Neuf-Brisach pourrait faire un bon coup ». Le lendemain, il précisait : « Le pont de Rhinau et celui que l'ennemi va jeter à la borne 109 (3) en face de Nordhausen pourraient être détruits par des brûlots; sur le pont de Rhinau, l'ennemi a déjà fait passer 25 pièces de canon. » A quoi le Ministre répondit, le 27 : « Faites

---

(1) « Le quartier général de Mundholsheim ayant été avisé que plusieurs bataillons français marchaient de Neuf-Brisach contre le bac de Rhinau, les détachements postés de ce côté recevaient, dans la soirée du 25 août, un renfort de toutes armes... tirées du secteur Sud de la ligne d'investissement. » *(Historique du Grand Etat-Major prussien,* 9e livraison, p. 1295.)

(2) A ce moment même (25 août), où l'armée de Châlons venait de se mettre en mouvement vers le Nord, le général de Palikao projetait de faire une puissante diversion sur les derrières de l'ennemi, en lançant dans la vallée du Rhin, par Belfort, un corps de 60.000 hommes (selon toute vraisemblance le 14e corps, alors en formation à Paris, et un corps de mobiles réuni dans le massif du Morvan). Mais l'Empereur se montra opposé à ce projet, et le 14e corps, réclamé avec insistance par le comité de défense de Paris (séance du 29 août) y demeura pour achever de s'organiser et être affecté à la défense. Sur ce sujet, voir plus loin, § XLIV, *Les projets de diversion dans l'Est du général de Palikao.*

(3) Borne 76 de la carte du service du Rhin (Ministère des Travaux publics) jointe au présent volume.

brûler tout ce que vous pourrez, et, s'il passait une petite troupe, ingéniez-vous à faire un coup de main; en tâchant de vous faire seconder par la population, au sentiment patriotique de laquelle vous devez faire appel. » Enfin, deux jours après, le Ministre signalait, comme pouvant être brûlés facilement, les bateaux badois du pont de Neuf-Brisach, remisés dans le bras du Sponeck (1). Mais pour ces opérations il eût fallu faire venir de loin un personnel et un matériel spéciaux, qui manquaient aux ingénieurs du Rhin (2). Il eût fallu, en outre, que les radeaux incendiaires fussent protégés jusqu'auprès des ponts; or, les avant-postes prussiens de Rhinau et de Booftzheim venaient, disait-on, d'être renforcés de 3.000 hommes, le 28 (3). Quant aux populations du Bas-Rhin, qui s'étaient trouvées exemptées des appels de recrutement, leur patriotisme n'eût contribué que dans une faible mesure à une opération offensive, car elles étaient encore sans fusils, et la surveillance incessante des patrouilles de dragons badois, qui, le 25, étaient venues couper le télégraphe à Marckolsheim, rendaient impraticables des distributions d'armes. Un instant, l'arrivée de troupes françaises dans les Vosges vint raviver leur espoir : le 26, le général de Chargère avait envoyé au col du Bonhomme la compagnie des francs-tireurs de *Mirecourt*, qui venait d'arriver à Mulhouse et qui pouvait appuyer la garnison de Schlestadt; mais, dès le 28, ce corps franc était rappelé à Epinal par des

---

(1) Guerre à Commandant supérieur de Neuf-Brisach, 29 août 1870 : « On me signale de très vastes bateaux remisés dans la première passe en aval de Neuf-Brisach, en face de Baltzenheim On pourrait peut-être les brûler si l'ennemi ne les garde pas sérieusement. »
(2) Correspondance du Commandant supérieur de Neuf-Brisach avec M. Gauckler, ingénieur des travaux du Rhin.
(3) Documents annexes, *Journée du 29 août*.

ordres secrets (1). Néanmoins le colonel de Kerhor ne perdait pas confiance. Le 30, il écrivait encore au Ministre : « Si j'avais, à Neuf-Brisach, 5.000 hommes de troupes, il serait facile de détruire le pont et le bac qui se trouvent près du Rhinau. » Sur ses sollicitations réitérées, le général de Chargère allait faire partir de Belfort pour Colmar un renfort de 800 « volontaires bons marcheurs » pour tenter l'expédition, quand, à la suite de nouveaux renseignements et pour favoriser un autre projet qui semblait plus important encore, (la destruction du tunnel de Saverne), on renonça brusquement à toute idée d'offensive contre Rhinau (2).

Nous n'avions pas à craindre une tentative de rétablissement du passage par Vieux-Brisach. Cette petite ville se trouvant sous le feu immédiat du Fort-Mortier, il y avait eu entre sa municipalité et le commandant de Neuf-Brisach une convention officieuse, aux termes de laquelle son territoire devait être regardé comme neutre s'il ne s'y produisait aucun acte d'hostilité contre nous. Le gouvernement badois obtint de l'état-major prussien — averti par le récent bombardement de Kehl — la reconnaissance de cette convention, qui fut respectée jusqu'à la fin du siège de Neuf-Brisach.

---

(1) Il s'agissait d'une expédition de partisans ayant pour but de faire sauter le tunnel de Saverne, expédition qui devait être organisée par le Préfet des Vosges, M. Grachet, et au profit de laquelle le général de Prémonville détacha, le 28, les compagnies de francs-tireurs alors occupées dans le Haut-Rhin (voir plus loin. § XLV. *Premières tentatives contre les communications de la IIIe Armée*).

La compagnie des francs-tireurs de *Mirecourt*, qui avait campé au Lac Blanc et commencé des ouvrages sur ce point, était, le 28, aux portes de Schlestadt, quand elle fut rappelée, et prit, à marches forcées, la route d'Épinal.

(2) Commandant de Neuf-Brisach à général Belfort, 31 août. « Ne faites pas partir les 800 hommes sans avis ; mes renseignements ne sont pas encore assez précis. » Même date, soir : « L'affaire de Rhinau ne peut avoir lieu. » Voir : Documents annexes, *Journée du 30 et du 31 août*.

L'attention demeurait donc concentrée, de part et d'autre, au Nord, sur le passage de Rhinau, qui chaque jour nous échappait davantage, et, au Sud, sur les passages du Haut-Rhin, devant lesquels notre garde était d'autant plus active.

XXXIX

L'organisation dans la 7ᵉ division militaire.
Renforcement de Belfort (24-25 août).

Lorsque le 7ᵉ corps eut quitté Belfort, le général de Chargère, commandant la subdivision du Haut-Rhin (2ᵉ de la 6ᵉ division militaire) conserva le commandement supérieur de la place et de toutes les troupes du camp retranché. Mais cet officier général eut pour premier souci de maintenir d'étroites relations avec l'État-major de la 7ᵉ division (général de Prémonville) dont le quartier général était à Besançon, et qui comprenait les subdivisions du Doubs, du Jura, de la Haute-Saône et de la Haute-Marne.

Ce territoire allait jouer un rôle considérable, tant par sa situation sur le flanc des communications allemandes, que par les ressources de tout genre qu'il pouvait fournir à la défense du Haut-Rhin (1). Ses deux places fortes, Besançon et Langres, étaient deux camps retranchés tout désignés pour la formation des troupes de

---

(1) L'intendant général inspecteur Robert au Major général, Metz, 31 juillet 1870 : « La Lorraine a été complètement épuisée par les réquisitions récentes; il faut donc chercher des voitures et des entrepreneurs [pour l'évacuation des blessés] plus loin : par exemple en Franche-Comté. » Il est utile de remarquer que, la 7ᵉ division n'ayant pas encore été mise en état de siège, les réquisitions ne pouvaient s'y effectuer (général Douay au Major général, Pièces annexes *Journée du 3 août*) — Le département de la Haute-Saône fut mis en état de siège par décret du 8 août.

Préfet à Intérieur, de Besançon, 7 août : «... Tout le monde désire ici que, pour l'unité de l'action, la 7ᵉ division soit mise en état de siège. L'élan est grand, il faut en profiter, la démagogie fait de grands efforts pour l'arrêter. Nous n'avons pas ici plus de 300 hommes de garnison. »

réserve. Besançon, place forte de 1er rang, centralisant tous les services, et douée d'un arsenal et de riches approvisionnements, pouvait non seulement alimenter Belfort, mais nourrir de gros effectifs et préparer la reprise de l'offensive dans la Haute-Alsace. Quant à Langres, dominant les trois bassins de la Seine, de la Marne et de la Saône, c'était une position stratégique incomparable. Aussi, dès le début de la guerre, on avait songé à en faire un camp d'instruction et de rassemblement pour la garde mobile : mais la place ne possédait encore que sa citadelle, et c'est seulement après que les places de la 7e division eussent été décrétées en état de guerre (13 août) que le génie, sous la direction du commandant Méyère, commença les immenses travaux qui allaient la mettre à l'abri des canons de campagne.

Presque complètement privée de troupes actives (1), la 7e division était la zone de rassemblement naturelle des forces de seconde ligne.

L'organisation locale des gardes mobiles y avait été fort pénible. A la date du 22 juillet, les chefs-lieux de département ne renfermaient « absolument rien pour habiller, équiper et armer, et, au besoin faire camper » les bataillons qui y étaient attendus, et le 7 août, le général de Prémonville se plaignait de ne pas encore pouvoir les convoquer, faute des choses les plus nécessaires, des armes, des vêtements, des souliers (2). Dans la Haute-Saône, Vesoul n'ayant pas de ressources suffisantes pour caserner et cantonner les mobiles, on dut les répartir en cantonnements entre Vesoul, Gray, Lure

---

(1) Il n'y restait plus que les dépôt de Gray, Lons-le-Saulnier, Langres et Besançon, composés de recrues.

(2) Le Général commandant les 1re et 2e subdivisions de la 7e division (Doubs et Jura) au Général de division; de Besançon, 22 juillet 1870 (Documents annexes) et R. H., n° 76, p. 209 : le Général commandant la 7e division au Ministre de la Guerre; de Besançon, 7 août 1870.

et les villages voisins de Lure et de Saint-Loup. Dans la Haute-Marne, le général de Prémonville, pour éviter l'encombrement, dut convoquer séparément un bataillon à Chaumont, deux bataillons et l'artillerie à Langres (1). Dans cette dernière place, les cadres arrivaient le 28 et étaient passés en revue le 29 juillet : « Les chefs de bataillon ne se doutaient de rien, n'avaient aucun registre, aucun imprimé. » Le commandant de place ajoutait : « Le préfet de Chaumont et le sous-préfet de Vassy m'ont demandé ce qu'il fallait faire. Je leur ai répondu : « Je n'ai pas d'instructions ni d'ordres, je fais de telle manière (2) ». Aussi les feuilles d'appel pour la troupe n'étaient-elles pas encore parties à la date du 7 août (3), et à l'arrivée des hommes, le service de la solde n'existant pas, des officiers durent, à titre privé, faire à leurs cadres, puis à leur troupe, des avances en deniers (4).

Lorsque les contingents de la garde mobile de la 7ᵉ division furent rassemblés, on constata un déficit d'environ 46 p. 100 sur les prévisions des préfectures. Les cinq bataillons et cinq batteries du Doubs n'avaient donné que 2,950 hommes au lieu de 5,000. Les trois bataillons et la batterie du Jura, 2,670 au lieu de 6,000. Les quatre bataillons et la batterie de la Haute-Marne,

---

(1) Le Général commandant la subdivision de Vesoul au Général de division, 24-25 juillet 1870 : Propositions pour la réunion et l'installation de la garde mobile. (Documents annexes.) Cette initiative devançait les instructions ministérielles (circulaires des 15 et 25 août) qui donnèrent mission aux généraux commandant les divisions de *régler les points de réunion des gardes mobiles*, suivant les ressources des casernements ou cantonnements de leurs territoires.

(2) Le Lieutenant-Colonel commandant la place de Langres, faisant fonctions de Sous-Intendant, à l'Intendant de la division. Langres, 29 juillet.

(3) Préfet de Chaumont à Intérieur, 7 août 1870, 5 heures soir. (*Papiers et correspondance de la famille impériale*, p. 258).

(4) Journal l'*Indépendant* de Saint-Dizier, et Cavaniol, *Invasion de 1870-71 dans la Haute-Marne*.

3,000 au lieu de 5,000 (1). Au total, 12,060 hommes au lieu de 22,000 attendus. Enfin, on ne voulait pas les armer avant qu'ils fussent habillés et équipés, et on n'avait pour eux ni vêtements, ni équipement (2).

Pour remédier à cette détresse, autant que pour éloigner de Paris des éléments de désordre (3) le gouvernement décida d'envoyer à Langres et à Besançon trois des bataillons (nos X, XI, XII) de la garde nationale mobile parisienne, qui y arrivèrent le 6 août. Mais l'effet moral de ce renforcement fut plutôt désastreux, car les mobiles parisiens eurent dans ces deux villes une attitude (4) qui détermina le Ministre, sur la plainte des

---

(1) De plus, les nombreuses démissions de sergents-major et de sergents instructeurs (pour la plupart anciens officiers de l'armée active n'ayant pas voulu faire les frais de la tenue d'officiers de mobiles, et placés sous les ordres de jeunes officiers sans expérience) avaient désorganisé les cadres inférieurs. (Registre de correspondance de la subdivision Haute-Marne. Haute-Saône, 23 juillet 1870 et J. Hild, *Belfort et les bataillons mobiles de la Haute-Saône*.

(2) Général commandant la place de Langres, à Général de division. Besançon, 8 août 1870 : « Donnez des ordres pour faire envoyer à Langres l'équipement de la garde mobile, qui se trouve en dépôt au recrutement de Chaumont. » Note marginale : *n'ont rien*. — Même date : « Il y a au dépôt de remonte de Faverney 32 fusils, mais pas une cartouche. » R. H., n° 76, p. 209. Le Général commandant la 7e division militaire au Ministre de la Guerre, Besançon, 7 août. — Il n'y avait alors à l'arsenal de Besançon que 10.000 fusils 1867 transformés, quand il en eût fallu 25.000 pour les gardes mobiles de la Franche-Comté. Le général demandait des ustensiles de campement, des tentes et couvertures pour les 10.000 hommes qu'il voulait faire camper à Langres et l'autorisation et les crédits nécessaires pour habiller sommairement les mobiles. — Le 13 août, la place de Langres n'avait encore que 400 fusils modèle 1842 transformés, pour armer les 6.000 hommes qui lui étaient annoncés *Papiers secrets et correspondance de la famille impériale*, p. 255 .

(3) Sur la conduite des bataillons de Paris au camp de Châlons, voir *La Guerre de 1870-71. Mesures d'organisation jusqu'au 4 septembre* Chapelot, 1907), p. 32, 33, 111.

(4) D. T. Le préfet de la Haute-Marne et le préfet du Doubs au Ministre de l'Intérieur, 7 août 1870, et le Ministre de la Guerre au Major général, 8 août 1870. (Documents annexes).

préfets, à rappeler d'urgence ces trois bataillons au camp de Châlons, mouvement exécuté le 9 août (1).

En même temps, la 7ᵉ division allait perdre une partie de ce qui lui restait encore de troupes de ligne. Les dépôts d'infanterie envoyèrent, jusqu'au 6 août, à l'armée du Rhin, tous les détachements de réservistes qu'ils avaient pu former. Les dépôts de cavalerie furent envoyés dans les départements du centre (2). Quant aux IVᵉˢ bataillons, laissés, dans les dépôts d'infanterie et encore dénués de tout, ils devaient être appelés à Paris, Lyon et Châlons pour y être réunis en régiments de marche. Ceux de la 7ᵉ division gardèrent presque tous leurs cadres, mais ils expédièrent au camp de Châlons, après l'arrivée des hommes de la 2ᵉ portion du contingent, presque tout leur effectif troupe (3). Exceptionnellement, sur les instances du conseil de défense de Belfort, appuyé de l'autorité du général Douay, ceux des 84ᵉ et 85ᵉ régiments de ligne, stationnés à Lons-le-Saulnier et à Gray, furent laissés intacts et ils eurent l'ordre de venir renforcer la garnison du camp retranché dès que leur organisation le permettrait (4) et que les voies ferrées, encombrées successivement par l'arrivée de la 3ᵉ division du 7ᵉ corps, puis par le départ du 7ᵉ corps tout entier, seraient à nouveau dégagées.

---

(1) *R. H.* n° 77, p. 413-414.

(2) 13 août. Départ du dépôt du 8ᵉ cuirassiers, de Vesoul pour Moulins. — 20 août. Départ du dépôt du 9ᵉ cuirassiers, de Belfort pour Paris.

(3) L'arrivée des réservistes et des hommes de la 2ᵉ portion eut lieu du 8 au 12. — 15 août : Départ de 700 hommes du dépôt du 5ᵉ de ligne, de Langres pour Châlons. — Il était resté à Bourbonne-les-Bains un détachement de ce corps (un sergent inexpérimenté et 17 conscrits), que le général commandant la circonscription de Vesoul proposa de rappeler à Belfort (D. T. du 18 août).

(4) L'*ordre* du 7 août portait que le IVᵉ bataillon du 85ᵉ s'embarquerait le 9 de Gray pour le camp de Châlons. Le Ministre donna contre-ordre pour répondre aux instances du Conseil de défense de Belfort. — 18 août : Départ de Gray pour Belfort du IVᵉ bataillon du 85ᵉ de ligne.

Avec ces maigres unités actives, quelles forces de seconde ligne allaient rester entre les mains du général commandant la 7ᵉ division?

A la date du 12 août, les seize bataillons de la garde nationale mobile, dont le général Douay réclamait le rassemblement à Belfort, n'étaient encore ni armés, ni habillés, ni équipés (1) : certains députés s'interposèrent pour qu'ils ne fussent pas envoyés en cet état « à la boucherie (2) ». Comme l'organisation des unités ne pouvait avoir lieu qu'à la suite de leur rassemblement par département, le général de Prémonville, après avoir tenté d'opérer un rassemblement général à Vesoul (3), prit sur lui d'ordonner de grouper à Langres les bataillons de la Haute-Marne, à Belfort et Montbéliard ceux de la Haute-Saône, à Besançon ceux du Doubs et du Jura (4). L'ordre n'était pas encore exécuté à la date du 20, où le général de Chargère, qui avait pris en main la lourde tâche laissée par le général Douay, écrivait au Ministre : « Des seize bataillons de la 7ᵉ division militaire, aucun n'est encore arrivé : il serait cependant urgent que tout

---

(1) Cela contrairement aux assertions officielles de cette époque. Si l'on en croyait, en effet, *l'état des armes délivrées aux gardes mobiles le 11 août* (R. H., n° 76, p. 210), les 17.000 fusils destinés à la 7ᵉ division eussent été déjà en service. — D. T. du Général de Vesoul au Général de division, Besançon, 21 août (Documents annexes).

(2) *Voir Guerre de 1870-71. Mesures d'organisation jusqu'au 4 septembre.* Note de M. Ordinaire, député au Corps législatif, pour le Ministre de la Guerre, 13 août.

(3) Général commandant la subdivision de Vesoul à général de Prémonville, 13 août : « Vous me faites l'honneur de me dire que tous les bataillons des gardes mobiles de la 7ᵉ division militaire, moins ceux de la Haute-Marne, vont être dirigés sur Vesoul ! La ville n'est pas grande, les 4 bataillons de la Haute-Saône sont partie logés chez l'habitant, d'autres au quartier de cavalerie, dans les chambres, dans les écuries, aux halles, le tout sur la paille, sans effets : où logerons-nous ceux que vous nous envoyez ? » (Registre de la subdivision de Vesoul).

(4) Documents annexes. D. T. Général commandant la 7ᵉ division à Général de Vesoul, 12 août 1870, et *Lettre* du même au Ministre de la Guerre, 24 août.

ou partie de ces bataillons, armés, nous arrivent *immédiatement*: la garnison est de 5,500 hommes seulement, alors qu'il faudrait 8,000 à 9,000 hommes au moins pour garder la place, et que celle-ci peut les nourrir. »
Entre temps, le général de Prémonville avait enfin reçu des ordres quant à l'emploi des gardes mobiles de la division. On renonçait à occuper Montbéliard (1). Le contingent de la Haute-Saône, destiné à la garnison de Belfort, devait se rassembler sans délai à Vesoul, pour être expédié de là au camp retranché, sans attendre ses armes ni son équipement. Celui de la Haute-Marne serait envoyé de Chaumont à Langres, où il trouverait, des fusils à tabatière, celui du Doubs formerait la garnison de Besançon, enfin celui du Jura, primitivement réparti entre Dôle, Lons-le-Saulnier, Morez et les forts de Salins et des Rousses, comme si la frontière suisse eût été aussi menacée que la trouée de Montbéliard et les passages des Vosges, devait donner deux bataillons à Besançon, et ne laisser que quatre compagnies aux forts de Joux et Pontarlier, quatre aux forts de Salins et quatre au fort des Rousses, abandonnés à ce moment (2).

L'exécution de ces ordres, sous la menace constante de l'invasion ennemie, (3), n'eut lieu qu'après de grands efforts, tant pour achever d'organiser que pour armer

---

(1) Les 500 fournitures de couchage envoyées de Dôle à Montbéliard par l'Intendant de la 7ᵉ division seront renvoyées le 19 août à Besançon (*Registre de l'intendance de la 7ᵉ division*).

(2) La petite garnison de ces forts (27 hommes de 50ᵉ de ligne) venait d'être renvoyée à Langres.

(3) C'est le 22 août que la 2ᵉ division de cavalerie prussienne, flanc-garde de gauche de la *III*ᵉ armée, lance des escadrons de découverte à la fois sur Chaumont, Montigny, Lamarche et Darnay, menaçant de toutes parts la vallée de la Saône (voir plus loin § XLIII: *Les reconnaissances de la cavalerie de la III*ᵉ*armée, alertes d'Épinal et de Chaumont. Leur écho dans la 7ᵉ division militaire*).

les différentes unités (1). Les 23 et 25 août, les quatre bataillons de la Haute-Saône furent embarqués pour Belfort, ne laissant à Vesoul qu'un détachement, destiné à occuper les gares de Port d'Atelier et de Faverney lorsqu'il aurait ses cartouches, et que des baraquements auraient été aménagés dans ces localités. A la même date, les bataillons de la Haute-Marne, du Doubs et du Jura gagnèrent leurs destinations respectives.

Par ces mesures, la garnison de Besançon, qui comptait alors 3,270 recrues de l'armée active, 2,600 mobiles du Doubs et 1,900 gardes nationaux sédentaires, se trouva portée à l'effectif de 9,770 hommes, à peu près pourvus du matériel nécessaire (2).

Celle de Langres, où se trouvèrent concentrés, avec le dépôt et le noyau du IVe bataillon du 50e de ligne, les trois bataillons de mobiles et l'artillerie de la Haute-Marne, le 2e bataillon de la Meurthe (venu de Lunéville le 10 août) et les 1er, 2e et 3e bataillons des Vosges (venus d'Épinal le 14 août), atteignit à peu près le même effectif, mais elle manquait de tout, et en particulier d'effets de campement (3).

---

(1) Le Ministre de l'Intérieur aux Préfets (D. T.) 24 août, 10 heures matin (*Guerre de 1870-71. Mesures d'organisation jusqu'au 4 septembre*, Documents, p. 54.) La dualité de direction (Ministère de l'Intérieur et bureau de la Garde mobile du Ministère de la Guerre) avait enlevé toute méthode aux opérations d'armement. Aussi, à la date du 23 août, les mobiles de beaucoup de départements éloignés de la frontière (Saône-et-Loire, Seine-Inférieure, Finistère, Charente-Inférieure, Ille-et-Vilaine) étaient déjà pourvus de leur armement, que les départements frontières attendaient encore. — Le 23 août, on signale l'arrivée à Vesoul d'un Conseiller d'État venant d'Épinal et ayant pour mission de s'assurer de l'état des gardes nationales mobiles.

(2) 23 août. D. T. du Ministre au Général de division, Besançon : *Ordre de délivrer 4.000 fusils à la garde mobile du Jura.* — Documents annexes. Général commandant la 7e division à Guerre, de Besançon, 25 août (effectifs de la garnison).

(3) D. T. du Général commandant la 7e division à Guerre, Besançon, 15 août 1870, 9 h. 35 matin. (Documents annexes). — D. T. du général commandant supérieur à Langres, au Ministre de la guerre, 13 août, 8 heures

Quant à la place de Belfort, elle possédait enfin l'effectif minimum de 9,000 hommes qui, en dernière analyse, avait paru devoir suffire à sa défense (1). Mais la valeur et l'état matériel de ces troupes pouvait inspirer de vives appréhensions. Sur le chiffre de 9,838, on comptait seulement 3,712 soldats de la ligne, la plupart conscrits appartenant aux quatrièmes bataillons des 45e, 84e et 85e régiments, et n'ayant que quinze jours d'apprentissage militaire. Le reste (6,126 hommes) était fourni par trois bataillons et trois batteries de la mobile du Haut-Rhin, armés également depuis une quinzaine de jours et à peu près pourvus d'habillement, d'équipement et de matériel, et par les quatre bataillons de la Haute-Saône. De ces derniers, la moitié (deux bataillons) étaient armés de la veille, mais sans munitions; les cadres étaient habillés, mais les hommes encore en blouses, sans fourreaux de baïonnette, sans gibernes, ni souliers, ni chemises (2), et n'ayant reçu aucune instructions militaire.

Le départ du 7e corps et l'abandon de Montbéliard

---

soir : « Nous n'avons ici ni bidons, ni gamelles pour faire manger la soupe à la garde nationale mobile qui se réunit à Langres : 200 hommes de la garde nationale mobile du département, environ 900 hommes de la garde nationale mobile de Lunéville. De suite ces objets de campement ».

(1) Documents annexes, *Journée du 1er septembre 1870. Ordre* relatif à la répartition des troupes pour la défense des fortifications de Belfort.

(2) *Lettre* de M. Keller, ancien député, au comte de Palikao, Ministre. Réponse du Ministre : « J'ai l'honneur de vous faire connaître que l'*armement* seul de ces corps regarde le Département de la Guerre, qui a envoyé 5.000 fusils à Belfort. Quant aux questions d'habillement et d'équipement, elles concernent le Ministre de l'Intérieur, auquel je ne puis que transmettre votre lettre. »

Les conseils d'administration centraux des gardes mobiles continuaient à être fixés aux chefs-lieux des départements, où leur fonctionnement était impossible dans le cas de détachements importants; le général commandant la subdivision de Vesoul demanda (31 août) le transfert de l'administration des bataillons de la Haute-Saône à Belfort; on put alors commencer utilement les opérations administratives dans ces unités.

n'avaient altéré ni la confiance ni le courage du Conseil de défense de Belfort. A l'arrivée des premiers renforts, il fut décidé que le fort des Barres serait provisoirement réarmé au moyen de pièces de campagne, et on entreprit l'exécution des lignes qui devaient relier cet ouvrage au corps de place en couvrant les faubourgs. Le 23 août, on éleva les premiers baraquements du camp retranché. Une compagnie du génie fut créée au moyen des éléments de la garde mobile du Haut-Rhin (1). Le 1er septembre, la garnison reçut sa répartition de défense (2).

---

(1) Dès le 14 août, le général Douay, commandant le 7e corps, voyant que la place ne pouvait compter sur l'envoi de troupes du génie, avait demandé la création d'une compagnie du génie tirée de la garde mobile du Haut-Rhin. Cette unité, créée par un décret du 19 août, fut organisée à Belfort, le 26 août; son capitaine était l'ingénieur Bornèque.

(2) Documents annexes. *Journée du 1er septembre 1870 — Ordre* relatif à la répartition des troupes pour la défense des fortifications de Belfort.

XL

Affaires de Bellingen (31 août) et de Chalampé (1ᵉʳ septembre).

Il était d'une telle importance pour l'achèvement des défenses de Belfort de prévenir toute tentative d'invasion sur le Haut-Rhin, que le général de Chargère avait multiplié les précautions de ce côté. Nos postes de cantonniers et de douaniers signalaient les moindres incidents de la rive badoise (1). Depuis le 14 août, toutes les troupes actives du grand duché de Bade et du royaume de Wurtemberg avaient été dirigées vers le nord, et la levée du landsturm décrétée dans les deux pays, s'y opérait difficilement (2). On fut d'autant plus étonné d'apprendre, le 26, que sept grands bateaux avaient été amenés par le chemin de fer badois à Rheinwiller, déchargés et conduits au Rhin sur des rouleaux (3). En réalité, ces chalands qui appartenaient au service des travaux du fleuve, allaient être employés aux endiguements. Mais ils pouvaient aussi servir (le projet du colonel de Seubert en témoignait) à faciliter une opération de guerre, et, si l'ennemi venait à passer le

---

(1) 18 août : « Les bâtiments du bac de Chalampé, habités par l'ingénieur Bénard, qui a organisé la surveillance de la rive gauche, sont journellement criblés de coups de feu tirés de la rive badoise ». — 24 août : « Passage de 16 hommes armés, *déguisés*, tiraillant dans les îles en amont de l'ancien lac entre Rheinwiller et Niffer » (vraisemblablement des braconniers).

(2) *Guerre de 1870-71. Armée de Châlons.* Tome I. (Doc. annexes p. 156-157).

(3) Le Capitaine des douanes de Bantzenheim, au Commandant, à Neuf-Brisach, 26 août, 12 h. 39, soir.

fleuve aux environs de Rheinwiller, on devait craindre qu'il eût pour premier objectif de barrer le canal afin de mettre à sec les fossés de Neuf-Brisach. Sous cette menace, le commandant supérieur de cette place ordonna tout d'abord — en dépit des résistances des ingénieurs du Rhin, menacés dans leur œuvre par tout arrêt des travaux (1) — de faire rentrer dans la place les bateaux français encore occupés à la borne 10. Puis, fort des instructions du Ministre, il organisa, avec les conducteurs des travaux de Chalampé et de Kembs, une petite expédition pour couler ou enlever les bateaux badois.

L'opération fut confiée à 220 douaniers, sous les ordres des officiers des douanes de Bantzenheim et de Niffer, aux 90 francs-tireurs de la compagnie de Colmar (commandant Eudeline) qui venaient d'arriver de Belfort à Mulhouse, et à 50 hommes choisis de la compagnie de Neuf-Brisach (commandant Thiébault). Le rendez-vous était à Ottmarsheim, où les trois petites troupes se réunirent le 31, à 2 heures du matin. De là, un détachement (lieutenant Kœnig) composé de 50 Colmariens et de 20 douaniers, prit la route de Kembs, où il s'embarqua à 4 heures pour aborder à Bellingen, à la faveur du courant. Le gros devait aller passer, au Petit-Landau, dans les îles du Vieux-Rhin, et, en cas de besoin, soutenir le débarquement par ses feux; mais, aucune barque n'ayant été amenée là par les bateliers

---

(1) Commandant de Neuf-Brisach à ingénieur Gauckler à Colmar, 25 août : « J'apprends que des bateaux servant aux travaux du Rhin pourraient être pris par les Badois. La chose me paraît imprudente. » Réponse (même date) : « Veuillez me dire où il y a des bateaux en péril : on ne travaille qu'à la borne 10 (entre Huningue et Kembs) où j'ai ordre de tenir les travaux à tout prix. Les Badois y ont autant d'intérêt que nous et ne les dérangeront pas. » Conclusion : Ingénieur du Rhin à Conducteur, Marckolsheim, 26 août : « Faites dire à Butsche de transporter les langenweidlings et grands bateaux à la gare du canal de Neuf-Brisach. »

de Chalampé qui s'y étaient engagés, il fut immobilisé et resta inutile sur la rive gauche. Heureusement, le détachement parti de Kembs ne rencontra aucune résistance sérieuse. Un coup de fusil lui suffit pour éloigner les gendarmes badois. Après avoir mis la main sur les chalands ainsi que sur les 10 bateliers et 10 douaniers qui les montaient, nos hommes s'avancèrent jusqu'à la gare du chemin de fer de Bamlach, où ils coupèrent les fils du télégraphe sans détruire les appareils et ceux d'un signal du chemin de fer sans toucher à la voie (1). Ils firent une courte station à l'auberge de Bellingen (2), puis rompirent les amarres, et ramenèrent cinq chalands (3) qui furent dirigés sur Chalampé par le conducteur des travaux du Rhin, M. Bertin. Les francs-tireurs de Colmar, appelés sur ces entrefaites à Epinal, repartirent le jour même, malgré les instances du colonel de Kerhor (4), et ceux de Neuf-Brisach suivirent seuls la rive gauche pour protéger le retour des chalands, qu'on remisa à Chalampé dans l'ancien lit du Rhin, en arrière de la nouvelle digue. Le succès de cette petite expédition, dont le Gouvernement tira aussitôt avantage pour exalter les populations de l'Est, eut pour première

---

(1) Sur presque tous ces points, les documents français (*Rapports* du capitaine Eudeline, des francs-tireurs de Colmar, et *Dépêches* du commandant de Neuf-Brisach) concordent avec les récits allemands (Von der Wengen, *Der Kleine Krieg am Ober-Rhein, im Monat september 1870.*)
(2) « Quelques verres de vin blanc demandés ont été payés et un volontaire a laissé son fusil à la porte avant d'entrer dans une maison, pour ne pas effrayer les habitants. » (Eudeline, *loc. cit.*)
(3) L'un des chalands, chargé de pierres, avait été coulé au début de la manœuvre.
(4) Correspondance de la place de Neuf-Brisach. — Aux instances du colonel de Kerhor, le préfet répond « qu'ils ont reçu des ordres importants, *qu'il ne connaît pas*, et ne peut enfreindre ». Il s'agit de la première tentative d'expédition contre les communications allemandes. Voir plus loin, (§ XLV. *Premières entreprises contre les communications de la IIIe armée. Projets contre Saverne. Coups de main de Vaucouleurs. Gondrecourt et Joinville*).

conséquence de créer une agitation extrême sur la rive badoise, et d'y provoquer l'organisation, jusque-là négligée, de la défense locale. Dès l'après-midi du 31 août, les milices volontaires des cantons menacés, Müllheim et Sulzbourg, auxquelles le Ministre de la Guerre badois annonçait le secours d'un détachement de la garnison de Rastadt (1), arrivèrent à Neuenbourg et une vive fusillade éclata d'une rive à l'autre.

Cette effervescence nouvelle au bord du Rhin était d'autant plus regrettable que, sur l'initiative du commandant de Neuf-Brisach, le Ministre toujours attentif aux moyens de passage de l'ennemi, venait précisément de prescrire une opération offensive contre le pont de Rhinau (2). Le colonel de Kerhor devait s'entendre avec les commandants des places de Belfort et de Schlestadt pour combiner cette expédition, qui semblait être exécutable dans la nuit du 31 août au 1er septembre ou dans celle du 2 au 3, à condition que trois colonnes de *bons marcheurs* partissent en même temps de Colmar, de Schlestadt et de Neuf-Brisach, et que l'ennemi ne fût pas sur ses gardes. Nos trois places échangèrent à ce sujet une correspondance active, durant toute la journée du 31. Belfort était prêt à envoyer 800 hommes à Colmar dans la nuit du 1er au 2; mais Schlestadt, surveillé de près par la cavalerie badoise, depuis l'affaire du val de Villé, ne pouvait se

---

(1) Les populations de Bade et de Wurtemberg étaient réfractaires à l'appel du landsturm : c'est seulement dans les villages voisins du Rhin que « les habitants possesseurs d'armes formèrent des milices qui vinrent renforcer les gendarmes et les douaniers de la région. Les localités de l'intérieur envoyèrent des compagnies de pompiers, des sociétés de tir, et toute sorte de gens armés pour aider à la défense des bords du Rhin » (Von der Wengen, *der Kleine Krieg am Ober Rhein*). C'était exactement le principe de nos corps francs, que l'Etat-major allemand prétendait cependant mettre hors le droit des gens.

(2) Voir *passim*, § XXXVIII. *Rétablissement des passages du Bas-Rhin.*

dégarnir des 600 hommes demandés, et d'autre part les renseignements reçus quant au renforcement des postes prussiens du Rhin, à la suite de la fusillade de Chalampé, ne permettaient plus de tenter une surprise (1). Il nous fallut donc renoncer à eller couper le pont de Rhinau, et nous en tenir à la défensive.

Le bruit des escarmouches de Bellingen et de Chalampé, joint à la nouvelle terrifiante du bombardement de Strasbourg, avait jeté les populations du Haut-Rhin dans une nouvelle excitation, qui redoubla, lorsqu'on apprit l'arrivée à Müllheim et à Schliegen de troupes d'infanterie et d'artillerie badoises détachées de la garnison de Rastadt et du corps de siège de Strasbourg (2). A nouveau, le bruit se répandit alors du passage du Rhin par les Badois, et de nouvelles paniques éclatèrent dans tout le département. Pour parer à quelque surprise, le colonel de Kerhor fit sortir de Neuf-Brisach, dans la nuit du 31 août au 1er septembre, sous les ordres d'un chef d'escadron du 4e chasseurs, une colonne de 500 mobiles, les meilleurs de sa garnison, qui, d'abord retranchés à Bantzenheim, furent amenés le matin au bord du fleuve pendant que l'on coulait dans le Vieux-Rhin cinq des chalands pris à Bellingen, et échangèrent ensuite avec les Badois un feu de mousqueterie plus bruyant que meurtrier (3). Mais ce déta-

---

(1) Documents annexes, *Journée du 31 août*. Dépêches du commandant de Neuf-Brisach.
(2) Le IIe bataillon du 6e régiment d'infanterie badois, amené de Rastadt par voie ferrée le 31 août, occupa immédiatement la rive du Rhin, de Zienken à Bellingen; un autre détachement tiré du corps de siège de Strasbourg (deux compagnies du 6e badois et quatre pièces d'artillerie), amené également par voie ferrée à Müllheim dans la nuit du 31 août au 1er septembre, fut remplacé dès le lendemain par le dépôt (3 officiers et 1.200 hommes) du 5e régiment d'infanterie badois, venu de Durlach à Fribourg en Brisgau. (Von der Wengen, *Der Kleine Krieg*, etc.). Le IIe bataillon du 6e badois demeura échelonné de Neuenbourg jusqu'à Bâle.
(3) Les Badois auraient eu, le 1er septembre, un homme tué et un blessé; les Français, un officier blessé, le sous-lieutenant Guisse.

chement reprit, à 10 heures du matin, sans qu'on pût retenir les hommes (1), la route de Neuf-Brisach, et il ne resta plus à Chalampé que les francs-tireurs de cette place, avec un groupe de volontaires mulhousiens, venus surveiller les mouvements de l'ennemi.

Pendant ce temps, pour rassurer la population de Belfort, frappée de folles terreurs (2) le général de Chargère était obligé de faire sortir les piquets et d'occuper les bois de Pérouse, à 2 kilomètres en avant de la Justice.

Ce jour-là même, le Haut-Rhin recevait enfin des armes.

---

(1) « La colonne que j'avais envoyée était composée de mobiles ; jusque-là, ils s'étaient conduits assez bien ; mais en revenant, il y eut une débandade tellement complète, que le chef d'escadrons qui commandait la colonne me fit un rapport sur cette indiscipline... » (Conseil d'enquête, séance du 8 janvier 1872. Déposition du colonel de Kerhor).

(2) On aurait découvert une tranchée ouverte aux abords de la place (*Journal* d'un officier du IVe bataillon du 84e de ligne).

XLI

Le Haut-Rhin à la fin d'août 1870. — Armement des gardes nationales (1ᵉʳ-2 septembre).

Bien que la garnison de Belfort commençât à inspirer confiance, et que d'autre part l'ennemi parût s'être donné pour règle de ne pas franchir la limite Nord du Haut-Rhin avant d'avoir réduit Strasbourg, la situation du département à la fin du mois d'août n'en demeurait pas moins périlleuse et la population y traversait de terribles épreuves.

Depuis le départ du 7ᵉ corps, Schlestadt et Neuf-Brisach n'avaient reçu que des renforts insignifiants (1). Vainement on se félicita de ce que, dans le département « toutes les réserves et la classe 1869 avaient répondu avec entrain, que le rappel des anciens militaires de 25 à 35 ans s'y opérait sans contrainte, et que les engagements volontaires y étaient nombreux (2) » : ces ressources, en procurant un faible appoint aux dépôts de l'armée de ligne, n'apportèrent aucun secours immédiat contre le péril qui menaçait la Haute-Alsace.

Les rapports officiels pouvaient faire croire que la population était prête à se défendre elle-même, si on lui

---

(1) A Schlestadt, 19 août, arrivée du peloton *H. R.* du 6ᵉ lanciers, venant de Neuf-Brisach.

(2) *Rapport* politique du chef d'escadron commandant la gendarmerie du Haut-Rhin, août 1870. La circulaire ministérielle du 20 août appelait les hommes des 2ᵉ portions des contingents, qui, sans avoir été définitivement appelés à l'activité, avaient été exercés dans les dépôts d'instruction et qui avaient, à la date du 10 août, plus de 25 et moins de 35 ans d'âge.

donnait des armes (1) ; mais les demandes d'armes émanaient presque exclusivement de la population rurale. En ce qui concernait les 80,000 ouvriers de fabrique (2), en grève au début des hostilités et depuis souvent réduits au chômage par suite de la raréfaction des matières premières (3), et malgré les sacrifices consentis par les chefs d'industrie (4), cette partie de la population du Haut-Rhin continuait à inspirer aux municipalités et au Gouvernement assez de méfiance, pour qu'il ne fût nullement question de lui donner des fusils : et c'est à cette situation qu'il faut attribuer la lenteur calculée des envois d'armes et de l'organisation des gardes nationales séden-

---

(1) Le Préfet du Haut-Rhin au Ministre de l'Intérieur, 27 août. (Documents annexes.)

(2) Les principales industries du département étaient alors les tissages de coton (46,000 ouvriers) ; les usines métallurgiques (8.600 ouvriers) ; les imprimeries sur étoffes (5,600 ouvriers) ; les ateliers de construction de machines (4,000 ouvriers), les filatures de laine (3,490 ouvriers).

(3) Le Préfet du Haut-Rhin au Ministre de la Guerre. 23 août : « La situation est toujours grave à Mulhouse et dans divers centres industriels : si le chemin de fer peut, ainsi qu'il l'annonce, reprendre les trains de marchandises, le mal peut être provisoirement conjuré, mais l'état sera toujours précaire, à deux pas que nous sommes de l'ennemi, qui, d'un jour à l'autre, peut venir briser les voies et fermer toute communication. » — *Rapport* politique de la gendarmerie du Haut-Rhin, 31 août : « La classe ouvrière est tranquille depuis les dernières grèves, mais des chômages forcés commencent à se faire sentir ; ainsi dans la vallée de Giromagny, Massevaux, Saint-Amarin, Thann, Cernay, la plupart des établissements ne travaillent plus que trois jours par semaine, d'autres chôment une semaine entière et travaillent l'autre. Dans les arrondissements de Colmar et à Mulhouse, il y a réduction d'heures dans le travail. La matière première n'arrive pas... »

(4) A la déclaration de la guerre, pour faire cesser les grèves en cours (18 juillet) les chefs d'industrie avaient accordé aux ouvriers des avantages équivalant à 23 p. 100 des tarifs de paye. Lorsque la guerre eut amené une nouvelle crise, ils firent de nouveaux sacrifices pour conserver leur main-d'œuvre : « ...Les chefs d'établissement donnent aux ouvriers des principes d'ordre et l'exemple du courage devant les événements. Ils viennent en aide à ceux qui sont dans le besoin, en les logeant à prix réduit, fournissant le pain, les pommes de terre, les haricots, et des vêtements, au-dessous du prix courant... » (*Rapport* politique de la gendarmerie du Haut-Rhin, 31 août.)

taires dans ce département (1), alors que les milices de la 7ᵉ division étaient déjà organisées et armées. Elle ne saurait être attribué à la pénurie des arsenaux. Car si le siège de Strasbourg privait les villages d'Alsace de près de 188,000 fusils à piston qui auraient pu lui être distribués, il en restait à l'arsenal de Besançon une réserve de 47,000 (2) indépendamment des prélèvements demandés aux places du Midi. Les arsenaux manquaient surtout de fusils à tabatière. Quoi qu'il en soit, le Gouvernement décida d'attendre, avant de rien donner aux gardes nationales sédentaires, encore sans cadres et sans cohésion, que les gardes nationales mobiles eussent été complètement organisées et armées (3).

Cet apparent abandon des villages menacés, abandon que suivirent un réveil et des efforts trop tardifs, fit naître dans les campagnes d'Alsace des alternatives de

---

(1) « ..... De petites fabriques en s'arrêtant avaient jeté leurs ouvriers sur le pavé : ils devinrent bientôt un élément d'agitation. A Mulhouse, la municipalité demanda l'armement des citoyens pour suppléer à l'absence des troupes régulières, et, n'obtenant de réponse ni de l'autorité militaire ni de la préfecture de Colmar, qui se méfiaient également des sentiments républicains de la population, elle organisa la garde nationale de son propre mouvement, dans les premiers jours de septembre. » (*Souvenirs de jeunesse* de Scheurer-Kestner).

(2) D'après *l'Enquête* parlementaire sur la Défense nationale, t. VII, il aurait existé dans l'arsenal de Besançon, le 1ᵉʳ juillet 1870 : armes rayées, 63.504 chassepots — réservés pour les troupes de ligne —, 170,000 fusils à tabatière — réservés pour les gardes mobiles — (cependant à la date du 7 août, le général commandant la 7ᵉ division se plaint de n'en posséder que 10,000 ; R. H., n° 76, p. 209). Parmi les armes qui pouvaient être délivrées aux gardes nationales sédentaires, 39,521 fusils d'infanterie rayés à capsule, ancien modèle, et 8,000 armes à canon lisse. — Suivant la même source, Strasbourg possédait à la date du 1ᵉʳ juillet, 98,000 fusils d'infanterie rayés à capsule et 90,000 fusils lisses. Le 1ᵉʳ août, le général Forgeot, commandant l'artillerie du 1ᵉʳ corps, établit que la Direction de Strasbourg, possède 7,560 fusils modèle 1867 (plus 5,000 annoncés) et 71,347 fusils transformés *bis*.

(3) Dépêche du Ministre de l'Intérieur aux Préfets, 24 août, 4 heures soir. R. H., 1907, n° 77, p. 434.

découragement et d'espoir, que reflètent les correspondances officielles. Le 23 août, le préfet du Haut-Rhin écrit au Ministre :

« Des populations désarmées, impuissantes, abandonnées de toute force militaire, partagées entre l'ardent désir de résister et la certitude de représailles sans merci (dont le Val de Villé subit depuis trois jours l'impitoyable loi). — L'ennemi dans les villages les plus voisins de Schlestadt, chaque jour attendu dans nos plaines, rançonnant, dévastant, enlevant bétail et denrées alimentaires, laissant derrière lui la misère et la ruine. — Les centres industriels à la veille de manquer des matières premières, vainement réclamées aux voies de fer qui jusqu'ici ne peuvent suffire aux services les plus urgents...... Préférable cent fois la lutte armée aux énervantes impressions subies à chaque heure du jour! (1). »

A cette date, Metz est investi, l'armée de Châlons va jouer une partie décisive. Cédant à la pression de l'opinion publique enfiévrée, qui a déjà réclamé la levée en masse, et devant l'imminence du danger qui menace tout l'Est de la France, le Gouvernement se décide enfin (24 août) à décréter l'armement général des gardes nationales dans les dix-neuf départements situés entre le Rhin et Paris (2). Mais la prudence politique ne perdra pas ses droits, car les préfets auront à veiller sur la composition des nouvelles unités (3) et l'armement de

---

(1) Le préfet du Haut-Rhin au ministre de la Guerre, Colmar, 23 août 1870.

(2) R. H., n° 77, Documents annexes. Le Ministre de l'Intérieur aux Préfets, Paris, 24 août, 4 h. 20 soir. « Demandez aux dépôts d'artillerie qui vous entourent les armes nécessaires pour la garde nationale sédentaire, ainsi que les munitions. Le Ministre de la Guerre donne l'ordre de vous les délivrer après armement de la garde mobile. »

(3) « Il est remis ce matin 200 fusils. Les vignerons de Colmar ne sont pas encore armés, les artisans pas davantage. On fait les délicats, on en est

celles-ci ne devra commencer dans chaque département qu'après que toutes les unités des gardes mobiles auront reçu leurs fusils.

Ainsi se trouvent éludées, à la frontière même, les dispositions de la loi du 12 août, prescrivant de commencer la distribution des armes par les départements envahis.

Dans la partie nord de la Haute-Marne, que traverse l'armée du Rhin en retraite, des fusils à tabatière ont été, dès le 18 août, envoyés aux gardes nationales organisées (1). Dans la partie sud du département, à partir du 24, le général de Prémonville a fait distribuer des fusils à piston (2). Dans le Doubs, où les demandes d'armes affluent depuis quinze jours (3), l'arsenal de Besançon a déjà satisfait à la plupart d'entre elles. Dans le Jura, le 27 août, il y a déjà vingt-cinq gardes nationales organisées; le 30, 5,000 fusils et 36 cartouches par fusil sont déjà arrivés à Lons-le-Saulnier, où les communes envoient chercher leurs caisses d'armes (4).

---

encore à choisir entre ceux qui voudraient marcher au secours de la patrie. On craint, je ne l'ignore pas, un soulèvement des ouvriers et une émeute de vignerons fanatisés, mais ces terreurs, même fondées, peuvent-elles entrer en balance avec l'immensité du désastre et l'imminence de l'invasion ? » (*Journal* d'un habitant de Colmar, vendredi 2 septembre, midi.)

(1) Ces armes n'arrivèrent pas, ou furent saisies avant d'être distribuées. A Saint-Dizier, le 20 août, la cavalerie allemande met la main sur 500 fusils à tabatière, qui viennent d'arriver à la mairie pour la garde nationale, et qu'elle fait briser ainsi que les sabres et les casques des pompiers.

(2) Général commandant supérieur Langres, à général de division Besançon, 23 août 1870 : « On me demande des fusils pour les gardes nationaux des communes rurales de Langres. Quoi qu'elles soient fort rapprochées de la place, je ne ferai délivrer ces armes que si vous approuvez. » Réponse : « *Oui.* »

(3) Le maire de Hautepierre, près Moutiers, demande, dès le 10 août 30 fusils pour la garde nationale.

(4) D. T. du Préfet du Jura au Ministre de l'Intérieur, 27 août. (Documents annexes). — Etat de la place de Lons-le-Saulnier au 1ᵉʳ septembre (*Note*).

Dans la Haute-Saône, à la même date du 30, la plupart des gardes nationales sédentaires sont organisées et armées (1).

Après tous les départements de deuxième ligne, c'est enfin le tour du Haut-Rhin.

Les dernières compagnies de garde mobile de la garnison de Belfort devant être armées le 30, la distribution des armes est annoncée aux villages d'Alsace au milieu de l'effervescence générale causée par les nouvelles de Bellingen. Au même moment, l'arsenal de Besançon, recomplété par les envois de Lyon et de Toulon, commence à expédier à Belfort et à Colmar des caisses d'armes (fusils à piston sans bretelles), qui donnent satisfaction aux premières demandes reçues du préfet et du commandant de Neuf-Brisach.

De Belfort, le général de Chargère télégraphie au Ministre que « les habitants des villages sont disposés à se défendre » et qu'il va leur distribuer fusils et cartouches (2). Des chef-lieux de cantons partent vers Belfort et Neuf-Brisach des délégués et des attelages, ayant pour mission d'en rapporter au plus vite des fusils, encaissés ou non (3). Thann en reçoit 1,500; Mulhouse 1,200; Colmar 2,000, dont 1,200 pour la garde nationale qui vient de former deux bataillons et 200 pour les gardes forestiers transformés en guides. Le préfet en a distribué 200 à Guebwiller, 260 à Ensisheim, 80 à Katzenthal. Le colonel de Kerhor en a donné à toutes les communes riveraines du Rhin en amont de Neuf-Brisach (4)

---

(1) Lettre de M. Japy, maire de Beaucourt, 30 août 1870.

(2) Général commandant Belfort, à Guerre, 2 septembre 1870. (Documents annexes.) Même note de la gendarmerie du Haut-Rhin. (*Rapport* politique du mois d'août) : « On se plaint du manque de troupes dans le département et partout on demande des armes pour repousser l'ennemi. »

(3) Scheurer-Kestner. *Souvenirs de jeunesse.*

(4) Obersaasheim, 50 fusils; Rumersheim, 110; Blodelsheim, 175 : Fessenheim, 58 ; Nambsheim, 44; Balgan, 35; Geisswasser, 34; Vogelgrün, 16 Algolsheim, 33; Roggershausen, 14; Ottmarsheim, 26.

et même à quelques villages d'aval (1), Dürrenentzen et Biesheim. Il faut retenir ce dernier nom, celui du *seul* village d'Alsace qui essaiera de tourner ses nouvelles armes contre l'invasion.

Les munitions — 25 cartouches par fusil — ont été remises aux maires, sous leur responsabilité (2).

Le 2 septembre, 6,000 armes ont déjà été distribuées dans le département; 5,000 annoncées de Besançon sont attendues à Belfort; 5,000 autres envoyées de Toulon sont en route. Ce même jour, trois semaines après le vote de la loi sur les gardes nationales sédentaires, le Ministre écrit au commandant supérieur de Neuf-Brisach, pressé de demandes de tous les villages du Rhin : « Des fusils et des cartouches ont été envoyés au commandant supérieur de Belfort pour armer les populations du Haut-Rhin. Demandez-lui ce dont vous avez besoin (3). »

Mais déjà on s'apercevait que des armes ne suffisent pas à créer des soldats, et qu'il aurait fallu, outre une instruction professionnelle et une éducation morale qui exigeait du temps, l'appui de l'armée de métier. « Réduites à elles-mêmes, écrit le préfet du Haut-Rhin, les gardes nationales pourront bien tenter un effort contre des détachements prussiens; mais elles ont le

---

(1) Dürrenentzen (entre Marckolsheim et Colmar) demande 30 fusils; Biesheim (à 4 kilomètres au Nord de Neuf-Brisach), 50. Le commandant de Neuf-Brisach à Préfet, Colmar, 1ᵉʳ septembre, 4 h 50, soir : « Le maire de Biesheim demande des armes, je crois qu'il est nécessaire de lui en donner et de faire plutôt attendre les communes en amont de Neuf-Brisach ».

(2) « Vaillants citoyens, nous avons des fusils tirant un coup toutes les cinq minutes, si l'on a soin d'y mettre des cartouches et des capsules, et nous ne possédons ni les unes ni les autres! Gloire à notre prudente administration, et surtout à notre patriotique gouvernement, qui nous a précipités dans l'abîme, et ne nous donne de vieux fusils qu'alors qu'il est trop tard, même pour apprendre la charge! » (*Journal* d'un habitant de Colmar, 1ᵉʳ septembre 1870).

(3) Guerre à Commandant supérieur, Neuf-Brisach, 2 septembre 1870

sentiment de leur impuissance contre des forces supérieures. Si un corps de troupes pouvait marcher de Belfort au secours de Strasbourg, un grand élan serait donné et la résistance pourrait devenir énergiquement sérieuse (1) ». Malheureusement, la faible garnison de Belfort ne pouvait encore constituer un détachement assez important pour une telle mission, et déjà l'invasion venait de pénétrer dans le Haut-Rhin! Le 31 août, le général de la Roche, commandant la cavalerie badoise, était parti de Benfeld avec deux bataillons, neuf escadrons, deux batteries et un détachement de pionniers, pour élargir le cercle des réquisitions de vivres et de fourrages nécessaires au corps de siège de Strasbourg, et couper les communications de Schlestadt. Le 1er septembre, deux colonnes ennemies franchissaient la limite du département; l'une, par Grussenheim et Riedwihr, observait la direction de Neuf-Brisach, l'autre, traversant Guémar et Ostheim (2), après avoir insulté les murailles de Schlestadt (3) s'arrêtait à quelques kilomètres seulement des villages où commençaient les distributions d'armes. Un train d'exploration partit alors de Colmar avec 80 employés de chemin de fer et volontaires, la plupart anciens soldats, armés, équipés et munis de trois paquets de cartouches, pour reconnaître et protéger la voie jusqu'à Schlestadt, mais comme il approchait du viaduc d'Ostheim, sur le Weissbach, le pont sauta. Le détachement badois (150 fantassins et pionniers en voitures escortés par un escadron) qui avait accompli cette destruction regagna tranquillement Muttersholtz, tandis que l'autre colonne rentrait à Marckolsheim et y frappait de lourdes réquisitions. A Schlestadt,

---

(1) Préfet du Haut-Rhin à Guerre, de Colmar, 2 septembre 1870.
(2) *Journal* d'un habitant de Colmar.
(3) La place de Schlestadt se contenta de les saluer de quelques boulets, qui ne firent aucun mal à la colonne.

toute la nuit suivante se passa dans l'angoisse de quelque attaque : on entendit rouler des voitures, et le commandant de Reinach, à son tour égaré par de faux rapports, télégraphia à Colmar et à Paris qu'une dizaine de régiments ennemis avaient commencé à investir la place (1). Mais, au soleil levant, on ne vit que des patrouilles qui, après avoir tiré sur les portes, furent chassées par quelques coups de canon à mitraille. Dans la journée, les troupes badoises évacuèrent Muttersholtz et Marckolsheim pour rentrer dans leurs cantonnements près de Rhinau. La nouvelle d'un grand désastre de l'armée française venait d'arriver aux bords du Rhin et l'état-major badois estimait sage d'en attendre les effets sur l'esprit des Alsaciens (2).

---

(1) Le Préfet du Haut-Rhin à Intérieur et Guerre, et au Général commandant à Belfort, de Colmar, 2 septembre, 2 h. 55 matin, expédiée à 6 h. matin. (Documents annexes).

(2) La nouvelle de Sedan fut envoyée par télégramme d'Epernay à l'état-major badois, qui s'empressa de la faire connaître aux commandants des places d'Alsace. (Sous-Préfet de Schlestadt à Guerre, 2 septembre 1870, 5 h. 46 soir, expédiée à 9 heures soir. Documents annexes). Mais cette dépêche, qui plaçait à Epernay le lieu du combat, ne trouva pas de créance et elle fut regardée comme un moyen d'intimidation. C'est seulement le 5 septembre que le sous-préfet de Schlestadt, ayant reçu la nouvelle d'autre part, en demanda confirmation au ministre.

XLII

La 5ᵉ division militaire devant l'invasion.

Après les désastres simultanés de Freschwiller et de Forbach (6 août) la retraite de l'armée française sur Châlons d'une part et sur Metz d'autre part se fit avec une telle rapidité, que les forces de seconde ligne qui s'organisaient dans les départements frontières, loin de pouvoir lui prêter aucun soutien, furent elles-mêmes entraînées dans son mouvement.

Heureusement, toutes les gardes mobiles de la 5ᵉ division militaire se trouvaient être déjà rassemblées dans les places fortes (1), à l'exception de trois bataillons des *Vosges*, que le maréchal de Mac-Mahon avait fait maintenir à Epinal en vue de la défense des cols, et qu'on avait dû expédier ensuite sur Vesoul (14 août) « pour éviter qu'ils fussent enlevés » (2); le IVᵉ bataillon (Saint-Dié) de ce département était à Metz. Des gardes mobiles de la *Moselle* (3) trois bataillons et sept bat-

---

(1) Cet emploi essentiellement défensif de la garde nationale mobile était, on l'a vu (§ XIII), la conséquence directe de la loi organique du 1ᵉʳ février 1868, art. III.

(2) Voir § XXXIII. *La Garde des Vosges jusqu'au 20 août. Evacuation d'Épinal et abandon des cols.*

Gardes mobiles des Vosges: Iᵉʳ bataillon (Épinal et canton de Charmes) commandant Simonin. — IIᵉ bataillon (Mirecourt et Neufchâteau) commandant Nirel. — IIIᵉ bataillon) Remiremont et cantons de Corcieux et Gérardmer) commandant Dyonnet. — IVᵉ bataillon (Saint-Dié) commandant Champy.

(3) *Gardes mobiles de la Moselle* : Iᵉʳ bataillon (Briey) commandant Knœppfer, chef de bataillon en retraite. — IIᵉ bataillon (Metz et cantons de Grostenquin et St-Avold) commandant Carlier, id.). — IIIᵉ bataillon (Sarreguemines) commandant de Schmidt, civil. — Ces trois bataillons demeurèrent à Metz, où les 7ᵉ et 8ᵉ compagnies du IIIᵉ bataillon, occupant Fort Moselle, eurent, le 26, un engagement avec une reconnaissance prussienne en avant de la redoute du Paté. — IVᵉ bataillon (Thionville) commandant Maurice, major de place en retraite, à Thionville. — 9 batteries d'artillerie à pied, commandant Piquemal, chef d'escadron en retraite.

teries étaient également à Metz, où ils reçurent le baptême du feu dès le 16 août; un bataillon et deux batteries à Thionville. Trois bataillons (Iᵉ, IIIᵉ, IVᵉ) de la *Meurthe* (1) d'abord destinés par le général Crespin à la garnison de Metz (2) étaient répartis entre Phalsbourg et Toul; quant au IIᵉ bataillon (Lunéville), qui n'avait pu gagner Marsal le 10 août (les patrouilles ennemies lui coupant la route à Dieuze) il lui avait fallu battre en retraite sur Nancy et s'embarquer pour Langres, où nous le retrouverons bientôt. Enfin, des mobiles de la *Meuse* (3) deux bataillons et deux batteries s'étaient réunis le 1ᵉʳ août à Verdun « sans armes, sans vêtements, sans linge ni chaussures » pendant que le troisième bataillon et une batterie allaient occuper Montmédy. Dans la plupart des unités des gardes mobiles de la 5ᵉ division, même pénurie d'effectifs et de cadres, même nullité d'instruction militaire, même détresse d'habillement et d'équipement, même insuffisance de discipline à laquelle pouvait seule remédier l'énergie des commandants d'armes (4).

---

(1) *Gardes mobiles de la Meurthe* : Iᵉʳ bataillon (Phalsbourg) commandant Villette, capitaine de cavalerie démissionnaire. — IIᵉ bataillon (Lunéville) commandant Brisac, capitaine d'artillerie démissionnaire. — IIIᵉ bataillon (Nancy) commandant de Ludre, lieutenant d'infanterie démissionnaire. — IVᵉ bataillon (Toul) commandant Le Prudhomme de Fontenoy, sous-lieutenant de cavalerie démissionnaire. — Batteries d'artillerie à pied.

(2) Voir plus haut § XXXIII, note.

(3) *Gardes mobiles de la Meuse:* Iᵉʳ bataillon (Bar-le-Duc) commandant de Nettancourt-Vaubécourt, ex-volontaire dans l'armée turque en Crimée. — IIᵉ bataillon (Commercy) commandant de Ligniville, lieutenant de cavalerie démissionnaire. — IIIᵉ bataillon (Verdun) commandant Bertin, chef d'escadron d'artillerie en retraite. — 3 batteries d'artillerie à pied.

(4) Le contingent attendu de la *Moselle* était de 4.261 hommes, celui de la *Meurthe* de 5.041 hommes; les contingents reçus furent respectivement de 3.471 hommes et 2.800 hommes. Dans la *Meuse*, où le résultat de la convocation avait été meilleur, c'étaient les officiers qui manquaient : la proportion des présents n'était que de 1 pour 64 hommes. Partout, et principalement dans les *Vosges*, un grand nombre de mobiles habillés et non armés étaient restés dans leurs foyers, où la cavalerie de la *IIIᵉ* armée les prit souvent pour des francs-tireurs. Dans les places, l'affectation des unités locales donnait déjà des mécomptes.

Après les gardes mobiles, la Lorraine avait vu disparaître successivement devant l'invasion les dépôts des troupes actives ainsi que les quatrièmes bataillons, qui furent retirés en hâte, le 10 août, soit dans les places les plus voisines, soit dans des garnisons de l'intérieur (1); puis les compagnies de gardes forestiers et les brigades de gendarmerie, évacuées dans les places ou dans les départements de deuxième ligne. (2) Toute force régulière étant ainsi retirée des mains de l'autorité militaire territoriale, celle-ci disparut elle-même après le passage de l'armée du Rhin et avant l'arrivée des colonnes allemandes. Le général Ladreit de la Charrière, commandant la subdivision Meurthe-Vosges, après avoir évacué sur Châlons la foule des traînards de l'armée du Rhin, avait quitté Nancy avec tous ses

---

« A Thionville existaient 2.000 mobiles qui avaient le grand défaut d'être de la ville ou d'y avoir des parents, aux influences desquels ils étaient entièrement soumis » (Déposition du commandant de place devant le Conseil d'enquête). « Le malheur de la position naît de ce que les hommes sont près de leurs familles ». (Le commandant de Neuf-Brisach au Ministre, 1er août 1870). La même note pourrait être donnée pour presque toutes les garnisons de gardes mobiles.

(1) Voir *passim* § XXXIII et Documents annexes, *Journée du 12 août*. Le dépôt du 60e de ligne était dirigé de Nancy sur Marsal, celui du 63e d'Epinal sur Toul, ceux du 1er cuirassiers de Toul sur le camp de Châlons; du 2e cuirassiers de Lunéville sur le même camp; du 3e cuirassiers de Toul sur Sedan; du 4e cuirassiers, de Toul sur Châlons-sur-Marne.

Le 11 août, la compagnie de gendarmerie de Nancy fut ramenée par le commandant Vanson à Metz, après le passage des derniers éléments de l'armée du Rhin.

(2) Le 18 août arrivent à Doulevent des gendarmes des cantons de Wassy, Joinville, Chevillon et Poissons, se disant poursuivis par les Prussiens. Ils y retrouvent la brigade de Saverne, et le maire, laissé sans ordres, fait partir avec eux, à 11 heures du soir, celle de Doulevent, pour Sommevoire, d'où la colonne gagnera Langres. Le 19, la compagnie de gendarmerie des Vosges se concentre vers Jussey, et de là, se rend aussi à Langres. Le 22, celle de Chaumont, menacée, bat en retraite également sur Langres. Celles de la ville de Wassy et du canton ouest de l'arrondissement se sont repliées le 20 sur le camp de Châlons. Les Prussiens entreront à Wassy le 21, et à Doulevent le 24 août.

services, le 11 août (1) pour recevoir un commandement à l'intérieur. Le général de Vercly, commandant la subdivision de la Moselle, le général Crespin, commandant la division, demeurèrent enfermés dans Metz, abdiquant leur mission territoriale.

Après cet exode général des forces militaires de la région, il ne restait plus, pour tenir tête à la cavalerie ennemie, que la population elle-même, c'est-à-dire quelques corps francs sans soutien, et la foule presque complètement désarmée des villageois que leur âge exonérait des effets du recrutement.

Quelle était la valeur de tels éléments de résistance ?

Nous avons vu (§ XXX) que le territoire de la 5ᵉ division militaire comptait nominalement, au début de la campagne, sept compagnies de *francs tireurs*, créées en 1868 — mais comme le gouvernement, loin de soutenir ces groupements, les avait laissé péricliter (2), ils n'existaient plus guère, en 1870, que sur le papier. Le plus nombreux d'entre eux à l'origine, la compagnie de *Nancy*, avait complètement disparu. Les autres, qui se trouvaient réduits à quelques tireurs, firent appel aux volontaires et se réorganisèrent assez vite. Les compagnies de *Metz* et de *Verdun*, n'ayant pas reçu à temps les armes et les ressources nécessaires pour tenir la campagne, demeurèrent attachées aux garnisons de ces places, et, après quelques missions à l'extérieur, (3)

---

(1) Il ne laissait, comme nous l'avons vu plus haut, que la compagnie de gendarmerie, qui termina cette opération le 11, sous les ordres du commandant Vanson, envoyé par le major général, et qui, le soir de ce même jour, fut ramenée à Metz.

(2) La subvention de 2.450 francs qui avait été promise à chacune des compagnies de francs-tireurs en 1868 (pour dépenses de comptabilité et d'administration) ne leur fut pas payée, et, l'autorité militaire n'ayant fait aucune réponse aux réclamations des intéressés, la plupart d'entre eux donnèrent leur démission.

(3) Les francs-tireurs de Verdun (commandant Cicile Brion), effectif avant la guerre 42 hommes, après la déclaration de guerre 130 hommes, se distin-

y furent assimilées à la garde nationale sédentaire. Les deux compagnies des Vosges, *Mirecourt* et *Lamarche*, formées en partie d'anciens soldats, gagnèrent Langres le 18 août (1). Seules, deux compagnies de la Meurthe, celles de *Frouard* (capitaine Lang) et d'*Ars-sur-Moselle* (capitaine Puypéroux), remises sur pied grâce au dévouement de leurs officiers, s'offrirent au commandement territorial pour défendre les passages de la Moselle. Malheureusement il leur avait été impossible d'obtenir la solde franche; elles devaient recourir aux maires des villages pour toucher leurs bons de vivres et la solde journalière de 0 fr. 25, et ne pouvaient trouver qu'à l'arsenal de Metz leur ravitaillement en munitions de carabines. Aussi ne rendirent-elles que peu de services. La compagnie de *Frouard*, forte de 60 volontaires (2) n'osa pas, par crainte de faire brûler le village, demeurer à ce poste important; d'ailleurs, elle ne possédait pas d'explosifs pour faire sauter les ponts. Répartie en postes sur la rive gauche, malgré la mauvaise volonté des municipalités, elle se rendit utile en renseignant les derniers convois des 2e et 6e corps qui regagnaient Metz par la voie ferrée; mais, dispersée le 13 août par la marche de la garde royale sur Pont-à-Mousson, un de ses tronçons (capitaine Lang) se trouva rejeté vers Metz, où il demeura fixé, tandis que l'autre (sergent-

---

guèrent particulièrement le 29 août dans la petite affaire de Charny, où 2 officiers du *12e* dragons prussien furent tués et 4 dragons faits prisonniers.

(1) Sur le rôle de ces 2 compagnies, voir plus loin § XLIII.

(2) La compagnie de *Frouard* (capitaine Lang) formée en juillet 1867 par des habitants de Champigneules, Bouxières-aux-Dames, Frouard, Pompey et Custines, et reconnue en août 1869, ne comptait plus, en juillet 1870, que 23 membres. Sous l'impulsion de son capitaine, elle se renforça successivement à 36 hommes après la panique du 8 août, et à 58 dès qu'elle eut obtenu des carabines et l'entrée en solde de 0 fr. 25 par jour (10 août). Sur les difficultés administratives de cette compagnie, voir plus loin, § XLVI. *Etat des forces françaises à la date du 4 septembre. Corps francs.*

major Clément) regagnait la route de Paris, et, de là, Belfort et Epinal (1). La compagnie d'*Ars-sur-Moselle* (2) qui avait été adjointe, dès le 10 août, à un détachement du génie pour garder le pont de Jouy-aux-Arches (3), s'établit d'abord en poste d'observation sur le mont Saint-Blaise ; les jours suivants, repliée sur la rive gauche, elle tendit avec succès plusieurs embuscades aux patrouilles de la cavalerie ennemie ; mais, à partir du 17, le village d'Ars et ses environs étant occupés par les Prussiens, la petite troupe, de peur d'y attirer quelque catastrophe, battit en retraite sur Metz, où elle figura depuis, non sans honneur, aux avant-postes de la division de Cissey. Inutile de parler des autres compagnies de francs-tireurs, dont la formation avait été annoncée après Freschwiller (4) mais que les appels successifs du recrutement avaient désorganisées avant qu'il eût été possible de leur donner des armes.

Ainsi, dès la date du 17 août, aucune troupe de partisans ne tenait plus la campagne sur le territoire de la 5ᵉ division militaire.

---

(1) *Rapport* sur les opérations militaires de la compagnie des francs-tireurs volontaires de Frouard (A. G). et passim. Documents annexes, 21 août. Le général de Vesoul au général commandant la 7ᵉ division, et page 132, note 2. La brigade des uhlans et celles des dragons de la Garde passèrent la Moselle le 13, et s'avancèrent jusque sous les murs de Toul, ouvrant le chemin à la 2ᵉ division d'infanterie de la Garde, qui passa à Pont-à-Mousson sans résistance le 14. Un seul des francs-tireurs de Frouard avait été blessé le 13. Du groupe rejeté vers Metz, quelques hommes restèrent dans les bois et firent, le 29, une tentative inutile pour rentrer dans la place. Le sergent fourrier Moniès fut alors tué et un volontaire fut fait prisonnier.

(2) La compagnie des francs-tireurs volontaires d'*Ars-sur-Moselle* (capitaine Puypéroux) organisée en 1868 (à 26 hommes d'effectif) équipée en juillet 1870 aux frais de ses officiers, fut comprise dans la capitulation de Metz (V. *R. H.* n° 31, p. 166).

(3) A ce moment, le général Coffinières voulait conserver jusqu'à la dernière extrémité les ponts sur la Moselle.

(4) En particulier les compagnies de *Bar-le-Duc* et de *Ligny*, prêtes à s'armer dès le 8 août (V. Documents annexes, 8 août).

Quant aux éléments populaires de la défense de la Lorraine — les gardes nationales sédentaires des cantons — ils ne comptaient encore que pour mémoire, aucune formation armée n'ayant eu le temps de s'y constituer avant l'irruption de la cavalerie ennemie.

Les Préfets avaient fait évacuer en hâte vers le Sud les dépôts d'armes de l'Etat (1). Les municipalités, dépositaires soit des fusils des pompiers, soit des poudres destinées aux destructions, les avaient fait généralement disparaître (2), par terreur des représailles dont les menaçaient les éclaireurs de la *IIIe* armée allemande. Enfin, des envois d'armes malencontreux tombèrent aux mains de l'ennemi; tels ces fusils à tabatière, demandés le 10 août par le Préfet de la Meuse, et dont 300, arrivés le 18 à St-Dizier et non distribués, furent saisis le 24 par la cavalerie allemande, qui les brisa ainsi que les sabres et les casques des pompiers, emmagasinés à la mairie (3).

Par ce qui précède, on voit que la population des quatre départements lorrains (Vosges, Moselle, Meurthe, Meuse) était livrée sans aucune défense possible aux brutales réquisitions de l'envahisseur. Les tentatives de résistance locale y furent donc isolées et d'autant plus

---

(1) Documents annexes, 18 août. A cette date, le Préfet des Vosges, en raison des menaces de l'invasion, prie le général de division de Besançon de suspendre tout envoi d'armes dans son département, et il renvoie à Langres 2.000 fusils qui se trouvent en dépôt à Epinal, de crainte qu'ils ne deviennent la proie des ennemis. Le 20, le même fonctionnaire rend compte au Ministre de l'Intérieur que les pompiers de son département possèdent 8.872 fusils, mais qu'il n'a été expédié depuis le 12 août aucune arme aux gardes nationales, en raison de la présence de l'ennemi.

(2) Le 23 août, le maire de Doulevent, à l'annonce de l'approche de l'ennemi, fait cacher les armes des pompiers dans le clocher. Le 24, il les fait transporter dans les bois voisins. Le 25, il les envoie à Chaumont (Cavaniol, *l'Invasion dans la Haute-Marne*. Chaumont, 1873).

(3) Documents annexes, 10 août. Préfet de la Meuse à Guerre, et Cavaniol, *ouvrage cité*.

rares, qu'elles ne pouvaient compter sur aucun soutien. Toutes les forces françaises de la région ayant été réunies dans les places, et les garnisons de Metz et de Toul s'étant trouvées investies à dater du 19 août, après celles de Marsal, Bitche et Phalsbourg, c'est exclusivement de Belfort ou de Langres que pouvait partir quelque expédition destinée à faire dériver l'effort principal de l'ennemi.

XLIII

Les reconnaissances de la cavalerie de la IIIe armée. — Alertes d'Épinal et de Chaumont (16-22 août). — Leur écho dans la 7e Division militaire.

Les détachements de cavalerie furent naturellement les premières troupes ennemies en contact avec les populations lorraines, aux dépens desquelles la IIIe armée avait ordre de vivre le plus longtemps possible.

Sans entrer dans le détail des opérations de la cavalerie de la IIIe armée, qui ont déjà été étudiées, rappelons que, du 12 au 26 août, le département de la Meurthe est traversé successivement, suivant deux bandes de terrain parallèles, par deux divisions de cavalerie ennemie.

La cavalerie d'exploration (IVe division) précède d'une journée de marche les colonnes d'infanterie, qui lui ont seulement prêté quelques compagnies pour la sûreté de ses bivouacs. Elle s'arrête un instant autour de Marsal. Mais dès le 12 août, ses avant-gardes ont dépassé la Meurthe et sont entrées sans coup férir à Lunéville (1). Le 15, elle fait étape à Nancy, au cœur même de la Lorraine; le 16, arrivée à Thuilley, elle envoie des reconnaissances, par Vaucouleurs, vers la Marne. Enfin le 18, elle est sur la Blesme, au contact des dernières troupes françaises qui gardent la voie ferrée

---

(1) Le 12 août, les éclaireurs de la IVe division de cavalerie entraient sans coup férir à Lunéville. « Le maire remettait au capitaine de Poncet les clés d'or de cette ville et une dépêche adressée au Prince Royal par laquelle il s'engageait à faire droit à toutes les demandes des troupes allemandes et sollicitait, en échange, protection pour la cité et les habitants ». (*Historique du Grand état-major prussien*, p. 386).

de Chaumont à Saint-Dizier; ses éclaireurs échangent des coups de feu avec un détachement d'infanterie de la division Goze, à Chevillon; avec un escadron à la Forge-Neuve, près de Saint-Dizier; avec deux escadrons et un demi-bataillon à Joinville. Mais, le même jour, nos derniers transports sur Châlons étant effectués, la plupart de nos postes rejoignent leurs corps, et, à nouveau, le vide se fait à l'ouest devant l'invasion, entre Saint-Dizier et Chaumont.

La cavalerie de sûreté (*IIe division*) chargée de protéger le flanc gauche de la *IIIe* armée, a débarqué près de Sarrebourg le 15; elle est le 16 entre Blamont et Beneret. A ce moment, les principales inquiétudes de l'Etat-Major prussien vont du côté des Vosges méridionales, où l'on croit que le corps de Failly est allé faire sa jonction avec le 7e corps (Douay) pour revenir ensuite débloquer Strasbourg. De là, un redoublement de précautions, marqué par la double reconnaissance du 17, dirigée à la fois par les dragons badois sur Badonviller et Raon-l'Etape (voir, *passim*, § XXXIII) et par la l'aile gauche de la *IIe* division (4e escadron du *4e* hussards) sur Beneret et Rambervillers — reconnaissance également infructueuse sur tous les points. Le 16, les éclaireurs de la cavalerie prussienne sont arrivés sur la Moselle; le 18, le gros de la division s'y arrête à son tour, à Gripport, Charmes et Vincey, d'où la brigade de gauche détache jusqu'à Thaon, près d'Epinal, un escadron de hussards. Le lendemain 19, pour plus de sûreté, tandis que la division continue sa route par Vaudemont, une pointe d'officiers se détache à gauche, pénètre audacieusement dans Epinal et y constate l'absence de toute force armée (1). Le 20, la *IIe* division est sur la Meuse,

---

(1) Voir Documents annexes. (*Journée du 20 août*: Général de Vesoul à, général de division Besançon, 9 h. 14 matin. — Préfet des Vosges au même d'Epinal, 11 h. 30 matin. — Le même à Intérieur, 5 h. 17 soir. C'étaient deux

au nord de Neufchâteau, et elle se relie à droite au réseau de surveillance de la *IV*ᵉ division, dont les antennes s'allongent déjà de Vaucouleurs jusque vers la Marne (1), cherchant à détruire la voie ferrée entre Chaumont et Saint-Dizier et à empêcher le retour du 7ᵉ corps de Belfort à Châlons. En même temps qu'elles ont à renseigner l'état-major, les colonnes de la cavalerie de la *III*ᵉ armée ont à protéger les réquisitions destinées à faire vivre les troupes sur le pays (2), réquisitions parfaitement organisées, rayonnant de toutes leurs haltes sur les grandes routes.

Les villages riverains de la ligne ferrée pourraient certainement gêner les opérations et compromettre le ravitaillement des masses ennemies encore privées de leurs convois, s'ils avaient les armes demandées, le 10 août, aux arsenaux, et annoncées par le Préfet le 18 août. Au village de Chevillon le 19, un détachement de 20 uhlans, envoyé pour détruire la voie, est tombé dans une embuscade de nos chasseurs à

---

lieutenants de la 3ᵉ brigade de la 2ᵉ division de cavalerie. Le major von Hahnke (*Opérations de la III*ᵉ *Armée*) rapporte que ces officiers trouvèrent à Epinal un grand nombre d'hommes en uniforme, mais sans armes, qu'ils prirent pour des francs-tireurs ayant caché leurs fusils. En réalité, c'étaient des gardes mobiles retardataires, ou en absence irrégulière dans leurs foyers, (fait admis par l'*Historique* du grand Etat-major prussien) et il y en avait encore le 30 août. (*Guerre de 1870-71. Mesure d'organisation* p. 76. Préfet des Vosges à Guerre, 30 août.)

(1) Les cavaliers prussiens arrivèrent à Saint-Dizier dans la nuit du 19 au 20, avant même que les habitants eussent appris le départ des derniers soldats de l'armée du Rhin.

(2) Ce principe de la subsistance sur le pays avait été édicté dès le début des opérations de la *III*ᵉ armée. (*Historique* du grand Etat-major prussien). Il eut pour conséquence, d'une part une grande économie de forces, de dépenses et de transports pour l'ennemi, et d'autre part la ruine pour les populations lorraines et champenoises. — Le Préfet de Haute-Marne à Intérieur, 24 août : « Toute la partie nord de l'arrondissement de Wassy est dépouillée, ruinée par le corps d'armée de plus de 100.000 hommes du Prince Royal. Les habitants de ces contrées sont dans la plus profonde désolation, abandonnent leurs biens et fuient l'ennemi qui pille tout. »

cheval et a laissé trois cavaliers sur le terrain : « Si les habitants avaient eu des armes, dit un enfant du pays, tous les ennemis étaient pris ». Mais la région nord de la Haute-Marne ne possède encore que les vieux fusils des pompiers, sans munitions, et aucune compagnie de francs-tireurs ou de garde nationale n'est organisée dans ces parages (1). La gendarmerie elle-même vient de se retirer sur le camp de Châlons. Seuls, les gardes forestiers sont près de là, assurant à travers bois la transmission des nouvelles entre nos villages, mais il leur est défendu de s'engager avec l'ennemi. Aussi le gros de la IIIe armée, ayant atteint la ligne de l'Ornain après avoir masqué par une brigade la place de Toul, demeurera, dans les journées du 21 et du 22, en sécurité sur ses emplacements, (2) organisant à loisir sa ligne de communications et son service de ravitaillement par réquisitions.

Dans l'attente des nouvelles qui devaient décider de la reprise de la marche en avant, la cavalerie continuait à jeter au loin des patrouilles chargées de rétablir le contact avec les forces françaises sur le front et à la gauche de l'armée. Sur le front, la IVe division de cavalerie eut, le 21, une escarmouche sérieuse à Vitry, où *des hommes à demi vêtus d'uniformes* (3) fusillèrent les pelotons prussiens au milieu de la ville, et les en chassèrent. Maîtresse de Saint-Dizier,

---

(1) Voir Documents Annexes, *Journée du 19 août*. — Le Préfet de Haute-Marne à Intérieur : « Aucune compagnie (de francs-tireurs) n'existe dans la Haute-Marne. J'ai poussé par tous les moyens les hommes qui veulent défendre le pays et qui ne sont pas appelés à contracter des engagements pour l'armée active. » La gendarmerie de Wassy (N. et N. O.) se replie le 20 sur le camp de Châlons, celle de Neufchateau s'étant retirée sur Chaumont.

(2) La zone de cantonnements, ayant Vaucouleurs pour centre, était assez ramassée (16 kil. de diamètre environ) pour permettre un déploiement rapide en cas d'attaque. La IVe division de cavalerie avait pour centre Stainville, à 15 kilomètres à l'ouest. La IIe division, Domrémy, à 10 kilomètres au sud.

(3) *Historiques* allemands.

cette division pénétra le même jour dans Wassy, évacué depuis quelques heures seulement par nos cavaliers (1). Vers la gauche, la *II*ᵉ division, quittant les environs de Gondrecourt, envoya de fortes reconnaissances, à des distances de 40 à 60 kilomètres vers le Sud, sur Chaumont, Montigny, Lamarche, et jusqu'à Darney-sur-Saône, pour s'assurer de la direction prise par le corps de Failly, que le général de Stolberg croyait être encore à l'Est de Mirecourt (2).

C'est cette irruption de la cavalerie prussienne à grande distance et sur un front très étendu, qui, après avoir semé la terreur dans la vallée de la Saône, allait y provoquer l'organisation plus rapide des forces de seconde ligne.

Déjà le renvoi précipité des mobiles des Vosges (13 août) presque immédiatement suivi du torrent de l'invasion, avait jeté dans une panique intense les populations lorraines, d'ordinaire si maîtresses d'elles-mêmes. (3). A l'apparition des patrouilles de la *II*ᵉ division de cavalerie prussienne sur la Moselle, le 16, une partie des fonctionnaires s'était enfuie d'Epinal. Le trésorier général, réfugié à Chaumont, y annonçait le départ du Préfet pour Bains (4); les brigades de la

---

(1) *Guerre de 1870-71. Armée de Châlons.*

(2) Résumé d'une lettre datée de Maxey-sous-Briey, 20 août, oubliée à Coussey, près Neufchâteau, par le général von Stolberg, et transmise au Maréchal de Mac-Mahon (*Guerre de 1870-71, Armée de Châlons.* Documents Annexes, p. 209)

(3) Le général commandant la subdivision de Vesoul au général de division à Besançon, 18 août : « Il paraît que la panique a été générale dans les Vosges : ce n'est cependant pas l'habitude de ces populations ».

(4) Ce n'était là qu'un projet. V. *Papiers secrets et correspondance du second Empire :* Préfet des Vosges à Intérieur. d'Epinal 16 août, 2 h. 25 soir : « Les Prussiens sont aux portes d'Epinal. On dit qu'ils abusent du préfet de la Meurthe pour actes au nom de leur gouvernement. J'étais disposé à les attendre. Cependant, dans le cas où ce qu'on dit serait vrai, il vaudrait peut-être mieux que je me retire dans la montagne ». Le trésorier général reçut le 19, du ministre des Finances, l'ordre télégraphique de regagner immédiatement son poste.

gendarmerie des Vosges (4 officiers, 120 hommes, 63 chevaux) se concentraient vers Jussey pour gagner Langres, le personnel des postes, celui des chemins de fer, avec tout le matériel roulant, s'étaient rassemblés à Xertigny, prêts à se replier sur Vesoul. Les envois de fusils et de poudre annoncés à la préfecture d'Epinal étaient refusés par dépêche. Le département des Vosges, privé de gardes nationales, évacué successivement par les troupes de ligne, par les gardes mobiles et par la gendarmerie, se vit encore priver, le 17, de ses deux compagnies de francs-tireurs, celles de *Mirecourt* et de *Lamarche*, envoyées à l'ouest pour garder les voies de retraite du 5ᵉ corps. Dès lors, il n'y restait plus un seul homme armé (1) et l'ennemi le tenait à sa merci.

Cet abandon des Vosges, qui découvrait l'accès de la vallée de la Saône par le Nord, fit naître dans la Franche-Comté une émotion considérable. Pour garder les cols des Faucilles, aucune autre ressource que les fourneaux chargés sous les ouvrages d'art. Le sous-préfet de *Remiremont* qui avait renvoyé à Vesoul, après les armes des mobiles, celles destinées aux francs-tireurs en formation dans sa ville, les redemandait en vain (2). Les francs-tireurs de *Luxeuil*, prêts à partir le 8 août puis désorganisés par l'appel des hommes de 25 à 35 ans, et enfin reformés grâce à l'énergie de leur chef M. de Perpigna, attendaient toujours à Lure les armes promises par le Préfet. Il n'y avait à *Faverney*, pour garder le dépôt de remonte, qu'une trentaine de cavaliers (3); à *Bourbonne-les-Bains*, pour garder l'hôpital militaire,

---

(1) Documents annexes, *Journée du 18 août*. Préfet des Vosges à général de division Besançon.
(2) Onze caisses de munitions et 2 caisses de carabines (*Registre* de correspondance de la subdivision de Vesoul).
(3) *Registre* de correspondance de la subdivision de Vesoul.

qu'une quarantaine de conscrits appartenant moitié au 50ᵉ et moitié au 85ᵉ de ligne. A *Montigny*, clef de la haute vallée de la Meuse, le corps de Failly avait, dans sa retraite, laissé des munitions (1), mais aucun fusil. A *Chaumont* même, il n'y avait plus que les pompiers, la garde mobile ayant été appelée à Langres. Nulle part, les gardes nationales n'étaient encore organisées ni armées; quant au rassemblement des mobiles de la Haute-Saône à *Vesoul*, loin d'offrir une protection, il avait lui-même besoin d'être protégé.

Jusqu'au 17 août, la surveillance des cols entre Epinal et Langres avait paru devoir être assurée par les deux compagnies de francs-tireurs des Vosges, celle de *Mirecourt* (capitaine Bastien) et de *Lamarche* (capitaine Lapicque). Mais ces deux unités quittèrent leur poste à l'improviste, ayant reçu du général de Failly, au moment où le 5ᵉ corps traversait leur région, l'ordre d'aller surveiller les voies ferrées de Bologne à Châlons, avec l'autorisation exceptionnelle de toucher une quinzaine de solde franche à 1 franc par jour. Elles se rendirent d'abord à Langres (18 août), sous le prétexte d'échanger leurs carabines contre des chassepots, et elles y seraient demeurées, si le commandant de la subdivision n'était intervenu (2). Le 22, le général Chauvin, nouveau commandant supérieur de la place (3) leur confia une reconnaissance vers la partie nord

---

(1) Le maire de Montigny écrit le 16 août au sous-préfet de Langres que des soldats du 5ᵉ corps ont, en quittant cette localité, enfoui une quantité de cartouches dont il évalue le poids à 100 kilogs. Ces munitions furent déterrées et conduites à Langres.

(2) Le général commandant la subdivision de Vesoul au général de Prémonville, 18 août : « Je réponds au commandant supérieur de Langres que je crois que la place des francs-tireurs n'est pas dans une ville forte... »

(3) Officier du génie en retraite rappelé de la disponibilité et arrivé à Langres le 19 août. Son état de santé déplorable fit passer, en fait, le commandement aux mains du colonel Martin.

du département de Haute-Marne, où les patrouilles prussiennes venaient d'être signalées entre Joinville et Neufchâteau, et les deux compagnies (150 hommes) transportées par un train spécial (1) et débarquées à Chaumont à 5 heures du soir, s'y installèrent au cantonnement, en négligeant, ainsi qu'y avait fait le Ve corps quelques jours auparavant (2), toute précaution et toute disposition d'alerte. A peine étaient-elles logées, qu'un détachement de uhlans prussiens (3) fut signalé et qu'une patrouille ennemie traversa la ville au galop, puis disparut après avoir déchargé ses armes sur des hommes désarmés ou dont les fusils n'étaient pas chargés (4). La panique éclata aussitôt dans la ville et y prit des proportions invraisemblables. La gare fut évacuée en hâte, le préfet Tézenas « pour éviter un

---

(1) Général de Langres à général de division Besançon, 22 août, midi 25 : « ... Depuis trois jours, je fais des efforts pour achever l'organisation des francs-tireurs de *Mirecourt* et de *Lamarche*, qui était bien incomplète et bien défectueuse. J'aurais voulu pouvoir les obliger à se mettre en mouvement plus tôt. J'espère qu'ils partiront au nombre de 160 par un train spécial en prenant toutes les précautions possibles pour les faire arriver non loin de Chaumont (*Guerre de 1870-71. Armée de Châlons. Organisation*, Doc. annexes p. 155).

(2) Guerre à maréchal Mac-Mahon 19 août : « J'ai su que le corps de Failly, à Chaumont, et à Blesmes, n'était ni éclairé ni gardé : cette absence de vigilance permet à des par is isolés et sans importance de couper les chemins de fer. Cette opération a été exécutée déjà avec hardiesse et bonheur dans plusieurs endroits par quelques cavaliers, qu'il eût été facile de chasser si l'on eût été gardé. »

(3) Ce détachement appartenait à un escadron arrivant à Andelot. Sa reconnaissance effectuée, il gagna Briaucourt, pour protéger le cantonnement d'Andelot contre une attaque venant de Chaumont. Cette colonne repartit dans la nuit vers le Nord.

(4) *Journal de Chaumont*, cité par H. Cavaniol (*L'Invasion de 1870-71 dans la Haute-Marne*, p. 27.) Il n'y eut, de notre côté, qu'un pompier blessé d'un coup de pistolet et il n'y a aucune apparence que, suivant l'assertion du sous-préfet de Langres (D. T. au ministre de l'Intérieur et au maréchal de Mac-Mahon 3 août, 2 h. matin) « les francs-tireurs des Vosges soient accourus et aient repoussé à coups de fusil les uhlans qui ont rebroussé chemin » (*Guerre de 1870-71. Châlons. Organisation*. I. Documents annexes, p. 180).

malheur » fit noyer ou enterrer tout ce que contenait la poudrière (1) et renvoya à Langres la gendarmerie et les chefs de tous les services du département. On fit sauter le pont de Chateauvillain, sur la ligne de Chatillon, bien que la conservation de cette voie ferrée fût essentielle pour l'évacuation des convois et des isolés dirigés journellement de Langres vers Paris. Quant aux francs-tireurs, informés par le chef de gare de Bologne qu'une colonne ennemie était à Briaucourt, à 10 kilomètres vers le nord, ils se replièrent aussitôt sur Langres, y apportant la fausse nouvelle de l'occupation de Chaumont par l'ennemi (2).

Cette apparition soudaine de la cavalerie prussienne sur un front de 70 kilomètres, menaçant tout le nord de la Franche-Comté, va, plus efficacement que les dépêches ministérielles, stimuler l'organisation de la 7e division, que nous avons vue si déplorablement lente (§ XXXIX). D'urgence, le génie commence (22 août) la construction

---

(1) Documents annexes. *Journée du 30 août*. Le commandant supérieur à Langres, au général commandant à Besançon, 3 h. 50 soir.

(2) Les Rapports des francs-tireurs varient quant au prétexte de ce brusque départ. Compagnie de *Mirecourt* : « ... Le général commandant la Haute-Marne voulut bien, sur ma demande, me faire faire quelques reconnaissances de nuit, dont une, le 22, à Chaumont, où, sans une lâche dénonciation d'un des habitants, j'aurais eu, avec une colonne ennemie, un engagement dont le succès m'était assuré. Je dus, sur la demande de la population, quitter aussitôt cette localité et je revins à Langres. » — Compagnie de *Lamarche* : « ... Le résultat obtenu [par la présence des francs-tireurs] a été d'empêcher les cavaliers prussiens d'emporter de Chaumont la réquisition qu'ils voulaient lui imposer. La colonne ennemie s'éloigna le même jour et les francs-tireurs reprirent la route de Langres ». Le 23 août, à 11 h. du matin, le Procureur Impérial à Langres, sur la foi des rapports des francs-tireurs, télégraphia au Ministre de la Justice : « troupes prussiennes assez considérables à Chaumont, ligne télégraphique et chemin de fer interrompus entre Chaumont et Langres », nouvelle que le sous-préfet confirma encore à midi 35, bien que nullement contrôlée. Heureusement le préfet Tézenas, qui n'avait pas quitté Chaumont, rectifia ces exagérations par une dépêche du 23, à 4 h. 45 soir (*Guerre de 1870-71. Armée de Châlons. Organisation*. 1. Documents annexes, p. 182).

de baraquements près des gares de Faverney (1) et de Port d'Atelier, où viennent d'abord camper six brigades de la gendarmerie de la Haute-Saône. Les gardes mobiles de la Haute-Marne, sans armes, ni équipements, ni vêtements, ont gagné Langres, le 21 ; celles de la Haute-Saône, dans le même dénûment, seront expédiées le 23 et le 25 à Belfort, ne laissant à Vesoul qu'un détachement destiné à occuper les futurs baraquements, lorsqu'il aura des armes. Le général de Prémonville, à l'annonce de l'arrivée à Vesoul d'un groupe isolé des francs-tireurs de *Frouard* (30 hommes, sergent-major Clément) le lance en avant-postes à Epinal (2). Il décide d'envoyer de Lure à Faverney, pour y relever les gendarmes au bivouac (3) les francs-tireurs de *Luxeuil*, à qui il ne manque plus que leurs fusils (4). Le détachement de Bourbonne est rappelé à Gray (5). Pendant que la gendarmerie des Vosges gagne Langres, les deux compagnies de francs-tireurs de *Mirecourt* (160 hommes) et de *Lamarche* (60 hommes) quittent à nouveau cette place pour venir, la première, renforcer dans

---

(1) Deux fourneaux de mines auraient été préparés et chargés sous le viaduc de Faverney (V. *passim* p. 149, note 2).

(2) V. Documents annexes. *Journée du 21 août*. Ce groupe partit de Vesoul pour Epinal, le 22 août. (*Registre* de correspondance de la subdivision de Vesoul).

(3) Ce relèvement était provoqué par une réclamation du Procureur Impérial, en raison du mauvais esprit politique des cantons de Jussey, Cosne, Luxeuil et Vitry, qui nécessitait la surveillance de la gendarmerie.

(4) La société des francs-tireurs de *Luxeuil*, bien qu'organisée civilement dès le 6 août 1867, et ayant demandé dès 1869 à contracter les engagements requis envers l'Etat, n'avait pu obtenir des armes du général de Failly (15 Juillet). Malgré le déchet causé par les appels du recrutement, elle demeura constituée, grâce à la fermeté de son chef M. de Perpigna. Ses officiers reçurent leurs commissions le 15 août et elle se rendit, sans armes, à Lure, le 22. Son entrée en campagne était arrêtée uniquement par des difficultés administratives. A la date du 25 août, le général commandant la subdivision demandait vainement l'autorisation de l'armer au moyen des fusils qu'il avait en compte, et de lui allouer la solde franche.

(5) Ce détachement fut rendu à Gray le 24.

le Haut-Rhin la faible garnison de Neuf-Brisach, la seconde, tenir la campagne dans la région qui lui est familière, au nord des monts Faucilles. En avant de ce réseau, les guides forestiers des Vosges et de la Haute-Marne (inspecteur de Baudel) organisent à travers bois un service actif de renseignements, en contact avec les cantonnements prussiens jusqu'à Colombey. Enfin, à dater du 24 août, le gouvernement s'étant décidé à armer les populations de l'Est (1), dans tous les villages de la région s'organisent des gardes nationales, qui viennent chercher des fusils dans les places voisines. Ceux des environs de Langres sont armés le 24 (2). Le commandement répare, en même temps, une erreur d'organisation, en plaçant hors d'atteinte d'un coup de main les services centraux des subdivisions, laissés jusque là dans les chefs-lieux du département : ceux de la Haute-Marne sont venus de Chaumont s'abriter à Langres, ceux de la Haute-Saône viendront de Vesoul (3) à Gray, protégés par le dépôt du 85ᵉ de ligne, et par le voisinage plus immédiat des places de Langres et de Besançon.

En dépit de tant d'efforts, c'est encore le vide, et non la résistance, que l'ennemi trouverait devant lui, si la *III*ᵉ armée s'avançait vers la vallée de la Saône. Les reconnaissances de la *II*ᵉ division de cavalerie lui ont bien rapporté, à Sixfontaines, le 23 août, que « 6000 gardes mobiles, avec de l'artillerie, sont en voie de réunion à Langres » ; mais l'Etat-Major sait du reste que de telles garnisons ne peuvent pas tenir la campagne, que les

---

(1) Décision relative aux 19 départements situés entre le Rhin et Paris.
V. § XLI : *Le Haut-Rhin à la fin d'août 1870. Armement des gardes nationales.*

(2) V. *passim* p. 207, note 2. (Le général commandant supérieur à Langres, au général de division à Besançon, 23 août.)

(3) Le dépôt du 8ᵉ cuirassiers avait évacué Vesoul, le 13 août. Lorsque les gardes mobiles eurent été envoyées à Belfort, il n'y resta que les bureaux du capitaine major, du sous-intendant et de la subdivision territoriale.

places de Langres et de Belfort, éloignées de plus de 120 kilomètres, ne pourraient constituer ensemble une seule brigade de vrais soldats, et que de Toul à Besançon, sur une distance de 100 kilomètres, il n'y a pas d'autres obstacles que quelques partisans et quelques gendarmes.

Par bonheur pour la Franche-Comté, l'objectif fixe de l'Etat-major prussien étant l'isolement et l'investissement de Paris, le Prince Royal a donné à la *II*ᵉ division de cavalerie, son exploration vers le sud terminée, l'ordre de se concentrer à Joinville et d'envoyer des colonnes par Wassy vers Arcis-sur-Aube, pour couper les voies ferrées du côté de Troyes (1).

Le 25, toute la *III*ᵉ armée commence le changement de front vers le Nord, qui va la conduire à Sedan.

---

(1) C'est dans cette région, mi-lorraine, mi-champenoise, que nous trouvons les premières tentatives de résistance populaire contre l'invasion : Le Préfet de la Meuse à Guerre, de Revigny, 20 août : « L'excitation des habitants à Bar-le-Duc contre les Prussiens augmente, malgré les conseils qu'on leur donne. Les femmes, les ouvriers et les enfants tuent les Prussiens quand ils passent. » — « Le 24, dans la matinée, les éclaireurs Prussiens s'approchent du hameau du Pont-Varin, écart de Wassy. Là, on était résolu à les repousser. Plusieurs citoyens, armés de fusils de chasse, sont embusqués derrière la maison du passage à niveau du chemin de fer et une fusillade bien nourrie accueille l'ennemi, démontant ou blessant plusieurs cavaliers. Mais les Prussiens chargent dans les rues du village, sabrant et tuant à tort et à travers, puis ils mettent le feu, prennent 6 otages et les envoient sur les derrières de l'armée » (Cavaniol. *L'invasion dans la Haute-Marne*). Le même jour, ainsi qu'on l'a vu, l'armée trouvait à Saint-Dizier les caisses d'armes destinées et non encore distribuées aux villages.

XLIV

Les projets de diversion dans l'Est du général de Palikao.

Pendant que l'armée de Châlons s'organisait pour porter aide au maréchal Bazaine, la place de Strasbourg, étroitement assiégée et bombardée sans répit, implorait le secours du 7ᵉ corps, que le général Uhrich croyait être encore à Belfort (1). A la vérité, une semblable intervention aurait présenté des chances de succès, car le corps de siège n'avait aucun soutien sérieux sur la rive droite du Rhin. Le grand-duché de Bade et le royaume de Wurtemberg avaient expédié aux armées tout ce qu'ils contenaient de troupes mobilisables, la garnison de Rastadt était réduite à des corps de landwehr; quant à l'appel du landsturm (de 16 à 50 ans), il était mal accueilli dans les deux Etats, où la population refusait de marcher (2) et il n'y avait pas 10,000 fusils entre Constance et Offenbourg (3).

Dans ces conditions, le général de Palikao, Ministre de la Guerre, déplorait que des troupes actives, en nombre suffisant pour reprendre l'offensive en Alsace,

---

(1) La dépêche du général Uhrich en date du 28 août était adressée au général Douay, à Belfort, bien que le 7ᵉ corps eût quitté Belfort depuis le 19.
(2) M. de Castex, chambellan de l'Empereur, au Ministre de la Guerre, (D. T), Saint-Louis, 22 août, 11 heures matin (*Guerre de 1870-71. L'armée de Châlons*, t. I, Doc. annexes, p. 157).
(3) Le Ministre de la Guerre au maréchal de Mac-Mahon, Paris, 22 août (Même source, p. 160).

n'eussent pas été maintenues à Belfort (1) et, pour pallier le désastreux effet de la retraite qui avait livré les Vosges à la *IIIe* armée prussienne, il stimulait énergiquement l'organisation des gardes nationales mobiles et sédentaires dans la 7e division militaire (2). Sur ce territoire, chaque journée était venue accroître nos forces de seconde ligne; les garnisons de Langres et de Besançon, ajoutées à celles de Belfort, Neuf-Brisach et Schlestadt, allaient atteindre un total de 35,000 hommes que l'armement des gardes sédentaires augmenterait bientôt de 20,000 combattants au moins; avec de tels moyens, ne pouvait-on reprendre la lutte et peut-être l'avantage? Le passage à l'offensive dans cette région fut donc bientôt une idée fixe du général de Palikao, qui ne négligea rien pour en préparer l'exécution. Par une dépêche du 23 août, il prescrivit d'abord au général de Prémonville de former sans délai, dans chaque centre de rassemblement, des *colonnes mobiles* propres, non seulement à défendre les voies ferrées contre les entreprises de la cavalerie prussienne, mais à attaquer et couper les convois ennemis circulant dans le voisinage (3). Malheureusement, nous l'avons vu, l'état d'instruction des gardes mobiles ne permettait encore de leur confier aucun rôle extérieur (4), et

---

(1) « Je demandai (au général de Palikao) pourquoi l'on n'avait pas laissé une quarantaine de mille hommes à Belfort, point sur lequel on pouvait si facilement arrêter la marche des armées allemandes... » — « J'ignore, me répondit-il, qui a ordonné le mouvement de retraite du 7e corps, mais je n'ai rien prescrit à cet égard, et le mouvement a eu lieu sans ma participation. » (Général de Wimpffen, *Sedan, loc. cit.*, p. 119). — A l'encontre de ce témoignage, voir les deux télégrammes du Ministre au général Douay, 16 août (*R. H.*, n° 52, p. 167) prescrivant le départ du 7e corps.

(2) Voir plus haut § XXXIX. *L'Organisation dans la 7e division militaire.*

(3) Le Général commandant la 7e division militaire au Ministre de la Guerre, Besançon, 14 août (Doc. annexes).

(4) Le Ministre lui-même en fit l'aveu, en prescrivant, le 25 août, d'évacuer les gardes mobiles en arrière de la zone envahie ou menacée (Le

d'autre part, on ne pouvait raisonnablement attendre de petites opérations de partisans ni le déblocus de Strasbourg, ni même un arrêt dans la marche de l'invasion. Mais l'activité qui commença dès lors à se déployer dans les places n'en devait pas moins assurer les meilleures chances de succès au nouveau plan du Ministre.

Ce plan consistait à tirer la population alsacienne de son engourdissement (1), à l'armer, en dépit des craintes politiques des préfets, en vue d'un effort général contre le corps de siège de Strasbourg, et à porter en même temps le fer en pays ennemi, par l'irruption de forces fraîches dans le grand-duché de Bade. A partir du 10 août avait commencé, à Paris et à Lyon, la concentration des quatrièmes bataillons de la ligne appelés à constituer de nouvelles formations actives (13e puis 14e corps). Le général de Palikao les réserva, en principe, pour cette expédition. Après avoir obtenu que le général de Wimpffen, connu pour son esprit d'entreprise, fût rappelé d'Algérie en France, il s'ouvrit de son projet à l'Empereur, le 25 août : « Je destine le général de Wimpffen au commandement d'une armée de 60,000 hommes, que je ferai partir le plus tôt possible pour Belfort. Je destine ces forces à opérer une puissante diversion dans le grand-duché de Bade, en traversant le Rhin. Je suis assuré que cette opération ne rencontrera aucun obstacle sérieux ..... (2) ». En

---

Ministre de la Guerre aux généraux commandant les divisions militaires, Paris, 25 août. Doc. annexes, p. 82).

(1) « Les nouvelles de nos armées sont bonnes, rassurez les populations *et stimulez leur dévouement à la cause commune* » (Le Ministre de la Guerre au Préfet du Haut-Rhin, 24 août, 7 h. 30 soir, en réponse aux mauvaises nouvelles reçues de Strasbourg — *Guerre 1870-71, L'Armée de Châlons*, t. I. Doc. annexes, p. 209).

(2) Le Ministre de la guerre à l'Empereur, à Rethel, Paris, 25 août, 4 h. 5 soir. *(Guerre de 1870-71, L'Armée de Châlons*, t. I. Documents annexes).

même temps il correspondait directement avec les commandants des places d'Alsace, qui devaient aider à ses desseins en détruisant les ponts du corps de siège de Strasbourg (1).

L'Empereur, préoccupé de soucis plus immédiats — protéger Paris et retarder la marche de la IIIe armée ennemie en menaçant son flanc gauche — et qui venait de décider d'envoyer à Reims les premières troupes mobilisables du 13e corps (25 août), recula devant l'audace d'une telle proposition. Néanmoins, le Ministre crut pouvoir encore la soutenir, le 26 : « C'est sur la stupéfaction que le projet dont j'avais parlé produirait sur l'armée prussienne et sur la population allemande, que je comptais pour surexciter le patriotisme des Alsaciens (2) ». En attendant un revirement dont il ne doutait pas, le général de Palikao accéléra autant que possible la concentration à Paris des éléments du futur 14e corps (3); il prescrivit aux commandants des places du Rhin de redoubler d'activité, et de stimuler énergiquement l'esprit d'offensive en Alsace : «... Ingéniez-vous, leur disait-il, à faire un bon coup, en tâchant de vous faire seconder par la population, au sentiment de laquelle vous devez faire appel (4) ». Enfin, il expédia à Belfort un officier de son état-major, le commandant Edmond Dollfus, avec 2,000 carabines Minié, 400,000 cartouches, et pleins pouvoirs pour former en compagnies

---

(1) Voir plus haut §§ XXVIII, *Rétablissement des passages du Bas-Rhin*, et § XL, *Affaires de Bellingen et de Chalampé*.
(2) Le Ministre de la Guerre à l'Empereur, 26 août, 10 h. 25 matin (*Guerre de 1870-71, L'Armée de Châlons*, t. I, Doc. annexes). Il faut noter que le riche département du Haut-Rhin ne contribuait que pour 2 millions et demi (sur 750 millions) à l'emprunt ouvert pour les dépenses de la guerre (24 août).
(3) Voir *Guerre de 1870-71, Mesures d'organisation jusqu'au 4 septembre*.
(4) Le Ministre de la Guerre au commandant de place de Neuf-Brisach. Paris, 27 août, 10 h. 2 matin (Documents annexes).

de francs-tireurs la population ouvrière du Haut-Rhin et tenter de prévenir l'invasion badoise dans ce département (1).

Aussitôt prêt, le nouveau 13e corps, général Vinoy, réclamé avec instance par le maréchal de Mac-Mahon, est transporté à Mézières, d'où il rejoindra, le 30 août, l'armée de Châlons (2). Quant au 14e corps, c'est le 28 août que l'organisation (sans attribution de commandement), en est arrêtée définitivement; il aura, comme le 13e, un effectif de 20,000 hommes répartis en trois divisions actives. Le même jour, le général de Wimpffen, en arrivant à Paris, pose en principe, d'accord avec le Ministre, la nécessité d'une sérieuse occupation du Haut-Rhin (3). A cette même date, le général Uhrich lance un suprême appel au commandant de Belfort : « Strasbourg est perdu, si vous ne venez immédiatement à son secours : faites ce que pourrez (4) »; puis, de Schlestadt, menacé par l'ennemi, les autorités télégraphient leurs craintes devant « la pression de la population très nombreuse et affolée (5) ». Au gouverneur de Strasbourg, le ministre, toujours captivé par le mirage d'une expédition sur la vie droite, répond : « .... qu'on tienne le plus longtemps possible... Comme dernière ressource, la garnison ne pourrait-elle pas traverser le Rhin pendant la nuit? (6) ». Pour raffermir les

---

(1) Le Ministre de la guerre aux commandants militaires de Belfort, Schlestadt, etc., (Documents annexes, *Journée du 28 août*).

(2) Sur le 13e corps, voir *Revue d'Histoire*, 25e vol. (n°s 74 et 75).

(3) Général de Wimpffen, *Sedan*, p. 119.

(4) Voir *Guerre de 1870-71, l'Armée de Châlons*, t. I, (Doc. annexes), p. 324.

(5) Le Sous-Préfet de Schlestadt aux ministres de la Guerre et de l'Intérieur. Schlestadt, 29 août, 6 h. 6 matin. (Documents annexes.)

(6) Réponse du ministre, notée au crayon sur le télégramme du Sous-Préfet de Schlestadt du 29 août, 6 h. 6 matin (Documents annexes).

Cette dépêche fut regardée par le Gouverneur de Strasbourg comme une extravagance inexplicable, attendu que tous les moyens de passage avaient été détruits par le feu de l'ennemi (Général Uhrich, *Strasbourg*).

courages à Schlestadt, il souscrit d'avance aux mesures de rigueur que doit prendre le sous-préfet (2). Enfin, il autorise le général de Chargère à faire entrevoir aux places d'Alsace « de grandes espérances relativement aux événements de la guerre (1) ».

A partir de ce moment, le projet d'une reprise de l'offensive sur le Rhin, projet que l'Empereur avait d'abord qualifié d'aventure (2), semble avoir été admis en principe, mais subordonné au succès de la grande bataille qui, d'un instant à l'autre, devait se livrer près de Metz. En tout cas, la préparation en fut poussée avec toute l'activité possible. Au lieu du général de Wimpffen avec 60.000 hommes, c'est le général Renault — Renault de l'arrière-garde — avec les 30.000 hommes du futur 14ᵉ corps, que le Ministre choisit pour exécuter l'opération et à qui il donna pour collaborateur le général Appert, commandant l'une des subdivisions du général de Prémonville, à Besançon (3).

En dépit des précautions prises pour éviter les indiscrétions, le bruit d'un prochain envoi de troupes de Paris dans l'Est s'était répandu et il provoquait une vive émotion. Lors du départ du 13ᵉ corps pour Reims, le 28 août, le Comité de défense de Paris demanda au Gouvernement de ne pas éloigner le 14ᵉ corps de la capitale, où sa présence semblait indispensable au maintien de l'ordre. Mais le Comité n'ob-

---

(1) Le général de Chargère au ministre de la guerre, Belfort, 30 août. (Documents annexes).

(2) « Comme si la guerre elle-même, déclare le général de Palikao, n'était pas une succession d'aventures plus ou moins combinées. »

(3) « Le général Renault, le général Appert, son chef d'état-major général, et M. l'intendant Blondeau, chargé de l'organisation des transports de la guerre, étaient seuls dans la confidence de mon projet de lancer ces 30,000 hommes sur le duché de Bade pour y jeter l'épouvante et opérer une diversion sur ce point; ce corps se serait ensuite replié sur le camp de Belfort » (Général de Palikao, *Un ministère de la Guerre de vingt-quatre jours*, loc. cit., p. 123).

tint aucune promesse du général de Palikao. D'ailleurs, l'état d'organisation des services ne permettait pas de prévoir dans quel délai ce corps d'armée serait prêt à être employé. Le général Renault lui-même n'eut sa lettre de commandement que le 31 août, et, à la date du 1ᵉʳ septembre, il lui manquait encore un quart de ses cadres (officiers).

Sur quel point avait-on projeté de franchir le Rhin? La correspondance active échangée, pendant les derniers jours du mois d'août, entre le général de Palikao et les commandants des places d'Alsace, le souci constant qu'y montre le Ministre de détruire les moyens de passage en possession de l'ennemi, d'une part à Rhinau et d'autre part à Bellingen, font présumer que cette opération, qui ne pouvait s'exécuter qu'au moyen du matériel encore garé à Neuf-Brisach (1), aurait eu lieu soit sous le canon de cette place, soit entre Niffer et Kembs, à la faveur du débouché du canal et du masque offert par la forêt de la Hardt. Quoi qu'il en soit, ce projet difficile et de succès incertain était abandonné le 1ᵉʳ septembre.

A cette date, on s'était avisé qu'au lieu de franchir le Rhin sans objectif précis, le 14ᵉ corps, une fois concentré à Belfort, pouvait être utilisé avec un avantage plus immédiat, soit à débloquer Strasbourg, soit à débloquer Toul, où le brave commandant Hück ne demandait que des vivres (2), soit encore à agir en

---

(1) Ce matériel, composé des travées françaises des ponts de bateaux de Huningue, de Neuf-Brisach et de Strasbourg, repliées au début de la guerre, avait été amené par le canal, successivement, à hauteur de Rhinau, puis sous la protection du canon de Neuf-Brisach (Voir plus haut §§ XI et XXXIV).

(2) « Un assiégé de Toul qui a pu traverser nuit dernière ligne des assiégeants me remet dépêche du commandant de place de Toul. Cet officier me prie de télégraphier au Ministre Guerre ou Général en chef qu'il attend ses ordres. Toul tient bon, est bien pourvu de munitions, mais commence à

même temps des deux côtés des Vosges pour couper les communications de l'ennemi, contre lesquelles le général de Prémonville préparait de son côté des expéditions de partisans. Le Ministre se concerta alors avec M. Jacqmin, directeur de l'exploitation du chemin de fer de l'Est, sur les moyens de transporter rapidement le 14e corps à Belfort, puis d'agir vers Strasbourg et vers Toul, tandis qu'un détachement mixte coopérerait avec les forces mobiles territoriales contre les communications de la *III*e armée dans la vallée de la Meurthe.

L'activité déployée par le général de Palikao avait rendu confiance à la région de l'Est. Une colonne de francs-tireurs allait partir d'Epinal pour détruire les ouvrages d'art de Saverne ; une autre colonne composée en majorité de troupes de ligne et de gardes mobiles, partie de Langres, harcelait déjà les postes bavarois aux environs de Toul, pendant qu'à l'aile gauche un détachement allait reconnaître la direction de Saint-Dizier (1), le Ministre enfin se préparait à expédier à Charmes un train militaire de 500 hommes de ligne

---

manquer de vivres. Commandant voudrait être ravitaillé. Le porteur de la dépêche attend réponse à Mirecourt » (Le Sous-Préfet de Mirecourt au Ministre de l'Intérieur, D. T., 31 août, 9 h. 10 soir.)

En marge, le général de Palikao a écrit : « Comment pourrait-on réapprovisionner Toul, et *quel moyen de transporter le plus activement possible le 14e corps* aux environs de cette place ? ».

Enfin, à cette pièce est épinglé un autre *memento*, également de la main du Ministre, et ainsi formulé : « Me faire savoir ce qu'il y a de monde prussien devant *Strasbourg* et devant *Toul*. Quelles sortes de troupes, et combien il peut en exister entre Belfort et Strasbourg? La distance entre Belfort et Toul, et les moyens pour la parcourir ? » Au bas de ce *memento*, quelques annotations, en abrégé, indiquent, selon toute apparence, les trois centres de rassemblement projetés : *Neufchâteau, Mirecourt, Schlestadt*, leur date. *1er septembre*, et l'itinéraire du détachement mixte à expédier de Paris : *Châtillon, Chaumont, Neufchâteau*.

(1) Voir plus loin § XLV. *Premières entreprises contre les communications de la IIIe Armée. Projets contre Saverne, coups de mains de Vaucouleurs, Gondrecourt et Joinville*.

avec une batterie, pour appuyer ces avant-gardes (1), et donnait l'ordre de quintupler les moyens d'armement destinés aux francs-tireurs de M. Dollfus (2).

Une reprise générale de l'offensive en Alsace et en Lorraine, avec l'aide des troupes attendues de Paris, est donc imminente, lorsque survient la nouvelle du désastre de Sedan. Cette terrible journée, où toute protection en avant de la capitale vient d'être anéantie, détermine les Pouvoirs publics à réserver pour sa défense toutes les forces vives qui y sont encore renfermées. Dans la séance du Comité du 3 septembre, M. Thiers réclame avec la plus vive insistance le maintien à Paris du 14ᵉ corps, qui a continué ses préparatifs de départ. Le 4, le général Renault rend compte que sa première division peut, à la rigueur, être mise en route, et que les deux autres seront prêtes à partir quatre jours plus tard (3). Mais, à cette date même, le gouvernement impérial est renversé et, le 6 septembre, le général Le Flô, nouveau Ministre de la guerre, s'engage vis-à-vis du général Trochu, Gouverneur de Paris et chef du Gouvernement à ne pas lui enlever les troupes du 14ᵉ corps (4).

Ainsi, le projet d'offensive du général de Palikao demeure un rêve inachevé. Le nouveau ministère ne voit

---

(1) *Notes* (sans date) écrites au cabinet du général de Palikao, sur les indications de M. Jacqmin, directeur de l'exploitation des chemins de fer de l'Est.

(2) Moyens portés à 10.000 fusils et un million de cartouches (Ordre du général de Chargère au colonel directeur de l'Arsenal de Belfort, correspondant aux instructions du ministre. — Archives de M. E. Dollfus).

(3) *Guerre de 1870-71. Mesures d'organisation jusqu'au 4 septembre.*

(4) « Mon cher Général, dites au Président du Gouvernement que Chabaud-Latour sort d'ici, qu'il m'a entretenu du mouvement que devait faire ce matin le 14ᵉ corps, et que je suis tout à fait de l'avis exprimé déjà par le général Trochu, M. Thiers et Chabaud-Latour. Je fais prévenir le général Renault d'attendre de nouveaux ordres de votre part, dans le cas où il n'en aurait pas reçus déjà » (Le Ministre de la Guerre au Général, chef de cabinet du général Trochu, Paris, 6 septembre, lettre particulière).

le salut que dans une défensive étroite. Devant le danger qui menace la capitale, les places de Strasbourg et Toul seront abandonnées à elles-mêmes.

Nous allons voir dans quelle grande mesure les forces territoriales étaient prêtes à contribuer aux desseins du général de Palikao.

XLV

Premières entreprises sur les communications de la *III*ᵉ armée. Projets contre Saverne. Coups de mains de Vaucouleurs, Gondrecourt et Joinville.

Protégées au début de l'invasion par la marche latérale de la *II*ᵉ division de cavalerie, les communications de la *III*ᵉ armée allemande n'étaient plus gardées, à la fin d'août, que par un faible effectif de troupes d'étapes. A la vérité, 14 bataillons de landwehr ou de ligne, 1 régiment de cavalerie de réserve et 1 compagnie de pionniers avaient été désignés pour ce service spécial (1); mais la plus grande partie de ces troupes s'étaient trouvées successivement détournées de leur mission par la nécessité de libérer les troupes actives détachées provisoirement de l'armée. Trois bataillons (2 badois et 1 wurtembergeois) demeurés à l'est des Vosges, furent ainsi employés devant Strasbourg et Bitche. Trois bataillons, en arrivant le 14 août, près de Phalsbourg, durent relever les troupes de blocus laissées devant cette place; trois nouveaux bataillons, étant arrivés à Vaucouleurs le 23, furent, le 25, détachés devant Toul, avec un escadron et une compagnie du génie, pour relever également le corps de blocus, qui allait reprendre son rang à l'armée. Enfin, deux escadrons, la compagnie de pionniers et 3 compagnies d'infanterie allèrent occuper Bar-le-Duc, siège de l'inspection générale d'étapes. Il ne restait donc, à la date du 26 août,

---

(1) *Historique* du grand Etat-major prussien, p. 1299, et supplément. LIII.

que 5 bataillons de landwehr disponibles pour garder tous les gîtes d'étapes entre Bar-le-Duc et Wissembourg, et protéger les voies ferrées sur ce parcours de 300 kilomètres (1).

Ce jour-là même, le changement de front de la *III*ᵉ armée ayant été décidé, toute sa cavalerie reçut l'ordre de se diriger immédiatement vers Vouziers, où l'on supposait que le maréchal de Mac Mahon concentrait ses forces : la *II*ᵉ division de cavalerie, lancée dans la direction de Châlons, laissa alors les communications de l'armée sans protection du côté du Sud.

Le mouvement des divisions de gauche et des échelons du parc de la *III*ᵉ armée allemande par Gondrecourt et Ligny, du 25 au 27 août, fut d'abord interprété dans notre 7ᵉ division militaire comme une marche en masse de l'ennemi sur Paris, le siège de Toul étant supposé abandonné (2). Mais le 27, les troupes allemandes, qui depuis plusieurs jours n'avaient pas reparu dans les arrondissements d'Épinal et de Mirecourt, quittèrent également ceux de Neufchâteau et de Chaumont, par les routes du nord, ne laissant derrière elles que le nouveau corps de blocus de Toul et les troupes d'étapes. Dans les Vosges et dans la Haute-Marne, où la *III*ᵉ armée avait semé la ruine et la désolation, on vit enfin renaître l'espérance, avec un esprit nouveau, celui de la revanche — « une grande fermenta-

---

(1) « Tant que dura le siège de Metz, les Allemands n'eurent pas de forces disponibles à porter vers le Sud pour protéger la voie ferrée de Strabourg à Toul » (Grand Etat-major prussien : monographies. *La surprise de Fontenoy* trad. Küssler).

(2) Préfet Haute-Marne à Guerre, de Chaumont 26 août, 9 h. 32 matin : « Renseignement venant de Neufchâteau. L'ennemi renoncerait à prendre Toul et les troupes assiégeantes se dirigeraient vers la Marne. Hier, 8,000 hommes d'infanterie et de cavalerie venant de Toul et de Colombey escortant trois trains de fourgons à munitions de 150 voitures chacun, se sont dirigés par Maxey-sous-Briey sur Gondrecourt... (*Guerre de 1870-71. Armée de Châlons.* I. Organisation. Doc. annexes, p. 267).

« tion règne en Lorraine, écrit le 30 août le colonel de
« Bigot, chef d'état-major à Besançon, et partout les
« habitants exaspérés n'attendent que des armes et une
« intelligente direction pour courir sus à l'ennemi. »
Dans les deux départements, l'arsenal de Besançon
commença à expédier des fusils, et les conseils de
recensement pour la formation des gardes nationales
sédentaires (loi du 12 août) s'ouvrirent dans tous les
cantons (1).

La population y aidant activement, le service des renseignements s'organisa, dirigé par le sous-préfet de Neufchâteau et par l'inspecteur des forêts de Baudel, avec les guides forestiers du département des Vosges. En arrière de ce réseau de première ligne, tenant le contact avec l'ennemi et qui recueillait et transmettait immédiatement les moindres nouvelles relatives à ses mouvements, la compagnie des francs-tireurs de *Lamarche* (capitaine Lapicque) partie de Langres le 26 août, vint bivouaquer à mi-chemin entre cette place et le poste allemand de Colombey, dans la forêt de La Bondue, qui lui était familière; elle y fut bientôt rejointe par un petit corps franc venu de Paris à Langres, le 24, et armé de chassepots, la compagnie des francs-tireurs *des Vosges* (capitaine Dumont, effectif 25 hommes).

On put alors se rendre compte des points faibles présentés par la longue ligne d'étapes qui renouvelait incessamment les effectifs et les approvisionnements de la IIIe armée : c'étaient, à l'est, sur la ligne ferrée, les ouvrages (tunnel et viaduc) de Lutzelbourg, proches du col de Saverne, et que les autorités militaires de la 5e division n'avaient pas osé détruire après la retraite

---

(1) Préfet des Vosges à Intérieur, d'Epinal, 26 août : « Je m'occupe avec toute l'activité possible de l'organisation de la garde nationale. Les conseils de recensement fonctionnent partout. Une première demande d'armes et de munitions a été faite à Besançon » (Doc. annexes, *Journée du 26 août*).

de l'armée du Rhin (1) et, à l'ouest, la courbe de la route de terre Nancy-Colombey-Vaucouleurs-Void, que les convois allemands, arrêtés par le siège de Toul, étaient obligés d'emprunter pour contourner le corps de blocus et gagner les derrières de leur armée.

Sur ces deux points, un coup de main semblait exécutable. Mais c'est du côté des ouvrages si importants du col de Saverne que le général de Prémonville porta d'abord son attention. Le 29 août, le préfet des Vosges, M. Grachet, affirmait qu'un bataillon d'infanterie, accompagné d'un officier du génie, suffirait pour couper le chemin de fer entre Saverne et Sarrebourg ; il se faisait fort de lui trouver des guides et de le faire seconder par les populations. La destruction opérée, la petite troupe se retirerait par la montagne (2). Si le général ne pouvait détacher un bataillon de troupes réglées, il trouverait à Epinal des volontaires, qui ne demandaient que 300 chassepots et 30.000 cartouches (3). Le commandant de la 7e division, qui n'était pas autorisé à faire de tels envois d'armes 1866, ne pouvait, d'autre part, dégarnir les places ni de gardes mobiles à peine équipées et dégrossies, ni de troupes de ligne, trop précieuses pour être risquées dans un coup de main à grande distance de leur base. Mais il avait, dès la veille (28 août), décidé de faire appel « aux francs-tireurs, qu'on employait si rarement », (4) envoyé des ordres en conséquence à tous les corps francs de la 7e division et demandé l'aide de ceux des divisions

---

(1) Sur les responsabilités dans la non-destruction des ouvrages d'art de Saverne, voir R. H. n° 21, p. 594, note 4.
(2) Préfet des Vosges à Général commandant Besançon. 29 août, 4 h. 5 minutes (Doc. annexes).
(3) Du même au même, 29 août, 2 h. 42 soir (Doc. annexes).
(4) Général commandant Belfort à général commandant Besançon, 29 août 4 h. soir. (Documents annexes).

voisines qui se trouvaient prêts à marcher. Dans le Haut-Rhin, le général de Chargère avait deux compagnies de francs-tireurs disponibles; celle *de Mirecourt* (capitaine Bastien, 180 h.) arrivée de Langres le 25 et qui était allée occuper, le 27, le col du Bonhomme (1), et celle de *Colmar* (capitaine Eudeline, 90 h.) qui depuis le 20, avait quitté Belfort pour Mulhouse. La première reçut, le 28, l'ordre de se rendre immédiatement à Epinal, où elle se mettrait à la disposition du Préfet « pour faire une expédition qui lui serait indiquée ». La seconde avait pris part, dans la nuit du 30 au 31, à l'heureux coup de main de Bellingen (v. plus haut § XL) quand lui parvint le même ordre secret (2). Les deux compagnies se retrouvèrent le 1er septembre à Epinal, où elles cantonnèrent, confiantes dans la protection d'une cinquantaine de francs-tireurs *de Frouard* (ou francs-tireurs Lorrains ralliés) qui, depuis le 21, parcouraient la montagne aux environs (3).

Tout en préparant ce rassemblement du côté de l'est, le général de Prémonville avait expédié à l'ouest un nouveau corps franc, la 1re compagnie des *Eclaireurs du Doubs* (capitaine Schmidt) formée à Besançon au moyen de vieux soldats, brûlant d'aller au feu (4);

---

(1) Cette compagnie, après avoir traversé Colmar, arriva le 27 au soir au Lac Blanc, près du col du Bonhomme, où elle commença, d'après les notes du capitaine Bastien « à construire des gourbis et à fortifier la position » en attendant l'arrivée d'autres corps destinés à la défendre. Suivant la même source, la compagnie était en marche, le lendemain 28, pour déloger l'ennemi qui lui était signalé à Hauswarth (?) quand l'ordre du général de Chargère la rejoignit près de Schlestadt.

(2) Le Préfet du Haut-Rhin au commandant de Neuf-Brisach, de Colmar 31 août, 10 h. 45 soir : « Les francs-tireurs [de Colmar] ont reçu des ordres importants, que je ne connais pas. » (Documents annexes, 31 août).

(3) Sur ce groupe *(francs-tireurs Lorrains ralliés)* voir § XLVI. Corps francs.

(4) «... Gens prêts à tout, voulant absolument marcher de suite à l'ennemi, impossible de les laisser ici plus de deux ou trois jours sans les décourager. » (Préfet du Doubs à Intérieur, de Besançon, 23 août, Docu-

il avait d'abord destiné cette troupe à Epinal, puis, les guides forestiers ayant signalé des groupes ennemis à Joinville, il le dirigea vers Chaumont pour tenter la chance d'une diversion de ce côté. Enfin, la compagnie des francs-tireurs *de Luxeuil* (commandant de Perpigna, 48 h.) eut ordre de quitter Lure pour venir occuper Faverney (1) et garder ainsi les communications entre Vesoul et Epinal, tandis que deux compagnies de mobiles de la Haute Marne, détachées à Voivre et à Port d'Atelier, garderaient la ligne de Vesoul à Langres.

C'est seulement après avoir réglé ces mouvements, que le général de Prémonville, par une dépêche du 30 août, pria officiellement le préfet des Vosges, à défaut de commandant militaire dans cette subdivision, « d'étudier la possibilité d'une opération de partisans pour faire sauter le tunnel de Saverne » (2) et qu'il rendit compte de son projet au ministre, en lui proposant de joindre aux francs-tireurs un bataillon des gardes mobiles du Doubs, commandé par le comte d'Ollone, qui connaissait parfaitement le pays.

Le général de Palikao approuva sans réserve une telle initiative, contrastant si heureusement avec l'inaction forcée des dernières semaines et cadrant si bien avec son projet de diversion. Il se renseigna, de son côté,

---

ments annexes.) L'ordre de mouvement pour cette compagnie est daté du 30 août. (id.) Son effectif était de 2 officiers et 85 hommes.

(1) Ce corps franc (V. § XLIII, note 28) que nous avons vu prêt à partir dès le 8 août, ne reçut que le 1er septembre, à Lure, ses 48 carabines, sans bretelles, ni sabres-baïonnettes, ni nécessaires d'armes (*Registre* de correspondance de la subdivision de Vesoul). Il ne put quitter Lure pour Faverney que le 4 septembre. Inversement, le dépôt de remonte de Faverney était évacué sur Gray.

(2) Dès le 31, le Préfet des Vosges rend compte qu'il vient d'envoyer d'Epinal à Sarrebourg et à Phalsbourg un émissaire pour faire connaître exactement « les conditions matérielles d'exécution, le nombre des gardes que l'ennemi entretient sur ce point [Saverne] et l'état des esprits ». (Documents annexes, 31 août).

sur l'aide qui pourrait être apportée à l'une ou l'autre des expéditions projetées vers Saverne et vers Toul, par l'envoi d'une colonne indépendante, qui eût été constituée à Paris, et vraisemblablement au moyen d'éléments empruntés au 14ᵉ corps (1).

D'autre part, il recommanda au chef de la 7ᵉ division militaire d'agir sans délai, et dans le plus grand secret, pour éviter l'espionnage (2), l'autorisant, à titre exceptionnel, à donner des chassepots au bataillon d'Ollone (3) et à faire prendre au dépôt du 78ᵉ de ligne, à Besançon, tout le matériel qui pourrait être

---

(1) (Préfet des Vosges à général de division Besançon, et Documents annexes, 31 août). Le Ministre de la guerre avait confié son enquête sur le terrain à M. Lacombe de la Tour, ancien sous-préfet, qui, depuis le 22 août, se trouvait dans les Vosges, avec une mission du ministre du commerce Clément-Duvernois, pour acheter des bestiaux destinés à l'approvisionnement de siège de Paris. (R. H. nº 85, p. 147). D'autre part, le général de Palikao prenait des informations personnelles sur les moyens de conduire un détachement de Paris à proximité de Saverne. De cette enquête, il subsiste quelques *notes* au crayon bleu, écrites au cabinet du Ministre, et probablement sous ses yeux mêmes, par M. Jacqmin, directeur des chemins de fer de l'Est : « On peut aller en chemin de fer d'Épinal à Charmes, à 12 ou 15 kilomètres de Bayon — 500 hommes feraient un mal énorme. Il faudrait 15 heures de Paris à Charmes pour les transporter en passant par Dijon. La gare de Blainville, qui est à 4 lieues plus loin et sur la grande route de Nancy, est gardée par 6 Prussiens. Pour interrompre la ligne de Nancy, il faudrait crever avec des marteaux les machines alimentaires de prises d'eau. Si l'on fait sauter un pont, cela vaudrait encore mieux. Destruction du viaduc d'Hoffmuhl, situé entre le grand souterrain d'Argeville et le premier souterrain de Lutzelbourg. Il faudrait partir d'Épinal par la montagne. Ce serait l'affaire de partisans; ou bien une expédition de 4000 hommes et du canon, et les Prussiens seraient prévenus. Il faudrait que cette expédition coïncidât avec les deux premières comme temps. N'en pas parler décidément pour ne pas déranger leurs plans, mais faire coïncider avec les deux premières. Pour 10.000 hommes d'infanterie, 10 trains. Pour une batterie, 1 train. On peut faire un train de 500 hommes et une batterie. »

(2) Ministre de la guerre au général de division Besançon. De Paris. 31 août «... Nous sommes entourés ici d'espions et le télégraphe même n'est pas sûr ». (Documents annexes, 31 août).

(3) V. Documents annexes, 2 septembre (Ministre de la guerre à général commandant 7ᵉ division militaire.)

utile à ses projets. Enfin, le général de Chargère, qui venait de recevoir à Belfort deux nouveaux corps francs arrivant de Paris, les francs-tireurs de la *Seine*, guérilla française (capitaine Dumont, effectif 133 h.) — et ceux de *Saint-Denis* (capitaine Blanchard, effectif 84 h.) les mit à la disposition du général de Prémonville, et il offrit encore de constituer, pour appuyer l'expédition, un bataillon de 800 anciens soldats prélevés sur la garnison de la place (1).

Avec de tels moyens, l'opération sur Saverne semblait présenter les plus sérieuses chances de réussite si elle était menée rapidement et si les ouvrages d'art n'étaient pas inaccessibles. Mais plusieurs jours furent perdus dans l'attente, soit des renseignements nécessaires (2) soit des ordres de détail du ministre, qui n'avait expressément délégué à personne l'autorité suffisante pour prendre la direction générale de l'expédition (3). Enfin, de fâcheuses indiscrétions furent commises (4) qui ne permirent à l'ennemi d'ignorer ni l'existence, ni

---

(1) V. Documents annexes, 2 septembre, 9 h. s. (sous-préfet de Belfort à préfet Besançon). Ce détachement devait être constitué par le IVe bataillon du 84e de ligne, qui venait de recevoir de Lons-le-Saulnier un renfort de 200 hommes instruits. (*Historique* du 84e de ligne).

(2) Personne à Épinal ne savait où étaient les chambres de mine du tunnel et on recherchait les fonctionnaires des chemins de fer au courant du détail de la voie. (Doc. annexes, *Journée du 4 sept.* Préfet des Vosges à Guerre).

(3) Le général de Chargère et le Préfet des Vosges revendiquaient tous deux cette autorité, bien que l'expédition eût été préparée par le général de Prémonville. V. lettres du 4 septembre : du général de Chargère : « Je puis compter sur le Préfet des Vosges, qui a pris fort à cœur ces expéditions : il se charge de me fournir les guides nécessaires pour les conduire... » — et du Préfet des Vosges : « L'expédition... est très praticable. J'attends que le général commandant à Besançon m'en fournisse les moyens ». Le 6 septembre, le Ministre de la guerre, répétant ses instructions antérieures, télégraphia au Préfet des Vosges « de se concerter avec le général de Prémonville » mais sans résoudre la question d'initiative et d'autorité.

(4) Les officiers généraux, n'ayant pas de chiffre pour correspondre entre eux, étaient obligés d'emprunter celui des Préfets et l'intermédiaire de leur personnel. (Doc. annexes, Général de Chargère au Ministre, 30 août).

l'objet du rassemblement d'Epinal. Nos émissaires rapportèrent que tous les points intéressants de la ligne ferrée, Saverne, Bourg, Lutzelbourg, Hochfelden, Bolwiller, étaient occupés par des détachements de 250 à 500 hommes, retranchés dans de bons ouvrages, parfaitement gardés, reliés par des rondes continuelles, et que le désarmement des villages voisins avait été poussé jusqu'à la minutie (1). Dans ces conditions, il semble qu'une surprise aurait été difficile. Mais le temps manqua pour en tenter la chance, car, avant même qu'elle pût être décidée, la double nouvelle du désastre de Sedan et de la déchéance de l'Empereur était venue paralyser tout effort des pouvoirs publics. La population des Vosges, à nouveau profondément consternée et démoralisée, ne devait retrouver son énergie qu'à l'avènement d'hommes nouveaux, animés du souffle de la résistance, et investis de pouvoirs suffisants pour organiser dans le département la défense nationale.

Pendant que l'expédition des Vosges échouait ainsi déplorablement, celle de la Haute-Marne était au contraire, couronné de succès.

Le commandant supérieur de Langres avait reçu les avis les plus favorables à une entreprise vers le nord, où les convois de la *III*ᵉ armée continuaient à passer journellement. La ligne ferrée de Bologne à Neufchâteau, que la cavalerie prussienne avait coupée près d'Andelot, venait d'être réparée, permettant d'amener des troupes à petite distance du poste de Domremy, occupé par la landwehr bavaroise. D'autre part, la ligne de Chaumont à Saint-Dizier, station tête d'étapes de la *III*ᵉ armée, gardée par 800 ou 900 hommes, au milieu d'une popu-

---

(1) M. de la Tour rendit compte directement au ministre du résultat de son enquête (de la Tour à Guerre, de Bruyères, 15 sept. 6 h. 55 soir. Documents annexes) mais rien n'indique qu'il en ait fait part au Préfet.

lation exaspérée, était à nouveau praticable jusqu'à Joinville. Dans l'attente des événements, la place de Langres avait organisé, suivant les instructions du ministre, une colonne volante de 2,000 hommes (500 h. du 50ᵉ de ligne, 800 gardes mobiles des Vosges, 700 du 50ᵉ de ligne), prête à partir soit pour Saint-Dizier, soit pour Neufchâteau.

Une reconnaissance préalable s'imposait; un détachement fut donc envoyé, le 31 au soir, de Chaumont à Neufchâteau, composé de 20 gendarmes, dont 10 à cheval et 10 à pied, de quelques francs-tireurs de la compagnie parisienne des *Vosges* et de la 1ʳᵉ compagnie des *éclaireurs du Doubs*, de 100 hommes du 50ᵉ de ligne et 100 hommes de la garde mobile de la Haute-Marne (1). Reparti de Neufchâteau le 1ᵉʳ septembre au matin, le détachement trouva Domremy évacué, et il poursuivait dans la direction de Vaucouleurs, quand le sous-préfet le fit rappeler à Neufchâteau, ne laissant que les francs-tireurs des *Vosges* en avant-postes à Domremy (2). On venait, en effet, d'apprendre par un télégramme du ministre que, dans la matinée même, ainsi que la veille, deux grands convois prussiens — 600 voitures de munitions — escortés chacun par 200 cavaliers et 500 fantassins, avaient passé à Colombey et Vaucouleurs, et l'on annonçait l'arrivée à Colombey d'un troisième convoi avec 1,200 hommes d'escorte. L'état-major de Langres, aussitôt prévenu, prit ses dispositions en conséquence. La colonne volante qui allait être dirigée sur Saint-Dizier (3) fut amenée à Neufchâteau, le lendemain 2 septembre, par le commandant

---

(1) V. Doc. annexes. 1ᵉʳ septembre. 7 h. matin. Commandant supérieur de Langres à général commandant la 7ᵉ division à Besançon.
(2) V. Doc. annexes. 2 septembre. Ministre à Préfet des Vosges.
(3) V. Doc. annexes. 1ᵉʳ septembre. Commandant supérieur de Langres à général commandant la 7ᵉ division à Besançon.

supérieur lui-même, en dépit de son triste état de santé (1) et le 3, avant le jour, elle se mit en marche dans la direction de Vaucouleurs, où se trouvait encore une arrière-garde bavaroise.

A midi, ces troupes, disposées par le commandant Koch, débouchèrent sur trois colonnes, cernant le bourg de Vaucouleurs : la colonne de droite sur la rive droite de la Meuse, celle du centre sur la route venant de Neufchâteau; celle de gauche devait suivre les hauteurs de la rive gauche, avec mission de couper à l'ennemi la retraite sur Void, mais elle rencontra des habitants qui la pressèrent de changer d'itinéraire pour ne pas laisser à l'ennemi le temps de prendre les armes. Le sous-lieutenant Chaput, des mobiles de la Haute-Marne, commandant la section de pointe, n'hésita pas à entrer aussitôt dans le village avec cette seule section, se jeta sur les fusils, et courut enfermer les officiers dans l'auberge où ils déjeunaient (2). Après une courte résistance (3) trois officiers, deux médecins et 68 soldats (4) demeuraient entre nos mains. La petite

---

(1) Le général Chauvin, constamment malade, avait peu de part effective dans le commandement de la place, et presque toutes les décisions étaient prises en son nom par le colonel du génie Martin.

(2) *Note* communiquée à M. le commandant Sergent par M. E. Berlier libraire et buraliste à Vaucouleurs en 1870. — *Note* du lieutenant-colonel Bellac, commandant le 34e d'infanterie territoriale. Le lieutenant (plus tard commandant) Chaput fut, à la suite de l'affaire de Vaucouleurs, proposé pour la Légion d'honneur.

(3) Un seul Bavarois fut blessé. Plusieurs coups de revolver tirés par les officiers bavarois n'atteignirent personne.

(4) 66 prisonniers dont 3 officers, 1 fournisseur, 2 médecins et 3 infirmiers (Commandant supérieur de Langres au général commandant la 7e division à Besançon, 5 septembre.) — 40 prisonniers dont 3 officiers (*Langres pendant la guerre de 1870-71*, par un officier [le capitaine de la Noë] 1873.) 130 prisonniers dont plusieurs officiers, 4 chevaux, des fusils (le sous-préfet de Neufchâteau à Préfet, Epinal, 5 septembre.) — Le détachement ennemi appartenait au 27e bataillon de la Landwehr bavaroise, qui était réparti entre Lunéville, Colombey, Ecrouves et Void (*Historique du Grand Etat-Major prussien*). Parmi les prisonniers se trouvait M. Hoppe, directeur de la Police de Berlin, affecté au quartier-général du Roi de Prusse.

colonne, rappelée en arrière au moment même de son succès (1) les renvoya à Neufchâteau, puis à Langres (2) tandis qu'elle-même regagnait la voie ferrée par Badonviller et Damville-aux-Forges.

Dès l'avant-veille (1er septembre) un petit succès du même genre avait été remporté par les *francs-tireurs des Vosges*. Ce groupe franc de 25 Parisiens, laissé en avant-postes à Domremy pour couvrir le cantonnement de Neufchâteau, avait appris à 5 heures du soir qu'un détachement prussien occupait le bourg de Gondrecourt, à 15 kilomètres à l'est. Il abandonna alors Domremy et arrivait à Gondrecourt à la nuit. Quelques hommes saisirent d'abord les armes déposées à l'hôpital, d'autres surprirent dans un café un officier et trois soldats ; le reste du groupe attaqua la caserne de gendarmerie, où le poste ennemi, fort d'une cinquantaine d'hommes (3) s'était retranché. Après une vive fusillade dans l'obscurité, le bâtiment fut enlevé, mais la plupart de ses défenseurs avaient pu s'enfuir ; les vainqueurs firent 15 prisonniers, dont ils laissèrent 13 aux mains du maire de Gondrecourt, et ils ramenèrent seulement à Neufchâteau 2 soldats et 36 fusils ennemis (4).

Enfin, sur la ligne de Saint-Dizier, deux reconnaissances de détail jetaient le désarroi parmi les troupes de la garnison et nous procuraient encore quelques prisonniers. La 1re compagnie des *éclaireurs du Doubs*

---

(1) « A Neufchâteau, cet ordre fut expliqué : on avait les nouvelles du désastre de Sedan... Le 5 septembre, à minuit, la colonne rentra tristement à Langres. » (*Langres pendant la guerre 1870-71*, par un officier [capitaine de la Noë], 1873)

(2) Le commandant supérieur de Langres provoqua à leur sujet des ordres du Ministre, qui fit diriger tous les prisonniers sur Libourne, avec ceux faits à Joinville et à Gondrecourt (5 septembre).

(3) Les documents allemands et français sont d'accord sur ce chiffre.

(4) Le lendemain, les *Francs-Tireurs des Vosges*, toujours de leur initiative, rentrèrent à Langres « pour se reposer » (*Rapport* du commandant de la compagnie).

(capitaine Schmidt), qui était arrivée à Chaumont le 31 août, y fut rejointe par un groupe d'une quinzaine de *francs-tireurs Bourguignons* qui arrivaient de Dijon sous la conduite du fameux chasseur Bombonnel. Les deux troupes se rendirent ensemble le lendemain à Joinville, où un détachement ennemi venant de Toul à Vassy avait passé la nuit. Après quelques coups de feu dans les rues de la ville, les Prussiens l'évacuèrent en hâte, nous laissant dix prisonniers, qui furent aussitôt amenés à Langres. Le commandant d'étapes de Saint-Dizier ayant envoyé 225 fantassins et 25 cavaliers à la recherche des partisans, Bombonnel divisa son groupe en patrouilles de quelques hommes, faciles à dissimuler et devant agir de nuit. L'une d'elles, ayant recruté des chasseurs dans les villages des environs, revint à Joinville dans la nuit du 3, où elle surprit un nouveau détachement de passage et fit 14 prisonniers, qui furent ramenés en chariots à Bologne, puis embarqués sur Dijon (1). Une autre patrouille, arrivée à Tréveray (entre Gondrecourt et Bar-le-Duc) trop tard pour surprendre un convoi, y prenait un cavalier ennemi, qu'elle envoya à Neufchâteau, puis elle alla s'embusquer dans un défilé de la route de Void à Ligny, où devait passer un autre convoi de 900 attelages; là, le manque de sang-froid d'un franc-tireur fit avorter l'expédition; deux officiers et un soldat ennemis furent tués, mais le convoi passa (2).

La terreur que provoquèrent chez l'ennemi ces petites expéditions montre tout le parti qu'on aurait pu tirer de

---

(1) *Rapport* de Bombonnel au général Saunier, commandant la subdivision de Dijon. 8 septembre 1870 (A. G.). — D. T. du Préfet de l'Aube au Préfet de Dijon, de Troyes, 5 septembre. (Doc. annexes)

(2) *Rapport* de Bombonnel, précité, et *Rapport sur ma campagne de France 1870*, par P. Bayle, commandant les éclaireurs du Nord, ex-sergent des francs-tireurs de Bombonne (A. G.)

la nature du pays, de l'énergie de quelques volontaires, et de l'aide des populations, dont la hardiesse renaissait depuis que des armes leur avaient été distribuées, que des paroles encourageantes leur arrivaient enfin de Paris, et qu'elles sentaient plus proches d'elles et plus aguerries des forces régulières de deuxième ligne.

Mais les nouvelles simultanées d'un sanglant échec de l'armée de Metz à Noisseville, de l'échec d'une grande sortie de la garnison de Strasbourg, et du désastre de l'armée de Châlons à Sedan vinrent glacer brusquement tous les enthousiasmes. A nouveau la France de l'Est retomba dans une morne stupeur et dans l'attente d'un chef.

XLVI

État général des forces françaises dans l'Est à la date du 4 septembre 1870.

La région que nous étudions occupe, au début du mois de septembre 1870, une situation tout à fait spéciale au point de vue des opérations militaires.

Ce territoire, limité au Nord par la principale ligne d'étapes de l'armée ennemie, à l'Est et au Sud-Est par les frontières badoise et suisse, au Sud-Ouest et à l'Ouest par une véritable zone d'isolement privée à la fois de moyens de transport, de défenses et de défenseurs (1), comprend six départements possédant encore presque toutes leurs ressources propres en hommes et en matériel ; il renferme cinq places fortes bien approvisionnées, un arsenal important. Sa position sur le flanc de l'envahisseur, le terrain accidenté qui la fortifie, sont autant de conditions favorables pour l'offensive.

D'autre part, ses voies ferrées (2) le mettent en rela-

---

(1) Les gardes mobiles de l'Aube avaient été évacuées, dès le 22 août, sur Orléans et Tours. Celles de la Côte d'Or (10° régiment provisoire) furent appelées à Paris le 3 septembre. Celles de l'Ain étaient alors à peine armées et ce département n'avait ni gardes nationales sédentaires, ni corps francs organisés.

Sur la ligne de Chaumont à Blesme, trois ponts avaient été détruits après le passage de notre 5° corps, qui ne furent réparés par le 10° corps prussien qu'au mois de novembre 1870. Les Français avaient coupé, le 20 août, à Châteauvillain la ligne de Chaumont à Châtillon, et à Clairvaux celle de Chaumont à Troyes. La ligne de Langres à Dijon était encore en projet.

(2) Ligne de Belfort, Besançon, Lons-le-Saulnier, Châlons-sur-Saône, Lyon. — Ligne d'Epinal, Vesoul, Gray, Dôle, Dijon, Autun, Nevers. — Ligne de Neufchâteau, Bologne, Langres, Gray.

tions faciles avec le midi de la France et en font le lieu de rassemblement naturel des forces de seconde ligne qui ont échappé à l'attraction de Paris.

Il convient d'examiner avec d'autant plus d'intérêt l'état où le gouvernement nouveau va trouver les forces militaires de la région de l'Est.

Commandement. — L'unité de commandement indispensable pour la saine utilisation des ressources n'existe pas dans l'Est. Seule, la 7e division militaire est sous les ordres directs du général de Prémonville, dont le quartier général est à Besançon. La subdivision du Haut-Rhin (partie non investie de la 6e division) a pour chef le général de Chargère, commandant supérieur de Belfort. Le département des Vosges (partie de l'une des subdivisions de la 5e division) n'ayant plus de commandant militaire, est placé provisoirement sous les ordres du Préfet d'Epinal.

Le ministre n'ose pas, en présence de l'ennemi, modifier l'organisation du 27 février 1858 et réunir ces trois territoires sous la main d'un chef unique. D'autre part, son intervention personnelle dans la défense de la région serait impraticable : « il est impossible, avoue-t-il, d'apprécier d'ici exactement la situation ». Seul l'envoi de divisions actives dans la région de l'Est pourrait y ramener régulièrement l'unité de commandement.

En attendant que le 14e corps soit prêt à jouer ce rôle, le général de Palikao se borne à *engager* les autorités territoriales intéressées à se *concerter* entre elles sur l'urgence des mesures à prendre, ainsi que sur les moyens d'exécution. C'est, en réalité, rendre toutes opérations impossibles et annihiler le dévouement et l'activité du général de Prémonville, et de son chef d'état-major le colonel de Bigot.

Places fortes. — L'état matériel des places fortes de l'Est n'avait guère bénéficié du répit que leur laissait l'ennemi. A *Belfort* seulement, les progrès des fortifications ayant suivi le renforcement progressif de la garnison, la mise en état de défense y était sinon terminée, du moins très suffisante pour affronter un siège. A *Neuf-Brisach* et à *Schlestadt*, on n'avait rien fait que dégarnir la zone de tir et combler les caves des maisons ruinées dans cette zone. A *Langres*, bien que les travaux commencés vers le 15 août eussent été poussés avec une grande activité, et que la place se considérât déjà comme en état de défense, les ouvrages extérieurs n'étaient encore ni achevés, ni armés, et ne pouvaient pas l'être avant deux mois. A *Besançon*, aucun changement important n'était à signaler dans les défenses. Les forts de *Salins et de Joux* n'avaient pas été touchés. Partout, même pénurie de personnel spécial. Schlestadt et Neuf-Brisach manquaient d'officiers d'artillerie et du génie; le fort de Joux n'avait qu'un garde d'artillerie et un garde du génie, comme en temps de paix.

Les approvisionnements en vivres et en munitions d'artillerie, complétés à loisir pendant le mois d'août, étaient suffisants partout. Chaque place avait des armes d'infanterie en réserve, mais les munitions y étaient généralement en déficit. A Langres en particulier, la dotation en cartouches pour fusils à tabatière n'allait pas au tiers de l'approvisionnement normal de siège, et, de crainte de l'affaiblir encore, on renonçait à exercer les mobiles au tir à la cible; quant aux cartouches chassepot, il n'y en avait pas d'autres dans la place que l'approvisionnement de sûreté du bataillon du 50ᵉ de ligne (90 cartouches par homme). Partout aussi on manquait de pièces de rechange pour les réparations à l'armement (1). Le matériel de campe-

---

(1) A chaque dépêche adressée à Paris, la place de Langres joint une demande urgente de petits et grands ressorts à boudin. A Belfort, les armes distri-

ment et de couchage commençait à arriver des magasins centraux, mais les conditions d'hygiène des troupes non cantonnées étaient fort défectueuses et l'état sanitaire dans les places laissait à désirer.

Les effectifs des garnisons avaient fait peu de progrès pendant les dernières semaines d'août, car celles-ci n'avaient reçu depuis l'arrivée des gardes mobiles que des isolés appartenant aux dernières classes. Schlestadt n'ayant pu obtenir le renfort d'une troupe d'artillerie, le commandant de Reinach avait accepté celui de la compagnie des francs-tireurs de *Mirecourt*, qui, appelée brusquement à Epinal (1) lui fit également défaut. Vainement le sous-préfet lui-même intercédait pour qu'une troupe de ligne quelconque, fût-elle réduite à un demi-bataillon, vînt donner le bon exemple aux mobiles et arrêter la désertion : le gouvernement traitait cette place forte, la deuxième de l'Alsace et à laquelle il ne manquait rien que des défenseurs, comme si la région frontière eût été, par avance (2), sacrifiée à l'ennemi. A *Neuf-Brisach*, dès le lendemain de Sedan, le dépôt de cavalerie eut ordre de se rendre à Moulins, privant ainsi la place de 350 sabres. A *Langres*, comme à *Belfort* et à *Besançon*, le principal accroissement de la garnison provenait de l'arrivée des isolés et des recrues des dernières classes aux dépôts et aux quatrièmes

---

buées aux mobiles du Rhône lors de leur arrivée le 2 septembre, ne fonctionnaient pas : les réparations urgentes furent exécutées au plus tôt par des hommes de ces bataillons, ayant travaillé dans les manufactures de Saint-Etienne et de La Buire. (*Historique* du 2ᵉ bataillon du Rhône).

(1) La compagnie de *Mirecourt* avait offert ses services à la place de Schlestadt. Rentrée de Colmar par la montagne, le 30, et arrêtée au col du Bonhomme, elle allait descendre à Schlestadt quand elle reçut l'ordre secret l'appelant à Epinal. (*Rapport* sur les opérations de la Compagnie de Mirecourt).

(2) On a vu (§ XXIX) que dès le 8 août, le général Susane prédisait la perte certaine de Strasbourg, probable de Metz et de Besançon, et ne voulait que « sauver immédiatement ce qui peut être retiré de la bagarre ».

bataillons de ligne, où il avait fallu en constituer de nouvelles unités. Les corps francs, qui ne faisaient que passer(1) ne pouvaient être considérés comme des renforts envoyés aux garnisons. Le seul appoint venu de l'intérieur avant le 4 septembre fut le nouveau 16e régiment provisoire, formé des IIe IIIe et Ve. bataillons de la garde mobile du Rhône, qui arriva à Belfort dans la nuit du 2 ou 3. Ce corps de 3.618 hommes, constitué au camp de Sathonay le 27 août, et placé sous les ordres du lieutenant-colonel Rochas (capitaine au 11e de ligne) était vêtu de toile, chaussé de mauvais souliers (2) et armé de fusils à piston.

Conformément aux instructions du général de Palikao, chacune des places de l'Est avait organisé dès la fin d'août une colonne volante, destinée aux reconnaissances. Mais seul le détachement de Langres avait été mis à l'épreuve, lors de la petite expédition de Vaucouleurs. Les colonnes volantes de Belfort et de Neuf-Brisach, tour à tour destinées à opérer sur Saverne et sur Rhinau, n'étaient sorties de leurs murailles que pour quelques reconnaissances de terrain (3). Quant à Schlestadt, le commandant de Reinach se refusait à exposer en rase campagne l'élite de sa trop faible garnison (4); ses lanciers, ressource exceptionnelle et précieuse dans la région, avaient ordre de promener leurs chevaux sur la route de Neuf-Brisach et de se replier

---

(1) Voir plus loin (*Corps francs*).

(2) « Quelques-uns même avaient des semelles en carton collé, recouvertes d'une légère feuille de cuir. Dès le premier jour, cette semelle collée se détrempa dans l'humidité et des hommes se trouvèrent sans chaussures ». (*Rapport* sur les opérations du 16e régiment provisoire de marche).

(3) 28 août, à Belfort : alerte à la nouvelle de l'approche des Prussiens; reconnaissance infructueuse par le IVe bataillon du 85e de ligne. 2 septembre, à Neuf-Brisach : reconnaissance vers Chalampé par une colonne de 500 gardes mobiles, qui rentre en désordre dans la place.

(4) Conseil d'enquête sur la reddition des places. Procès-verbal de l'interrogatoire du colonel de Reinach.

immédiatement en cas de rencontre des dragons badois; et les détachements de mobiles protégeant le déboisement aux abords des remparts devaient, eux aussi, à la première alerte, se réfugier sous le feu des canons, chargés à mitraille.

La timidité générale des commandants de place était-elle justifiée par l'état ou la qualité de leurs garnisons? On s'en rendra compte en passant en revue les éléments de ces troupes.

Troupes de ligne. Dépôts et quatrièmes bataillons. — Rappelons que le décret du 14 juillet 1870 avait constitué le *Dépôt* d'instruction de chaque régiment d'infanterie au moyen de son petit état-major (section H. R.) et des 8e compagnies des IIIe et IVe bataillons, celui des chaque régiment de cavalerie au moyen de son peloton H. R. et d'un escadron tiré au sort. Le rôle de cet organe était de recevoir les hommes envoyés successivement du corps par les appels du recrutement, de les habiller et de les verser, au fur et à mesure des besoins, dans les bataillons et escadrons actifs, et à défaut, pour l'infanterie, dans le bataillon de garnison (VIe bataillon). Les ordres de renforcement partaient du ministère de la guerre.

Par une mesure qui eût été discutable même dans le cas d'une campagne offensive, les emplacements des dépôts de toutes armes étaient maintenus dans la zone frontière; ainsi, dès le début de la guerre, l'affluence des isolés vint-elle ajouter aux difficultés des transports de troupes sur les voies ferrées; et, alors que tout désordre créait un danger, les détachements formés aux dépôts et envoyés aux unités actives des corps eurent constamment à traverser d'autres troupes stationnées ou en mouvement. Durant cette période initiale, trois dépôts seulement furent déplacés, en raison des risques qu'ils semblaient courir; ceux du 2e lanciers (de Haguenau à Schlestadt) du 4ᵉ chasseurs à cheval (de Colmar à Neuf-Brisach) et du 45ᵉ de ligne (de Huningue à Belfort).

Jusqu'au 8 août, les dépôts de la région de l'est expédièrent successivement aux régiments de l'armée du Rhin tout ce qu'ils avaient reçu d'hommes mobilisables; les derniers détachements furent arrêtés à Strasbourg le 8 et y restèrent (1); les cadres de conduite qui auraient dû rentrer, étant demeurés avec les détachements (2). Lors de la retraite de l'armée sur Châlons et Metz, les envois de renforts se trouvant suspendus, on commença à reconstituer dans les dépôts d'infanterie les IVᵉˢ bataillons, alors réduits à des cadres incomplets, et les compagnies du dépôt (3) A ce moment même, tous les dépôts de cavalerie recevaient l'ordre d'évacuer leurs garnisons, pour gagner soit le camp de Châlons, soit les départements de l'intérieur. Par un ordre du 7 août, tous les détachements des réservistes destinés à l'armée (sauf ceux du 7ᵉ corps stationné à Belfort) devaient être dirigés sur le camp de Châlons. Mais cet ordre ne paraît avoir été exécuté, dans les 3 divisions militaires de l'Est, que pour les détachements arrivés dans Metz. Exceptionnellement, le 25 août, le dépôt du 50ᵉ de ligne, à Langres, fit partir pour le camp de Châlons un dernier détachement (4)

---

(1) Du dépôt du 78ᵉ (de Besançon) un détachement de 340 hommes — du 74ᵉ (Neuf Brisach) 200 hommes — du 45ᵉ (de Belfort) 104 hommes. — Ils entrèrent dans la composition du régiment de marche (V. *passim*, p. 91, note 1).

(2) Des 4 officiers du 50ᵉ de ligne partis avant le 8 août pour conduire des détachements, aucun n'était revenu : l'un avait été tué à Wissembourg.

(3) Exemple, le 50ᵉ régiment d'infanterie. A la date du 1ᵉʳ août, l'effectif de son IVᵉ bataillon et Dépôt, à Langres (avec détachement de 14 hommes au fort des Rousses et 14 hommes à Salins) est de 17 officiers et 820 hommes. A la date du 8 août, après envois successifs de trois détachements (1100 hommes) aux bataillons actifs, cet effectif est réduit à 325 hommes non exercés, sans équipement, ni matériel de campement, ni cartouches. Le 15 août, il remonte déjà à 700 hommes au moins.

(4) D'après l'*Historique* du corps, ce détachement aurait été d'environ 1200 hommes. D'après le *registre* de correspondance de la subdivision, de

qui réduisit son effectif à néant; mais dans les autres corps de cette région, les hommes non exercés appelés au service par la loi du 12 août (recrues de la classe 1869 et hommes de la 2e portion des contingents) demeurèrent aux compagnies de dépôt, tandis que les anciens soldats de 30 à 40 ans étaient versés dans les IVe bataillons.

Les dépôts ayant en charge un matériel considérable (armement, habillement, équipement, campement) que l'intendance, au début d'août, avait complété à raison de 1000 hommes par dépôt et qui dépassait généralement cette fixation, leur déplacement devant l'invasion était extrêmement difficile. Ceux qui appartenaient aux garnisons des places fortes y furent maintenus sans exception, au risque de tarir le renforcement des unités de campagne. Ceux qui se trouvaient dans des villes ouvertes menacées, furent évacués sur les places les plus voisines, abandonnant en partie leur matériel (1). Ceux des villes de l'intérieur y demeurèrent. Ainsi le dépôt du 60e de ligne passa de Nancy à Marsal, celui du 63e d'Epinal à Toul, tandis que ceux du 85e et 84e étaient laissés dans les garnisons de Gray et de Lons-le-Saulnier.

Lorsque la marche de la *III*e armée allemande eut coupé les relations des dépôts de la région de l'Est avec le reste de l'armée, le général de Palikao leur laissa

---

700 hommes seulement. Il n'a pas été possible de contrôler ces chiffres. Quoi qu'il en soit, le lendemain 16 août, le 50e de ligne ne comptait plus à Langres que les cadres du dépôt et du IVe bataillon, mais les vides furent promptement comblés par l'incorporation journalière d'appelés et d'engagés.

(1) Dans la 5e division militaire, les premiers ordres du ministre (8 août) ne concernant que les dépôts stationnés dans le département de la Meuse et qui devaient être évacués sur Verdun, le général Crespin demanda une mesure analogue pour les dépôts de Pont à Mousson, Nancy et Epinal (Documents annexes, *Journée du 8 août*). Le 18 août, l'empereur lui-même prescrivit au général de Palikao de faire refluer à l'intérieur tous les dépôts menacés.

pour unique mission de former les quatrièmes bataillons et on n'eut plus recours à eux pour renforcer l'armée de Châlons. Le 27 août, tous les dépôts indistinctement ayant reçu l'ordre de mobiliser une compagnie de 200 hommes bien solides, avec cadres complets, prête à partir pour Paris (1) le major du 85e embarqua prématurément sa compagnie, le 29 août, mais le ministre la renvoya à Gray. Après son retour (4 septembre) le dépôt du 85e à Gray comptait plus de 500 hommes instruits, habillés, armés, « et qui eussent été plus utilement employés autre part » (2). Le dépôt du 84e à Lons-le-Saulnier comptait 5 officiers et 616 hommes présents sous les armes. A la même date, la plupart des dépôts stationnés dans les villes et dans les places non investies de la région de l'Est présentaient des effectifs analogues, après avoir complété à 6 compagnies les effectifs des IVe bataillons.

Les *IVes bataillons* avaient été constitués à 4 compagnies, au moyen des 7es compagnies des trois bataillons actifs et de la 8e du 1er bataillon; mais, au moment de la déclaration de guerre, ces compagnies comptèrent à peine 50 hommes présents sous les armes, et, jusqu'au 6 août, elles ne reçurent aucun renfort. Le ministre estimait à cette date l'effectif moyen des IVes bataillons à 200 hommes (3), et, d'autre part, les magasins des dépôts de l'Est, épuisés par les détachements expédiés

---

(1) Cette mesure, destinée à renforcer la garnison de Paris au moyen de 80 compagnies de la ligne, eût permis d'éloigner le 14e corps de la capitale sans soulever les protestations du conseil de défense.

(2) *Registre* de correspondance de la subdivision de la Haute-Saône. L'embarquement avait eu lieu le 29 août, à 8 h. 43 du matin; le retour eut lieu le 4 septembre.

(3) D. T. Ch. du ministre de la guerre au major général, 8 août, 10 h. 30 soir (*Guerre de 1870-71. Mesures d'organisation*. Documents annexes, p. 6.) Les effectifs du IVe bataillon du 63e (470 hommes) et du 60e (748 hommes) à cette date seraient donc exceptionnels.

aux bataillons actifs, se trouvaient dans un véritable dénûment. Cela explique l'inexécution de l'ordre télégraphique du 7 août, appelant au camp de Châlons les IVe bataillons des 50e et 85e de ligne, stationnés à Langres et à Gray (1). Ainsi que les dépôts, les IVes bataillons ne furent déplacés que lorsqu'ils parurent menacés, ou lorsqu'ils devinrent mobilisables. Dès le 6 août, celui du 60e de ligne avait été appelé de Nancy à Metz, et, le 8 août, celui du 63e d'Epinal à Phalsbourg (2). Le 17 août, celui du 85e de Gray (12 officiers, 793 hommes) et le 18, celui du 85e, de Lons-le-Saulnier (12 officiers, 581 hommes) passèrent à Belfort, que venaient de quitter les troupes du 7e corps. Les quatrièmes bataillons de la région de l'Est, portés de 4 à 6 compagnies, constituèrent le fond des colonnes volantes des places fortes ; jugés indispensables à la défense locale, ils échappèrent à la formation effective en régiments de marche et demeurèrent constitués en corps indépendants.

Les effectifs des IVes bataillons au début de septembre, étant, le plus souvent, confondus avec ceux des dépôts de leurs corps, dans les pièces comptables qui ont subsisté, sont difficiles à dégager exactement. Mais le chiffre moyen de 200 hommes par compagnie ne semble pas exagéré et il donne un total moyen de 1200 hommes par chaque IVe bataillon, 400 hommes par dépôt de ligne et 600 hommes par bataillon de chasseurs.

La supériorité de ces troupes de ligne sur les autres troupes à ce moment n'est guère constituée que par leur encadrement en gradés de l'armée active, par leur

---

(1) *Registre* de la subdivision.
(2) Dans l'Est, peu d'officiers avaient démissionné. En revanche, au moment de la première convocation des cadres, qui avait eu lieu huit jours avant celle des simples gardes mobiles, et devant la pénurie complète du matériel, on avait eu à enregistrer de nombreuses démissions. (Exemple : gardes mobiles de la Haute-Saône).

armement en fusils chassepot, et par leur habillement en effets de drap. Pour leur recrutement, leur instruction et leur esprit, ils rentrent dans les conditions générales des troupes de seconde ligne, auxquelles ils sont souvent inférieurs (1).

Il y avait dans l'Est deux *Dépôts de remonte*, ceux de Sampigny et de Faverney. Le premier, dès le 9 août, fut évacué sur Verdun par ordre du général Crespin et il gagna, le 13, Vitry-le-François. Le second, qui avait encore à exécuter des achats et était menacé par la cavalerie allemande, fut transféré, le 1er septembre, à Gray.

Gendarmerie. — La gendarmerie, considérée comme partie intégrante de l'armée active, ne saurait être négligée dans l'énumération des forces vives de la région de l'Est au début de septembre.

La 7e légion, attachée à la 7e division comptait alors 22 officiers, 660 hommes et 306 chevaux. A ce total, il faut ajouter la gendarmerie des Vosges (4 officiers, 120 hommes, 67 chevaux) qui avait gagné Langres le 25 août, et celle du Haut-Rhin, d'un effectif sensiblement égal, et qui était répartie entre les places et les agglomérations ouvrières du département.

Nous avons vu le parti qui avait été tiré de ces vieux et bons soldats, soit pour la protection de la Haute-Saône, soit pour l'exploration en avant des reconnaissances d'infanterie et nous avons indiqué d'autre part les circonstances politiques qui pouvaient s'opposer à une concentration des troupes de gendarmerie.

---

(1) A Belfort, les gardes mobiles de la Haute-Saône (57e) prouvèrent en maintes occasions leur supériorité militaire sur le 45e de ligne (IVe bataillon). « Ce régiment, reformé à Belfort avec des engagés volontaires sortis en foule de l'Alsace, était de tout point déplorable; les ouvriers de fabrique, mièvres et chétifs, qui changeaient de métier pour avoir du pain, en formaient le principal élément ». (*Belfort et les bataillons de la Haute-Saône*, par J. Hild, professeur au lycée de Vesoul, Paris, 1872).

Gardes nationales mobiles. — On a vu par les précédents chapîtres (§ XIII, XXXIII, XXXIX) au milieu de quelles difficultés s'étaient opérés la réunion, l'armement, puis la répartition de guerre des gardes mobiles dans la région de l'Est.

Les cadres inférieurs, désorganisés au début par les déficits et les démissions, avaient été recomplétés au cours du mois d'août. Quant aux effectifs de la troupe, qui avaient donné lieu à de grands mécomptes, le gouvernement s'était efforcé de les relever en convoquant tous les hommes des classes 1865 et 1866 (circulaire du 27 août), mais il était alors trop tard pour atteindre ceux qui dans ces classes n'appartenaient pas déjà aux formations sur pied (appelés de l'armée active, engagés volontaires, corps francs) et il ne semble pas que cette mesure ait donné d'utiles résultats dans la région de l'Est; elle était d'ailleurs combattue par les exemptions que les conseils de révision, ou plus exactement les préfets, accordaient trop généreusement aux mobiles à titre de soutiens de famille, sur la foi de certificats délivrés par les maires, exemptions dont le ministre avait fixé la limite à la proportion énorme de 14 p. 100 du contingent. Les abus furent si graves, principalement dans les places du Haut-Rhin, qu'il fallut y couper court en décidant (3 septembre) le maintien provisoire de tous les gardes mobiles sous les drapeaux, et le rappel d'une partie des exemptés (1). Ce fut là une des causes de recrudes-

---

(1) (Circulaires des 20 et 26 juillet, relatives aux dispensés à tous les titres. Circulaire du 22 août autorisant les conseils de révision à renvoyer 14 p. 100 des gardes mobiles comme soutien de famille). — Le 29 août, dans la seule place de Neuf-Brisach, où il n'y avait que 2200 mobiles du Haut-Rhin, 230 d'entre eux ayant été admis comme soutiens indispensables de famille par le conseil de révision, leurs camarades eux-mêmes s'indignèrent d'un tel scandale, et il fut établi que les maires avaient indistinctement signé tous les certificats n° 5 qui leur avaient été présentés. Le colonel de Kerhor,

cence de la désertion, qui commençait à sévir dans les gardes mobiles de la région de l'Est.

D'autres causes du mécontentement allaient être aussi néfastes à la discipline de ces troupes. Le profond dénûment dans lequel elles s'étaient trouvées au moment de leur convocation n'avait pas encore cessé après un mois de réclamations et de démarches, le ministère de l'Intérieur manquant à la fois du matériel, des crédits et du temps qui eussent été nécessaires. Depuis le 7 août, date à laquelle les mobiles de la Franche-Comté « n'avaient ni vêtements, ni souliers » (1), le général de Prémonville s'était ingénié à les habiller : mais les correspondances qui subsistent, montrent avec quelle lenteur la situation s'améliorait. Le 24 août, sur les 8.200 mobiles casernés ou campés à Langres, à peine deux bataillons, le Ier des Vosges et le IIe de la Meurthe, possèdent des effets de drap (2), les autres souffrent cruellement du froid, et le sous-préfet supplie le ministre de leur envoyer des capotes, des chemises, des chaussures (3). Dans le Doubs, à la même date, le préfet réclame instamment le rempla-

---

commandant de la place, déclara alors qu'il ne renverrait personne, et en rendit compte au Ministre, qui approuva sa décision. — Les mêmes abus amenèrent les mêmes désordres dans la plupart des centres de réunion des gardes mobiles, et principalement à Paris (*Guerre de 1870-71. Mesures d'organisation*, p. *123*). La circulaire du 3 septembre prescrivit aux Préfets de faire une nouvelle révision et de signaler immédiatement aux généraux les gardes mobiles rentrés indûment dans leurs foyers et à rappeler à l'armée. Mais il était trop tard.

(1) Le général commandant la 7e division militaire au Ministre de la guerre, de Besançon, 7 août (*Guerre de 1870-71. Mesures d'organisation*. D. A. p. 37).

2) Les effets du 1er bataillon des Vosges provenaient des magasins du dépôt du 63e, où ils étaient restés après le départ précipité de ce dépôt d'Épinal pour Phalsbourg. Ceux du IIe de la Meurthe avaient été ramenés de Paris par un officier, que le commandant de ce bataillon (M. Brisac) avait spécialement dépêché à cet effet.

(3) Voir Documents annexes. *Journée du 24 août*. Le sous-préfet de Langres au ministre de l'intérieur de Langres, 4 heures 30 soir.

cement des blouses de toile par des tuniques de drap (1).

A Belfort, la garde mobile du Rhône, arrivant le 2 septembre, en effets de toile et par la pluie, passe immédiatement des marchés avec des industriels de Mulhouse, pour des chemises et ceintures de flanelle. Quelques jours après, elle recevra de la Préfecture du Rhône des effets de laine, confectionnés à la hâte, légers comme la toile et de qualité déplorable, et la maladie sévira. Dans les autres places du Haut-Rhin, la situation matérielle et sanitaire n'est pas meilleure. A Neuf-Brisach, où les mobiles couchent, soit dans les greniers, soit dans les casemates, le colonel de Kerhor propose un appel à la population pour obtenir, à titre de dons patriotiques, des couvertures de couchage, et des officiers font confectionner, à leur compte personnel, des chemises et des capotes de sentinelles. A Schlestadt, le 26 août, il y a encore plus de 300 mobiles à habiller, et le ministre ne répond pas aux sollicitations qui les concernent. Il y a bien, dans les magasins des dépôts de l'armée active, des approvisionnements de vêtements et d'étoffes, mais ils appartiennent à la dotation des régiments et on ne peut y toucher. C'est seulement le 26 août, que le ministre autorisera enfin les intendants locaux à faire confectionner des blouses et pantalons de lainage, et des ceinturons de cuir. Comme on ne trouve plus de cuir, et que les blouses de lainage reçues des préfectures ne valent pas mieux que la toile, quelques chefs de corps prennent sur eux de commander des vêtements de drap munis de poches (2), dont la livraison doit encore tarder trop longtemps.

---

(1) *Ibid*. Préfet du Doubs au Ministre de l'intérieur. Besançon, 24 août, 5 heures 50 soir.
(2) Le général commandant la 7e division militaire au Ministre de la guerre, de Besançon, 24 août (D. A. p. 78)

L'armement des gardes mobiles de l'Est est presque complet à la date du 4 septembre. Le IIe bataillon du Jura, à Lons-le-Saulnier, est seul encore sans fusils. Quelques unités (Ier bataillon des Vosges, Ier du Doubs) ont reçu des chassepots, mais ceux-là manqueront complètement de cartouches. Les autres ont des fusils transformés à tabatière, sans bretelles ni fourreaux de baïonnettes. Ces armes sont quelquefois hors d'usage, et les places manquent uniformément de pièces de rechange pour les réparer. Le commandant Brisac, chef du IIe bataillon de la Meurthe, dès son arrivée à Langres, (15 août) expédie à Saint-Etienne un officier chargé de rapporter des pièces d'armes. Le régiment des mobiles du Rhône (n° 16) arrivé à Belfort le 3 septembre, reçoit le même jour, en échange de ses fusils à piston, des armes à tabatière sortant des arsenaux, mais en si mauvais état, qu'il lui faut constituer immédiatement des ateliers de réparation au moyen des ouvriers en fer de Saint-Etienne et de La Buire, qui font partie de son contingent. Dans les corps de la garde mobile qui n'ont pas d'ouvriers en fer et qui ne se *débrouillent* pas, une partie des fusils restera presque inutilisable.

L'instruction est lente, faute d'instructeurs, de munitions, de matériel de tir. Dans le Doubs, exceptionnellement, le préfet signale que « sur 4,000 gardes mobiles, 2,000 sont organisés, armés, équipés, habillés et ont passé à l'école du bataillon ». Ailleurs, le service de place et le service intérieur composent à peu près tout le programme d'instruction des mobiles, qui, faute de troupes d'artillerie et du génie, sont employés presque exclusivement aux terrassements, aux transports de matériel, à la manœuvre des pièces, et ne sont entraînés ni à la marche, ni au tir. Ce sont des troupes « de garnison » selon l'esprit de la loi de 1868, et non des troupes de choc, comme le voudraient, avec le général de Palikao, les nécessités de la défense mobile.

On avait cependant prévu, au début de la guerre, que, si nous envahissions l'Allemagne, nos troupes de 2e ligne devraient suivre le mouvement de l'armée, et se porter à leur tour en avant; dans cette éventualité, le gouvernement avait *autorisé*, le 18 juillet, la réunion des bataillons de garde mobile en régiments provisoires. Après nos premiers désastres, cette faculté parût être une ressource également précieuse pour la défensive, et sa mise en application commença dans les départements à partir du 17 août. Le rassemblement des gardes mobiles des départements de l'Est étant terminé le 23 août, le ministre *autorisa* à cette date le général commandant la 7e division militaire à créer à Langres deux régiments provisoires, formés l'un de trois des quatre bataillons de la Haute-Marne, venus de Chaumont, l'autre des trois bataillons des Vosges, arrivés d'Epinal le 15. Le général de Prémonville s'y déclara prêt, et proposa de créer à Besançon deux autres régiments provisoires au moyen des gardes mobiles du Doubs et du Jura; mais il insista auprès du ministre sur la nécessité absolue de désigner préalablement les chefs des nouveaux corps, parmi les officiers ayant servi dans l'armée active. A la suite de cette correspondance, les quatre régiments précités, ainsi que celui de la Haute-Saône, (dont les éléments se trouvaient à Belfort) furent créés, par un décret de 3 septembre (1), sous les numéros 54 à 58.

Le 54e régiment provisoire (Ier, IIe, IIIe bataillons du Doubs) eut pour lieutenant-colonel M. Cornu, chef de bataillon d'infanterie de marine en retraite.

---

(1) Ce décret ne put être exécuté immédiatement. Il n'est transcrit à l'ordre de la 7e division qu'à la date du 9 septembre.

Le 55ᵉ (Iᵉ, IIᵉ, IIIᵉ du Jura) M. de Montravel, lieutenant de cavalerie démissionnaire, (bien que ses trois bataillons fussent dispersés entre Dôle, Lons-le-Saulnier, Morez, et les forts de Salins et des Rousses.)

Le 56ᵉ (Iᵉ, IIᵉ, IIIᵉ de Haute-Marne). M. Dupotet, lieutenant d'infanterie démissionnaire.

Le 57ᵉ (Iᵉ, IIᵉ, IIIᵉ de Haute-Saône). M. Fournier, major d'infanterie en retraite.

Le 58ᵉ (Iᵉ, IIᵉ, IIIᵉ des Vosges). M. Dyonnet, chef de bataillon d'infanterie en retraite.

Quant aux bataillons de mobiles non compris dans la formation des nouveaux corps, ils demeuraient « corps indépendants, comme des bataillons de chasseurs à pied » (1). Le IVᵉ de la Haute-Saône à Belfort, le IVᵉ et le Vᵉ du Doubs à Besançon, le IVᵉ de Haute-Marne à Langres.

Cette formation nouvelle de la garde mobile en régiments devait la rendre enfin utilisable comme troupe de campagne. Mais ce n'est pas le rôle qui lui échut. Pendant de longues semaines, sinon de longs mois, les gardes mobiles de l'Est allaient être maintenus dans les places, la plupart à proximité de leurs familles, et exposés aux émotions les plus dissolvantes de toute discipline. A l'encontre de Louvois, qui n'avait jamais employé les milices que loin de leur province d'origine, l'Empereur, philosophe idéaliste et chimérique (2) estimait que les citoyens avaient le *droit* de défendre *leurs foyers*, et ce principe, qui fut appliqué même aux mobiles parisiens, avait servi de base à la première répartition des bataillons des gardes mobiles de la fron-

---

(1) Général commandant la 7ᵉ division militaire au Ministre de la guerre. Besançon 24 août (D. A. p. 78).

(2) Sur les idées philosophiques de Napoléon III, V. Pierre de la Gorce, *Histoire du Second Empire*.

tière. Le 2 septembre, on se rendait mieux compte de la vérité, et le ministre de l'Intérieur écrivait à son collègue de la Guerre : « Les gardes mobiles ne sont assurément pas des soldats, mais ils sont animés de la meilleure volonté et sont tous dans la force de l'âge. *En les dirigeant sur des lieux de casernement éloignés de leur pays*, on en ferait rapidement d'excellentes troupes, bien préférables, sans contredit, aux hommes des classes rappelées, qui n'ont jamais reçu d'instruction militaire. » (1) Il était malheureusement trop tard pour rien changer à l'organisation militaire de la région de l'Est, où l'emploi des gardes mobiles à proximité de leurs familles allait donner lieu à de graves mécomptes (2).

Corps francs. — A la date du 4 septembre, cinq des compagnies de francs-tireurs de l'Est font partie des garnisons des places fortes. Celles de *Metz* (capitaine Vever), d'*Ars-sur-Moselle* (commandant Puypéroux) et partie de celle de *Frouard* (capitaine Lang) sont à Metz. Celles de *Verdun* et de *Neuf-Brisach* (capitaine Thiébault) sont employées dans ces deux places. Soumises à l'autorité des commandants supérieurs, le rôle de ces unités se confondra avec celui des troupes de garnison, et pour la plupart elles seront assimilées aux gardes nationales.

---

(1) *Guerre de 1870-71. Mesures d'organisation.* Page 84.
(2) Après les témoignages des préfets et des commandants de place sur cette question primordiale de l'emploi des mobiles, voici celui d'un des mobiles de la Haute-Saône, enfermé à Belfort : « Cette garnison avait le grave inconvénient de retenir les conscrits au seuil du foyer... Les continuelles visites que venaient rendre à leurs fils et à leurs frères les habitants de la Haute-Saône, étaient par elles-mêmes d'une nature peu salutaire. Plus d'une fois, elles semèrent le découragement, l'indiscipline, et firent regretter aux esprits réfléchis que nos bataillons n'eussent pas reçu une destination lointaine » (*Belfort et les bataillons mobiles de la Haute-Saône*, par J. A. Hild. volontaire au 4e bataillon, professeur au lycée de Vesoul. Paris 1871. pages 22, 23).

A Epinal, qui est devenu, pendant les derniers jours du mois d'août, le centre principal des projets contre les communications de l'ennemi, sont rassemblées la compagnie de *Colmar* (capitaine Eudeline, officier démissionnaire du 63ᵉ de ligne, 82 hommes), celle de *Mirecourt* (capitaine Bastien, 160 hommes) partie de celle de *Frouard* (commandant Clément, 40 hommes), et le groupe parisien des francs-tireurs des *Vosges* (capitaine Dumont, ancien sous-officier de cavalerie, 254 hommes armés de chassepots), arrivant de Langres. Lorsque l'expédition contre Saverne a été reconnue impraticable, le préfet ne sait plus que faire de ces 350 hommes, qui n'ont pas d'ordres, qui réclament une solde, et qu'il lui faut nourrir (1).

La compagnie de *Lamarche* (capitaine Lapicque, 60 hommes, chassepots) occupe toujours le massif boisé de l'arrondissement de Neufchâteau, doublant le réseau des guides forestiers. Celle de *Luxeuil* (capitaine de Perpigna, 48 hommes) dont la bonne volonté a été si longtemps négligée, est envoyée au poste de Faverney. La 1ʳᵉ compagnie des *Eclaireurs du Doubs* (capitaine Schmidt), après avoir concouru avec le groupe *dijonnais* de Bombonnel au coup de main de Joinville, est rentrée à Chaumont, où elle s'est mise aux ordres du préfet.

A Belfort ont débarqué, du 1ᵉʳ au 3 septembre, quatre nouvelles compagnies de francs-tireurs. Celle *du Rhône* (capitaine Tainturier, 3 officiers, 150 hommes) est envoyée

---

(1) Préfet des Vosges à Intérieur, d'Epinal, 4 septembre 1870. « Nous avons ici 50 francs-tireurs de l'ancienne compagnie de *Frouard*. Ils deviennent menaçants parce que, suivant les instructions que vous m'avez données ils ne reçoivent aucune solde. » (*Enquête* parlementaire sur la défense nationale. Vosges). — Du même au même, d'Epinal, 5 septembre, 11 h. 10 soir : « Il y a en ce moment à Epinal 4 compagnies de francs-tireurs... Jusqu'à nouvel ordre, je pourvois à leur subsistance. »

le 3, à Colmar pour protéger les opérations du conseil de révision dans le nord du Haut-Rhin. Celles de *la Seine* (*guérilla française*, commandant N., 8 officiers, 133 hommes) et de *Saint-Denis* (commandant Blanchard, 4 officiers, 84 hommes) attendent d'avoir touché des cartouches et des couvertures de campement pour se rendre à Mulhouse, puis dans la forêt de la Hardt, en face des passages que l'on croit menacés par les Badois. Celle de *Neuilly* (capitaine Sageret, 3 officiers, 92 hommes) est postée par le général de Chargère à Danjoutin, en avant de Belfort (3 septembre).

Voilà donc au moins dix compagnies franches, bien habillées, équipées et armées (1), composées d'hommes de choix, et toutes prêtes à être employées à la défense mobile dans l'Est.

Mais la fatalité a voulu que l'on n'en pût tirer aucun parti : car elles ne peuvent obtenir ni la solde, ni les prestations en nature qui sont indispensables à tout détachement. Si le ministre de l'Intérieur a promis aux *volontaires francs-tireurs*, au titre de la garde mobile, à laquelle ils ont été d'abord rattachés, la solde de 1 fr. par jour (11-12 août), par contre, le budget de la Guerre n'a aucun crédit ouvert pour l'entretien des formations échappant au contrôle de l'intendance; et aucune des deux administrations ne veut ordonnancer la mise en solde des francs-tireurs. Ce conflit scandaleux en présence de l'ennemi durera jusqu'au 7 septembre, au grand détriment de la défense nationale.

Un triste exemple en est offert par la compagnie de *Frouard*, constituée suivant le décret de 1868 (2). Dès le 10 août 1870, le Major général, sollicité d'accorder

---

(1) Toutes ces unités étaient armées de carabines Minié transformées à tabatière, « arme excellente en dépit de sa pesanteur », sauf les compagnies de *Lamarche* et de *Mirecourt*, qui avaient reçu des chassepots.

(2) Voir plus haut § XXX. *Les Francs-tireurs*.

une solde à ce groupe de 60 volontaires, avait renvoyé l'affaire au commandant de la 5ᵉ division militaire, comme ressortissant à ses attributions territoriales. Mais à ce moment, le général Crespin ne pouvait rien décider, des corps actifs se trouvant stationnés sur son territoire, et les généraux en chef y exerçant provisoirement l'autorité sur les troupes non endivisionnées. Le commandant de la subdivision, général de la Charrière, prit sur lui d'accorder provisoirement aux volontaires l'avance d'une quinzaine de solde, à raison de 0 fr. 25 par homme, somme dérisoire pour une troupe qui ne touchait pas les vivres de campagne. Aucune autre solution n'ayant été donnée à la demande de la compagnie de Frouard, la petite troupe fut, nous l'avons vu, après une courte tentative de résistance sur la Moselle, dispersée par la faim autant que par l'ennemi. Un groupe se réfugia dans Metz, et une quarantaine d'hommes rallièrent Epinal; mais là ces derniers furent encore moins favorisés, car ils ne purent obtenir du Préfet des Vosges aucune espèce de solde (1) et il leur fallut à nouveau se disperser, pour vivre, dans les fermes des environs de la ville, qu'ils étaient censés protéger (2).

Le général de Prémonville tenta vainement de sortir de cette impasse. Lorsqu'il envoya les francs-tireurs de *Luxeuil* camper à Faverney (29 août), il décida qu'ils toucheraient la solde de 1 franc par homme et par jour représentant les prestations fournies aux détachements de l'armée active. Mais le ministre de l'Intérieur, consulté par le préfet de la Haute-Saône, s'abrita derrière son collègue de la Guerre pour refuser d'ordonnancer en

---

(1) Voir plus haut p. 274, note 1.
(2) Doc. annexes. *Journée du 30 août*. Préfet des Vosges à Intérieur, d'Epinal. 30 août, 3 h. 5 soir.

leur faveur aucune allocation au titre de la garde mobile. Le lendemain (30 août) dans l'ordre de mouvement délivré aux *Eclaireurs du Doubs* (1), le général affirme leur droit « aux prestations en argent et en nature attribuées aux troupes régulières » et charge les maires d'en assurer la satisfaction. Dans ces tristes conditions, les corps francs n'auront que deux alternatives : vivre à la charge des communes, ou user du droit de réquisition individuelle, si les volontaires ou les officiers ne sont pas assez riches pour subvenir à leur entretien (2).

De telles complications administratives ajoutaient encore aux difficultés de commandement résultant de l'indépendance organique des corps francs. Chaque fois qu'une nouvelle compagnie de francs-tireurs débarquait dans une de nos places de l'Est, le commandant supérieur était tenu de l'autoriser « à agir comme corps isolé, « attendu qu'il n'y avait plus alors, dans son commande- « ment, de corps d'armée auquel elle pût être ratta- « chée » (3) et il se contentait de donner à son chef ses instructions générales, en lui laissant le choix des moyens d'exécution. Par l'exemple des francs-tireurs de *Lamarche* et de *Mirecourt*, abandonnant la ville de

---

(1) Doc. annexes. *Journée du 30 août*. Ordre de mouvement à la 1re compagnie d'*Eclaireurs du Doubs*.

(2) Les francs-tireurs de la Compagnie de *Luxeuil* n'avaient reçu que des carabines nues, sans bretelles, ni baïonnettes, ni accessoires d'armes, ni équipement. Le 2 septembre, le commandant de la subdivision de la Haute-Saône écrit au général de Prémonville : « Il est inutile de s'occuper de leur faire donner les accessoires qu'ils ont demandés ; ils se les ont procurés eux-mêmes et sont aujourd'hui complètement équipés ». Il en était de même de la plupart des corps francs, dont la belle tenue, qui ne devait rien à l'État, faisait alors l'admiration des gardes mobiles.

(3) C'est seulement le 4 novembre 1870 qu'un décret du Gouvernement de la défense nationale plaça sous l'autorité des généraux commandants supérieurs les corps francs organisés, déjà combattants ou prêts à marcher à l'ennemi, et obligea leurs chefs à tenir des contrôles, *pour les officiers tout au moins*.

Chaumont devant une escouade de uhlans (20 août) et par celui des francs-tireurs des *Vosges*, désertant leurs avant-postes de Domrémy pour courir à Gondrecourt (1er septembre); nous avons vu les premiers effets de ce régime mixte qui, avec de jeunes troupes et de jeunes chefs, allait créer une véritable anarchie en face de l'ennemi — les francs-tireurs pouvant se refuser à « combattre en ligne ».

D'autre part, les menaces de la presse allemande, qui assimilait la guerre de partisans au brigandage, commençaient à émouvoir l'opinion. Pour rassurer les volontaires, le Ministre faisait délivrer par le commandement territorial aux officiers de francs-tireurs des commissions régulières destinées à garantir leurs troupes contre les violations du droit des gens. Mais cette garantie n'inspirait que peu de confiance.

Absence de solde et mise hors des lois de la guerre, c'est plus qu'il n'en fallait pour justifier la prétention des francs-tireurs organisés, de « faire la guerre à leur guise », et l'extrême difficulté de former de nouvelles compagnies.

Le commandant Edmond Dollfus, envoyé par le général de Palikao à Belfort (28-31 août) pour lever des corps francs dans la population ouvrière du Haut-Rhin, avec tous les pouvoirs nécessaires, des armes et des cartouches à discrétion, déploya vainement dans cette mission l'activité la plus dévouée. Aidé du sous-préfet de Mulhouse, il crut un instant avoir réuni trois groupes de volontaires, dans cette ville, à Huningue et à Saint-Louis. Mais, dès que le désastre de Sedan fut connu en Alsace, ce qui était déjà difficile devint impossible, et il dut renoncer à tout espoir devant les menaces de l'invasion badoise.

Guides forestiers. — A la suite des désastres de l'armée du Rhin, le décret du 9 août, rénovant une ordonnance du 29 mai 1831, avait constitué les gardes forestiers en Compagnies de Guides, mis par le ministère des Finances à la disposition de l'administration de la Guerre « pour servir dans le département où ils exerçaient leurs fonctions et dans les départements limitrophes ». La rapide invasion du *Bas-Rhin* arrêta l'application du décret dans ce département. Dans le *Haut-Rhin*, les forestiers réunis à Colmar, y attendirent vainement des armes pendant dix jours, on ne leur donna aucune solde, et il fallut les licencier provisoirement, le 20 (1). La place de Schlestadt ne distribua de fusils, le 24, qu'à la compagnie la plus voisine, commandée par M. de la Chapelle, garde général, et les autres fractions ne furent rappelées à Colmar que le 30 août, pour y recevoir enfin des armes (200 fusils à tabatière), tandis que le ministre leur allouait la solde de campagne. C'est le 4 septembre seulement que, sous les ordres de M. Malaret, inspecteur à Rouffach, les forestiers commencèrent à être employés comme éclaireurs des petites colonnes de francs-tireurs opérant dans la région.

Dans la *Haute-Marne*, où chaque arrondissement avait fourni une compagnie (Clermont, Langres, Wassy, 160 hommes en tout) les trois unités furent mobilisées le 17, sur un ordre télégraphique du maréchal de Mac-Mahon, armés le 19, et répartis aussitôt comme agents de surveillance et de correspondance dans leur arrondissement respectif. Jusqu'à la fin du mois, elles eurent droit aux prestations en nature, non à la solde.

Les guides forestiers des *Vosges* furent, dans le mois d'août, réunis dans l'arrondissement de Neufchâteau et employés dans le sud des départements de la Meurthe

---

(1) V. plus haut § XXXI, page 144, note 1.

et de la Meuse, où ils rendirent de précieux services en avisant le préfet de Neufchâteau, et par lui le gouverneur de Langres, des mouvements de la cavalerie d'exploration ennemie ainsi que de la marche des convois destinés au parc de la *IIIe* armée.

Les guides forestiers étaient armés de fusils à tabatière; mais il leur était absolument interdit de s'en servir, sinon dans le cas de défense individuelle : leur rôle devant consister exclusivement à observer l'ennemi et à transmettre les renseignements. Ils s'acquittèrent parfaitement de leur mission et renoncèrent à des surprises ou à des captures qui leur eussent été faciles, sur des patrouilles de cavalerie ennemie.

Il ne paraît pas que la *Haute-Saône* eût organisé ses forestiers en compagnies de guides et il ne reste pas de traces de leur emploi dans le mois d'août.

Quoi qu'il en soit, le général de Prémonville pouvait, à la date du 4 septembre, disposer de plus de 500 de ces vieux et bons soldats, que tout préparait à la guerre de chicane et qui eussent rendu les plus grands services dans les reconnaissances de partisans. Mais, à cette date, les mêmes raisons qui paralysaient l'utilisation de la gendarmerie comme cavalerie de sûreté s'opposaient également à l'éloignement des gardes forestiers; il fallut les rappeler à leurs postes en raison de l'accroissement considérable du nombre des délits forestiers depuis leur départ (1).

Douaniers. — Dès la déclaration de la guerre, tout le personnel des douanes avait été mis par le ministère des Finances à la disposition de la Guerre (décret du 26 juillet 1870) pour la surveillance militaire et la transmission des renseignements sur la frontière — les brigades con-

---

(1) C'est pour la même raison qu'il fallut, le 22 septembre, licencier provisoirement tous les guides forestiers de la Haute-Marne.

tinuant à être employées dans leurs arrondissements et secteurs ordinaires.

Sur la frontière du Rhin, l'activité de ces agents expérimentés et connaissant également les deux rives du fleuve, donna les meilleurs résultats; car c'est eux qui fournirent d'abord au service des renseignements, nouvellement créé dans les corps d'armée, les indications les plus précieuses. Après les premières batailles, toutes les brigades du *Bas-Rhin*, étant devenues inutiles, se replièrent sur Strasbourg, où le général Uhrich en forma un bataillon de 19 officiers et 406 soldats.

Celles du *Haut-Rhin* demeurèrent à leur poste, continuant à renseigner le général de Chargère et à prendre part aux reconnaissances sur le fleuve, jusqu'au moment où le département fut à son tour envahi. On a vu leur rôle à Bellingen et on a pu se rendre compte de l'intérêt que présentèrent souvent pour la défense de la Haute-Alsace les rapports des officiers des douanes. Tant que la rive gauche du Rhin était encore en notre possession, il était indispensable d'y maintenir ce premier réseau de surveillance, auquel collaborait activement, quoique sans armes, le personnel des Ponts et chaussées (travaux du Rhin).

Garde nationale sédentaire. — A la date du 4 septembre 1870, nos cinq places fortes de l'Est, sauf Langres (1) ont une garde nationale sédentaire organisée et armée (fusils à piston). A *Besançon*, où le préfet a longtemps hésité à la former en raison de l'esprit de la population, la garde nationale compte 2.000 fusils. A *Belfort*, son effectif est de 1.000 hommes, à *Schlestadt* de 400, à *Neuf-Brisach* de 130 seulement. Les pompiers forment le noyau de ces milices citadines, qui, sachant à peine

---

(1) La garde nationale sédentaire de Langres ne fut créée que le 9 septembre.

se servir de leurs armes, n'apporteront qu'un médiocre appoint à la défense, mais qui, en revanche, dans la crise politique qui va s'ouvrir, seront en général une garantie pour l'ordre social.

Dans les villes ouvertes, les gardes nationales ont été généralement constituées à la fin d'août, sous l'impression des craintes d'invasion immédiate. A *Epinal*, le 26 août, s'est formée une garde nationale de 7 compagnies commandées par M. Martin, ancien élève de l'École Polytechnique. A *Colmar*, deux bataillons de 600 hommes chacun, formés le 29 août, ont été armés le 1er septembre et doivent élire leurs officiers le 4. A *Mulhouse*, la garde nationale s'est organisée aux derniers jours du mois d'août, lorsque le Haut-Rhin a paru menacé. A *Vesoul*, elle est en voie de formation, mais il n'y a encore que la compagnie de pompiers sur qui on puisse compter pour le maintien de l'ordre. A *Chaumont*, encore aucune organisation; c'est aux francs-tireurs du Doubs que les autorités confieront la défense de la préfecture, lors de la proclamation du nouveau gouvernement. A *Gray* et à *Lons-le-Saulnier*, même retard, causé par l'apathie des municipalités; c'est le 4 septembre qu'on y nommera les cadres de la garde nationale.

Ce sont, dans l'Est, les petites villes et les villages qui apporteront le plus gros contingent aux gardes nationales. A la date du 26 août, le préfet du *Doubs* a déjà distribué près de 10,000 fusils aux chefs-lieux d'arrondissement, de canton, et aux communes. Dans les *Vosges*, à la même date, les Conseils de recensement fonctionnent partout, et on attend des armes de l'arsenal de Besançon. Dans la *Haute-Marne*, dont une partie vient d'être piétinée par l'invasion, les communes du Langrois ont seules gardé les armes qui leur ont été distribuées dès le 4. Les pompiers retrouvent les leurs, cachées dans les bois à l'apparition des uhlans, et, à la fin de septembre, ce brave département aura 30,000 hommes sous les armes. Nous avons vu combien l'armement des populations avait été tardif dans le département du *Haut-Rhin* (§ XLI). En quelques jours cependant, plus de 11,000 fusils y ont déjà été distribués, surtout dans les communes voisines du fleuve, hantées par la menace de l'invasion badoise ou wurtembergeoise.

Malheureusement, aucune organisation d'ensemble ne vient coordonner les éléments innombrables de cette force populaire, qui pourrait être à nouveau surprise et annihilée avant d'avoir pu être encadrée et utilisée. C'est le gouvernement du 4 septembre, qui, au spectacle de la Patrie en danger, songera pour la première fois à faire de cette foule une armée, par la création de la *garde nationale mobilisée.*

Les détails qui précèdent, ont paru utiles pour établir l'état réel des forces militaires que présentait, au 4 septembre, la région de l'Est.

Ils permettent d'apprécier ce qui avait été fait par le gouvernement impérial pour mettre cette région en état de se défendre au moyen de ses seules forces. On peut évaluer à plus de 40.000 hommes le total des garnisons alors rassemblées dans ses cinq places fortes. (1)

Si, à l'imitation des défenseurs de l'Alsace en 1815, le commandement avait pu appeler dans ces places, dès la formation des gardes mobiles, toute la population du pays en état de porter les armes, — les gardes nationales sédentaires, — c'étaient plus de 50,000 fusils qu'il eût adjoints aux artilleurs des gardes mobiles et aux gardes nationaux sédentaires des garni-

---

(1) V. Documents annexes, *État numérique des forces sous les armes dans l'Est à la date du 4 Septembre 1870.*

sons. Cette mesure eût, d'autre part, libéré les forces ci-après.

Infanterie de ligne, Dépôts et 4ᵉ bataillons............	8.000 chassepots.
Gardes nationales mobiles (exercées) et Guides forestiers................	20.000 chassepots et fusils à tabatière.
Corps francs.............	1.000 chassepots et carabines Minié.
Cavalerie (Gendarmerie et Dépôts)................	800 sabres.
Artillerie de campagne (1 batterie attelée)......	300 hommes, 6 canons de 4.
	30.100 hommes.

C'étaient là les éléments, sinon d'un corps d'armée régulier, tout au moins de colonnes volantes qui, soutenues par nos places et appuyées sur une base de manœuvre telle que le massif des Vosges, auraient pu agir avec la plus grande efficacité, soit contre le corps de siège de Strasbourg (division badoise, 16 bataillons 12 escadrons, 54 pièces; division de landwehr de la garde, 12 bataillons, 4 escadrons, 4 pièces; 1ʳᵉ division de réserve, 12 bataillons, 8 escadrons, 36 pièces), soit contre celui de Toul (3 bataillons de landwehr et 25 pièces de place trouvés à Marsal), soit enfin sur la ligne d'étapes Saverne-Saint-Dizier, (gardée par quelques bataillons seulement). Organisée uniformément, et encadrée d'officiers de l'armée de ligne, on ne peut présumer de quelles conséquences eût été suivie l'apparition, sur les derrières de la *III*ᵉ armée allemande, de cette avant-garde de la France du Sud, dont les gros bataillons, les gardes mobiles, commençaient à s'ébranler vers l'Alsace.

Nous avons vu que, malheureusement, les discordes politiques et sociales fomentées dans la région de l'Est, avaient forcé les autorités de suspendre l'armement en masse de la population, et qu'il leur avait fallu renoncer à l'avantage immédiat du nombre pour procéder à de lentes et pénibles sélections.

Surpris par le désastre de Sedan, le gouvernement impérial n'eut pas le temps de coordonner et de mettre en œuvre les forces de seconde ligne de cette région, qu'il avait eu tant de peine à faire sortir du néant. Le 4 septembre, il laissait au gouvernement de la Défense nationale la mission d'en tirer un meilleur parti.

DOCUMENTS ANNEXES

DOCUMENTS ANNEXES

Journée du 14 juillet.

Le Général de Saint-Sauveur, commandant la subdivision de Colmar, au Général commandant le 3ᵉ corps, à Nancy.

Mulhouse, 14 juillet.

Les propositions des ouvriers sont inadmissibles.
Ainsi que j'ai eu l'honneur de vous le dire dans plusieurs dépêches, je crois que l'argent de l'Internationale est pour beaucoup dans le maintien de la grève. Arrêtés à Mulhouse par la présence de la troupe, les meneurs parcourent la vallée, entraînant avec eux les ouvriers... Cette grève a un caractère infiniment plus socialiste que manufacturier; en entraînant les ouvriers loin des ateliers, l'Internationale a voulu compter ses adeptes et constater l'influence qu'elle pourrait avoir sur eux à un moment donné.

Journée du 15 juillet.

Le chef d'escadron commandant la compagnie de gendarmerie du Haut-Rhin au Général commandant le 3ᵉ corps.

Mulhouse, 15 juillet.

« ... Je dois conclure que le mouvement est purement socialiste et que sans l'arrivée des troupes sur les points menacés et les mesures de précaution prises, une atteinte vigoureuse contre la propriété et contre les personnes se serait produite. »

Journée du 16 juillet.

(Rapport politique de la gendarmerie du Haut Rhin.)

« ...Une direction habile n'a pas été étrangère à ce mouvement, il y a eu obéissance passive de la part des ouvriers à un mot d'ordre venu soit de l'étranger, soit des sociétés secrètes, et des secours en argent ont été remis aux grévistes... » (1).

Journée du 17 juillet.

Ordre de la 7ᵉ division militaire.

Besançon, 17 juillet.

A dater d'aujourd'hui, la 7ᵉ division militaire cesse de faire partie du 3ᵉ corps d'armée.

Elle est comprise dans l'arrondissement du 7ᵉ corps d'armée, dont le commandement en chef est exercé par M. le général de division Félix Douay.

Le quartier général de ce 7ᵉ corps sera établi à Belfort, à partir du 18 juillet courant.

Le Commandant de la place de Neuf-Brisach au Général commandant le 3ᵉ corps d'armée, à Nancy (D. T.).

Neuf-Brisach, 17 juillet.

Le pont du Rhin a été rétabli ce matin par les Badois. On n'aperçoit pas de troupes dans Vieux-Brisach. J'ai pris les mesures néces-

---

(1) « La grève s'était régularisée et semblait obéir à des comités directeurs. Il y a intimidation et menace de la part d'une fraction... On m'a cité depuis, comme l'instigateur principal de cette grève, l'un des auteurs les plus remuants du 11 octobre et du 18 mars ». (*Journal d'un habitant de Colmar*, par J. Sée). — « Dans les mouvements ouvriers que nous avons eu avant le 4 septembre, nous retrouvons toujours la main de l'Internationale, les mêmes gens, le même mot d'ordre » (*Enquête* parlementaire sur les actes du gouvernement de la Défense nationale, 24 mai 1871. Déposition de M. Fontaine, chargé de la surveillance des sociétés ouvrières).

saires pour repousser une surprise. Il serait urgent d'avoir une garnison plus considérable à Neuf-Brisach.

Le Général commandant à Colmar, au Commandant de la place de Neuf-Brisach (D. T.).

Colmar, 17 juillet, 4 h. 38 soir.

Le général de division m'écrit : « Quant au pont de Vieux-Brisach, laissez démolir par les Badois tout ce qu'ils voudront sur leur territoire, évitez surtout tout engagement avec eux. »

Journée du 19 juillet.

Le Commandant de la place de Neuf-Brisach au Général commandant la 2ᵉ division, à Colmar (D. T.).

Neuf-Brisach, 19 juillet.

...Les Badois travaillent depuis hier soir à enlever les bateaux de la partie du pont qui se trouve sur leur territoire. Treize bateaux sont déjà enlevés.

Les bateaux qui se trouvent sur le territoire français n'ont pas été touchés, me conformant ainsi à la dépêche du général de division du 17 juillet, qui me prévient de laisser les Badois démolir sur leur territoire tout ce qu'ils voudront.

Les habitants de Vieux-Brisach ne paraissent pas hostiles. Les jeunes gens de la réserve sont partis pour Rastadt.

Les officiers de remonte enlèvent tous les chevaux de Vieux-Brisach.

Le matériel du fort Mortier est préparé, il y sera envoyé dès que la garnison sera assez forte pour y faire une vigoureuse défense.

Le Commandant de la place de Neuf-Brisach au Général commandant la 6ᵉ division, à Strasbourg (D. T.).

Neuf-Brisach, 19 juillet.

Tous les bateaux du pont (du côté de Bade) sont partis en descendant le Rhin et ont disparu à 4 kilomètres.

Journée du 20 juillet.

Le général Ducrot au Ministre de la Guerre.

Strasbourg, 20 juillet.

Demain, il y aura à peine cinquante hommes pour garder la place de Neuf-Brisach et Fort Mortier. Schlestadt, la Petite-Pierre et Lichtemberg sont également dégarnis. C'est la conséquence des ordres que nous exécutons. Il serait facile de trouver des ressources dans la garde nationale mobile et dans la garde nationale sédentaire, mais je ne me crois pas autorisé à rien faire, puisque Votre Excellence ne m'a donné aucun pouvoir. Il paraît que les Prussiens sont déjà maîtres de tous les défilés de la Forêt-Noire.

Le Général commandant la 6ᵉ division au Commandant de la place de Neuf-Brisach (D. T.).

Strasbourg, 20 juillet, 11 h. 45 matin.

Mettez tout ce qu'on vous demandera en hommes, infanterie ou artillerie et équipages, à la disposition de MM. les ingénieurs du Rhin, pour aider au démontage et transport du pont de Brisach.

Le Commandant de la place de Neuf-Brisach au Général commandant la 6ᵉ division (D. T.).

Neuf-Brisach, 20 juillet, 4 h. soir.

Je n'ai ni hommes, ni chevaux à Neuf-Brisach. Le détachement d'artillerie est parti pour Colmar avec les chevaux, un bataillon du 74ᵉ vient d'arriver de Mulhouse, l'autre bataillon est parti ce matin pour Schlestadt.

Depuis 2 heures de l'après-midi, les ouvriers badois travaillent à placer nos bateaux sur la rive française.

Je n'ai que cinquante hommes environ pour garder la place et le Fort Mortier.

Journée du 21 juillet.

Le même au même (D. T.).

Neuf-Brisach, 21 juillet, 8 h. 30 matin.

Le pont du Vieux-Brisach est complètement enlevé. Les quinze hommes de garde au Fort Mortier ont travaillé pendant quinze heures. Rien de nouveau de l'autre côté du Rhin.

Journée du 22 juillet.

Le Général de brigade commandant les 1re et 2e subdivisions (Doubs et Jura) de la 7e division militaire au Ministre de la Guerre.

Besançon, 22 juillet.

La place de Besançon ne renferme absolument rien pour habiller, équiper et armer, et, au besoin, faire camper les trois bataillons et les cinq batteries de la garde nationale mobile du Doubs qui peuvent être mobilisés d'un moment à l'autre.

Il en est de même à Lons-le-Saulnier pour ce qui concerne les trois bataillons et la batterie d'artillerie du Jura.

Il y a lieu d'envoyer à Besançon le matériel nécessaire pour 5,000 hommes, et à Lons-le-Saulnier pour 6,000 hommes.

Il me paraît absolument nécessaire de recevoir les effets d'habillement et d'équipement, des souliers et des effets de campement avant l'arrivée des hommes auxquels on devra les distribuer.....

Au bas, note du général commandant la division : Doubs, 3 bataillons, 5 batteries, 5,000 hommes; Jura, 3 bataillons, 1 batterie, 6 000 hommes; Haute-Saône, 4 bataillons, 6,000 hommes; Haute-Marne, 3 bataillons, 5,000 hommes.

Journée du 23 juillet.

Le Général commandant la 6e division au Commandant de la place de Neuf-Brisach (D. T.).

Strasbourg, 23 juillet, 9 h. 18 du matin.

Donnez des soldats pour aider au transport des pontons, c'est urgent; les hommes seront payés ultérieurement, s'ils y ont droit; c'est un service militaire.

Le Commandant de la place de Neuf-Brisach au Général commandant la 6e division.

Neuf-Brisach, 23 juillet, 8 h. soir.

Douze pontons sont à l'abri dans le Sponeck français, les derniers y seront demain à 7 heures.

Un détachement d'un officier et trente-trois hommes part pour aider à leur rentrée dans le canal.

Je n'ai ni artillerie, ni cavalerie.

Général de Colmar à commandant place Belfort.

Colmar, 23 juillet.

Faites commander des patrouilles de cavalerie pour surveiller les fourneaux de mine. Un officier et 15 cavaliers à Dannemarie, un sous-officier et 15 cavaliers à Evette.

Journée du 25 juillet.

Rapport du Capitaine commandant la gendarmerie de l'arrondissement de Wissembourg au Ministre de la Guerre.

Wissembourg, 25 juillet.

J'ai l'honneur de vous informer que, le 25 juillet 1870, le gendarme à cheval Kœhler Chrétien, de la brigade de Lauterbourg, se trouvant en service d'ordonnance, a été enveloppé, tout près de la commune de Crœttwiller, par un détachement de cavalerie badoise, composé de seize hommes dont un officier, qui lui ont pris son cheval harnaché, ses armes et ses munitions.

Le chapeau de ce militaire, qui essayait de résister, a été coupé en plusieurs endroits par des coups de sabre. On a même tiré quelques coups de pistolet sur lui, mais sans l'atteindre.

Cette troupe aurait envahi notre territoire et traversé la ville de Lauterbourg le même jour, vers 9 heures du matin, pour explorer ensuite une partie de l'arrondissement et couper des fils télégraphiques (1).

Général de Vesoul à Général de division à Besançon (D. T.).

25 juillet.

Propositions pour la réunion et l'installation de la garde mobile.

Haute-Saône. — 1er bataillon, Gray (en entier).
2e bataillon, Lure, quatre compagnies (chez l'habitant): Magny, 5e compagnie (à 2 kilomètres de Lure); Froideterre, 6e compagnie (à 4 kilomètre de Lure); Saint-Germain, 7e compagnie (à 4,500 mètres); Bouhans, 8e compagnie (à 5 kilomètres).
3e bataillon, Saint-Loup, 4 compagnies (chez l'habitant): Aillevillers, 5e compagnie (à 4 kilomètres de Saint-Loup); Corbenay, 6e compagnie (à 3 kilomètres); Magnoncourt, 7e compagnie (à 1 kilomètre); Bouligney, 8e compagnie (à 2 kilomètres).
4e bataillon, Vesoul (logé à la caserne et chez l'habitant).
Haute-Marne. — 1er bataillon, Chaumont (en entier).
2e et 3e, à Langres
Artillerie à Langres.

---

(1) Le lendemain 25, une reconnaissance de cavalerie ennemie de même effectif, avec cinq officiers, fut cernée à Schirlenhof par un escadron du 2e chasseurs (brigade de Bernis), et elle eut deux officiers tués et deux prisonniers, ainsi que six cavaliers.

Journée du 28 juillet.

Général commandant l'artillerie du 1ᵉʳ corps (Forgeot) au Maréchal commandant le 1ᵉʳ corps d'armée à Strasbourg.

Strasbourg, 28 juillet.

Monsieur le Maréchal,

J'ai eu l'honneur de vous entretenir, hier, des ressources assez importantes, tant en personnel qu'en matériel, qu'offre aujourd'hui la place de Strasbourg, pour effectuer de vive force un passage du Rhin; ces ressources seront encore augmentées prochainement, lorsque la compagnie de pontonniers ainsi que l'équipage modèle 1866, qui ont été affectés au 1ᵉʳ corps et qui se trouvent actuellement à Auxonne, seront arrivés ici. Ce mouvement, d'après votre autorisation, suivra immédiatement celui des batteries et des parcs divisionnaires.

Votre Excellence peut compter sur des moyens suffisants pour un passage de vive force, puisqu'on pourra jeter à la fois trois ponts de 250 mètres, tout en conservant une nombreuse flottille pour le débarquement de l'infanterie. Mais, le Rhin heureusement franchi, l'armée se trouvera dans l'impossibilité d'emmener avec elle l'équipage de pont modèle 1866 qui lui a été affecté (dépêche ministérielle du 22 de ce mois). Si, en effet, le matériel de pont et la compagnie de pontonniers appelée à la manœuvre, peuvent dans un bref délai, être rendus à Strasbourg, il n'en est pas de même pour la compagnie du train destinée à atteler cet équipage. C'est ce qui résulte de la réponse que vient de me faire, par télégraphe, M. le colonel commandant le 1ᵉʳ régiment du train d'artillerie à Saint-Omer, qui doit fournir cette compagnie. Je lui demandais à quelle époque elle serait prête à marcher; il me répond : « D'après les ordres reçus du Ministre de la Guerre, la compagnie que vous me réclamez n'est que la *quinzième* à mettre sur le pied de guerre; il nous faudra recevoir encore 2,300 chevaux pour la compléter à son tour. »

J'ai cru devoir, Monsieur le Maréchal, vous exposer avec quelques détails la situation fâcheuse que fait au 1ᵉʳ corps d'armée l'ordre donné par M. le Ministre de la Guerre, relativement à cette compagnie du train. Dans telles circonstances qu'il est facile de prévoir, il pourrait avoir pour conséquence de paralyser les mouvements des troupes que vous commandez.

Journée du 31 juillet.

Le Général commandant la subdivision de Colmar au Commandant de la place de Neuf-Brisach (D. T.).

Colmar, 31 juillet, 7 h. 10 matin.

Je transporte mon quartier général à Belfort; adressez-moi tous les paquets de service dans cette ville, je pars aujourd'hui à 9 heures du matin; prévenez les corps.

Le Général commandant le génie du 7ᵉ corps au général Coffinières, à Metz.

Belfort, 31 juillet.

J'ai l'honneur de vous adresser un état renfermant sur le matériel et le personnel du génie du 7ᵉ corps d'armée, tous les renseignements réclamés par votre dépêche (n° 13) en date du 26 juillet courant (arrivée à Belfort, le 29 au soir).

..... En ce qui concerne le personnel, je n'ai encore aucun renseignement au sujet :

1° Du capitaine Chaïé-Fontaine, attaché à l'état-major du 7ᵉ corps d'armée, venant d'Afrique;

2° Du garde du génie Iffli, attaché à l'état-major du 7ᵉ corps d'armée, venant d'Afrique;

3° Du commandant Hélie, commandant le génie de la 3ᵉ division;

4° Des trois compagnies divisionnaires fournies par le 2ᵉ régiment, dont une, la 3ᵉ vient d'Afrique, mais dont les deux autres, la 2ᵉ et la 4ᵉ, seraient parties de Montpellier le 23 juillet courant, suivant la dépêche ministérielle du 24.

En ce qui concerne le matériel, le colonel de Rivières me fait connaître officiellement que les neuf voitures composant le matériel roulant du parc du corps d'armée m'ont été expédiées de Lyon sans harnachement, sans chevaux et sans personnel.

Permettez-moi, mon général, d'appeler toute votre attention sur une telle insuffisance de moyens d'action, que le général Douay a cru devoir signaler le 28 juillet au Ministre et au Major général de l'armée en vous priant de vouloir bien user de toute votre influence pour faire cesser une situation aussi fâcheuse.

J'ai l'honneur de joindre à ma lettre un ordre du général commandant en chef le 7e corps d'armée, qui m'autorise à mettre immédiatement en service les outils de l'approvisionnement de dépôt tenu en réserve dans la place; selon toute probabilité, sur les 4,000 pelles et 4,000 pioches qui composent cet approvisionnement, il nous suffira d'employer 1,800 pelles et 1,000 pioches.

Journée du 2 août.

Le Commandant du génie, à Neuf-Brisach, au Général commandant le génie du 7e corps, à Belfort.

Neuf-Brisach, 2 août.

Conformément aux ordres contenus dans votre lettre du 27 juillet, j'ai l'honneur de vous rendre compte que je fais partir demain, pour le col de la Schlucht, 36 barils de poudre de 50 kilogr. destinés au chargement des dispositifs de mines préparés sur ce point. Après-demain, je mettrai en route les munitions destinées aux deux dispositifs ci-après, savoir :

1° Sur l'Ill, à Ruelisheim, 4 barils de 50 kilogr., avec 10 sacs en toile et 20 mètres de fusée Bickford, confiés à la garde du maire de Ruelisheim;

2° Sur l'Ill, à Ensisheim, 2 barils de 100 kilogr. chacun, avec 10 sacs en toile et 10 mètres de fusée Bickford, adressés à M. Meyer, juge de paix à Ensisheim.

Je préviens les dépositaires que ces munitions devront rester déposées en un lieu sûr, en attendant un ordre formel d'en faire usage, et je pense que cet ordre ne peut émaner que du commandant du 7e corps.

En ce qui concerne les dispositifs sur l'Ill, à Waldighoffen; sur l'Ill, à Werenzhausen; sur la Largue, à Seppois-le-Haut; sur la Largue, à Spechbach-le-Bas; sur le canal, près d'Huningue, et aussi pour le dispositif du chemin de fer de Paris à Mulhouse, à Tagolsheim, j'ai l'honneur de vous prier de me faire connaître si je dois faire l'envoi des poudres.....

P.-S. — Quant aux dispositifs de Lapoutroye, sur la route départementale n° 5, dès qu'ils seront terminés, j'enverrai les poudres nécessaires.

Réponse indiquée en marge, au crayon : « Oui, sans charger nulle part. »

Le général de Coffinières, commandant le génie, au général Doutrelaine, commandant le génie du 7ᵉ corps.

Metz, 2 août.

Je reçois à l'instant votre dépêche n° 7, datée du 31 juillet.

Je m'empresse d'écrire au Ministre de la Guerre pour le prier de compléter votre personnel et votre matériel.

Dès que vous aurez reçu votre parc de corps, vous devrez réintégrer au dépôt de la place de Belfort les outils que vous en avez retirés. Il importe que ces dépôts restent intacts et soient constamment à notre disposition.

Je conclus de votre silence à ce sujet que vous ne payez pas les travailleurs militaires; s'il en était autrement, je vous prie de me renseigner sur les dispositions que vous avez prises.

Le Sous-Intendant de Colmar au Commandant de la place de Neuf-Brisach (D. T.).

Colmar, 2 août, 1 h. 25 soir.

Fournitures commenceront à arriver demain, expédition qui demande du temps.

Donnez, s'il est besoin, paille de couchage, ou plutôt logez les hommes chez l'habitant pendant deux jours.

Le général de Liégeard, commandant l'artillerie du 7ᵉ corps, au général Soleille (D. T.).

Belfort, 2 août, 2 h. 5 soir.

Le 8ᵉ lanciers est pourvu de moyens d'enclouage, le 4ᵉ lanciers n'en a pas; les trois autres régiments sont à Lyon et n'ont pas encore répondu à la question qui leur a été posée. La division de cavalerie du 7ᵉ corps n'a pas de caissons légers pour approvisionnements de munitions. Il n'y en a pas au parc pour cette destination.

Journée du 3 août.

Le même au même (D. T.).

Belfort, 3 août, 10 h. 25 matin.

D'après les renseignements d'aujourd'hui, un convoi de 50 voitures et les compagnies du train 7e et 8e bis, manquent encore au parc.

L'équipage de pont, prêt à Auxonne, a l'ordre du Ministre de rejoindre Vesoul.

D'accord avec le général Douay, il n'y a pas lieu de déplacer le parc avant le mouvement que le 7e corps doit effectuer prochainement : 1° parce qu'il n'est pas complet ; 2° pour éviter un double embarquement et débarquement...

Le général Douay, commandant le 7e corps, au Major Général.

Belfort, 3 août.

Afin de ne pas trop surcharger le département du Haut-Rhin, j'ai invité M. l'intendant militaire du 7e corps à recourir aux nombreuses ressources des départements voisins, et surtout du Doubs, pour organiser nos transports auxiliaires par la voie de l'entreprise.

Cette disposition, qui semblait tout d'abord devoir s'appliquer aisément, rencontre maintenant des difficultés, parce que l'on a dit aux cultivateurs que, le département n'étant pas en état de siège, on ne pouvait pas les requérir. M. l'intendant pense que, si cette mesure était décrétée, elle suffirait, sans même recourir aux réquisitions, pour rendre possible une solide organisation des transports par entreprise, et il demande qu'elle soit décrétée.

Cette question se rattachant à de graves intérêts, j'ai l'honneur de la soumettre à la haute appréciation de Votre Excellence.

Le général Doutrelaine au lieutenant-colonel Segretain, secrétaire du Comité des fortifications, à Paris.

Belfort, 3 août.

Je reçois, avec votre lettre du 1er de ce mois, les trois plans de Sarrelouis, Germersheim et Rastadt, qui l'accompagnaient. Mille remerciements de votre obligeance.

Sans en être positivement informé, je crois savoir que le 7ᵉ corps et le 1ᵉʳ doivent opérer ensemble sur le Rhin et, par conséquent, les plans de Rastadt, Germersheim, font bien mon affaire, mais je désirerais aussi avoir celui de Landau, et je me recommande à vous pour le cas où vous l'auriez déjà fait photographier.

En outre, si le 1ᵉʳ et le 7ᵉ corps devaient assiéger quelqu'une des forteresses du Rhin, il ne me suffirait pas de l'exemplaire unique que vous m'avez adressé, et je vous serais très obligé de m'en envoyer un certain nombre pour les officiers du génie qui m'accompagneront.

Mais nous n'en sommes pas encore là et nous en reparlerons.

Le Commandant de la place de Neuf-Brisach au Général commandant la 6ᵉ division (D. T.).

Neuf-Brisach, 3 août.

On aperçoit quelques soldats sur la rive badoise en face de Nambsheim.

Le capitaine des douanes à Bantzenheim, au Préfet du Haut-Rhin (D. T.).

Bantzenheim, 3 août, 9 h. 40 matin.

Le service de Chalampé fait connaître que de la troupe vient d'arriver à Neuenburg (Bade, bord du Rhin).

Le général Forgeot, commandant l'artillerie du 1ᵉʳ corps, au général Soleille.

Strasbourg, 3 août.

En réponse à la deuxième partie de votre dépêche, en date du 1ᵉʳ de ce mois, n° 64, j'ai l'honneur de vous informer qu'en effet, ainsi que vous me le dites, les places de la direction de Strasbourg manquent d'une partie notable de leur approvisionnement normal, et souffrent de la pénurie absolue du personnel destiné à leur défense.

En ce qui concerne le manque d'approvisionnement, le Ministre sait parfaitement à quoi s'en tenir; il le sait depuis longtemps, et j'ai eu l'occasion de le lui rappeler, lors de la mission dont j'ai été chargé, au commencement de ce mois.

Quant au personnel, je dois vous faire remarquer que c'est depuis hier seulement que les troupes de la garde mobile commencent à arriver, et qu'il faut quelques jours encore, pour qu'on puisse apprécier ce que ces troupes pourront fournir. Je crains que les anciens officiers ne soient ici peu nombreux; du moins, le colonel directeur est de cet avis.

Pour moi, mon Général, je pense qu'il faudrait :

Répartir également, entre Strasbourg et Belfort, deux batteries montées, quatre batteries à pied et deux compagnies du train d'artillerie.

Envoyer à Neuf-Brisach, ainsi qu'à Schlestadt, une demi-batterie montée, une batterie à pied et une demi-compagnie du train.

Dans ces compagnies, l'armement des places sera fait rapidement et sera bien exécuté. La garde nationale mobile apprendra son métier et, au bout de quelques semaines, on retrouvera ici des troupes d'artillerie excellentes.

Journée du 4 août.

Le général Doutrelaine au général Coffinières.

Belfort, 4 août.

Des renseignements recueillis sur toute la rive du Haut-Rhin ayant appris au général Douay que l'ennemi rassemble des forces considérables à Lorrach et Neuenburg, les deux divisions actuellement organisées du 7º corps (la 3º se forme à Lyon) commencent aujourd'hui même un mouvement vers le Rhin pour s'opposer aux tentatives que l'ennemi pourrait faire entre Huningue et Neuenburg.

La 1ʳᵉ division va porter son quartier général à Rixheim, en avant de Mulhouse, sur le chemin de fer de Bâle et en arrière de la forêt de Harth ; la 2º division porte le sien à Bartenheim, également sur le chemin de fer de Bâle, non loin de Huningue.

La 2º compagnie du 2º génie attachée à la 1ʳᵉ division part cet après-midi pour Rixheim et la 4º compagnie du même régiment attachée à la 2º division se rend à Bartenheim. Les commandants Lesecq et Dormont suivent le mouvement de leur division.

Provisoirement le quartier général du 7º corps reste à Belfort.

Mon état-major est maintenant au complet et la 12º compagnie du 2º régiment, qui forme la réserve du génie du 7º corps, a reçu hier le sous-lieutenant Canel, qui sort de l'École d'application et dont l'arrivée ne m'a pas encore été annoncée.

Je suis toujours sans nouvelles de mon parc, tant personnel que matériel, ainsi que de la 3e compagnie du 2e régiment qui doit être détachée à la 3e division du 7e corps.

Ponts et chaussées. — Service de la guerre.

4 août.

Le service des travaux du Rhin s'est mis dès l'origine en rapport avec l'autorité militaire et lui prête un concours très utile et très actif.

Ce personnel se compose comme il suit :

Ingénieur en chef :

M. Bénard, à Strasbourg, rue Brûlée, n° 1.

Ingénieurs ordinaires :

M. Gauckler, à Colmar.
M. Boeswillwald, à Strasbourg.

Conducteurs du service actif sur les bords du Rhin :

MM. Przybilski, du kilomètre 0 au kilomètre 11, à Huningue.
    Heilmann, — 11 — 21, à Kembs.
    Bertin, — 21 — 36,5 à Chalampé.
    Wagner, — 36,5 — 54,2 à Blodelsheim.
    Bleger, — 54,2 — 68,23 à Neuf-Brisach.
    Dispot, — 68,23 — 76,5 à Marckolsheim.
    Kraemer, — 76,5 — 86 à Schœnau.
    Haeffner, — 86 — 97,46 à Boofzheim.
    Mengus, — 97,46 — 111,9 à Gerstheim.
    Eckert, — 111,9 — 123,3 au Neuhof.
    Faller, — 123,3 — 138,4 Pont de Kehl.
    Sidel, — 138,4 — 148,8 à Drusenheim.
    Schwab, — 148,8 — 164 à Drusenheim.
    Betz, — 164 — 173,24 à Selz.
    Falkowski, — 173,24 — 184,14 (frontière du Nord) à Lauterbourg.

Liste des clochers d'où l'on peut observer le pays de Bade,
soit à l'œil nu, soit avec une lunette.

NOMS DES CLOCHERS.	DISTANCE au RHIN.	OBSERVATIONS.
	mètres.	
Clocher de Kembs	800	Assez bon observatoire.
— de Niffer	1,000	Id.
— de Petit-Landau.	1,800	Id.
— de Hombourg	2,000	Id.
— d'Ottmarsheim	1,600	Id.
— de Bantzenheim.	2,300	Id.
— de Rumersheim.	2,800	Id.
— de Heitern	5,000	Id. Les autres clochers voisins sont trop bas.
— de Marckolsheim	4,100	Vue en grande partie masquée, soit par des obstacles sur la rive française, soit par le mamelon du Limbourg sur la rive badoise.
— de Bootzheim	3,600	Assez bon observatoire.
— de Diebolsheim	1,800	Id.
— de Rhinau	800	Id. On peut aussi voir la rive badoise du moulin de Rhinau.
— de Boofzheim	2,900	Id.
— de Schœnau	1,000	Id.
— de Daubensand	1,100	Vue des rives en partie masquée par des bois.
— de Gerstheim	2,200	Id.
— de Strasbourg	3,500	Excellent.
— de la Wantzenau	2,400	Taillis sur la rive française. Quelques futaies.
— de Bettenhoffen	2,200	Vue assez dégagée. Taillis sur les deux rives.
— d'Offendorf	2,000	Vue assez dégagée.
— de Herrlisheim	3,600	Id.
— de Drusenheim	1,500	Bon observatoire. Vue dégagée.
— de Fort Louis	1,600	Très bon observatoire. Vue très dégagée.
— de Neuhaensel	1,200	Clocher peu élevé. Néanmoins vue dégagée.
— de Beinheim	2,400	Vue assez dégagée. Taillis sur les deux rives.
— de Seltz	2,000	Terrain naturel élevé. Bon observatoire.
— de Munchhausen	900	Bon observatoire.
— de Mothern	1,200	Vue partielle. Beaucoup de bois du côté badois.
— de Lauterbourg	2,400	La ville est bâtie sur un mamelon. Bon observatoire.

Le général Doutrelaine au Commandant du génie, à Neuf-Brisach.

Belfort, 4 août.

Voici mes décisions au sujet des questions que vous me posez dans votre lettre du 2 août courant :

1° Vous faites très bien d'envoyer au col de la Schlucht les poudres nécessaires pour charger les dispositifs de mines établis sur la route de Munster à Gérardmer, mais il est bien entendu qu'aucun des fourneaux ne doit être chargé à moins d'ordre contraire ;

2° J'approuve également le transport en lieu sûr des poudres destinées aux dispositifs organisés sur l'Ill, à Ruelisheim, à Ensisheim, à Waldighoffen, et à Werenghausen. J'attache un intérêt particulier aux deux derniers dispositifs ;

3° Enfin, je considère comme une très bonne mesure le transport des poudres à proximité des dispositifs de Seppois-le-Haut et de Spechbach-le-Bas, mais il me paraît inutile de s'occuper aujourd'hui des fourneaux disposés sur le chemin de fer de Paris à Mulhouse, à Tagolsheim.

Quant aux dispositifs de Lapoutroye, sur la route départementale n° 5, faites là ce qui est commencé pour les dispositifs de la Schlucht.

J'insiste sur ce que je viens de vous dire au sujet du chargement des fourneaux ; aucun d'eux ne doit être effectué sans ordre spécial

Le lieutenant-colonel Segrétain, secrétaire du Comité des fortifications, au général Doutrelaine, à Belfort.

Paris, 4 août.

Je ne puis, à mon grand regret, vous adresser encore une « place de Landau » ; je le ferai dans quelques jours, et je tâcherai bien de vous constituer une petite collection de toutes les places du Rhin. En attendant, voici un 1/20,000° de Sarrelouis, qui pourra aussi vous être utile.

Nous sommes allés au plus pressé, en tirant seulement quelques exemplaires de chacune des places ; un peu plus tard, nous tâcherons de faire mieux. Si vous prévoyiez que vous deviez être chargé d'une opération spéciale, je tâcherai aussi de vous envoyer quelques autres documents, pour suppléer ou doubler ceux que M. le général Coffinières, qui les a tous, pourrait vous faire tenir.

Journée du 5 août.

Le général commandant le 7ᵉ corps au Maréchal major général de l'armée du Rhin, à Metz.

Belfort, 5 août.

Monsieur le Maréchal,

Conformément aux prescriptions de votre dépêche du 31 juillet dernier, j'ai l'honneur de vous faire connaître que j'ai reçu des cartes à 1/80,000ᵉ du Bas-Rhin (2 exemplaires) et du Haut-Rhin (11 exemplaires).

J'ai gardé pour mon usage un exemplaire du Bas-Rhin, l'autre a été donné à mon chef d'état-major général.

Une carte du Haut-Rhin a été conservée par moi; une pour mon chef d'état-major général; une pour mon état-major général et une remise à l'intendant militaire du 7ᵉ corps.

Deux cartes ont été données à la 1ʳᵉ division d'infanterie; à la 2ᵉ division d'infanterie et à la division de cavalerie (un exemplaire pour le général de division, un pour l'état-major divisionnaire).

Une carte a été donnée au général commandant l'artillerie du 7ᵉ corps.

Je vous prie de vouloir bien me faire parvenir le nombre suivant d'exemplaires de ces deux départements :

4 du Haut-Rhin, et 13 du Bas-Rhin.

Le Président du Comité des fortifications au général Doutrelaine, à Mulhouse.

Paris, 5 août.

Voici une carte des environs de Landau à 1/20,000ᵉ. Ce n'est qu'une amplification, mais qui peut être utile pour des opérations d'investissement.

On me dit que vous vous êtes porté à Mulhouse. Nous n'en savons pas davantage.

Rapport de la 1re brigade (division de cavalerie Ameil).

Belfort, 5 août.

Envoi à chaque corps de 68 exemplaires de la carte de la Bavière rhénane, de la Prusse rhénane, du grand-duché de Bade et de la Hesse-Darmstadt.
14 petites cartes des bords du Rhin (à distribuer).
4 exemplaires des sonneries prussiennes.

Historique du 36e de ligne.

5 août.

Ier *et* IIe *bataillons.* — A Seltz, vers 3 heures du matin, on entendit sur la droite des coups de feu assez nombreux; une reconnaissance de chasseurs à cheval annonce une attaque imminente des Prussiens. La 2e compagnie du Ier bataillon appuie à gauche et vient se placer à la droite de la 2e compagnie du IIe bataillon afin de défendre la route de la forêt. Au point du jour, elle reprend son emplacement; à 5 heures du matin le camp est levé, les troupes ont reçu l'ordre de se replier sur Haguenau. Les compagnies de grand'garde doivent protéger la retraite et elles-mêmes opèrent par échelons afin de tenir en respect les éclaireurs prussiens.

Un assez fort détachement ennemi se présente sur la route. Il est mis en fuite par la 2e compagnie du IIe bataillon.

Pendant que ceci se passait à l'arrière-garde, la colonne, sous les ordres du colonel Krien, avait traversé le village de Seltz et s'était rangée en bataille. C'est dans cet ordre qu'elle fut rejointe par les compagnies de grand'garde. La marche sur Haguenau continua. On distingua sur les hauteurs à droite dominant la route des troupes ennemies se dirigeant dans le même sens que la colonne. Au départ de Seltz, la 4e compagnie du 1er bataillon fut envoyée en tirailleurs pour couvrir la marche. Elle est remplacée par la 5e du même bataillon.

La 6e est aussi déployée en tirailleurs à droite, afin de protéger la marche du régiment de lanciers qui forme la tête de colonne. La 4e compagnie du IIe bataillon forme l'extrême arrière-garde et échange quelques coups de feu avec un détachement de uhlans.

On arriva dans cet ordre au village de Soufflenheim. La 1re compagnie du 1er bataillon, qui était de grand'garde et qui n'avait pu rejoindre le régiment à Seltz, vint à travers la forêt se réunir au gros de la troupe dans ce village, où le colonel fit faire une halte d'une heure, après laquelle on se remit en route et on arriva à 4 heures de l'après-midi à Haguenau.

Historique du 5ᵉ régiment d'infanterie.

5 août.

Le 5, le régiment quitte Wettersohlf, [Willersdorf] près Altkirch, à 8 heures du matin, et va camper à Rixheim, entre Mulhouse et le Rhin, dans l'angle formé par le canal et le chemin de fer.

Historique du 4ᵉ régiment de hussards.

5 août.

La journée du 5 se passe à Mulhouse à attendre des ordres.

Historique du 4ᵉ régiment de lanciers.

5 août.

Départ pour Mulhouse avec le 8ᵉ lanciers et deux escadrons du 4ᵉ hussards à 6 heures du matin. Arrivée à Mulhouse à 9 h. 40. Campé dans une vaste prairie, près de la route de Colmar.

Historique du 53ᵉ régiment d'infanterie.

5 août.

Le 5 août, la brigade, 53ᵉ et 89ᵉ, se met en marche pour Mulhouse, et, après une marche rendue très fatigante par la chaleur, arrive le soir à Altkirch où elle campe dans les prairies qui sont au bas de la ville.

Le général Soleille au général Forgeot, à Haguenau.

Metz, 5 août.

J'ai eu l'honneur de vous donner, dans ma lettre du 30 juillet dernier, diverses indications sur les mesures qu'il conviendrait de prendre au sujet du matériel de pontage existant dans la place de Strasbourg et dans ses environs. D'après les nouveaux renseignements qui me sont parvenus, je crois qu'il serait utile de compléter ces mesures comme il suit :

Les ancres d'équipage et celles ancien modèle semblent insuffisantes pour assurer l'amarrage d'un pont volant fortement chargé. J'écris au Ministre pour le prier de faire au service de la marine la demande de six ancres du poids de 150 à 300 kilogrammes.

Le matériel de voitures et de tabliers existant à Strasbourg ne permet en ce moment d'organiser qu'un équipage de corps d'armée et 55 bateaux d'équipage de réserve sur les 80 que possède la Direction. Je demande également au Ministre de faire diriger sur Strasbourg les haquets ancien modèle qui se trouvent dans les places de l'intérieur. Je vous invite à faire préparer par la Direction de Strasbourg la quantité de poutrelles, de madriers et d'autres objets nécessaires pour compléter le tablier des 80 bateaux.

Le matériel provenant des ponts de bateaux d'Huningue, de Neuf-Brisach et de Kehl est remisé dans le canal du Rhône au Rhin à hauteur de Rhinau, à moitié distance environ de Strasbourg à Neuf-Brisach. Je vous prie d'examiner si cet emplacement, qui n'est éloigné de la frontière que de 3 kilomètres environ, présente toutes les conditions de sécurité désirables, et s'il ne conviendrait pas de mettre ce matériel sous la protection d'une des deux places voisines.

Le général Soleille au Ministre de la Guerre.

Metz, 5 août.

J'ai l'honneur d'informer Votre Excellence que la place de Strasbourg dispose de plusieurs bacs et de ponts-volants de différentes origines, et qui pourraient être d'un grand secours dans une opération sur le Rhin, à la condition de disposer pour leur mise en place, d'ancres plus fortes que celles réglementaires des équipages de pont. Je vous prie, en conséquence, de vouloir bien demander au Ministre de la Marine de donner des ordres pour que son Département cède à celui de la Guerre six ancres du poids de 150 à 300 kilogrammes qui seraient expédiées sur la Direction de Strasbourg.

Je vous prie, en outre, de vouloir bien donner des ordres à la Direction de Lyon pour qu'elle expédie sur Strasbourg quarante haquets, ancien modèle, dont elle dispose. Ces haquets serviraient au transport d'une partie des bateaux d'équipage de réserve provenant de la dotation du régiment de pontonniers, dans le cas où il y aurait lieu d'avoir recours à ce matériel supplémentaire pour une opération sur le Rhin, à proximité de Strasbourg.

Rapport du lieutenant-colonel Guillemin sur l'artillerie de la 1re division du 7e corps (5e, 6e et 11e batterie du 7e régiment).

Roville, près Bayon, 12 août. (*Événements du 5 août.*)

En exécution des ordres de M. le général commandant la 1re division du 7e corps, les 5e et 11e batteries sont parties pour Ensisheim, le 4 août, à 9 heures du matin, sous l'escorte du IIIe bataillon du 21e d'infanterie. Elles y sont arrivées le même jour, à 3 heures, et y ont couché.

A 10 heures du soir, le commandant de l'artillerie a reçu de son général de division une dépêche télégraphique lui annonçant que Son Excellence le maréchal de Mac-Mahon était attaqué et lui prescrivant de retourner au plus vite à Colmar et de s'y embarquer en chemin de fer pour Haguenau.

Le lendemain 5 août, les deux batteries étaient rendues, à 11 heures heures du matin, à la gare de Colmar, et ont été embarquées, ainsi que la 6e batterie, dans l'après-midi. La gare n'avait pas de wagons pour les hommes, il a fallu attendre jusqu'à 7 heures du soir pour le départ de la première portion, la 2e batterie n'est partie qu'à 10 heures et enfin la dernière à minuit. Elles sont arrivées successivement à Haguenau le lendemain à 4, 6 et 9 heures du matin.

Journée du 6 août.

Ordre du maréchal de Mac-Mahon au Commandant du IIe bataillon du 21e de ligne, à Haguenau.

Du champ de bataille de Frœschwiller, 6 août. (Reçu à 10 heures du matin).

Dans le cas où il se trouverait en face de forces très supérieures, le bataillon du 21e doit se retirer sur Vendenheim et Strasbourg, en protégeant le chemin de fer le plus longtemps possible. En cas.

d'évacuation de Haguenau aujourd'hui ou demain, il faudrait en prévenir le général commandant la 6ᵉ division militaire par le télégraphe, ainsi que les deux escadrons du 6ᵉ lanciers qui doivent venir de Schlestadt par étapes et arriver aujourd'hui à Brumath (1). Dans ce cas, il faudrait prévenir à Brumath, le colonel du 6ᵉ lanciers. Un train en permanence attendra le bataillon du 21ᵉ à la gare.

Si l'évacuation de Haguenau avait lieu demain, les cuirassiers (2) se retireraient rapidement sur Brumath, dont il est bon qu'ils reconnaissent la route à l'avance. Ils rencontreraient le colonel Tripart avec le 6ᵉ lanciers et le préviendraient.

Le Vice-Consul de France à Bâle, au Ministre des Affaires Étrangères (D. T.).

Bâle, 6 août.

Monsieur le Ministre,

..... « Retour d'un émissaire sûr, 47.000 hommes de toutes armes passés dans les vallées de la Forêt-Noire ; 15,000 hommes environ avec artillerie, venus aujourd'hui de Seckingen à Lœrrach, sur les hauteurs de Dillingen, à Bellingen et Schopfheim. But, passage du Rhin entre Huningue et Strasbourg... ».

---

(1) Partis de Schlestadt le 4, d'Erstein le 5, de Strasbourg le 6 de grand matin, les 4ᵉ et 5ᵉ escadrons et l'état-major du 6ᵉ lanciers arrivent à Haguenau au moment où débarque l'artillerie divisionnaire (18 pièces) de la division Conseil Dumesnil, escortée du 3ᵉ bataillon du 21ᵉ ligne, arrivant de Colmar. La colonne se forme, précédée des lanciers, et repart de Haguenau vers 10 heures du matin, marchant au canon ; sa tête arrive à 3 h. 30 sur le champ de bataille de Reichshoffen, où elle rencontre les débris de la brigade Michel. Le colonel Tripart rallie un grand nombre de fuyards à la brigade Abbatucci et protège la retraite sur Saverne par la vallée de la Brumath (*Historiques* des corps). Voir § XIX (Déploiement du 7ᵉ corps en avant de Mulhouse. Détachement de la 1ʳᵉ division), note 8, et Documents annexes *passim*, p. 19 : *Rapport* du lieutenant-colonel Guillemin sur l'artillerie de la 1ʳᵉ division du 7ᵉ corps.

(2) La brigade de cuirassiers Michel, après avoir traversé Haguenau le 4 août, avait passé la journée du 5 au bivouac, près Eberbach. On connaît son rôle glorieux à Morsbronn dans l'après-midi du 6. Il s'agit ici des bagages, chevaux de main et hommes à pied du 8ᵉ cuirassiers, laissés le 6 au matin au bivouac d'Eberbach, sous le commandement du sous-lieutenant de Chappedelaine, et qui durent être renvoyés sur Haguenau, couverts par un escadron du 9ᵉ cuirassiers.

Journée du 7 août.

Le Général commandant la 6ᵉ division au Commandant du 11ᵉ bataillon du 21ᵉ régiment de ligne (D. T.).

Strasbourg, 7 août. (Reçu à Haguenau à 2 heures du matin.)

Faites tout ce qui est humainement possible pour rétablir l'ordre parmi les fuyards et les équipages qui encombrent Haguenau. Ralliez tous les hommes de bonne volonté que pourrez rencontrer, et dirigez-vous ensuite avec eux et votre bataillon sur Strasbourg.

Le Ministre de la Guerre aux Intendants militaires des 7ᵉ, 8ᵉ, 9ᵉ 10ᵉ et 11ᵉ divisions militaires (D. T.).

Paris. 7 août, 10 h. matin (n° 21273).

Versez aujourd'hui sur Belfort tout le biscuit disponible, puis, chaque jour, sur la même place, ce qui sera suffisamment ressué; dirigez sur Belfort toutes les expéditions précédemment ordonnées sur Strasbourg.

Le Préfet des Vosges au Ministre de l'Intérieur.

Épinal, 7 août, 2 h. 5 soir.

Prière de nous faire envoyer de Lyon 200,000 cartouches et des mèches pour faire sauter les mines; sans quoi, les fusils demandés seront inutiles :

Annotation en marge :

3ᵉ division. — On charge le commandant du génie de l'armée de prendre, en ce qui concerne les mèches, les mesures que comporte la situation.

4ᵉ division. — Ordre a été donné le 8 août, au général commandant la 5ᵉ division militaire, de pourvoir d'armes et de munitions selon leurs demandes les gardes nationales des départements de cette division. Les fusils ont dû être expédiés de Douai le 6. Pour satisfaire au désir du préfet, on télégraphie à Lyon d'envoyer 200,000 cartouches à Épinal.

Le même à l'intendant militaire Largillier, du 7ᵉ corps, à Mulhouse (D.T).

Paris, 7 août. Expédiée à 2 h. 25 soir.

Nos communications avec Strasbourg sont-elles libres? Quels sont les approvisionnements et les besoins de la place? Ravitaillez-la, s'il est possible, puis Schlestadt et Neuf-Brisach; je fais des versements considérables sur Belfort, deux trains partent aujourd'hui de Paris; j'approvisionne directement à Saverne le maréchal de Mac-Mahon; organisez un service à Belfort pour faire continuer les trains en destination de Belfort ou retenir ceux qui sont destinés à Strasbourg, selon le cas; accusez réception et rendez compte.

Le général Crespin, commandant la 5ᵉ division militaire, au Major général.

Metz, 7 août.

Le préfet des Vosges m'adresse la dépêche télégraphique suivante :
« Les passages des Vosges peuvent être défendus, mais il faudrait quelqu'un qui fût en droit de donner des ordres. Prière de conférer pouvoirs au commandant d'armes à Épinal. La nécessité de prendre des ordres à Nancy entrave tout. »

J'ai l'honneur de prier Votre Excellence de me faire connaître s'il y a lieu d'accueillir cette proposition et de conférer les pouvoirs demandés au commandant d'armes d'Épinal, qui est le major commandant le dépôt du 2ᵉ cuirassiers.

Le Major général à l'Intendant du 7ᵉ corps.

7 août.

J'ai l'honneur de vous adresser ci-après copie d'une dépêche du préfet de la Haute-Marne :
« J'ai l'honneur d'adresser à Votre Excellence l'état à ce jour des établissements publics et des propriétaires de la Haute-Marne qui mettent des lits à la disposition du Gouvernement en faveur des blessés des armées françaises qui pourront être évacués jusqu'ici.
« Les grandes ambulances à établir dans les villes comptent sur le

concours du Département de la guerre pour les frais d'entretien des malades, tous les autres services étant gratuits. Mais dans les communes et chez les propriétaires, on assurera complètement et gratuitement tous les services, que peuvent demander les soldats; ils ne manqueront de rien à aucun point de vue. Chaque jour, par suite de mes circulaires des 26 juillet et 1er août, dont un exemplaire est ci-joint, je reçois de nouvelles communications. J'ai déjà les offres de 247 communes sur 550, on peut dès à présent envoyer des blessés dans 84 ambulances gratuites chez les particuliers et dans les grandes ambulances des villes. Le nombre des lits actuellement disponibles ou en voie d'organisation immédiate est de 3,325.

« Le linge, les bandes, compresses, charpie, affluent et seront offerts par les 550 communes. Les souscriptions et votes de fonds municipaux s'élèvent déjà à plus de 100.000 francs pour secourir les blessés.

« L'élan patriotique des populations est admirable. J'ai désigné sur l'état que j'ai adressé à Votre Excellence les communes où se trouvent des gares de chemin de fer, des médecins et des religieuses. Je vous donnerai sous peu des renseignements plus complets. »

Je joins à la présente dépêche l'état et les deux circulaires mentionnés ci-dessus.

Le Préfet du Haut-Rhin au Ministre de l'Intérieur (D. T. Ch.).

Colmar, 7 août, 3 h. 30 soir.

La frontière étant abandonnée, je demande des ordres en cas d'invasion. Mon opinion est d'attendre à mon poste jusqu'à la dernière heure, avec tous mes services, en pleine activité. Réponse immédiate sollicitée.

Le Préfet de la Haute-Marne au Ministre de la Guerre.

Chaumont, 7 août, 9 h. 55 soir.

Les mobiles haut-marnaises sont animées d'un excellent esprit. Elles doivent se réunir incessamment à Langres. Elles y trouveront le bataillon de mobiles parisiens arrivé de Châlons, qui se mutine jusqu'à la révolte, pousse des cris séditieux et effraye toute la population. Il serait, je crois, urgent de diriger ce bataillon sur la frontière.

Le Préfet du Doubs au Ministère de la Guerre.

Besançon, 7 août,

Les bataillons de la garde mobile [parisienne] ont fait ce matin leur entrée à Besançon, en hurlant, vociférant.... La population est consternée..... Une députation d'habitants de cette ville appartenant à toutes les classes de la société est venue me trouver pour demander d'urgence un décret prononçant la réorganisation immédiate d'un bataillon de garde nationale sédentaire à Besançon sur les bases de la loi de 1850.....

Journée du 8 août.

Le Préfet du Haut-Rhin au Ministre de l'Intérieur.

Colmar, 8 août, 1 heure du matin.

L'ennemi passe le Rhin sur tout le long de la rive.

Ministre de l'Intérieur à Préfets (D. T.).

Metz, 8 août, 7 h. 50 matin.

L'armée se concentre pour marcher sur les Vosges et défendre les passages. La nuit a été calme, il n'y a pas eu d'engagement.

Place de Neuf-Brisach. — Registre des délibérations du Conseil de défense.

Séance du jeudi 8 août 1870.

Par ordre du lieutenant-colonel commandant la place, en date du 8 août 1870, le Conseil de défense, composé de MM. Lostic de Kerhor, commandant la place, Marsal, chef d'escadron commandant l'artillerie, Laplume, chef de bataillon commandant du génie, Sourdain, major, commandant le dépôt du 7ᵉ régiment d'infanterie, Caffaro, major du 4ᵉ régiment de chasseurs, a été convoqué pour midi.

Le commandant de place expose que, par suite d'une dépêche télégraphique du général commandant la 6ᵉ division militaire, l'état de siège est déclaré à Neuf-Brisach et au fort Mortier.

En conséquence de cette déclaration, un ordre a été donné pour la démolition des constructions et le recépage des haies situées dans les zones de servitude de la place, et le Conseil de défense décide qu'il sera procédé à l'abatage des arbres qui masquent les murs de la place. Le commandant de l'artillerie insiste pour que l'opération porte d'abord sur les peupliers qui bordent le canal Vauban jusqu'à la machine hydraulique, sur les arbres du canal du Rhône au Rhin et de la rigole de dérivation; sur les arbres et plantations de la rigole de Wiedensohlen en aval du moulin, et sur les arbres du canal du Rhône au Rhin en aval du pont. L'opération sera entreprise dès demain matin. L'abatage des arbres sera entrepris au fort Mortier le plus promptement possible, en commençant par les arbres en avant du saillant et de la face gauche.

Le magasin de la porte de Bâle étant évacué, le conseil décide que l'évacuation, sur le magasin des contre-gardes, des poudres du magasin de la porte de Colmar sera reprise le plus promptement possible.

La séance est levée à 1 h. 15 et ont signé après lecture :

DE KERHOR, H. LAPLUME, CAFFARO, MARSAL, SOURDAIN.

L'Intendant du 7ᵉ corps au Ministre de la Guerre. (D. T.)

Belfort, 8 août, 6 h. 54 matin. Expédiée le 9, à 9 h. 40 matin (nº 28522).

Mesures prises pour jeter aujourd'hui trente mille rations vivres de campagne, moins la viande, à Schlestadt; autant à Neuf-Brisach. Est-ce suffisant? J'achèterai lard. J'ai fait reprendre le service sur Strasbourg avec ordre du général Douay, présent à Belfort, je dirige tout matériel et denrées à destination de cette place. Pas de nouvelles du sous-intendant à Colmar, y envoie sous-intendant Legros.

3ᵉ division du 7ᵉ corps probablement à Belfort dans quarante-huit heures.

Deux trains vivres, partis de Paris le 7, reçus. Partie des vivres laissés par ordre à Nangis.

Le Préfet du Jura au Ministre de l'Intérieur, à Paris (D. T.).

Lons-le-Saulnier, 8 août. 10 h. 35 matin.

Les corps des volontaires, francs-tireurs ou gardes nationaux, veulent se former. Partout on réclame des armes.

L'émotion est ardente. Notre frontière est découverte, les Rousses sans garnison. Les bruits d'arrivée des Badois campés à Lœrrach se propagent.

Le Commandant de Neuf-Brisach au Ministre de la Guerre, à Paris (D. T.).

Neuf-Brisach, 8 août, 10 h. 40 du matin (n° 28060).

Les francs-tireurs de Neuf-Brisach doivent-ils être mobilisés? Ils peuvent rendre de grands services.

En marge au crayon : Répondu. S'ils peuvent rendre des services, j'autorise la mobilisation. Prenez les mesures nécessaires et rendez compte à l'autorité militaire.

Le Préfet du Bas-Rhin au Ministre de l'Intérieur (D. T.).

Strasbourg, 8 août, 11 heures du matin.

Les Prussiens n'ont pas passé le Rhin cette nuit à Marckolsheim, près Schlestadt, comme le croyait le sous-préfet. Toutes les mesures sont prises pour mettre la ville en état de défense.

Le Préfet de la Marne au Ministre de l'Intérieur.

Châlons, 8 août, 11 h. 35 matin.

L'on me demande ainsi qu'au général l'organisation de corps francs-tireurs volontaires : on se refuse généralement à contracter l'engagement pendant la guerre : faut-il passer outre? les circonstances sont urgentes.

Le Procureur général de Colmar au Ministre de la Justice, à Paris (D. T.).

Colmar, 8 août, 9 h. 30 du matin. Expédiée à 12 h. 30 soir (n° 28107).

L'ennemi a passé le Rhin à Brisach. Colmar et sans doute Mulhouse seront occupés par lui dans la matinée.

Ma correspondance avec vous va être interrompue. Sommes tous à notre poste et nous ferons pour le mieux.

Le Préfet du Haut-Rhin au Ministre de l'Intérieur, au Général de division et aux Préfets de Strasbourg et d'Épinal.

Colmar, 8 août, 12 h. 45 soir.

Rien encore en deçà du Rhin ; probable que les forces se portent, sur Saverne par rive droite.

Prévenir Mac-Mahon.

(Cette dépêche avait été envoyée au ministre de la guerre, qui, à 4 h. 45 soir, la communiqua au Major général à Metz).

Le Commandant d'armes d'Epinal, au Général commandant la 3ᵉ division militaire, à Metz.

Epinal, 8 août, 2 h. 45 soir.

Des fusils pour armer la garde nationale avec des munitions me sont indispensables. J'arme la mobile avec les fusils du magasin du 63ᵉ, mais je n'ai pas de cartouches. Il m'en faudrait 100.000 au moins.

Le parc du 5ᵉ corps, qui est ici, ne pourrait-il m'en céder ?

Le Préfet de la Meuse au Ministre de l'Intérieur.

Bar-le-Duc, 8 août, 3 h. 22 soir.

Les compagnies de francs-tireurs de Bar et de Ligny sont organisées. Envoyez-moi de suite en gare de Bar-le-Duc 150 carabines Minié transformées avec les sabres-baïonnettes. Envoyez-moi 15,000 cartouches.

Réponse notée : On les envoie aujourd'hui 11 août, de Vincennes.

Le même au Ministre de la Guerre, au Général commandant le 7ᵉ corps d'armée et au Général de division, à Strasbourg (D. T.)

Neuf-Brisach, 8 août, 8 heures soir.

A Colmar, il y a eu panique grande, un capitaine a noyé vingt barils de poudre, ce qui a jeté l'alarme dans la population. Panique a eu lieu ici, je l'ai calmée par mon énergie, il me faut laisser les hommes du 74ᵉ pour éviter des désastres.

Général de Vesoul à Général de division, Besançon (D. T.).

Vesoul, 8 août, 12 h. 40 soir.

Le dépôt de remonte de Faverney a 32 fusils de cavalerie mod. 1866, mais pas une cartouche; prière de lui en envoyer. Le 50ᵉ à Langres manque de tous les ustensiles, cuisine, marmites, grands bidons et gamelles; il n'a ni chevaux ni voitures pour les bagages des officiers. Pas de cantines de cuisine. Les cartouches manquent dans la place; des hommes n'en ont point.

L'effectif sera 325 au plus.

Le général Crespin, commandant la 5ᵉ division militaire, au Major général.

Metz, 8 août.

Le Ministre de la guerre a donné des ordres pour faire rentrer à Verdun les dépôts du département de la Meuse stationnés dans les villes ouvertes. Son Excellence n'a statué que pour le dépôt de remonte de Sampigny.

J'ai l'honneur d'appeler votre attention sur les dépôts suivants : 3ᵉ régiment de dragons, à Pont-à-Mousson; Nancy, un dépôt de cavalerie (cuirassiers) et celui du 60ᵉ de ligne; Épinal, dépôt du 63ᵉ de ligne, dépôt de cuirassiers. De plus, un bataillon de gardes nationaux mobiles est concentré à Lunéville; je proposerais à Votre Excellence de le jeter dans Marsal. Deux sont réunis à Nancy, ils pourront former la garnison de Toul.

Quatre bataillons de mobiles sont réunis dans les Vosges, deux à Epinal, un à Remiremont, un à Saint-Dié.

M. le Général commandant la 3ᵉ subdivision militaire informe par le télégraphe qu'il donne d'urgence l'ordre de diriger ces deux derniers bataillons, l'un de Saint-Dié à Lunéville, l'autre de Remiremont sur Épinal.

Ces bataillons ne sont pas armés; je vous proposerai d'en faire diriger deux sur Thionville, un sur Longwy et un sur Metz.

J'ai l'honneur de prier Votre Excellence de vouloir bien me donner d'urgence des ordres à ce sujet.

Le Ministre de la Guerre au Major général.

Paris, 8 août.

Votre Excellence a dû lire, dans le *Journal officiel* de ce matin, un décret du 6 août, qui appelle dans la garde nationale sédentaire les citoyens valides de 30 à 40 ans, et qui annonce la présentation d'un projet de loi pour incorporer dans la garde nationale mobile les citoyens âgés de moins de 30 ans, qui n'en font pas actuellement partie. Le même numéro contenait un rapport fait par moi à l'Impératrice, pour indiquer les ressources actuellement disponibles pour la défense de Paris et pour l'alimentation ou l'accroissement des forces dont dispose l'Empereur. Ce rapport, qui a été rédigé conformément aux vues développées et approuvées de tous dans un Conseil des Ministres auquel on avait adjoint les membres du Conseil privé, ce rapport indique que les IV⁰ bataillons, dont l'effectif ne s'élève pas à plus de 200 hommes, seront portés à 900 hommes en leur adjoignant 700 hommes pris dans les rangs de la garde nationale mobilisée. Une loi d'urgence sera proposée dès demain dans ce but au Corps législatif. J'espère que, dans 15 jours au plus, nos cent IV⁰ bataillons pourront ainsi être portés à l'effectif de 900 hommes. En vertu de cette loi, nous allons avoir un énorme choix à faire dans cette garde nationale mobile, où nous prendrons de préférence pour les IV⁰ bataillons les anciens soldats. Il en résultera que cette nouvelle troupe présentera une certaine solidité et sera assez promptement instruite pour pouvoir être endivisionnée.

. . . .

L'exemple donné par les bataillons de la garde nationale mobile envoyés à Besançon, Langres et Chaumont, l'obligation absolue de faire partir de Paris les 6 bataillons qui y restaient, m'ont aussi déterminé à revenir au premier projet de réunir ces 9 bataillons aux 9 bataillons que commande déjà le général Berthaut au camp de Châlons. Intimement convaincu qu'il est le plus apte à en tirer un bon parti, j'ai pris cette détermination, après conseil avec le maréchal Baraguey d'Hilliers et avec l'assentiment de tout le Conseil.

Il faut absolument d'ailleurs profiter du seul bon côté des excitations actuelles, il faut ordonner l'armement de la population, c'est le salut. Mais il faut ne pas gaspiller nos armes, et n'en donner qu'à ceux qui veulent véritablement s'en servir. Je désirerais bien que Votre Excellence donnât des ordres dans ce sens aux autorités militaires des places, qui sont actuellement dans le territoire contesté, afin de distribuer les armes dont elles disposent aux habitants décidés à défendre leurs villes ou leurs montagnes.

P.-S. — Quand je finissais de dicter cette lettre, est arrivée votre dépêche télégraphique qui me prescrit d'envoyer 4 des bataillons de marche à Belfort et 2 à Thionville. Si on persiste dans l'exécution de cet ordre, je le regretterai, parce qu'on perd ainsi une force créatrice de 5,400 hommes pour disposer de suite de 1,200 hommes seulement.

Je consulte à ce sujet Votre Excellence par le télégraphe et j'attendrai votre réponse.

Le Ministre de la Guerre au Général commandant la 4e division militaire, à Châlons.

8 août.

Les 10e, 11e et 12e bataillons de la garde mobile parisienne qui sont à Besançon et Langres, vont être dirigés sur le camp de Châlons.

Les 13e, 14e et 18e bataillons partiront de Paris demain pour le camp.

Les 16e, 17e et 18e après-demain.

Le général Ameil au général Cambriels, à Altkirch (D. T.).

8 août.

Faites boire, reposer, et ralliez ensuite Belfort en exécutant les ordres du général en chef, qui sont : laissez pour nous éclairer à partir de Dannemarie un peloton dans chaque village.

Le Général commandant la 5e division au Ministre de la Guerre.

Metz, 8 août.

J'ai l'honneur de rendre compte à Votre Excellence que, en exécution des ordres de M. le Maréchal Major général de l'armée du

Rhin : le IV⁰ bataillon du 60⁰ de ligne, fort de 748 hommes. a été dirigé de Nancy sur Metz, le 6 août au soir.

Le IV⁰ bataillon du 63⁰ de ligne est parti d'Epinal pour Phalsbourg le 3 août, avec 470 hommes. Ce dernier mouvement a permis de laisser le 84⁰ de ligne à la disposition de M. le Général de division commandant le 5⁰ corps.

M. le Général commandant les 3⁰ et 4⁰ subdivisions me rend compte que les détachements qui devaient être dirigés par ces dépôts sur les bataillons de guerre ne pourront, par suite, l'être quant à présent; ils ne renferment que des hommes non exercés.

Le Général commandant la 5ᵉ division militaire au Major général, à Metz.

Metz, 8 août.

Je reçois, du commandant d'armes d'Epinal, la dépêche suivante :

« Des fusils pour armer la garde nationale sédentaire, avec des munitions, me sont indispensables; j'arme la mobile avec les fusils du magasin du 63ᵉ, mais je n'ai pas de cartouches, il m'en faudrait 100,000 au moins. Le parc du 5ᵉ corps, qui est ici, ne pourrait-il m'en céder? »

Je vous prie de vouloir bien faire donner au 5ᵉ corps les ordres nécessaires à cet égard, si vous le jugez convenable.

En marge, au crayon rouge : Répondez à Crespin : Oui. Faire donner l'ordre par Soleille.

Extrait du Journal de défense de la place de Belfort.

8 août.

Au retour de Mulhouse de M. le Général commandant le 7ᵉ corps de l'armée du Rhin, le commandant du génie de la place, averti de l'abandon possible par le 7ᵉ corps de la place et du camp retranché de Belfort, prévint aussitôt ce jour (8 août 1870) les autres membres appelés, aux termes de l'article 253 du règlement du 13 octobre 1863, à constituer le Conseil de défense de la place.

Ce Conseil se réunit sans délai chez M. le Général de Chargère, commandant la subdivision, et arrêta ainsi qu'il suit le procès-verbal de délibération :

Procès-verbal de délibération du Conseil de défense de la place de Belfort, du 8 août 1870.

En présence des éventualités qui pourraient amener à bref délai l'abandon par le 7ᵉ corps du camp retranché de Belfort, les membres du Conseil de défense présentent à M. le Général, commandant le 7ᵉ corps, les considérations suivantes au sujet de la situation qui va leur être faite :

Les événements de 1815 ont démontré qu'il était possible de défendre le camp retranché de Belfort, malgré une très grande infériorité de forces, puisque le général Lecourbe a infligé, le 11 juillet de cette année, une défaite à un corps de 40,000 Autrichiens, alors qu'il n'avait sous ses ordres que 4,000 hommes de troupes régulières et 11,000 gardes nationaux. A cette époque, les forts permanents de la Justice et de Miotte, et le camp retranché, dont ils occupent les deux principaux sommets, n'existaient pas encore.

Les membres soussignés du Conseil de défense ont donc la ferme intention de faire tous leurs efforts pour défendre et tenir la position contre les forces ennemies, et ils soumettent à M. le Général, commandant le 7ᵉ corps de l'armée du Rhin, les mesures suivantes, qui leur paraissent indispensables, et qui ne peuvent, à leur avis du moins, gêner en rien les mouvements de ce corps d'armée.

Les gardes nationaux mobiles sont, à leurs yeux, une force considérable, parce qu'ils représentent le nombre. Il y en a, en ce moment, deux mille et quelques cents dans la place. Depuis huit jours, ces hommes ont été à peine habillés, puisque c'est hier qu'on a commencé à leur distribuer leurs effets d'habillement. Ils ne sont pas équipés, et ils n'ont encore que 250 fusils à tabatière. Les membres du Conseil de défense constatent ces faits avec douleur, mais ils pensent qu'ils peuvent être modifiés dans un très court délai.

Les gardes nationaux mobiles présents à Belfort appartiennent seulement à une partie du Haut-Rhin, et rien n'est plus facile que de diriger sur cette place les gardes nationaux mobiles de la Haute-Saône, du Jura et d'une partie du Doubs et des Vosges.

Nous demandons donc :

En premier lieu, que l'on concentre à Belfort les gardes nationaux mobiles des départements qui nous avoisinent.

En second lieu, qu'il soit fait appel aux citoyens de bonne volonté de la ville de Belfort et des environs. Nous croyons être certains que cet appel sera entendu et qu'il nous arrivera de nombreux volontaires. Nous ne pouvons préciser l'effectif de ces gardes nationaux mobiles et volontaires ; mais si 11,000 sont venus à l'appel du général Lecourbe, il ne nous paraît pas impossible qu'il ne nous en arrive un beaucoup plus grand nombre et que nous parvenions à réunir, dans un délai peu éloigné, 20,000 gardes nationaux mobiles, sinon davantage.

Nous demandons, comme conséquence de cette mesure, qu'on réunisse immédiatement à Belfort les fusils nécessaires pour armer les gardes nationaux mobiles et volontaires, par des demandes d'urgence aux arsenaux de Besançon et de Lyon, les plus rapprochés de nous.

Nous demandons en outre qu'il nous soit laissé, en troupes régulières, les ressources nécessaires à l'instruction de nos gardes nationaux mobiles. Le minimum indispensable que nous réclamons comprendrait : deux bataillons d'infanterie de ligne en dehors du dépôt du 45e; deux batteries d'artillerie complètes; une compagnie du génie; enfin, deux escadrons de cavalerie, qui nous permettent d'avoir autrement que par des bruits souvent sans fondements, des renseignements sur la position de l'ennemi.

Les membres soussignés du Conseil de défense auraient certainement, dans ces conditions, vu le défaut d'instruction des forces qui leur seraient confiées, beaucoup d'efforts à faire pour conserver, en cas d'attaque sérieuse, la position de Belfort. Ils espèrent cependant qu'ils pourraient y parvenir et que leurs efforts seraient couronnés de succès.

Les membres du Conseil de défense demandent *d'urgence* l'expédition des ordres de convocation des gardes nationaux mobiles des départements voisins, et l'appel à Belfort et l'armement des citoyens de bonne volonté dans cette ville et des environs.

Fait à Belfort, le huit août mil huit cent soixante-dix.

Ont signé :
 Le général de Chargère, commandant la subdivision, *président*;
 Le colonel commandant la place, Jacquemey;
 Le chef de bataillon, Denfert, commandant du génie;
 Le chef d'escadron, Bouquet, commandant l'artillerie;
 Le sous-intendant militaire, Spire.

Les membres du Conseil de défense, aussitôt après avoir rédigé ce procès-verbal, se rendirent chez M. le Général commandant le 7e corps lui en firent lecture et résumèrent leurs demandes dans le télégramme officiel qui suit :

Le Général commandant le 7e corps au Ministre de la guerre et au Major général.

Le Conseil de défense de la place demande :

Convocation immédiate, à Belfort, de quinze bataillons de la garde nationale mobile des départements voisins (partie du Doubs et des Vosges, Haute-Saône et Jura).

Envoi des armes nécessaires pour ces quinze bataillons par Lyon et Besançon.

Appel aux volontaires de Belfort et des environs.

Il faut absolument à Belfort, pour l'instruction de ces bataillons, deux bataillons d'infanterie de ligne, deux batteries d'artillerie complètes, une compagnie du génie et deux escadrons de cavalerie légère.

Ces mesures sont de la plus grande urgence pour la défense de la place de Belfort et de son camp retranché en avant de la place.

J'appuie de toute mon autorité ces demandes qui sont d'extrême urgence.

Le Général,
F. DOUAY.

Nota. — Ce télégramme a été adressé le 8 août 1870.

Pour copie conforme :
Le Chef de bataillon commandant le génie,
DENFERT.

Le Commandant du génie à Neuf-Brisach, au général Doutrelaine, commandant le génie du 7ᵉ corps, à Belfort.

Neuf-Brisach, 8 août.

J'ai l'honneur de vous accuser réception de votre lettre du 4 août courant, n° 17, concernant le transport des fourneaux des mines, ainsi que d'une dépêche télégraphique ainsi conçue : « Général au commandant du génie, Neuf-Brisach. Faites charger les fourneaux de votre circonscription, rendez compte. »

Aujourd'hui je vais faire charger le fourneau du pont de Giesen, près du fort Mortier, route départementale n° 5 de Vieux-Brisach à Neuf-Brisach.

L'état des poudres expédiées jusqu'à ce jour de Neuf-Brisach sur les divers dispositifs est le suivant :

Dispositif de Lapoutroye. — Sur la route départementale (n° 5) des Vosges au Rhin, près de Lapoutroye, neuf barils de 50 kilogrammes, confiés au brigadier de gendarmerie de Lapoutroye, expédiés le 7 août.

Dispositif de la Schlûcht n° 8. — Sur le chemin de grande communication n° 5 du col de la Schlûcht, trente-six barils de 50 kilogrammes, expédiés le 3 août au maire de Münster.

Dispositif n° 2. — Sur l'Ill, à Ruelisheim, quatre barils de 50 kilogrammes, expédiés le 5 août au maire de Ruelisheim.

Dispositif n°7. — Sur l'Ill, à Waldighoffen, deux barils de 100 kilogrammes, expédiés le 7 août au maire de Waldighoffen avec huit sacs et 20 mètres de fusée Bickford.

Dispositif n° 10. — Sur la Largue, à Seppois-le-Haut, 3 barils de 50 kilogrammes, expédiés le 7 août au maire de Seppois-le-Haut, avec six sacs et 20 mètres de fusée Bickford.

Dispositif n° 11. — Sur l'Ill, à Ensisheim, deux barils de 100 kilogrammes, expédiés le 5 août au juge de paix d'Ensisheim.

Dispositif n°12. — Sur la Largue, à Spechbach-le-Bas, deux barils de 100 kilogrammes, expédiés le 7 août au maire de Spechbach-le-Bas avec huit sacs et 20 mètres de cordeau.

Dispositif n° 13. — Sur l'Ill, à Werentzhausen, quatre barils de 50 kilogrammes, expédiés le 7 août au maire de Werentzhausen avec 20 mètres de cordeau.

Toutes les autorités destinataires ont reçu avis de mettre les munitions en lieu sûr et de ne les délivrer pour le chargement des fourneaux que sur un ordre formel.

La dépêche télégraphique ci-dessus mentionnée me paraît contenir cet ordre, je ferai partir demain un de mes gardes pour opérer le chargement des fourneaux. C'est, je crois, en l'absence d'un personnel spécial fourni par le 7e corps, le seul procédé à employer pour éviter de graves accidents. Ce garde fera placer et amorcer les fourneaux et donnera aux cantonniers et agents les instructions nécessaires pour la surveillance.

En ce qui concerne le moment où l'on devra faire usage des fourneaux, je pense que, dans aucun cas, il ne peut y avoir lieu pour moi de transmettre l'ordre de mise de feu, attendu qu'il peut se présenter telle circonstance, où je serais dans l'impossibilité de communiquer avec l'agent préposé au dispositif.

Vous remarquerez, mon Général, que le dispositif sur le canal, à Huningue, ainsi que celui du chemin de fer de Paris à Mulhouse, à Tagolseim n'ont pas encore reçu leur poudre.

Je vais faire partir les poudres de Huningue; pour les autres, j'ajourne jusqu'à nouvel avis de votre part.

Je transmets au garde de Colmar l'ordre de faire charger les dispositifs du col de la Schlücht et de Lapoutroye.

J'ai l'honneur de vous prier de vouloir bien me faire connaître par qui devront être donnés les ordres de mise de feu aux fourneaux.

Bulletin de renseignements du Capitaine des douanes au Commandant de la 7e division à Belfort.

Saint-Louis, près Huningue, 24 août. (*Événements du 8 août*).

On est fixé sur la tentative de passage que devait faire l'ennemi sur cette partie du Rhin dans les premiers jours d'août. Il ne s'agissait ni de 25,000, ni de 30,000 hommes, mais de 1,200 ou 1,500 qui voulaient s'assurer des forces campées autour de Mulhouse. La date choisie était le 9, à 1 heure du matin, pas au moyen de pontons, mais des bateaux des travaux du Rhin, renforcés par d'autres venus de Neubourg et de Vieux-Brisach.

Le 7, dans l'après-midi, arrivaient ostensiblement 500 militaires à la station de *Rheinwiller*, pour y cantonner ainsi qu'à *Bamlach et Blausingen*, tandis que le gros de la troupe se rendait secrètement dans les villages au-dessus et au-delà du coteau d'Istein jusqu'à Eimeldingen, où ils trouvaient trois pièces de campagne. Les trois points choisis pour traverser le Rhin étaient le port de Kirchen, le Petit Kembs et Rheinwiller, tous trois permettant d'entrer sans encombre dans la forêt de la Hardt.

Toutes dispositions étaient prises, lorsque, le 8, à 11 heures du soir, un télégramme ordonna au chef de l'expédition de l'abandonner et de revenir sur Carlsruhe avec la plus grande partie de sa troupe.

L'ordre de retraite avait été donné en apprenant que nos troupes se repliaient sur Belfort.

Le Préfet du Haut-Rhin au Ministre de l'Intérieur.

Colmar, 31 août. (*Événements du 8 août.*)

Le 8 août, au moment où l'envahissement du Haut-Rhin était annoncé sur quatre points de la rive, un envoi de 24,000 kilogrammes de poudre était dans la gare de Colmar et quelques tonneaux étaient déjà déposés en ville. Tandis que l'autorité faisait évacuer le convoi de 24,000 kilogrammes vers Belfort, où il arrivait heureusement, la population ameutée et craignant de voir les quelques tonneaux restants tomber entre les mains de l'ennemi les a jetés dans le canal. Voilà le fait rigoureusement exact dont j'ai rendu compte à Votre Excellence par mon rapport du 10 août.

Journée du 9 août.

Consul Truy, de Bâle, au Ministre des Affaires étrangères, à Paris (Copie au Major général).

Saint-Louis, 9 août, 4 h. 50 matin.

Encore 70,000 hommes dans Forêt Noire, à Donaueschingen, Klein-Kembs, Rheinweiler. Quartier général Bellingen, Schliengen, Auggen, Mülheim, passant par Niffinre (Niffer?) en France. Ne puis adresser directement.

Du même au même (D. T.).

Bâle, 9 août, 10 h. 30 matin. Expédiée à 1 h. 55 soir. (n° 28587).

Un voiturier arrive de Mulhouse. Passage Rhin annoncé hier serait nouvelle fausse. Bruit répandu victoire.

Le Général de division de Besançon, au Préfet et au Général, à Vesoul.

9 août, 12 h. 10 soir.

La Compagnie de l'Est a suspendu le service des postes et des voyageurs entre Vesoul, Lure et Belfort. Rien dans la situation ne justifie cette mesure, qui entrave les communications et inquiète à tort les populations. Prenez d'urgence les mesures nécessaires, avec l'autorité que vous donne l'état de siège, pour que la compagnie rétablisse au moins un train-poste et de voyageurs entre Vesoul et Belfort. Rassurez les populations ; aucune armée n'est entrée dans le Haut-Rhin.

Le Commandant supérieur de la Haute-Marne au Ministre de la Guerre.

Langres, 9 août, 1 h. 35 soir.

Puis-je prendre dans les forêts de l'État les bois nécessaires à la défense ?

Le Conseiller d'État, directeur général des forêts, s'empresse d'informer le Ministre de la Guerre qu'il vient d'adresser à l'inspecteur des forêts, à Langres la dépêche télégraphique suivante : « Autorise dans les forêts de l'État exploitation des bois nécessaires à la défense. » Puis-je employer les outils de l'approvisionnement de défenses ?

Le Commandant Vanson au Major général, à Metz.

Nancy, 9 août, 2 h. 10 soir.

... Plus de nouvelles de Phalsbourg. Le général commandant la subdivision désire des ordres pour les 3 bataillons de la garde mobile de la Meurthe et des Vosges. Ils ont très bon esprit. Les 2 bataillons de Nancy ont des chassepots.....

Le Général commandant la 7e division militaire au Général à Vesoul (D. T.).

Besançon, 9 août, 4 h. 22 soir.

Ordonnez d'urgence le transport à Langres du capitaine-major et du conseil d'administration central de la garde nationale mobile de la Haute-Marne. C'est à tort que le commandant supérieur de Langres, colonel Martin, croit que son pouvoir s'étend sur tout le département ; il s'arrête au rayon de défense de la place. Il reste complètement sous vos ordres : faites-lui savoir de ne s'adresser directement à moi qu'en cas urgent. Je vous enverrai fusils pour garde mobile et sédentaire. 10 à Vesoul pour distribuer à Haute-Saône, 20 à Langres pour Haute-Marne.

Le Général de division, de Marseille, au Ministre de la Guerre (D. T.).

9 août, 4 h. 31 soir.

L'inspecteur principal de la Compagnie P.-L.-M. m'informe qu'il ne peut plus assurer le transport des troupes que jusqu'à Besançon. Quelle direction faut-il donner aux troupes à diriger sur Strasbourg et Belfort ? Il y en a encore qui vont débarquer.

En marge : Demander des renseignements au major général.

Le même au Ministre de la Guerre.

Strasbourg, 9 août.

Nos communications, interceptées depuis plusieurs jours, ont été, momentanément rétablies, entre Strasbourg et Mulhouse.

J'en profite pour vous dire succinctement la situation de la ville dont le commandement m'est confié.

La garnison, sensiblement renforcée par des isolés, entrés depuis la dernière affaire, est suffisante pour parer à tout.

Les vivres sont assurés pour un temps assez long : il nous en arrive d'ailleurs, de tous côtés.

Nous avons eu quelques alertes ; aucune sérieuse.

L'esprit de la garnison est bon ; celui des habitants est agité, mais peu hostile.

La garde nationale mobile est en service et montre de bonnes dispositions.

La garde nationale sédentaire active son armement ; elle promet de garantir l'ordre intérieur.

Les étrangers sont très nombreux à Strasbourg et dans les faubourgs (près de 10,000). Si l'état de siège avait été maintenu, j'aurais pu me débarrasser de la plupart de ces hommes ; mais la conversion de l'état de siège en état de guerre m'a désarmé.

Quoi qu'il en soit, je n'ai pas d'inquiétude et j'attends les événements, disposé à tout faire pour conserver la ville de Strasbourg.

P.-S. — Je n'ai pas le courrier de Paris depuis trois jours. Je vous écrirai plus en détail demain, si nous avons encore la faculté de le faire.

Le Commandant du génie de Neuf-Brisach au Général commandant le génie du 7ᵉ corps à Belfort.

Neuf-Brisach, 9 août.

Les poudres des cinq dispositifs des mines, expédiées le 7 août, ont été noyées à Colmar ; je prépare nouvel envoi.

Le Général commandant la 22ᵉ division militaire au Ministre de la Guerre.

Grenoble, 9 août.

J'ai l'honneur de vous rendre compte que, conformément aux prescriptions de votre dépêche du 3 août, les détachements ci-après ont été dirigés, le 7 août, par les voies ferrées sur les bataillons de guerre, savoir : 300 hommes du dépôt du 3ᵉ de ligne, de Grenoble sur Belfort; 100 hommes du dépôt du 1ᵉʳ de ligne, d'Annecy sur Belfort.

Par suite de l'envoi de ces détachements, les effectifs des bataillons de guerre ont été portés à 2,285 hommes dans le 3ᵉ de ligne et à 1,918 dans le 28ᵉ de ligne.

Le Général Soleille au Major général.

Metz, 9 août.

J'ai l'honneur de vous rendre compte, qu'en exécution de vos ordres de ce jour, j'ai prescrit au directeur du parc d'artillerie, actuellement à Épinal, de délivrer au commandant d'armes de cette ville, 100,000 cartouches modèle 1866, pour être remises à la garde mobile.

Le Général commandant la 5ᵉ division militaire au Major général.

Metz, 9 août.

La compagnie des francs-tireurs de Frouard a été organisée le 29 août 1869. Elle est équipée, armée, mobilisée et prête à marcher ; aussi le commandant sollicite-t-il pour les 50 hommes l'entrée en solde.

Je vous prie, Monsieur le Maréchal, de vouloir bien me faire connaître votre décision à ce sujet.

Le Directeur du génie, à Besançon, au Général commandant le génie du 7ᵉ corps.

Besançon, 9 août.

Vous avez appris, sans doute, par M. le général Douay, ou même par la rumeur publique, que la population de Montbéliard, non seulement a refusé de fournir des voitures pour le transport des terres, malgré le haut prix que j'y avais mis, mais s'est soulevée, a voulu jeter les voituriers de l'entrepreneur dans le canal, et finalement les a empêchés d'entrer au château.

Ils ne veulent pas qu'en les fortifiant, on les expose à être canonnés.

Averti par une dépêche du capitaine Bascou, j'ai couru chez le général de division, j'y ai vu le préfet et le procureur général; on a dû afficher aujourd'hui à Montbéliard le décret qui met le département en état de siège : le sous-préfet fera comprendre aux habitants ou aux meneurs) la gravité de leur position, et le général, manquant absolument de troupes, a fait demander, par une dépêche, 4 compagnies d'infanterie à M. le général Douay.

Ce secours est nécessaire pour prêter main-forte au capitaine Bascou dans ses travaux et dans les réquisitions de voitures qu'il va faire pour les accélérer.

Conformément à ses ordres, je fais charger par un garde du génie les fourneaux de mine destinés à couper le chemin de fer de Delle et les ponts sur le Doubs en amont de Montbéliard.

Cette opération aura peut-être besoin aussi d'être protégée par la force armée. S'il en était ainsi, je serais d'avis de faire sauter immédiatement les ponts : j'ai peur que la malveillance de la population et la faiblesse des autorités n'amènent quelques accidents, comme l'éventement des mines.

Comme j'ai déjà eu l'honneur de vous le dire, je ne fais pas charger les fourneaux des grandes lignes de chemin de fer, mais tout préparer sur les lieux.

Le général Doutrelaine au Ministre de la Guerre.

Belfort, 9 août.

Les renseignements recueillis sur toute la rive du Haut-Rhin ayant donné à croire au général Douay que l'ennemi rassemblait des forces considérables à Lœrrach et à Neuenbourg, cet officier général avait ordonné, le 4 août, aux deux premières divisions du 7ᵉ corps, concentrées à Belfort et à Colmar, d'opérer un mouvement vers le Rhin, dans le but de s'opposer aux tentatives de passage que l'ennemi aurait pu faire entre Huningue et Neuenbourg.

Mais au moment où le mouvement allait s'exécuter, le général Douay a reçu du maréchal de Mac-Mahon, engagé à Wissembourg, une dépêche télégraphique pressante, qui l'invitait à lui envoyer à Haguenau une de ses divisions.

Le général commandant le 7e corps, se conformant à cet ordre, a immédiatement dirigé sa 1re division sur Haguenau, et, ne pouvant plus songer à défendre avec sa seule 2e division toute la rive du Rhin, de Huningue à Neuenbourg, il s'est résolu à concentrer cette division à Mulhouse. Le mouvement s'est opéré le 6 août et, ce même jour, je me suis rendu à Mulhouse avec mon état-major, la compagnie de réserve du corps (12e compagnie du 2e régiment, capitaine Bevière) et la compagnie attachée à la 2e division (4e compagnie du 2e régiment, capitaine Monchablon). Quant à la compagnie Charret, elle avait rejoint dès la veille la 1re division à laquelle elle est attachée; elle avait pris part à la bataille perdue le 6.

Le même au Général Coffinières.

Belfort, 9 août.

Le 7 août au matin, le général Douay a reçu de l'Empereur l'ordre de se replier sur Belfort. Nous sommes partis de Mulhouse vers midi, en exécution de cet ordre, et nous sommes arrivés hier à Belfort. Je m'y trouve avec tout mon état-major, la compagnie du génie de réserve et la compagnie du génie de la 2e division.

Vous savez, mon Général, que la 1re division du 7e corps, appelée en toute hâte à Haguenau par le Maréchal de Mac-Mahon, a pris part à la bataille que le 1er corps a soutenue le 6 de ce mois. Cette division avait, à mon insu, rallié à Mulhouse la compagnie du génie, qui lui est attachée, compagnie que j'avais gardée à Belfort jusqu'au 4 et qui se rendait à Rixheim, par suite du mouvement que le 7e corps exécutait de Belfort vers le Haut-Rhin.

J'ai reçu hier du capitaine Charret, commandant ladite compagnie, une dépêche, que vous avez reçue également sans doute et que je transcris ci-dessous :

Sarrebourg, 8 août, 2 h. 20 soir.

« Je me retire avec le 1er corps, c'est-à-dire avec la partie de ma division engagée le 6; 7 ou 8 tués; 25 hommes m'ont rejoint. J'en attends beaucoup d'autres; le reste pris ou disparus; le commandant Lesecq et le capitaine Décugis probablement prisonniers; tout le matériel pris par l'ennemi. »

J'invite le capitaine Charret à me fournir aussitôt qu'il lui sera possible, l'état de ses pertes en tués, disparus ou prisonniers.

Quant à la compagnie qui doit être attachée à la 3e division du

7ᵉ corps, j'ignore si elle a rejoint cette division à Lyon, ou si elle est en route pour Belfort.

Le chemin de fer, qui m'avait amené à Mulhouse mes 9 voitures de parc, les a ramenées hier aussi à Belfort. Je n'ai toujours ni sapeurs-conducteurs, ni chevaux, ni harnachement.

Le général Douay au Général commandant le génie du 7ᵉ corps.

9 août.

Les troupes devront toujours être pourvues de 2 jours de vivres de campagne en avance et 2 jours de biscuit en réserve.

Pendant les premières marches du corps d'armée les chefs de corps organiseront des arrière-gardes spéciales commandées par un officier pour faire marcher les traînards, ramasser les sacs et les armes, enfin prévenir tous les désordres qui se sont produits ces jours derniers. Un médecin sera toujours à l'arrière-garde. Une voiture y sera placée.

Il importe que les chefs de corps fassent exercer une grande surveillance sur le chargement des voitures, s'assurent par des répétitions fréquentes de la bonne exécution de ce service et proscrivent tout ce qui est superflu et hors d'état de suivre.

Les voitures régimentaires devront être immédiatement marquées, par les soins des corps, d'une manière très ostensible, du numéro du corps et du régiment.

Journée du 10 août.

Le Sous-Préfet de Mulhouse au Ministre de l'Intérieur.

Mulhouse, 10 août, 1 h. 30 matin.

Nombre considérable d'ouvriers étrangers sans travail à Mulhouse. Les consuls demandent autorisation de les laisser sortir de France par Bâle (Suisse). Ils sont menacés à Mulhouse par les ouvriers français. S'il faut les interner en France, ce n'est possible qu'avec des secours de route. Habituellement 12,000 Allemands à Mulhouse. Je demande les instructions du Gouvernement.

En note au crayon : Les faire partir.

Le Préfet de la Meuse au Ministre de la Guerre (D. T.).

Bar-le-Duc, 10 août, 8 h. 26 matin

Veuillez m'envoyer 20.000 fusils et des munitions pour la garde nationale.

Le Conservateur des forêts du Haut-Rhin au Ministre des Finances D. T.).

Colmar, 10 août, 8 h. 30 matin.

Les agents forestiers, les gardiens domaniaux et communaux du Haut-Rhin sont mobilisés et mis à la disposition de l'autorité militaire.

Le Général commandant la 6ᵉ division militaire au Ministre de la Guerre (D. T.).

Strasbourg, 10 août, 10 h. 35 matin.

Le commandant de place de Neuf-Brisach demande un bataillon d'infanterie et une batterie d'artillerie que je ne puis lui envoyer. Vous est-il possible de le satisfaire ?

Ligne de Nancy toujours coupée. Pas d'ennemis en vue. Situation calme.

Garde nationale sédentaire formée et armée. Environ 3,000 hommes du 1ᵉʳ corps réfugiés à Strasbourg.

Je forme des bataillons et des escadrons provisoires. Aucune nouvelle du 1ᵉʳ corps.

Je suis en communication avec général Douay à Belfort.

En marge : la batterie 2 bis du 6ᵉ destinée à Neuf-Brisach a été annoncée par la 1ʳᵉ Direction comme devant partir de Grenoble le 5 août et arriver à Neuf-Brisach le 6. (On ne peut pas lui donner autre chose en artillerie).

Le ministre transmet cette dépêche au major général, par télégramme du 11 août, 10 h. 23 (nº 22, 521).

Le Directeur de la Douane à Strasbourg, au Major général (D. T.)

Strasbourg, 10 août, 11 h. 5 matin.

Omis dans ma première dépêche que l'ennemi travaillait à relever fortifications de Fort-Louis, probablement pour établir là une tête de pont.

Le Préfet du Doubs au Ministre de l'Intérieur.

Besançon, 10 août, 11 h. 20 matin.

.....Toutes les communes de mon département demandent des armes. Il faut à tout prix leur donner satisfaction. J'insiste énergiquement pour que l'autorité militaire soit sans aucun retard à même de leur en donner. Il est urgent que le mouvement soit énergiquement organisé et régularisé....

Le général Félix Douay, au Maréchal de Mac-Mahon, à Nancy, et au Major général, à Metz (D. T.).

Belfort, 10 août, 1 h. 11 soir.

Depuis son départ de Mulhouse, dans la nuit du 4 au 5 août, je suis sans nouvelles de la division Conseil-Dumesnil; pouvez-vous m'en donner?

Le général Dumont, arrivé à Lyon, n'a pas encore d'ordre de départ, pas plus que la brigade de cavalerie.

Nous nous occupons avec activité à ravitailler les places de Strasbourg, Schlestadt et Neuf-Brisach.

Je dirige sur Nancy tout ce qui doit rejoindre 5° et 1ᵉʳ corps.

Réponse préparée en marge du télégramme ci-dessus : « Au général Douay, le 10 août, 3 heures du soir (D. T.).

La division Conseil-Dumesnil est à Lunéville. Le général Dumont doit rester à Lyon. Dirigez sur Châlons directement tout ce qui doit rejoindre les 5° et 1ᵉʳ corps.

Le Préfet des Vosges au Ministre de l'Intérieur.

Epinal, 10 août, 2 h. 38 soir.

Prière d'arrêter l'envoi d'armes qui aurait été fait par le Ministre de la Guerre à la société de tir de Remiremont. Cette société est animée d'un esprit qui laisse à désirer.

Ces armes seraient pillées à l'arrivée et perdues inutilement pour l'État.

Le Général commandant la 5ᵉ division militaire au Général commandant la 7ᵉ division et au Commandant de la place de Langres (D. T.).

Metz, 10 août, 2 h. 45 soir.

Le 2ᵉ bataillon de gardes mobiles de la Meurthe (Lunéville), est dirigé de Lunéville sur Langres.

Le Général Crespin, commandant la 5ᵉ division militaire, au Major général, à Metz. (Lettre.).

Metz, 10 août.

J'ai l'honneur de communiquer à Votre Excellence la dépêche ci-dessous que m'adresse le général commandant la 3ᵉ subdivision, à Nancy.

« Dans l'attente de fusils qui ne sont pas arrivés, le bataillon de mobiles n'a pu se mettre en marche pour Marsal. L'ennemi, qui est à Dieuze, me force à lui télégraphier de s'en éloigner. Le maréchal de Mac-Mahon est prévenu. »

Je reçois également de M. le général commandant la 3ᵉ subdivision la dépêche suivante:

« Mac-Mahon place sous mes ordres le 2ᵉ bataillon de mobiles, de Lunéville; je le dirige sur Langres, par Charmes, sauf à recevoir une autre direction. »

J'ai cru devoir la porter immédiatement à la connaissance de Votre Excellence.

Le Ministre de la Guerre au Major général, à Metz (D. T.).

Paris, 10 août, 6 h. 6 soir.

Je fais diriger immédiatement de Lyon sur Belfort la 3e division du 7e corps, avec son artillerie et son génie.

Le Commandant de Neuf-Brisach au Général de division, à Strasbourg.

Neuf-Brisach, 10 août, 9 heures soir.

Coups de canon ont été entendus à hauteur du Sponeck, feux allumés le long des montagnes.

Le Ministre de la guerre au Major général, à Metz (D. T.).

Paris, 10 août, 9 h. 35 soir.

Le chemin de fer Lyon-Méditerranée ne peut plus assurer le service que jusqu'à Besançon; faut-il concentrer à Besançon ou à Lyon les corps et détachements dirigés de Marseille ou autres localités sur Strasbourg et Belfort?

Réponse préparée, en marge du télégramme ci-dessus : Ministre de la Guerre. — La Compagnie de l'Est ayant assuré le service jusque sous le canon de l'ennemi, la Compagnie de la Méditerranée peut l'assurer de son côté au moins jusqu'à Belfort, d'où on dirigera sur Strasbourg, si c'est possible.

Le général Doutrelaine au colonel du génie Benoit, à Besançon (D. T.).

Belfort, 10 août.

Général Douay envoie deux compagnies pour occuper Montbéliard. Capitaine Bascou s'entendra avec commandant du détachement pour protéger travailleurs du génie.

Le Général Doutrelaine, commandant le génie du 7ᵉ corps, au Chef de bataillon commandant du génie, à Neuf-Brisach. (Lettre).

Belfort, 10 août.

En réponse à votre dépêche télégraphique du 9 et à votre lettre du 7 courant concernant le chargement des dispositifs de mines, j'ai hâte de vous faire connaître que je ne suis pas l'auteur de la dépêche qui vous a donné l'ordre de charger les fourneaux de votre circonscription.

Elle émane sans doute du général commandant la division territoriale, car c'est à lui qu'appartient, dans les circonstances actuelles, d'apprécier l'urgence des mesures à prendre à ce sujet. Quant à moi, je ne connais pas assez au juste la position et mon éloignement ne me permet pas non plus de connaître les circonstances d'une manière assez précise.

Réclamez donc d'urgence des instructions à votre directeur, avec lequel vous êtes en rapports maintenant encore, grâce au télégraphe et à la poste.

Si vos moyens de correspondance avec lui venaient à vous manquer, adressez-vous alors à moi. Ce n'est qu'à défaut de l'autorité territoriale qu'il m'appartiendra d'intervenir. Informez-moi de suite et, au cas où vous devriez recourir à moi, donnez-moi tous les détails propres à éclairer ma décision. Télégraphiez en cas urgent : écrivez en cas moins pressé.

Enfin, car il faut tout prévoir, si vos communications avec moi étaient coupées, comme avec l'autorité territoriale, prenez les décisions vous-même, en vous inspirant des circonstances.

Le Colonel directeur du génie de Besançon au général Doutrelaine, commandant le génie du 7° corps, à Belfort. (Lettre.)

Besançon, 10 août.

J'ai l'honneur de vous informer que, sur l'avis du Comité en date du 3 août, le Ministre a alloué, le 7 du courant, une somme de 7,100 francs pour les travaux de la mise en état de défense de Montbéliard. Dans cette décision, il n'est pas parlé de la citadelle, dont le projet n'avait pu, d'ailleurs, arriver au Comité au moment de sa délibération.

Les nouvelles que j'ai reçues de Montbéliard ce matin n'ont fait que confirmer ce que j'ai eu l'honneur de vous écrire hier : le travail a été suspendu. Le capitaine Bascou a pu aujourd'hui, ou du moins je l'espère, après la proclamation de l'état de siège et sous la protection de deux compagnies d'infanterie, faire une réquisition de voitures et continuer le transport des terres. Je présume que les chargements des fourneaux de mine dans les ponts du Doubs, à droite de Montbéliard, ne se fera pas non plus sans difficulté. J'y ai envoyé un garde du génie solide. Les maires sont rendus responsables des avaries que leur négligence pourrait causer aux fourneaux.

Le Ministre de la Guerre au Général commandant la 2e division militaire. (Note.)

Paris, 10 août.

M. le général commandant le 9e corps reçoit l'ordre de diriger immédiatement de Lyon sur Belfort la 3e division du 7e corps d'armée, avec son artillerie et son génie.

Le Ministre de la Guerre au Général commandant la 6e division militaire, à Strasbourg (D. T.).

Paris, 10 août.

Je fais diriger immédiatement de Lyon sur Belfort la 3e division du 7e corps, avec son artillerie et son génie.

Donnez les avis et prévenez le commandant du 7e corps.

Le Même au Ministre de la Guerre (Lettre.)

Metz, 10 août.

Par votre lettre du 9 de ce mois, vous me donnez des ordres relativement au transfert des dépôts.

J'ai eu l'honneur de rendre compte par le télégraphe des dispositions que j'ai dû prendre d'urgence à ce sujet, après approbation de M. le Major général.

J'ai prescrit par le télégraphe de diriger le dépôt du 60e de ligne de Nancy sur Marsal, où le corps avait déjà quelques hommes.

J'avais également donné l'ordre de diriger sur Marsal le 2e bataillon de gardes mobiles de la Meurthe, mais le bataillon n'étant pas armé et quelques coureurs étant signalés vers Dieuze, M. le général commandant à Nancy a fait diriger ce bataillon par Charmes sur Langres.

Les bataillons des Vosges devaient être dirigés sur les places de la Moselle, mais ils sont armés et M. le maréchal de Mac-Mahon en a disposé pour la défense des défilés des Vosges.

Ainsi que je vous en ai rendu compte par le télégraphe, j'ai dirigé d'Épinal sur Toul le dépôt du 63e dont ne parle pas votre dépêche, et sur Verdun la 5e compagnie de cavaliers de remonte et le dépôt de Sampigny.

En exécution des ordres de Votre Excellence, je prescris par le télégraphe de diriger sur Toul le dépôt du 3e de dragons.

Je ferai remarquer à Votre Excellence qu'il y aura, par suite, cinq dépôts de cavalerie dans cette place.

Le Major général au Général commandant la 5e division militaire, à Metz.

Metz, 10 août.

Par votre lettre du 9 de ce mois, n° 719, vous me faites savoir que le commandant de la compagnie des francs-tireurs de Frouard demande, pour les 56 hommes qui la composent et qui sont actuellement équipés, armés et prêts à marcher, la solde et les diverses prestations qui leur sont dues.

Cette compagnie faisant, par suite d'un décret du 29 août 1869, partie de la garde nationale mobile, laquelle est placée sous les ordres du commandant territorial, j'ai l'honneur de vous prévenir qu'il vous appartient de régler cette question, de concert avec l'intendant de la 5e division militaire.

Du général Cambriels, commandant la 1re brigade de cavalerie du 7e corps. (Réponse aux rapports et correspondance du 10 août.)

Belfort, 10 août.

Brigade. — Les régiments qui ont besoin de cartouches iront en chercher aujourd'hui mercredi, 10 août, à 1 heure de l'après-midi. La distribution se fera à la tour 41 et près des bureaux de la sous-intendance de la Place. Un officier du corps sera présent et signera le récépissé.

Les chefs de corps devront faire tous leurs efforts pour procurer ou faire fabriquer aux hommes un sachet pour les vivres de campagne.

La première moitié des voitures régimentaires, portant les effets indispensables, suivra la colonne en marche.

La deuxième moitié formera un convoi spécial de réserve.

Chaque corps enverra cet après-midi à l'état-major de la division un état indiquant le nombre et l'espèce des voitures composant chaque convoi.

Chaque corps désignera à l'avance un sous-officier pour commander et administrer la fraction du convoi de réserve.

Il est bien entendu que les corps devront aujourd'hui, s'ils ne l'ont déjà fait, renvoyer au parc des voitures de réquisition, sur le champ de manœuvres, toutes les voitures de cette catégorie qu'ils ont avec eux.

4e lanciers. — Le général de brigade verra, ce jour, à 4 h. 30, les chevaux proposés pour la réforme.

Brigade. — A dater de demain, 11 août, MM. les sous-intendants fonctionneront dans le 7e corps.

Le sous-intendant de 2e classe demeure « Hôtel de l'Ancienne Poste ». C'est à lui que l'on devra s'adresser pour faire viser les bons de toute provenance et pour tous les services de la division.

4e et 8e lanciers. — Le 8e lanciers prendra demain matin les postes de grand'garde occupés par le 4e, dans les villages d'Andelnans et de Bavilliers.

Brigade. — Les chefs de corps ne devront communiquer que chaque jour, pour les 24 heures, les mots d'ordre et de ralliement.

4e hussards. — Les grands'gardes des hussards sont maintenues jusqu'à nouvel ordre.

Brigade. — Envoi d'une série de cartes.

4e hussards. — La commission d'achats de chevaux qui a déjà fonctionné dans le 4e hussards, sera reconstituée pour acheter les chevaux de trait destinés aux parties prenantes isolées et les chevaux haut-le-pied qui doivent remplacer les chevaux devenus indisponibles.

Brigade. — La veste d'écurie et un pantalon de treillis devront toujours être roulés dans le sac et placés sur la charge de devant, afin de permettre aux cavaliers de quitter le dolman ou la tunique dès leur arrivée au bivouac.

Journée du 11 août.

Le Commandant de Neuf-Brisach à l'Intendant du 7ᵉ corps. (D.T.)

Neuf-Brisach, 11 août, 12 h. 20 matin.

Aujourd'hui, j'ai 130 jours d'approvisionnement de farine pour 4,000 hommes.

Le Ministre de la Guerre au Major général (D. T.)

Paris, 11 août, 10 h. 23 (n° 22521).

Le général commandant la 6ᵉ division me télégraphie :
Le commandant de la place de Neuf-Brisach demande un bataillon d'infanterie et une batterie d'artillerie que je ne puis lui envoyer. Vous est-il possible de le satisfaire ? Ligne de Nancy toujours coupée, pas d'ennemis en vue, situation calme, garde nationale sédentaire formée et armée. Environ 3,000 hommes du 1ᵉʳ corps réfugiés à Strasbourg. Je forme des bataillons et des escadrons provisoires. Aucune nouvelle du 1ᵉʳ corps. Je suis en communication avec e général Douay à Belfort.

Le Général commandant la 6ᵉ division au Major général (D. T.).

Strasbourg, 11 août, 11 h. 12 matin.

J'avais demandé au Ministre de m'ouvrir un crédit, comme à mon prédécesseur, pour organiser à l'extérieur un service de recherches afin d'avoir des nouvelles de l'ennemi. Le Ministre m'a répondu de m'adresser au Major général. Je vous soumets cette demande.

Le Général Douay au Major général, à Metz (D. T.).

Belfort, 11 août, 1 h. 50 soir.

Des dépêches des bords du Rhin annoncent qu'hier un train badois a descendu 1,200 hommes et cinq canons. Il ne resterait que quelques compagnies en face de Kembs. Il y avait sur le Rhin, dit-on, 43,000 hommes qui ont été dirigés sur Rastadt pendant les nuits de dimanche et de lundi.

Général commandant Strasbourg croit à investissement prochain, sans certitude, dit-il.

Le Préfet du Haut-Rhin au Ministre de l'Intérieur (D. T.).

Colmar, 11 août, 1 h. 15 soir.

Courrier de Paris reçu hier par Belfort.
Aucun mouvement sur rive du Rhin. Les services publics reprennent quelque régularité.
Embarras industriels assez graves.
Réponse attendue du Ministre du Commerce pour les protêts.

Le Ministre de la Guerre aux Généraux commandant les divisions militaires (D. T.).

Paris, 11 août, 5 h. 40 soir.

Autorisez, sans m'en référer, et de concert avec l'autorité préfectorale, la formation des francs-tireurs volontaires et nommez dans les mêmes conditions les capitaines, aussi bien que les officiers de grade inférieur.
Déléguez, s'il y a lieu, aux généraux subdivisionnaires, vos pouvoirs pour la formation de ces compagnies et pour les nominations.

Le Major général au Général commandant la 6ᵉ division (D. T. Ch.).

Metz, 11 août, 8 heures soir.

Faites pour l'organisation du service des renseignements toutes les dépenses que vous jugerez nécessaires. Elles vous seront remboursées.
L'Empereur compte sur vous et sur le dévouement des troupes de la garnison.
Nous espérons prochainement une grande bataille.

Le Ministre de la guerre au Préfet de la Moselle, pour faire parvenir au Major général (D. T. Ch.).

Paris, 11 août, 10 h. 25 soir.

L'Empereur désire qu'on coupe les ponts, les tunnels, les chemins de fer devant les Prussiens. Le Ministre de l'Intérieur et moi, nous allons télégraphier aux généraux et aux Préfets des départements de prendre toutes les mesures pour arrêter les Prussiens; mais je désire savoir sur quels points et dans quels départements je dois prescrire ces mesures.

Le général Doutrelaine au Colonel directeur des fortifications, à Besançon. (Lettre.)

Belfort, 11 août.

Je vous confirme ma dépêche télégraphique d'hier, ainsi conçue :
« Le général Douay envoie deux compagnies à Montbéliard. Le capitaine Bascou s'entendra avec le chef du détachement pour assurer la protection des travailleurs du génie. »

L'envoi de ces deux compagnies à Montbéliard a été provoqué par une dépêche adressée au général Douay par le général commandant la division de Besançon et annonçant que la population de Montbéliard s'opposait à nos travaux.

Quels travaux? Je l'ignore, n'ayant pas reçu réponse du Ministère à la lettre par laquelle je demandais l'exécution immédiate des travaux de mise en état de défense du château et le relèvement d'*urgence* de l'ancienne citadelle.

Veuillez me faire connaître, je vous prie, quels ordres vous avez reçus à cet égard.

Le Commandant de Longwy au Général commandant la subdivision de la Moselle, à Metz.

Longwy, 11 août.

J'ai l'honneur de vous accuser réception de votre note de service du 10 courant, qui m'annonce que les compagnies de la garde mobile des Vosges sont destinées à défendre les passages des montagnes.
..... Puisque je ne puis pas compter sur de la garde mobile, je désirerais que les deux compagnies du 44ᵉ d'infanterie puissent être complétées, etc.

Le même au Sous-Intendant militaire, à Thionville.

Même date.

Je suis informé que le bataillon mobile des Vosges est destiné à défendre les passages des montagnes et qu'il ne viendra pas comme on me l'avait annoncé.

L'intendant général inspecteur Uhrich à l'intendant Blondeau, à Paris. (Lettre privée.)

Belfort, 11 août.

Mon cher Directeur,

Je suis arrivé hier soir à Belfort, avec un état-major au grand complet et ma journée a été très utilement remplie.

J'ai vu le général Douay aujourd'hui; Largillier (1), entouré de tout son personnel.......... me paraissant dans les plus heureuses dispositions, puis, j'ai beaucoup visité et inspecté.

Très probablement je serai demain soir à Montbéliard.

Le général Douay est fort enchanté de son intendant, qui lui paraît un homme d'initiative et de ressources. Il se plaît à dire que *l'administration le seconde de son mieux et arrive à de bons résultats.*

En ce moment, on ne dispose ici que d'une seule division d'infanterie et une de cavalerie.

Il est vrai que l'ennemi a déserté momentanément la rive du Rhin, pour se jeter sans doute en force du côté de Metz, où la grande lutte s'engagera très probablement.

Espérons que l'on sera en forces suffisantes à la première affaire.

Veuillez agréer, etc.

Nota. — Strasbourg est bondé de vivres et peut soutenir un siège de durée.

Le Chef de bataillon commandant le génie de la place de Neuf-Brisach au général Doutrelaine, commandant le génie du 7ᵉ corps d'armée, à Belfort. (Lettre.)

Neuf-Brisach, 11 août.

Par dépêche du 9 août courant, j'ai eu l'honneur de vous rendre compte que les poudres destinées aux cinq dispositifs de mines ed Lapoutroye, de Waldighoffen, de Werentzhausen, de Seppois-le-Haut et de Spechbach-le-Bas avaient été noyées à Colmar.

J'ai fait partir hier de nouvelles munitions pour les localités ci-dessus mentionnées.

---

(1) Intendant militaire du 7ᵉ corps.

Le dispositif sur le Giesen, près du fort Mortier, est chargé. Le garde du génie de Colmar est parti pour effectuer le chargement des dispositifs du col de la Schlücht; un des gardes de Neuf-Brisach charge les fourneaux d'Ensisheim et de Rülisheim. A son retour et dès que les munitions seront parvenues à Waldighoffen, Werentzhausen, Seppois-le-Haut et Spechbach-le-Bas, j'enverrai le même garde charger les fourneaux de ces localités et, suivant les circonstances ou les instructions que j'attends de vous, celui d'Huningue, dont les poudres sont expédiées et celui du chemin de fer de Paris à Mulhouse, à Tagolsheim, dont les poudres sont encore à Neuf-Brisach.

Dans le moment présent, l'absence de ce garde me fait bien défaut.

L'état de siège ayant été déclaré à Neuf-Brisach par suite d'un ordre du général commandant la 6ᵉ division militaire, je fais procéder à l'abatage des arbres qui masquent les feux de la place.

Le Général Doutrelaine au Commandant du génie, à Vesoul (D. T.).

Belfort, 11 août.

Ne chargez fourneau de Muesnay que sur nouvel ordre.

DIVISION DE CAVALERIE (AMEIL).

1ʳᵉ brigade (CAMBRIELS).

Historique du 4ᵉ régiment de lanciers.

11 août.

Départ à 11 heures pour Altkirch : trois pelotons sont échelonnés sur la route, pour le service des correspondances et la garde des fourneaux de mines préparés sous les viaducs du chemin de fer.

Arrivée à Altkirch à 5 h. 30.

On se garde militairement.

Un peloton du 2ᵉ escadron, avec M. de Grassin, sous-lieutenant, est détaché à Belfort, pour former le petit dépôt du corps, qui est placé sous le commandement de M. Arnat, lieutenant en premier. M. Bauquesne, lieutenant en second, reste détaché avec 2 sous-officiers et 12 cavaliers pour faire le service auprès du train auxiliaire.

2ᵉ brigade (Jolif-Ducoulombier).

Historique du 6ᵉ régiment de hussards.

11 août.

Le régiment reste à Lyon, caserné à la Part-Dieu.

La situation de Lyon, menacé par l'émeute, fait différer le départ du régiment pour Belfort, jusqu'au 23 août.

Journée du 12 août

Le Préfet des Vosges au Ministre de la Guerre.

Epinal, 12 août, 8 h. 5 matin.

Nous avons à Épinal depuis douze jours 4.000 gardes mobiles sans armes, mal payés, qui deviennent une cause d'inquiétude pour la population. Le Gouvernement ne craint-il pas que cet élément de forces régulières ne soit enlevé par un mouvement subit de l'ennemi ? Plus un seul soldat dans les Vosges, si ce n'est le corps Mac-Mahon qui en traverse l'extrême Nord. Pas argent à la recette générale.

Le Général commandant la 7ᵉ division militaire au Général commandant la subdivision de Vesoul (D. T.).

Besançon, 12 août, 11 h. 45 matin.

Réunissez immédiatement à Langres toute la garde mobile de la Haute-Marne, faisant cantonner chez l'habitant tout ce qui ne pourra se loger à la citadelle. Concertez-vous avec autorités civiles que vous requerrez au besoin selon la loi. J'envoie au commandant de place à Langres 2.600 fusils à tabatière, suffisants, avec ceux restants, à armer l'effectif présent, qui sera environ 3.000.

Les quatre bataillons de la garde mobile de la Haute-Saône vont être envoyés à Belfort. Réunissez-les immédiatement à Vesoul, faisant cantonner ce que vous ne pourrez loger. Concertez-vous avec autorités civiles. Donnez avis aux sous-intendants de Langres et de Vesoul. Mais surtout pas de délai. Agissez immédiatement : habits, équipement, armes, campement seront envoyés ensuite à Belfort, s'il le faut.

Le Conseil de défense de Belfort au Ministre de la Guerre (D. T.).

Belfort, 12 août, 3 h. 30 soir. Expédiée à 4 h. 25 soir (n° 30065).

Nous ne pouvons plus correspondre avec le commandant supérieur de la 6e division militaire.

Conformément à l'article 244 du règlement du 13 octobre 1863, le Conseil de défense vous prie de donner des ordres pour que le commandant en chef du 7e corps, s'il vient à partir, laisse à Belfort garnison suffisante, au moins deux régiments d'infanterie.

La place n'a pour défenseurs qu'un dépôt de 350 hommes, 60 hommes d'artillerie à pied et trois bataillons de gardes nationaux mobiles formant un effectif de 2,400 hommes habillés, armés, sans grand équipement et non instruits.

Nous n'avons pas reçu les batteries 1 et 1 bis, 2 et 2 bis du 12e d'artillerie annoncées par votre dépêche du 8 août.

En marge : « Envoyée au Major général, 12 août. »

Le Commandant de la place de Neuf-Brisach au Ministre de la Guerre (D. T.).

Neuf-Brisach, 12 août. Expédiée à 8 h. 45 soir (n° 30239).

La douane de Marckolsheim annonce que l'ennemi a fait sauter le pont de Fegersheim, après avoir contourné Strasbourg.

Le Colonel directeur des fortifications à Besançon, au général Doutrelaine, commandant le génie du 7e corps.

Besançon, 12 août.

J'ai l'honneur de vous informer que, sur l'avis du Comité, Son Excellence le Ministre de la Guerre a accordé, par décision du 10 courant, un supplément d'allocation pour l'extension des défenses de Montbéliard, savoir :

1° Travaux complémentaires au château....	900 francs
2° Construction d'un ouvrage de campagne sur l'emplacement de l'ancienne citadelle.	10,000 —
3° Acheter le terrain de l'ancienne citadelle.	2,000 —
4° Approvisionnements de bois............	6,000 —
5° Achat d'outils de terrassiers...........	6,000 —
Total..................	36,900 francs

La place de Montbéliard ne possède pas les ressources suffisantes en hommes et en outils pour l'exécution de ces travaux.

Je vous serais obligé de me faire savoir :

1° Si je dois attendre, pour commencer, l'arrivée des gardes mobiles. Si l'on peut envoyer de Belfort des travailleurs militaires?

2° Si je puis disposer pour ces travaux des outils de l'approvisionnement de siège, peu nombreux d'ailleurs?

3° Si l'avancement des travaux de Belfort vous permet d'envoyer à Montbéliard des outils de terrassier et principalement des brouettes, et en quelle quantité?

En attendant, le capitaine Bascou va prendre possession du terrain dans la forme prescrite par les articles 38 et 39 du décret du 10 août 1853.

P.-S. — Au moment de faire partir cette lettre, je reçois la vôtre en date du 11. Je suis étonné que vous n'ayez pas reçu ma lettre du 10, mise dès le matin à la poste. Vous l'avez sans doute reçue depuis. Les travaux, qu'une espèce d'émeute a arrêtés le 9, consistaient en transports de terre destinée aux parapets du château ; je les avais ordonnés le jour même de votre visite à Montbéliard. Ils sont, depuis hier, en pleine activité, avec vingt voitures de réquisition. La poste a eu, ces jours-ci, du retard de seize heures, avec des pièces égarées, retrouvées depuis.

Dans une dépêche, que je reçois aujourd'hui, le Ministre se plaint de ce que les travaux de mines entre Belfort et Vesoul ne sont pas poussés avec une activité suffisante. Or, voici la situation :

1° Les fourneaux préparés d'avance sont prêts à être chargés ; mais je ne chargerai ceux des chemins de fer que par votre ordre ;

2° Des trous sont en construction et, à ce qu'on m'assure, appuyés activement, pour encombrer la tête du souterrain de Genevreuille (entre Lure et Vesoul). Ces dispositions dans les talus ont l'inconvénient d'être assez longues à construire, et d'exiger, pour produire un certain effet, de 3,000 ou 4,000 kilogrammes de poudre. Quand j'ai eu l'honneur de vous en parler, à Montbéliard, vous ne m'avez pas paru en être plus partisan que moi. Sauf ordre contraire, je me bornerai à celui qui est commencé.

L. BERNIER.

Ronchamps, entre Lure et Belfort.

Le Ministre de la Guerre au Général commandant la 7e division militaire, à Besançon (D. T.).

Paris, 12 août.

Faites partir d'urgence, si elles ne le sont déjà, et si faire se peut, pour Belfort, les quatre batteries à pied du 12e d'artillerie, même avec moins de 50 servants chacune.

Lettre privée au Général commandant la 7e division.

Cromary-sur-Vorey (Haute-Saône) 12 août.

Mon Général,

L'état de siège ayant été proclamé, c'est à vous que j'ai l'honneur de m'adresser pour remédier à un fâcheux état de choses....

En apprenant nos revers successifs, alors que nous comptions sur des succès, il y a eu un instant de stupeur, mais bientôt l'énergie a repris le dessus. Nos paysans veulent, si les Prussiens avaient le malheur de venir dans notre pays, leur faire une guerre incessante et acharnée. Sans attendre qu'ils viennent dans nos villages, c'est dans nos bois, nos vignes, dans le fond des vallées que nous irions les guetter et les détruire un à un; mais pour le faire il nous faut des armes et des munitions, et nous n'en avons pas.

L'ennemi ne s'avancera pas plus loin, j'en ai la confiance, mais enfin il faut tout prévoir et nos populations se sentant armées et organisées pour la défense recevraient avec plus de calme l'annonce de fâcheuses nouvelles si ce qu'à Dieu ne plaise, il s'en produisait encore.

Donc, mon Général, des armes et des munitions, et surtout des nouvelles grosses et petites pour détruire mille bruits fâcheux colportés par des malveillants ou des niais, et qui irritent et énervent les populations.

Ici nous ne savons rien, tandis que, dans le Doubs, tous les jours, chaque commune reçoit une dépêche qui la fixe au moins sur la vérité.

Je suis avec respect, etc.

Major FOURNIER, en retraite.

Le Ministre de la Guerre au Général commandant la 4ᵉ division militaire, à Châlons.

Paris, 12 août.

Le dépôt du 60ᵉ de ligne est dirigé de Nancy sur Marsal; celui du 63ᵉ de ligne, d'Épinal sur Toul; du 1ᵉʳ cuirassiers, de Toul sur le camp de Châlons; du 2ᵉ cuirassiers, de Lunéville sur le camp de Châlons; du 3ᵉ cuirassiers, de Toul sur Sedan; du 4ᵉ cuirassiers, de Toul sur Châlons-sur-Marne; du 8ᵉ cuirassiers, de Vesoul sur Moulins; du 3ᵉ dragons, de Pont-à-Mousson sur le camp de Châlons; du 3ᵉ lanciers, de Verdun sur Givet et le dépôt de Sampigny, sur Vitry-le-François.

Le même au Commandant de la subdivision militaire, à Épinal.

Paris, 12 août.

Autorisez organisation de compagnie de francs-tireurs de Remiremont en stipulant que les hommes atteints par l'article 2 de la loi du 10 août courant, devront être exclus de cette formation.

(Dépêche analogue au président de la société de tir de Remiremont.)

Le Major général au Ministre de la Guerre.

(Sans date, 12 août).

Des coureurs ennemis ont paru en effet, du côté de Frouard; des mesures sont prises pour garantir la gare le plus longtemps possible; les fils qui avaient été coupés sont rétablis.

Annotation de la main du général Susane : Il serait bon, maintenant qu'un très grand nombre de gardes nationaux ou francs-tireurs des départements situés entre Paris et la frontière ont reçu des armes dont ils annoncent vouloir faire usage, *qu'on leur fît savoir* que leur véritable rôle et la seule manière de prouver qu'ils méritent d'être armés, c'est de courir sus aux éclaireurs ennemis et de canarder à tous les coins de bois. S'ils ne s'y mettent pas, ce sont des pas grand'hose.

Le général directeur,
Susane.

Journée du 13 août.

Le Général commandant la 7ᵉ division au Président du Conseil de défense de Belfort (D. T.).

Besançon, 13 août, 3 h. 10 soir.

Les bataillons de la garde nationale mobile de la 7ᵉ division militaire sont réunis, mais ne sont encore ni habillés, ni équipés, ni armés.

Voici les effectifs :

Doubs, 5 bataillons.....................	2,950 hommes.
Jura, 3 bataillons.......................	2,670 —
Haute-Saône, 4 bataillons...............	3,440 —
Haute-Marne, 4 bataillons..............	3,000 —
Total...............	12,060 hommes.

Nous attendons les ordres du Ministre pour leur organisation.

Le Colonel du génie, commandant supérieur à Langres, au Général commandant le génie du 7ᵉ corps, à Belfort.

Langres, 13 août.

Le Ministre m'écrit : « Je ne saurais trop vous recommander de veiller à ce que tout soit prêt, le moment venu, pour faire sauter les ouvrages qui pourraient faciliter la marche de l'ennemi, de vous concerter pour cela, autant que possible, avec le commandant du génie de l'armée active, opérant dans la partie du territoire où se trouvent les dispositifs de mines, et de mettre enfin à profit l'absolu dévouement dont la Compagnie de l'Est et le Service des ponts et chaussées ne cessent de faire preuve vis-à-vis du Ministre de la Guerre. »

Nous nous sommes entendus avec le Service des ponts et chaussées et la Compagnie de l'Est, qui ont déjà préparé des fourneaux dans la tranchée du tunnel de Culmont, et commencé d'autres dispositifs de mines à la tête Ouest du tunnel de Torcenay et dans la pile culée Ouest du viaduc de Torcenay.

Vous voudrez bien, le cas échéant, mon Général, me prévenir du moment favorable pour faire sauter le tunnel de Torcenay, ainsi que le viaduc.

Je pense que l'interruption de la communication entre la gare de Chalindrey et celle de Langres doit être retardée le plus possible et je ne pense pas qu'il y ait lieu de faire sauter dans aucun cas les petits ponts qui se trouvent sur la voie entre Langres et Chaumont.

S'occuper des fourneaux sur la voie ferrée de Neufchâteau à Chaumont; de Chaumont à Saint-Dizier; de Chaumont à Langres; de Chaumont à Troyes et de Chaumont à Tonnerre.

Le Général commandant provisoirement la 8ᵉ division au Ministre de la Guerre.

Lyon, 13 août.

J'ai l'honneur de rendre compte à Votre Excellence que la 3ᵉ compagnie du 2ᵉ régiment du génie part de Lyon pour Belfort ce soir à 11 h. 50.

Le Préfet du Haut-Rhin au Ministre de la Guerre.

Colmar, 13 août.

...Toutes les mesures de défense recommandée par Votre Excellence sont concertées avec l'autorité militaire.

Sur la situation spéciale du département, c'est au commandant du 7ᵉ corps, à Belfort, qu'est réservée *l'initiative des destructions jugées nécessaires,* soit sur la ligne de fer, soit sur les routes traversant les défilés des Vosges.

Ainsi que le sous-préfet de Mulhouse a eu l'honneur de l'exposer à Son Excellence le Ministre de l'Intérieur, une exécution prématurée pourrait causer un trouble sérieux dans les mouvements de l'armée.

Résumé des dépêches reçues le 13 août. (Service télégraphiqu des résidences impériales).

Schlestadt, 13 août.

Le commandant de place informe que Schlestadt n'a pour garnison qu'un bataillon de mobiles et deux dépôts de lanciers; il demande le remplacement de la cavalerie par de l'infanterie.

Le Préfet du Haut-Rhin au Ministre de la Guerre (Lettre.)

Colmar, 13 août.

L'organisation de la garde nationale sédentaire, des volontaires et des francs-tireurs, la levée des mobiles de 1869, m'occupent sans relâche. *La concentration des autorités militaires à Belfort est une cause incessante de difficultés et d'embarras.*

Les conscrits de la classe 1869 ont rejoint leurs corps, ils ont montré une excellente attitude. Pas un n'a manqué à l'appel, pas un n'a prétexté de maladie ou de dispense; ils partent calmes et résolus.

Les engagements volontaires sont nombreux.

Le Préfet du Haut-Rhin au Ministre de la Guerre.

Colmar, 13 août.

Les communications sont complètement interrompues avec Strasbourg. L'ennemi occupe ou surveille les abords de la place. Des détachements répandus en divers villages à quelques kilomètres en deçà de Strasbourg, ordonnent d'embarrasser les routes et les traverses, afin de se mettre à l'abri des attaques qu'ils pourraient redouter sur les derrières, de la part du 7ᵉ corps, venant de Belfort.

Le général de Barral, venant de Metz, est arrivé à Colmar, se dirigeant sur Strasbourg [1].

---

[1] Où il arriva malgré le péril, grâce à l'ingénieur chargé des travaux du Rhin.

Journée du 14 août.

Général de Vesoul à Général de division, Besançon. (D. T.)

Vesoul, 14 août, 9 h. 20 matin (n° 1395).

Le préfet de Vesoul reçoit du préfet d'Épinal télégramme suivant : « Par ordre du Ministre de l'Intérieur, la garde mobile des Vosges part pour Vesoul; prenez des mesures pour la nourriture et le logement. Ils arriveront cette nuit. » Le préfet ayant demandé explications reçoit du préfet d'Epinal second télégramme suivant : « Mobiles partis; avant tout fallait éviter qu'ils fussent enlevés par l'ennemi, faites vos observations au Ministre de l'Intérieur. »

Je suis étonné de ne recevoir aucune instruction sur des cas aussi sérieux. Je suis très inquiet. Tous ces renseignements ne me parviennent qu'officieusement. Des bataillons annoncés, 960 hommes armés de chassepots sont arrivés à 1 heure du matin. Ils n'ont aucune cartouche. Les autres bataillons non armés arriveront dans la journée. Avec l'encombrement de la mobile du département qui se réunit à Vesoul, où pensez-vous qu'on doive envoyer la mobile des Vosges? Les ressources sont insuffisantes et l'administration municipale montre beaucoup de mauvaise volonté pour nourrir et loger tous ces hommes.

Le dépôt du 8ᵉ cuirassiers est parti hier pour Moulins.

Le Général commandant à Vesoul au Général commandant la 7ᵉ division à Besançon.

Vesoul, 14 août, 2 h. 58 soir. Arrivée à 3 h. 23 soir (n° 1410).

Les bataillons des Vosges sont arrivés. Ils vont être expédiés le plus tôt possible sur Belfort. Le bataillon de 960 hommes armés de chassepots, habillés et équipés en partie appartient à cette mobile; il va être aussi dirigé sur Belfort. Ils ont les armes et effets laissés par le 63ᵉ.

Le Général commandant à Vesoul au Général de division, à Besançon.

Vesoul, 14 août, 8 h. 10 soir (n° 1425).

L'effectif de la garde nationale des Vosges en ce moment à Vesoul est de 2,500 hommes formant trois bataillons. Un quatrième bataillon est annoncé pour cette nuit; je ne sais s'il est des Vosges, mais il vient de cette direction; j'ai donné des ordres pour qu'il soit également dirigé sur Langres. Les trois premiers bataillons partiront de Vesoul demain matin en deux convois; le 1er à 4 h. 30, le 2e à 8 heures.

Ordres sont donnés pour assurer le logement et la nourriture.

Le Chef de bataillon du génie de Neuf-Brisach au Général commandant le génie du 7e corps, à Belfort.

Neuf-Brisach, 14 août.

Suivant les indications contenues dans votre lettre du 10 août courant, je me suis adressé au colonel directeur des fortifications à Strasbourg pour avoir ses instructions au sujet des dispositifs de mines; mais les communications me paraissant interceptées avec Strasbourg, je ne recevrai sans doute pas ces instructions et d'après vos ordres j'ai recours à vous.

L'ordre de chargement des fourneaux dont je vous ai rendu compte venait d'ailleurs de Belfort, et comme ce chargement doit sans doute se combiner avec les dispositions prises entre Belfort et Huningue, le colonel directeur serait probablement embarrassé sur les instructions à me donner.

Quoi qu'il en soit, les poudres sont expédiées pour tous les dispositifs, sauf le n° 9 sur lequel j'ai l'honneur d'attirer votre attention. Je n'ai pas encore reçu avis de l'arrivée à destination des poudres des dispositifs des n°s 7, 10, 12 et 13.

A Neuf-Brisach, nous sommes dans l'ignorance la plus absolue de ce qui se passe à une certaine distance et notamment en avant de Belfort, en sorte qu'il m'est fort difficile, sinon impossible, de me former un avis au sujet des dispositifs ci-dessus désignés. Toutefois, si l'ordre de chargement qui m'est parvenu n'est pas infirmé, j'enverrai un de mes gardes pour l'exécuter, en commençant par les n°s 7 et 13.

J'ai l'honneur de vous prier de me faire connaître par dépêche télégraphique si je dois agir ainsi.

Le Ministre de la Guerre au Préfet de la Haute-Saône.

Paris, 14 août.

Prenez les mesures nécessaires pour que la garde mobile des Vosges soit envoyée à Langres.

Le même au Général commandant la 7ᵉ division.

La garde mobile des Vosges est dirigée sur Langres.

Journée du 15 août.

Le Général commandant la 7ᵉ division militaire au Ministre de la Guerre.

Besançon, 15 août, 9 h. 35 matin.

A Langres sont réunis trois bataillons de la garde mobile de la Haute-Marne, un de la Meurthe et quatre des Vosges. Il n'y a dans cette place aucun ustensile de campement : urgence d'y envoyer immédiatement tentes ou tentes-abris, couvertures, bidons, gamelles, marmites pour 8,000 hommes.

Le même manque d'effets de campement se fait sentir à Besançon, à Vesoul, à Lons-le-Saunier.

Le Commandant de place au Ministre de la Guerre (D. T.).

Neuf-Brisach, 15 août, 10 h. matin.

Envoyez à Brisach une batterie à pied, 100 hommes avec cadres complets. Urgent.

Défense n'est pas assurée avec personnel actuel, qui est de deux batteries mobiles non instruites et d'une batterie de 56 hommes avec cadres incomplets.

Le Préfet du Haut-Rhin au Ministre de la Guerre.

Colmar, 15 août.

... Pour faciliter toutes les mesures militaires et d'accord avec le général Douay, nous avons *concentré à Belfort tous les services relatifs à l'armement, à l'organisation des mobiles, à l'appel des anciens soldats*. Nous obtenons ainsi plus d'ensemble, de méthode, de régularité. Notre service quotidien de dépêches marche bien pour le moment entre Colmar et Belfort.

J'ai aussi concerté avec le général Douay toutes les mesures matérielles de la défense des Vosges, en cas d'invasion de notre plaine...

Le Sous-Préfet de Lure au Général de division, à Besançon.

Lure, 15 août.

Les officiers des francs-tireurs de Luxeuil sont-ils nommés ? Peut-on commencer les enrôlements ?

Les volontaires sont nombreux pour faire partie de ce corps, parmi les chasseurs et gens considérables du pays.

Journée du 16 août.

Le Ministre de la Guerre au Commandant de place à Neuf-Brisach (D. T.).

Paris, 16 août, 10 h. 44 matin.

Impossible, complétez-vous avec anciens soldats et volontaires et instruisez, les uns par les autres.

Journée du 17 août.

Le Major du 85ᵉ de ligne au Général de division, à Besançon (D. T.).

Gray, 17 août, 12 h. 5 matin (n° 1509).

Le IVᵉ bataillon : 12 officiers, 798 hommes de troupe part à midi 35 pour Belfort.

Le Major du 85ᵉ de ligne au Général de division, à Besançon.

Gray, 17 août, 1 h. 35 matin (n° 1500).

Le IVᵉ bataillon ne pourra partir que demain.

L'Intendant du 7ᵉ corps au Ministre de la Guerre (D. T.).

Belfort, 17 août, 8 h. 55 matin (32305).

Colmar est évacué et contient environ 2,000 quintaux de farine et d'autres denrées. Belfort est pourvu. Puis-je faire expédier ces farines sur Besançon ou Langres ?

Au bas de la page : Répondu : « Conserver les farines à Belfort pour les besoins ultérieurs si elles peuvent être logées, verser l'excédent sur Besançon ».

Le Major du 84ᵉ de ligne, de Lons-le-Saunier, au Général de division, à Besançon.

17 août.

Le IVᵉ bataillon pourra partir demain. Les officiers des Vᵉ et VIᵉ ne sont pas arrivés ; faut-il néanmoins les organiser ? Tout est prêt.

Rapport au Commandant supérieur de Schlestadt sur l'engagement de Thanvillé.

17 août.

Je soussigné, Stouvenot, Capitaine commandant la 8ᵉ Compagnie du IIᵉ Bataillon de la garde nationale mobile du Bas-Rhin, ai l'honneur de vous rendre compte qu'aujourd'hui 17 août, à 1 heure de l'après-midi, je suis parti de Schlestadt avec un détachement de 48 hommes et un officier à l'effet d'attaquer 250 hommes de cavalerie prussienne campés entre Saint-Maurice et Thanvillé. (14 kilomètres de Schlestadt).

Arrivé à la station du Val de Villé, sur des indications particulières, je me suis retranché le long d'un canal pour surprendre un officier et deux soldats des dragons badois qui venaient sur la route pour explorer le pays. A cinquante pas de nous, ces hommes ont rencontré une femme, qui a dû les prévenir de notre présence, puisqu'aussitôt ils ont fait demi-tour au galop en emmenant un des leurs, qui m'a paru blessé mortellement.

Afin d'attaquer en bon ordre, j'ai divisé ma troupe en trois détachements, un pour suivre et défendre la route de Scherviller, les deux autres longeant la forêt de Chatenois, tous trois devant arriver à un instant précis au village de Thanvillé, à la bifurcation des routes de Barr, Schlestadt et Scherviller.

Ce mouvement s'est fait avec rapidité et une telle précision, que ces trois passages ont été coupés au moyen d'une barricade faite par mes hommes au pont de Thanvillé, jonction des trois routes avec celle du Val de Villé.

L'ennemi a poussé trois charges successives pour essayer de forcer le passage, mais les gardes mobiles retranchés et ceux disposés en tirailleurs l'ont forcé de rebrousser chemin et d'avancer dans le Val de Villé, d'où il n'a pu sortir qu'en passant par la montagne, à pied et conduisant les chevaux par la bride.

Afin d'éviter une surprise, j'ai rallié le plus grand nombre de mes hommes dans la forêt de Neubois. Ceux qui avaient poursuivi les Prussiens ne m'avaient pas rejoint, quand est arrivée l'avant-garde de la 7ᵉ compagnie. Ces hommes étant du pays connaissent parfaitement la montagne et sont à l'abri.

Nous avons ramené deux prisonniers, plusieurs autres sont à Saint-Maurice, l'ennemi doit avoir eu une dizaine de tués et j'ai pu voir qu'il y avait beaucoup de blessés. De notre côté, nous ne devons avoir qu'un blessé.

Je dois vous signaler tout particulièrement le lieutenant Minicus et les sergents Killer et Steiner pour leur bravoure et la façon intelligente avec laquelle ils ont conduit leurs détachements. Je ne saurais trop féliciter le courage de nos jeunes gardes mobiles qui, voyant le feu pour la première fois, se sont conduits comme les meilleures troupes.

Je termine en vous priant de vouloir bien m'autoriser à retourner dégager ceux de mes hommes qui pourraient s'être trop rapprochés du reste des Prussiens, qui sont campés sur la montagne, aux environs de Roward.

Signé : STOUVENOT.

État de la garnison de Strasbourg le 17 août 1870.

	OFFICIERS.	HOMMES.	CHEVAUX.
5e régiment d'artillerie (dépôt : 1re pple, 1er bis, 2e pple, 2e bis (1), 3e, 4e batteries) (2)....	23	815	376
9e régiment d'artillerie (2e batterie pple).....	2	71	4
16e d'artillerie (pontonniers), six compagnies et dépôt (3)................	38	1,197	49
20e rég. d'art. à cheval, compag. de dépôt (4)	10	646	264
3e compagnie d'ouvriers d'artillerie........	4	184	»
1er régiment du train d'artillerie (5)........	2	122	193
2e régiment du train d'artillerie............	1	158	312
1er régiment du train des équipages.......	1	135	128
Artillerie de la garde nationale mobile (6)..	29	749	»
Régiment de marche de cavalerie (7)......	23	720	500
A *reporter*...........	133	4.797	1,826

(1) Laissé en garnison à Strasbourg le 3 août (la plupart réservistes non exercés).
(2) Ces deux dernières batteries organisées devaient rejoindre l'armée.
(3) Les compagnies laissées en garnison à Strasbourg, sauf la 3e compagnie, arrivée de Lyon le 30 avec l'équipage de ponts du 1er corps et la 6e, destinée à l'équipage de réserve. Le dépôt : 200 hommes dont 180 seulement assez instruits pour servir à la défense.
(4) Laissée en garnison (la plupart réservistes non exercés).
(5) 3e compagnie du train (destinée à atteler l'équipage de ponts du 1er corps), arrivée le 5 août au soir.
(6) Neuf batteries de la garde mobile du Bas-Rhin.
(7) Voir § XXI, p. 88, note 2, *passim*.

LA GUERRE DE 1870-1871

	OFFICIERS.	HOMMES	CHEVAUX
Report............	133	4.797	1,826
10ᵉ bataillon de chasseurs (dépôt : 7ᵉ et 8ᵉ compagnies) (1)................	8	326	»
13ᵉ bataillon de chasseurs (dépôt : 7ᵉ et 8ᵉ compagnies) (2)................	7	194	1
18ᵉ régim. de ligne (IVᵉ bataillon et dépôt)..	23	1,274	4
87ᵉ régiment de ligne (trois bataillons) (3)..	64	2,224	28
96ᵉ régiment de ligne (IVᵉ bataillon à trois compagnies et dépôt)..................	17	762	3
Régiment de marche (infanterie) (4).......	96	3,938	69
Infanterie de la garde nationale mobile (5)..	92	2,655	»
Douaniers du Bas-Rhin.................	19	406	2
Gendarmerie......................	5	116	62
5ᵉ section d'infirmiers................	1	129	»
6ᵉ section d'infirmiers................	2	82	»
8ᵉ section d'ouvriers d'administration......	12	236	»
Petits dépôts......................	»	23	»
Marins (6)	2	93	»
Garde nationale sédentaire (artillerie) (7)...	3	122	»
Garde nationale sédentaire (infanterie) (8)..	80	3,000	»
Compagnies franches (9)................	3	104	»
Sapeurs-pompiers (10)	10	240	»
Totaux............	577	20,721	1,995

(1) Laissé en garnison.
(2) Laissé en garnison.
(3) Avec ses réservistes (Colonel Blot). Laissé en garnison à Strasbourg, le 3 août.
(4) Voir § XXI, p. 88, note 2, *passim*.
(5) Quatre bataillons (1ᵉʳ, IIIᵉ, IVᵉ, Vᵉ du Bas-Rhin).
(7) 74 conscrits de Strasbourg et de l'Alsace destinés à la marine et retenus en ville, auxquels avaient été joints les 43 matelots envoyés pour monter et équiper les chaloupes, Total : 117.
(8) Organisée le 15 août, en service le 24 (commandant Hering).
(9) (Colonel Saglio). Organisée du 7 au 14 août, armée de fusils à piston, changés le 1ᵉʳ septembre pour des fusils à tabatière.
(10) Capitaines Liès-Bodard et Geisen (en formation).
(11) Commandant Gœrner.

Journée du 18 août.

Le Capitaine des douanes au Général commandant le 7ᵉ corps et au Général de brigade, à Belfort ; au Préfet et au Directeur des douanes, à Colmar ; au Commandant de Place, à Neuf-Brisach (D.T.).

Bantzenheim, 18 août, 4 h. 15 matin.

Les coups de feu de la rive badoise contre le débarquement de Chalampé continuent et augmentent, la surveillance devient compromettante.

Des coups de feu à plusieurs reprises se sont fait entendre dans la direction de Mullheim. J'attends des ordres ou du renfort.

Le Préfet du Haut-Rhin au Commandant de place, à Neuf-Brisach.

Colmar, 18 août, 8 h. 20 matin.

J'ai reçu la dépêche suivante du sous-préfet de Schlestadt : « Une reconnaissance a été faite cet après-midi jusqu'à Thanvillé et Saint-Maurice, débouché d'une route de montagne, par 50 mobiles, 8ᵉ compagnie, sous ordres capitaine Stouvenot. 250 cavaliers dragons ont été mis en déroute après quatre charges : dix morts, quatre prisonniers, un grand nombre blessés parmi ennemis : parmi mobiles, un blessé par une balle ».

Le Préfet des Vosges au Général de division, à Besançon (D. T.).

Épinal, 18 août, 1 h. 55 soir (n° 1542).

L'ennemi se prépare à traverser le département des Vosges par la partie Nord-Est, arrondissement de Saint-Dié, en traversant les cols.

Le Préfet des Vosges au Général de division à Besançon.

Épinal, 18 août, 6 h. 50 soir

Les Prussiens nous menacent de différents côtés. Veuillez suspendre tout envoi d'armes à destination de notre département ; je renvoie ce soir à Langres 2,000 fusils qui se trouvaient à Épinal en dépôt dans la crainte qu'ils ne deviennent la proie des ennemis.

Le Préfet du Haut-Rhin au Commandant de place à Neuf-Brisach.

Colmar, 18 août.

Y a-t-il à Neuf-Brisach des armes dont vous puissiez disposer pour la garde nationale de nos communes ?

Le Commandant de place au Préfet, à Colmar (D. T.).

Neuf-Brisach, 18 août.

Je peux livrer 500 fusils rayés se chargeant par la bouche; nous avons des cartouches pour ces fusils.

Délibération du Conseil de défense de Schlestadt.

Schlestadt, 18 août.

...... Le commandant d'artillerie demande que les fusils à percussion *transformés bis* qui ont été distribués à la garde nationale de Schlestadt soient remplacés par des fusils à balle sphérique, dont il existe une assez grande quantité à l'établissement qu'il commande, et cela dans le but d'avoir une certaine réserve de ces fusils transformés qui puissent être mis à la disposition des troupes régulières, s'il en arrivait accidentellement dans la place. En outre, il demande à envoyer dans les communes des fusils à balles sphériques et de la poudre, ainsi qu'un certain nombre de ces communes le réclament avec instance. Les autres membres du conseil reconnaissent l'utilité de ces mesures, attendu que les fusils à balle sphérique sont inutiles à la défense de la place et étaient destinés à être versés au Domaine, et qu'il reste un approvisionnement considérable de poudre.

Journée du 19 août.

Le Capitaine des douanes au Général commandant le 7ᵉ corps et au Général de brigade à Belfort, au Directeur des douanes et au Préfet à Colmar; au Commandant de place, à Neuf-Brisach (D. T.).

Bantzenheim, 19 août, 6 h. matin.

Il y a eu trois feux de joie dans la soirée aux environs de Mulheim (Bade). Une fusillade soutenue un quart d'heure a commencé peu après 10 heures soir et suivie de coups de feu isolés jusque vers 11 heures soir, tirés de la rive droite du Rhin contre Chalampé où le peuple est effrayé. Deux ou trois tambours battaient près des tireurs.

Le Préfet de la Haute-Marne au Ministre de l'Intérieur.

Chaumont, 19 août, 10 h. soir.

On voulait former dans le département plusieurs compagnies de francs-tireurs. La loi sur la mobilisation et la garde nationale est venue modifier le courant des idées et rendre presque impossible la constitution de ces corps.

Aucune compagnie n'existe en Haute-Marne.

J'ai poussé par tous les moyens les hommes qui veulent défendre le pays et qui ne sont pas appelés à contracter des engagements pour l'armée active.

Le Préfet des Vosges au Général commandant à Vesoul.

Épinal, 19 août.

Il n'y a plus un seul militaire dans les Vosges : le préfet y exerce tous les pouvoirs. Je refuse toute poudre envoyée ici, elle est inutile, toute défense étant impossible: elle ne peut servir qu'à ravitailler les Prussiens qui remplissent les campagnes.

Journée du 20 août

Le Commandant de Neuf-Brisach au Préfet de Colmar

Neuf-Brisach, 20 août.

Le maire de Rhinau s'entend avec l'ennemi, je donne l'ordre à la gendarmerie d'Artzenheim de s'entendre avec la gendarmerie de Marckolsheim, de le saisir et de le conduire à Neuf-Brisach.

Lettre privée de M. Radet, maire de Bergheim.

Schlestadt, 20 août.

A Schlestadt, on n'est pas content du commandant de place, les mobiles voudraient sortir pour délivrer les environs, mais le commandant ne le leur permet pas; le soir, les Prussiens viennent jusque sous les remparts, ils tirent sur les postes des gardes; aujourd'hui, en plein jour, deux sont venus jusqu'au chemin de fer et là ils ont tiré des coups de pistolet en l'air, vers la ville. Vous convenez que tout cela est extrêmement audacieux de leur part, et peu rassurant. Si l'on envoyait seulement 400 ou 500 militaires, cela suffirait pour délivrer tous nos environs de ces bandits.

Le Ministre de la Guerre au Général commandant la 7ᵉ division militaire, à Besançon.

Paris, 20 août.

On annonce de Belfort que les IVᵉˢ bataillons du 84ᵉ et du 85ᵉ ne sont pas arrivés dans cette place.
Donnez des explications à ce sujet.

Général de Vesoul à Général de division, Besançon (D.T.).

Vesoul, 20 août, 9 h. 24 matin (n° 1591).

Télégramme du brigadier de gendarmerie de Saint-Loup :
« Le chef de train a dit que deux officiers prussiens sont arrivés à Epinal le 19, à 6 heures du soir. »

Confirmé par une dépêche d'employés de télégraphe à employés de télégraphe, ainsi conçue :

« Coureurs ennemis à Epinal, contributions requises sous menaces de fortes impositions.

« Refus du préfet, sur l'ordre duquel je me retire sur la gare de Xertigny avec le matériel.

« Les trains s'arrêtent maintenant à Xertigny. »

Le Préfet des Vosges au Général de division, à Besançon (D. T.).

Epinal, 20 août, 11 h. 30 matin. Reçue à 12 h. 3 soir (n° 1594).

Deux officiers prussiens sans armes sont entrés hier à Épinal, demandant des vivres pour un corps de cavalerie, infanterie et artillerie devant arriver incessamment; je leur ai demandé où étaient ces corps de troupes; sur leur refus de me donner cette indication, je leur ai répondu que quand les Prussiens se présenteraient en forces, nous aviserons, que, pour le moment, je les invitais à se retirer au plus vite, sans quoi je ne répondrais pas de leur vie. Ils sont repartis au galop.

Le Général commandant la 7e division au Ministre de la Guerre (D. T.).

Besançon, 20 août, 11 h. 45 matin.

Le IVe bataillon du 85e est parti de Gray pour Belfort le 17 août, à midi. Celui du 84e n'a pu partir de Lons-le-Saunier que le 18 août soir. Ils ont été retardés pour arriver à Belfort, parce que de nombreux trains marchaient en sens contraire à leur direction pour transporter les troupes du 7e corps d'armée.

Le Ministre de l'Intérieur aux Préfets, Sous-Préfets et Gouverneur général de l'Algérie. (Circulaire.) (D. T.).

Paris, 20 août, 9 h. 55 matin.

Journal officiel : Décret portant création d'une compagnie du génie de la garde mobile du Haut-Rhin pour la défense de Belfort. — Circulaire du Ministre de la guerre pour l'appel des hommes des 2es portions des contingents qui, sans avoir été définitivement appelés à l'activité, ont été exercés dans les dépôts d'instruction et qui avaient, à la date du 10 août, 25 ans accomplis et moins de 35 ans.

Pour le Conseil de défense, le Général commandant supérieur, à Belfort, président, au Ministre de la Guerre.

Belfort, 20 août.

Vous avez bien voulu nous faire connaître que vous aviez donné l'ordre de diriger sur Belfort les gardes nationales mobiles disponibles des 5e et 7e divisions militaires (1). Cependant quatre bataillons des Vosges qui nous avaient été annoncés, ont été dirigés sur Langres. Des 16 bataillons de la 7e division militaire, aucun ne nous est encore arrivé. Il serait cependant urgent que tout ou partie de ces bataillons armés nous arrivent *immédiatement*, la garnison de la place étant de 5,500 hommes seulement, alors qu'il nous faudrait 8,000 à 9,000 hommes au moins pour garder la place, le fort des Barres et le faubourg qui nous sépare de ce fort. Nous pensons que vos ordres n'ont pas été exécutés, car vous avez fait fournir et nous possédons des approvisionnements de vivres pour l'effectif que nous vous signalons indispensable.

Le Préfet des Vosges au Ministre de l'Intérieur.

Epinal, 20 août, 5 h. 17 soir.

Il y avait, avant la loi du 12 août, 8,872 fusils en service pour les pompiers des Vosges. La garde nationale n'était constituée nulle parts Il n'en a pas été expédié depuis, à raison de la présence de l'ennemi.

Journée du 21 août.

Le Préfet du Doubs au Ministre de l'Intérieur.

Besançon, 21 août, 9 h. 21 soir.

Tous mes gardes mobiles vont être habillés d'ici quatre jours. Le sous-officiers et caporaux seuls ne le seront pas, l'autorité militaire

---

(1) En marge « Nous n'avons rien prescrit de semblable ».

s'étant chargée de leur procurer des tuniques, des képis et des pantalons d'uniforme. Dès que le Ministère de la guerre m'aura fait l'envoi de ces effets, qui lui ont été demandés par général de division, deux bataillons déjà très exercés, parfaitement disciplinés et pleins d'ardeur, seront prêts à marcher. Je prie Votre Excellence d'en prévenir son collègue de la Guerre.

Le même au même.

Besançon, 21 août, 3 h. 30 soir.

Mercredi soir, une compagnie d'éclaireurs volontaires sera prête à partir. Ce sont des gaillards solides, entreprenants, commandés par d'anciens soldats du Mexique ayant fait les contre-guérillas. Où dois-je les expédier ? On ne saurait les laisser plus longtemps ici sans les mécontenter et les désorganiser. Ils grillent de partir.

Le Sous-Intendant de Langres au Sous-Préfet de Remiremont.

Langres, 21 août, 2 h. 10 soir.

Le commandant de garde mobile de Remiremont a l'avis d'expédition des 35 caisses envoyées d'Amiens : les diriger sur Langres, dès qu'elles seront arrivées.

Le Préfet du Haut-Rhin aux Ministres de l'Intérieur et des Finances.

Colmar, 21 août, 2 h. 35 du soir.

Je ne saurais trop insister sur la situation périlleuse de Mulhouse au point de vue industriel et alimentaire, signalée par dépêche du sous-préfet. Si blés, farines, riz et cotons n'arrivent pas, les plus grands malheurs sont à craindre.

Le Général de Vesoul au Général de division à Besançon.

Meurthe, 21 août.

Un détachement de 70 hommes sous le commandement d'un lieutenant vient d'arriver à Vesoul, venant de Paris. Il se compose de

30 francs-tireurs de la Meurthe qui, après un combat à Frouard, dans lequel le capitaine a été tué, (1) se sont retirés sur Châlons, puis sur Paris, et des gardes nationaux mobiles de la Meurthe, des Vosges et du Bas-Rhin.

Les francs-tireurs de la Meurthe ont ordre de rejoindre les corps francs des Vosges : où dois-je les diriger?

Le Commandant de Neuf-Brisach au Ministre de la Guerre et au Général commandant à Belfort (D. T).

Neuf-Brisach, 21 août.

L'armée prussienne se prépare à établir un camp à 25 kilomètres de Strabourgs, près du Rhin. Le maire de Rhinau s'entend avec l'ennemi. Je n'ai pu le faire saisir.

Le Commandant de place de Schlestadt au Commandant de place de Neuf-Brisach (D. T.)

Schlestadt, 21 août, 11 h. 20 matin.

Le maire de Rhinau est chez moi, veuillez me donner un des motifs de la dénonciation pour l'arrêter.

Le Commandant de Neuf-Brisach au Commandant de Schlestadt (D. T.)

Neuf-Brisach, 21 août.

Le maire de Rhinau s'est rendu à l'appel du bourgmestre de Cappel qui voulait rétablir le bac pour passage ennemi, a assisté à la distribution des dépêches prussiennes, a fait écarter les douaniers éclaireurs, a déclaré que le bac serait rétabli et que les personnes qui s'opposeraient aux opérations des Prussiens seraient emprisonnées.

---

(1) C'était là une erreur. La compagnie de Frouard ayant été divisée, le 12, et dispersée le 14, le capitaine Lang demeura à Metz avec un groupe et le sergent-major Clément amena l'autre groupe à Châlons et Paris, d'où il gagna Vesoul.

Le Préfet du Haut-Rhin au Commandant de place de Neuf-Brisach (D. T.)

Colmar, 21 août, 5 h. soir.

Le sous-préfet de Schlestadt écrit : A mon premier appel, le maire de Rhinau est venu; il est ici. Je ne crois pas à cette grave accusation, haine personnelle de localité sous jeu.

Journée du 22 août.

Le Commandant de Neuf-Brisach à Général, Belfort (D. T.)

Neuf-Brisach, 22 août.

Un détachement prussien du génie rétablit le bac de Rhinau.
500 hommes d'infanterie prussienne se sont portés de Barr à Villé sur 48 voitures de paysans.

Le même au même (D. T.)

Neuf-Brisach, 22 août.

A Rhinau, il n'y a pas beaucoup de Prussiens, je peux disposer de 70 cavaliers.
En s'entendant avec Schlestadt, on ferait une marche de nuit, on tomberait sur l'ennemi et on détruirait le bac. On peut aussi faire partir de l'infanterie en voiture.

Général commandant à Belfort au Commandant de place, à Neuf-Brisach (D. T.).

Belfort, 22 août, 10 h. 30 matin.

Agissez, si vous pouvez vous concerter avec Schlestadt, je ne puis vous donner des instructions vu la distance qui nous sépare. N'exposez pas les troupes nécessaires à la défense de votre place, si vous n'êtes pas certain de réussir.

Votre place avant tout.

Le Commandant de place de Neuf-Brisach au Commandant de place de Schlestadt.

Neuf-Brisach, 22 août.

Si vous étiez dans l'intention de tenter un coup de main sur l'ennemi qui se trouve à Rhinau, je pourrais détacher de la place 50 chasseurs.

Le Commandant de place de Schlestadt au Commandant de place de Neuf-Brisach (D. T.)

Schlestadt, 22 août, 1 h. 50 soir.

J'ai trop peu de monde pour faire ce coup de main. Tout mon voisinage est rempli de troupes ennemies.

Le Sous-Préfet de Mulhouse au Ministre de l'Intérieur et au Préfet de Colmar.

Mulhouse, 22 août, 4 h. 30 soir.

Francs-tireurs enfin arrivés aujourd'hui à Mulhouse, venant de Belfort avec autorisation du général commandant; seront chaudement accueillis dans les communes, où je signale leur passage. Je m'occupe de leur avoir des auxiliaires.

Quelques fournitures essentielles manquent. Nous tâcherons de les leur procurer ici.

Le général Uhrich au Ministre de la Guerre.

Strasbourg (D. T. transmise par Schlestadt), 22 août, 1 h. 35 soir.

L'ennemi me dit que l'armée impériale a été entièrement battue le 18 et m'offre de faire vérifier le fait par trois officiers qui recevraient un sauf-conduit. J'ai refusé, bien résolu à m'enterrer sous les ruines de la ville dont le commandement m'a été confié. J'ai une mauvaise garnison, mais beaucoup d'officiers énergiques ; ce que des hommes de cœur peuvent faire, nous le ferons.

Le général Commandant supérieur à Langres, au général Commandant la 7ᵉ division à Besançon.

Langres, 22 août.

...Depuis trois jours, je fais des efforts pour activer l'organisation des francs-tireurs de Mirecourt et de Lamarche, qui était bien incomplète et bien défectueuse. J'aurais voulu pouvoir les obliger à se mettre en mouvement plus tôt. J'espère qu'ils partiront au nombre de 160, par un train spécial, en prenant toutes les précautions possibles pour les faire arriver non loin de Chaumont.

Journée du 23 août.

Préfet du Doubs, à Intérieur.

Besançon, 23 août, 2 h. 30 soir (D. Ch.)

Ma compagnie d'éclaireurs formée, habillée et armée de carabines rayées, prête à être remise à autorité militaire, mais comment sera-t-elle soldée en sortant de mes mains ? Gens prêts à tout, voulant absolument marcher de suite à l'ennemi, mais sans argent, commandés par d'anciens officiers des contre-guérillas du Mexique, sans fortune. Impossible de les laisser ici plus de deux ou trois jours sans les décourager, ce qui serait très regrettable, car ce sont des partisans déterminés, pouvant faire beaucoup de mal à l'ennemi. Officiers ont-ils droit à indemnité d'entrée en campagne et à solde ? S'ils n'y ont pas droit, m'autorisez-vous à remettre deux ou trois mille francs, au capitaine pour les premiers frais de route ?...

Le Préfet du Jura au Ministre de l'Intérieur.

Lons-le-Saunier, 23 août, 4 h. 40 soir.

Pas un seul garde mobile du Jura n'est armé de fusil, malgré mes réclamations quotidiennes. J'avais envoyé avant-hier à Lyon réclamer des fourreaux de baïonnette annoncés par votre circulaire. L'officier n'en a pas trouvé un à l'arsenal..

Le Préfet de la Haute-Saône au Ministre de l'Intérieur.

Vesoul, 23 août, 6 h. 55 soir.

Il reste à Vesoul et pour tout le département 2,121 gardes mobiles. 1,920 ont des armes.

Le Sous-Préfet de Mulhouse au Ministre de l'Intérieur.

Mulhouse, 23 août, 8 h. 35 soir.

Je me conformerai scrupuleusement aux indications de votre dépêche chiffrée de ce jour, 2 h. 45.

Malgré tous mes efforts, nos moyens d'arrêter la marche de l'ennemi sont presque nuls, n'ayant pu obtenir des fusils. J'essaye encore d'organiser un corps de francs-tireurs. Ne quitterai Mulhouse qu'à dernière extrémité.

Le Préfet du Haut-Rhin au Ministre de la Guerre.

Colmar, 23 août.

... Les mesures de précaution dans les défilés des Vosges en sont au point où les commandent les ordres militaires; les ponts-et-chaussées sont en permanence dans les derniers défilés où le passage doit être maintenu jusqu'au dernier moment.

Nous sommes parvenus à détruire les poteaux des bacs qui existaient le long du Rhin et que l'ennemi cherchait à rétablir de la rive droite.

A l'heure présente, c'est à Rhinau (Bas-Rhin) qu'il rétablit un bac, et, comme il occupe les deux rives, il parviendra à le faire sans obstacle.

Nous avons concentré à Belfort tous les services relatifs à l'armée : ils marchent bien et je les seconde d'ici de mon mieux. Les militaires de 25 à 35 ans partent bien, les engagements volontaires continuent. Je fais partir maintenant les anciens militaires de la 2ᵉ portion du contingent. L'esprit est bon.

Général de Vesoul à Général de division, Besançon.

23 août.

Dépêche du chef du génie au chef de gare :
« L'ennemi a paru à Montigny, entre Chaumont et Langres, à l'Est de ces deux villes, à 22 kilomètres de cette dernière. »
« Des ordres sont donnés au commandant du génie pour établir des baraquements à Port d'Atelier et Faverney. »

L'ingénieur en chef du Haut-Rhin (Degrand), au Ministre des Travaux publics.

Colmar, 23 août.

..... Je ne crois pas du reste, personnellement, que quelques compagnies de garde nationale mal armées et sans instruction puissent se rendre sérieusement utiles dans une ville entièrement ouverte, mais on pourrait ici leur assigner un rôle d'une extrême importance, ce serait de garder les passages des Vosges.

Ces passages sont au nombre de trois seulement dans le Haut-Rhin, et quelques centaines d'hommes postés aux abords des points où des obstacles peuvent être créés, causeraient, à l'occasion, beaucoup de mal à l'ennemi. A mesure que les pays traversés par les Prussiens s'épuisent, ceux-ci doivent tendre à aller chercher plus loin les vivres qui leur sont nécessaires; le Haut-Rhin n'a pas encore été atteint, les ressources y sont abondantes et le moment peut venir où l'ennemi voudra faire usage des routes des Vosges pour se ravitailler. C'est alors que la garde nationale, postée dans les passages plus difficiles, pourrait aisément arrêter les convois, en détruire les escortes et contribuer sérieusement à la défense du pays.

Mais, pour arriver à ce but, une chose serait absolument indispensable : ce serait d'avoir dans ce département, même après le départ de toutes les troupes, un chef militaire plus compétent que les autorités civiles pour apprécier ce qu'il convient de faire, et commander les forces que l'organisaion de la garde nationale pourrait mettre à sa disposition pour un service de volontaires dans les gorges des Vosges.

Le Général commandant à Langres, au Général de division de Besançon.

Langres, 23 août.

Invoquant un ordre général d'armement de la garde nationale sédentaire, antérieur à mon entrée en fonctions, on me demande des fusils pour les gardes nationaux des communes rurales de Langres. Quoiqu'elles soient fort rapprochées de la place, je ne ferai délivrer ces armes que si vous approuvez.

En marge : « répondu *oui* ».

Journée du 24 août.

Le Commandant de place de Neuf-Brisach au Préfet du Haut-Rhin (D. T.).

Neuf-Brisach, 24 août.

Les jeunes gens de Marckolshein n'ont pas reçu ordre de se rendre au service, ils demandent à partir.

Le même au Ministre de la Guerre et au Général, à Belfort (D. T.).

Neuf-Brisach, 24 août.

A Rhinau, bac rétabli, gardé par 4 pièces d'artillerie, 400 fantassins et 150 dragons prussiens. L'ennemi enlève toutes les bêtes et s'empare des jeunes gens.

Le Préfet du Haut-Rhin au commandant de place de Neuf-Brisach (D. T.).

Colmar, 24 août.

Puis-je requérir auprès de vous des armes pour la garde nationale sédentaire, combien de fusils disponibles pour ce service à Neuf-Brisach et quel est le modèle de ces armes?

Le Général de brigade à Vesoul, au Général de division à Besançon.

Vesoul, 24 août, 11 h. 45 matin (n° 1702).

Il annonce le départ des 3e et 4e bataillons de mobiles pour Belfort, le lendemain matin, 2,200 hommes.

Le Sous-Préfet de Langres au Ministre de l'Intérieur.

Langres, 24 août, 4 h. 30 soir.

L'effectif des bataillons de la Haute-Marne, des Vosges et de la Meurthe casernés ici est de 8,200 hommes. Prière instante d'envoyer d'urgence capotes, chemises, chaussures. Il fait très froid et nous avons déjà nombre de malades.

Le Préfet du Doubs au Ministre de l'Intérieur.

Besançon, 24 août, 5 h. 50 soir.

Le général de division fait observer que la chemise flanelle portée sur la peau ne peut en aucun cas tenir lieu de vareuse et ne constitue qu'une précaution hygiénique très utile; mais qu'à défaut de tuniques qu'on avait formellement promises aux corps et sur lesquelles les hommes comptaient, il faut au moins un vêtement de dessus, ayant l'apparence de l'uniforme, si l'on ne veut pas décourager de braves jeunes gens pleins de bon vouloir. Il faut observer enfin que les instructions mêmes de Votre Excellence ont toujours permis de considérer la blouse comme tenue essentiellement provisoire.

Capitaine des douanes à Général (Belfort), à Préfet (Haut-Rhin), à Directeur des douanes (Delle), à Commandant de place (Neuf-Brisach.) (D. T.).

Bantzenheim, 24 août, 6 h. 30 soir.

Seize hommes armés déguisés ont descendu le Rhin (rive droite) et ont débarqué à 4 h. 30 à 200 mètres en amont du passage de Neuenburg sur la rive badoise, où ils ont tiré plusieurs coups de feu dans les îles.

Le Général commandant la 7ᵉ division militaire au Ministre de la Guerre. (D. T.).

Besançon, 24 août.

Reçu dépêche du 23 (bureau de la garde mobile), portant que vous approuvez mesure prise par moi de former deux régiments à Langres, au moyen de trois bataillons des Vosges et de trois bataillons de la Haute-Marne.

Je n'ai jamais pris cette mesure, les trois bataillons des Vosges, les trois de la Haute-Marne et celui de la Meurthe, concentrés à Langres, y sont indépendants comme seraient bataillons de chasseurs à pied.

Je n'ai investi, à titre provisoire, aucun chef de bataillon du grade de lieutenant-colonel, et n'y ai point songé. Je ne pourrai donc vous adresser aucune proposition immédiate à ce sujet, sans étudier la question et le personnel de plus près.

Je pense qu'il serait bon de former des régiments seulement si l'on pouvait mettre à leur tête des lieutenants-colonels pris dans l'armée active.

Je pourrais alors organiser deux régiments à Langres : *Vosges* et *Haute-Marne*, et deux régiments à Besançon : *Doubs* et *Jura*, très utiles pour opérer sur les convois et corps détachés.

Le Général commandant supérieur à Belfort au Ministre de la Guerre.

Belfort, 24 août, 7 h. 15 soir.

Le nombre d'hommes armés du fusil modèle 1866 sera de 3,000. Le nombre d'hommes armés du fusil modèle 1867 sera de 8,400. La garde mobile de 1869 est comprise dans ce dernier chiffre.

Le Général de brigade à Vesoul, au Ministre de la guerre.

Vesoul, 24 août, 7 h. 30 soir.

Gardes mobiles de deux bataillons armés d'aujourd'hui, sans munitions, les cadres habillés, soldats non habillés encore. Total 2.030 devant partir demain par voies ferrées pour Belfort, où sont déjà les deux autres bataillons.

Le Général commandant la 7e division militaire au Ministre de la Guerre. (Lettre.)

Besançon, 24 août.

J'ai déjà eu l'honneur de faire connaître à Votre Excellence, qu'en raison des circonstances actuelles, ne voulant pas laisser des bataillons de la garde nationale mobile dans de petites villes ouvertes où ils n'avaient aucun moyen de pousser rapidement leur instruction militaire, et pouvaient se trouver, d'ailleurs, dans quelques-unes d'entre elles, exposés aux attaques de colonnes mobiles ennemies sans être en état de les repousser avec efficacité, j'avais décidé que tous les gardes mobiles de la 7e division militaire seraient concentrés dans les trois grandes places de Belfort, Langres et Besançon.

Cette décision était d'ailleurs conforme à vos instructions antérieures relatives à la concentration de plusieurs bataillons voisins dans la place de Belfort. Voici, en conséquence, quelle est la répartition de ces forces dans les trois places précitées :

1° J'ai dirigé sur Belfort les quatre bataillons de la garde nationale mobile de la Haute-Saône, j'y avais également déjà envoyé les IVe bataillons des 84e et 85e de ligne.

2° A Langres, se trouvent concentrés les trois bataillons de la Haute-Marne, avec trois bataillons des Vosges et un bataillon de la Meurthe. Mais ces bataillons ne sont point organisés en régiment, ainsi que j'ai eu l'honneur de le faire connaître à Votre Excellence, par un télégramme de ce jour répondant à sa lettre du 23 courant.

3° A Besançon, se trouvent déjà réunis deux bataillons de la garde nationale mobile du Doubs, et je vais y concentrer également deux bataillons du Jura, qui seraient trop isolés et n'auraient pas de ressources pour leur instruction, dans les villes de Dôle et Lons-le-Saunier. Ces deux bataillons viendront à Besançon, aussitôt qu'ils seront habillés par les soins de M. le préfet du Jura.

4° J'ai laissé seulement quatre compagnies aux forts de Joux et Pontarlier ; quatre compagnies dans les forts de Salins, avec la batterie d'artillerie de cette place. Enfin j'ai mis également quatre compagnies au fort des Rousses, bien qu'il soit plus éloigné du théâtre de la guerre, mais en raison de l'importance de ce poste et de la nécessité d'y achever certains travaux de fortification.

Répartis de cette manière, les bataillons de la garde mobile pousseront rapidement et en toute sécurité leur instruction militaire, et seront bientôt en état de former eux-mêmes des colonnes mobiles qui surveilleront nos voies ferrées, les défendront contre les entreprises de l'ennemi, dont les détachements de cavalerie s'aventurent souvent à de grandes distances, et chercheront également à couper les convois prussiens qui passeraient à proximité, selon la mission que leur assigne Votre Excellence, dans vos dépêches du 23 courant.

Dans cette répartition, la petite ville de Vesoul, chef-lieu du département de la Haute-Saône, se trouve sans garnison, puisque Votre Excellence, en a déjà enlevé le dépôt du 8ᵉ cuirassiers. Il me semblerait alors utile, pour ne pas compromettre le siège du commandedement et des services militaires de la subdivision de la Haute-Saône, de le transférer dans la ville de Gray, qui a plus d'importance et plus de ressources que Vesoul, qui est d'ailleurs couverte par la Saône et plus éloignée que Vesoul de la zone d'opérations de l'ennemi. Gray est en outre occupé par le dépôt du 85ᵉ de ligne, et se trouve sur la ligne directe de communications entre Besançon et Langres. Telles sont les considérations qui me portent à vous demander de transférer provisoirement le commandement subdivisionnaire de la Haute-Saône à Gray, ainsi que le sous-intendant militaire, le capitaine de recrutement et le capitaine-major de la garde nationale mobile.

Les mêmes considérations m'engagent à vous demander le déplacement du dépôt de remonte de Faverney, qui pourrait être provisoirement transféré à Auxonne.

Dans le cas où vous approuveriez ces modifications, les casernes de Vesoul et de Faverney pourraient être utilisées comme ambulances pour les blessés.

Le Général de brigade, à Vesoul, au Général de division, à Besançon (D. T.).

Vesoul, 24 août, 7 h. 34 soir. Reçue à 7 h. 55 soir (n° 1721).

Le Ministre de la Guerre demande de répondre d'urgence combien de gardes mobiles armés à Vesoul. Je lui donne 2,030 qui est exact, et le préviens du départ demain matin pour Belfort.

Journée du 25 août.

Le Commandant de Neuf-Brisach au Ministre de la Guerre (D. T.).

Neuf-Brisach, 25 août.

A Rhinau un pont est établi pour le passage de l'artillerie et des approvisionnements de l'ennemi. Un petit corps de troupe partant de Schlestadt et de Neuf-Brisach pourrait faire un bon coup.

Le Commandant de Neuf-Brisach à l'ingénieur Gauckler à Colmar (D. T.).

Neuf-Brisach, 25 août.

J'apprends que des bateaux servant aux travaux du Rhin pourraient être pris par les Badois, la chose me paraît imprudente.

Le Sous-Intendant au Commandant de place de Neuf-Brisach (D. T.).

Schlestadt, 25 août, 7 h. 5 matin.

J'ai appris que vous habillez mobiles, n'ayant pas de tuniques, avec blouses bleues et ceintures en cuir. Quel ordre ? Quels fournisseurs ? Quel prix pour chaque effet ?

Le Sous-Intendant de Belfort au Commandant de place de Neuf-Brisach (D. T.).

Belfort, 25 août, 9 h. 45 matin.

Par ordre du Ministre, je ne dois, pas plus que vous, délivrer des chemises à la garde mobile. Combien vous faudrait-il de souliers ?

M. de la Tour au Ministre du Commerce (D. T.).

Épinal, 25 août, 11 h. matin.

N'ayant pas reçu contre-ordre, je poursuis mon affaire : je pars d'Épinal pour Charmes avec wagons pour embarquer les acquisitions faites sur confins Meurthe et Vosges jusqu'à Lunéville même.....

Le Général commandant la 7ᵉ division au Ministre de la Guerre, à Paris (D. T. Ch).

Besançon, 25 août, 2 h. soir. Expédiée à 4 h. 15 soir (nº 36101).

Besançon, effectif garnison aujourd'hui : 16ᵉ bataillon chasseurs, 770 hommes ; 8ᵉ, 1,000 ; 9ᵉ artillerie, 700 ; 12ᵉ, 600 ; ouvriers, 200 ; garde mobile : 1ᵉʳ bataillon, 1,000 ; IIᵉ, 900 ; artillerie, 700 ; garde sédentaire volontaire, 1,400 ; pompiers, 500. Attendons 2 bataillons mobiles du Jura, 2,000. Approvisionnements pour garnison, commis principal, pour 8,000 pour trois mois, moins 240 bêtes à acheter au dernier moment. Fourrages complets dans huit jours pour 8,000 chevaux pour trois mois. Ville a acheté pour habitants 1,700 sacs farine.

L'ingénieur Gauckler au Commandant de place de Neuf-Brisach (D. T.).

Colmar, 25 août, 2 h. 30 soir.

Veuillez me dire où il y a des bateaux en péril ; on ne travaille qu'à la borne 10 où j'ai ordre de tenir les travaux à tout prix. Les Badois y ont autant intérêt que nous et ne les dérangeront pas. Je vous écris.

Le Commandant de Neuf-Brisach au Sous-Intendant, à Schlestadt (D. T.).

Neuf-Brisach, 25 août.

Blouse bleue, 8 fr. 75 ; ceinture de flanelle, 2 fr. 35 ; étuis-musette toile, 1 fr. 10, fournis par M. Hirtz à Colmar. Le tout bien conditionné. La soumission a été publique. Ceinture en cuir, 1 fr. 50. Widerker à Colmar. Je n'ai pas d'ordre, mais les hommes doivent être habillés.

Le Commandant de Neuf-Brisach au Préfet du Haut-Rhin (D. T.).

Neuf-Brisach, 25 août.

Mes hommes manquent de couvertures, ils couchent dans des greniers, ils ont froid. Ne serait-il pas possible de faire un appel aux populations pour obtenir des couvertures comme dons patriotiques ?

Le Ministre de la Guerre aux Généraux commandant les divisions militaires.

Paris, 25 août.

J'ai décidé que les gardes nationales mobiles organisées des départements envahis ou menacés de l'être seront, à l'approche de l'ennemi, évacuées dans des lieux de rassemblement en arrière.

Journée du 26 août.

Le Sous-Préfet de Schlestadt au Commandant de place, à Neuf-Brisach (D. T.).

Schlestadt, 26 août, 12 h. 1 soir.

On m'a signalé la présence d'un corps ennemi se dirigeant de Rhinau sur Marckolsheim par Artolsheim ; je ne connais pas exactement sa valeur numérique.

Mes communications avec Marckolsheim et Sündhausen sont coupées.

Le Commandant de Neuf-Brisach au Général, à Belfort (D. T.).

Neuf-Brisach, 26 août.

Je sais d'une manière certaine que 6,000 hommes occuperont Marckolsheim aujourd'hui. Il est probable que les communications avec Belfort et Colmar seront interrompues demain.

Le Commandant de Neuf-Brisach au Préfet, à Colmar (D. T.).

Neuf-Brisach, 26 août.

6,000 Prussiens occuperont Marckolsheim aujourd'hui. J'ai du lard à la gare, il faudrait me l'envoyer ce matin, demain il sera trop tard.

Le Commandant de Neuf-Brisach au Préfet du Haut-Rhin (D.T.).

Neuf-Brisach, 26 août.

M. Dispot, conducteur des travaux du Rhin, annonce qu'il n'y a dans la résidence de Gerstheim que 500 fantassins et 150 cavaliers, une pièce de canon, autant à Rhinau.
C'est un piquet de cavalerie qui a jeté la consternation à Marckolsheim. Envoyez le lard.

Le Commandant de Neuf-Brisach au Général, à Belfort (D. T.)

Neuf-Brisach, 26 août.

Des renseignements provenant du conducteur des travaux du Rhin sont moins graves, il y aurait à Gerstheim 500 fantassins, 150 cavaliers, une pièce d'artillerie, autant à Rhinau. Le pont de Rhinau livre passage à l'ennemi. Quelques artilleurs de plus me seraient nécessaires.

Le Sous-Préfet de Schlestadt au Commandant de place de Neuf-Brisach, aux Ministres de la Guerre et de l'Intérieur et au Préfet du Haut-Rhin (D. T.).

Schlestadt, 26 août, 8 h. 30 matin.

Je reçois du maire de Marckolsheim la dépêche suivante : Hier 6 heures soir ici 25 dragons badois venus du bas canton par route impériale, annonçant pour la soirée 6,000 hommes devant passer la nuit, repartis immédiatement. Les 6,000 hommes n'ont pas paru. Fil télégraphique coupé par le peloton et rétabli par nous ce matin.

Le Préfet du Haut-Rhin au Ministre de l'Intérieur.

Colmar, 26 août, 11 h. 5 soir.

Mon rapport d'hier fait connaître que les gardes nationales sédentaires sont organisées dans un grand nombre de communes, mais que je n'ai point d'armes à leur donner.

J'ai demandé un premier envoi de 3,000 fusils par l'arsenal de Besançon, les places de Belfort et de Neuf-Brisach n'ayant point d'armes. Il faudra 20,000 fusils au moins pour le département.

Le Préfet des Vosges au Ministre de l'Intérieur.

Épinal, 26 août, 8 h. 40 matin.

Je m'occupe avec toute l'activité possible de l'organisation de la garde nationale. Les conseils de recensement fonctionnent partout. Une première demande d'armes et de munitions a été faite à Besançon.

Le Commandant de place de Schlestadt au Commandant de place de Neuf-Brisach (D. T.).

Schlestadt, 26 août, 9 h. 45 matin.

Avez-vous quelques motifs sérieux de faire retenir prisonnier le maire de Rhinau, je l'ai interrogé, il me paraît innocent ainsi qu'au sous-préfet.

Je reçois à l'instant une lettre, signée de tous les membres de la commune, qui certifient l'innocence de leur maire, et qui me réclament sa mise en liberté. Réponse le plus tôt possible.

Le Commandant de Neuf-Brisach au Sous-Préfet de Schlestadt (D. T.).

Neuf-Brisach, 26 août.

Je vous ai dit ce que je savais sur le maire de Rhinau, son pays est envahi, inutile de le retenir.

Le Sous-Préfet aux Ministres de la Guerre et de l'Intérieur, au Préfet du Haut-Rhin, au Général (Belfort), et au Commandant de place de Neuf-Brisach (D. T.).

Schlestadt, 26 août.

Apprends que ennemi annoncé à Artolsheim et Marckolsheim n'a pas paru, que le télégraphe coupé est rétabli, que Rhinau est toujours occupé ainsi que Gerstweiler qu'on fabrique des gabions, que Kugenheim, Benfeld, Barr (Bas-Rhin) ont forts détachements, 100 à 250 hommes; le détachement de 400 hommes infanterie qui avait pénétré dans les Vosges avec quatre canons est revenu à Barr ; on croit l'effectif moins considérable au retour. Cette nuit, on a aperçu des feux dans direction Strasbourg.

Le Capitaine des douanes au Général en chef, à Belfort, au Commandant des douanes, au Préfet du Haut-Rhin et au Commandant de place de Neuf-Brisach (D. T.).

Colmar, 26 août, 12 h. 39 soir.

Sept grands bateaux ont été amenés par chemin de fer badois à Rheinweiler (Bade) déchargés et conduits au Rhin sur des rouleaux.

Ingénieur du Rhin à M. Dispot, conducteur du Rhin, à Marckolsheim (D. T.).

Colmar, 26 août.

Faites dire à Butsche de transporter ses langenweidlings et grands bateaux dans le canal à la gare du canal de Neuf-Brisach.

Le Commandant de Neuf-Brisach au Ministre de la Guerre (D. T.).

Neuf-Brisach, 26 août.

Le pont de Rhinau et celui que l'ennemi va jeter à la borne 109, en face Nordhausen, pourraient être détruits par des brûlots.

Sur le pont de Rhinau, l'ennemi a déjà fait passer 25 pièces de canon.

En face de Mulhouse, son matériel badois est préparé pour un passage.

Journée du 27 août

Le Ministre de la Guerre au Commandant de place de Neuf-Brisach (D. T.).

Paris, 27 août, 10 h. 2 matin.

Faites brûler tout ce que vous pourrez, et s'il passait une petite troupe, ingéniez-vous à faire un coup en tâchant de vous faire seconder par la population, au sentiment patriotique de laquelle vous devez faire appel.

Le Commandant de Neuf-Brisach au Ministre de la Guerre (D. T.).

Neuf-Brisach, 27 août.

L'ennemi n'est pas dans mon rayon, il est à Rhinau. Je ne puis rien contre lui pour le moment.
Pour brûler les ponts qui vont se faire, il faudrait envoyer un personnel et un matériel de brûlots.
La population des environs n'est pas armée.

Dispot, conducteur, à Gauckler, ingénieur (Colmar), et au Sous-Préfet (Schlestadt) (D. T.).

Marckolsheim, 27 août, 10 h. 26 matin.

Mangus, conducteur à Gerstheim, informe que 3,000 hommes de troupes ennemies venant de Plobsheim ont passé le 25 au soir, entre 9 et 11 heures, à Gerstheim, 350 cavaliers, 2,000 fantassins et une batterie d'artillerie, ces troupes ont rejoint l'avant-poste de Rhinau et de Booftzheim. Ce serait le commencement des troupes devant assiéger Schlestadt, ou bien pour protéger les envois de vivres qui se font par le bac volant de Rhinau, ce bac a été reconstruit et fonctionne depuis deux jours.

Le Général commandant à Belfort au Ministre de la Guerre.

Belfort, 27 août.

J'ai l'honneur de confirmer à Votre Excellence une dépêche en date du 27 août ainsi conçue :

« Le général Uhrich m'a envoyé ce matin un exprès parti de Strasbourg jeudi pour demander des nouvelles et dire que la ville a souffert du bombardement ; les bâtiments de la citadelle, de l'arsenal, le moulin, la bibliothèque et le musée ont été incendiés.

« Des bombes ont fait des dégâts dans toutes les rues. La garnison est bien disposée, les vivres, les munitions ne manquent pas, les remparts sont *intacts*. »

Le général demande qu'on expédie de Besançon des fusées à Schlestadt où il tâchera de les faire prendre. J'ai télégraphié à Besançon.

Le Préfet du Doubs au Ministre de l'Intérieur.

Besançon, 27 août, 4 h. 10 matin.

Gardes nationaux mobiles armés et équipés. Infanterie 2,818, artillerie 714 hommes habillés, armés et sabres sans les porte-sabre, qui ont été réclamés et attendent aussi les fusils de dragons transformés par la culasse, qui ont été promis.

Le Préfet du Haut-Rhin au Ministre de l'Intérieur.

Mulhouse, 27 août, 11 h. 5.

Deux compagnies de francs-tireurs parties de Mulhouse, l'une le 24 sur le Rhin, l'autre hier vers les Vosges (1). Une troisième se porte ici. J'engage dans les alentours tous les hommes de bonne volonté à se joindre à elles. Dès que fusils et munitions promis seront donnés par l'autorité militaire, procéderai à l'armement. A Mulhouse pou-

---

(1) Celle de *Colmar* vers Bellingen, celle de *Mirecourt* au col du Bonhomme (V. § XIV).

vons compter sur 2,500 gardes nationaux, sans les pompiers, si nous avons des fusils.

Le Ministre de l'Intérieur aux Préfets. (Circulaire.)

Paris, 27 août, 3 h. 20 soir.

Je vous autorise, en vous concertant avec les généraux, à faire prendre dans les arsenaux les plus voisins de vous les armes nécessaires pour compléter l'armement de vos gardes mobiles et les nécessaires d'armes disponibles. Il ne faut pas qu'un seul homme soit sans fusil.

Le Préfet du Jura au Ministre de l'Intérieur.

Lons-le-Saunier, 27 août, 3 h. 30 soir.

La garde nationale sédentaire est organisée dans vingt-cinq communes du Jura ou en voie de formation par conseils de recensement qui fonctionnent pour les villes, chefs-lieux. Le nombre d'armes nécessaires à l'effectif ainsi indiqué est de 10,000 fusils avec (360,000) cartouches, chiffre indiqué par l'administration de la guerre. Veuillez donner l'ordre de m'expédier cet armement.

Le Ministre de la guerre, à MM. les Commandants militaires des places de Belfort, Schlestadt, Neuf-Brisach, Strasbourg, Besançon, Langres, Phalsbourg.

Paris, le 28 août 1870.

Messieurs, sur la présentation de cette circulaire, vous devrez procurer à M. Edmond Dollfus, commandant des francs-tireurs du Haut-Rhin, toutes les facilités en votre pouvoir pour l'accomplissement de la mission patriotique dont il a bien voulu se charger.

Vous lui ferez notamment délivrer les poudres et munitions qu'il réclamera et lui fournirez les renseignements que le service du génie peut posséder sur la situation et le mode d'organisation des fourneaux qui peuvent encore exister dans les ouvrages d'art des voies ferrées actuellement au pouvoir de l'ennemi, ainsi que le moyen de faire usage de ces fourneaux (1).

Journée du 28 août.

L'ingénieur Gauckler au Commandant de place de Neuf-Brisach. (D. T.).

Colmar, 28 août, 1 h. 56 soir.

Faudrait protéger radeau jusqu'auprès des ponts, sinon s'échouerait ou serait pris. Réfléchirai. Si on passe à Rheinwiller, on mettra le canal à sec. Gare à vos fossés.
Si manquez encore de couvertures, demandez-en à Belfort.

Le Commandant de Neuf-Brisach à l'ingénieur Gauckler, à Colmar. (D. T.).

Neuf-Brisach, 28 août.

Le Ministre m'autorise à faire tout pour détruire le pont des Prussiens. Pourrait-on faire un radeau chargé de pétrole? Voyez et venez, on trouverait du pétrole à Colmar.

Bulletin du Capitaine des douanes de Saint-Louis au Commandant de la 7ᵉ division militaire, à Belfort.

Saint-Louis, près Huningue, 28-29 août.

.... La surveillance que nos brigades exercent sur le Rhin doit être d'autant plus active, que le lit du fleuve est très bas et qu'il serait très facile à des coureurs ou rôdeurs de le franchir.

---

(1) En faveur du même officier: A la date du 30 août, lettre d'introduction du Ministre de l'Agriculture auprès du personnel des forts.
A la date du 31 août, lettre d'introduction du Ministre de l'Intérieur auprès des administrations départementales et communales du Haut-Rhin et du Bas-Rhin (*Archives de M. E. Dolfus*).

Journal du Commandant supérieur de Schlestadt. 28-29 août.

Le commandant du poste de Brisach m'a proposé une surprise du bac de Rhinau, où sont 150 Badois environ, mais comme je ne puis faire aucune expédition extérieure, vu la faiblesse de la garnison, je n'ai pas pu combiner cette attaque...

Le Sous-Préfet de Schlestadt aux Ministres de la Guerre et de l'Intérieur.

Schlestadt, 29 août, 6 h. 6 matin.

On parlait d'attaquer notre ville ce soir ou demain soir par surprise Je n'y crois pas, nous sommes prêts. Je redoute seulement pression de la population trop nombreuse et affolée. Ai proposé éloignement des bouches inutiles. Autorité militaire a prescrit la mesure, mais n'a pas force suffisante pour la faire exécuter.

Réponse notée au crayon : C'est au commandant supérieur et à vous qu'il appartient de relever le moral de la population. Quant à l'éloignement des bouches inutiles, l'énergie déployée à propos suppléea à l'insuffisance de la force, et j'approuve d'avance les mesures que vous prendrez de concert avec autorité militaire.

Le Préfet des Vosges au général de division à Besançon.

Epinal, 29 août, 11 h. 10 matin (D. T.).

Il circule continuellement et presque sans escorte sur la ligne ferrée de Strasbourg à Paris, entre Sarrebourg et Nancy, convois considérables de munitions et d'approvisionnement ; un bataillon d'infanterie accompagné d'un officier du génie suffirait pour couper le chemin de fer dans la traversée des Vosges, entre Saverne et Sarrebourg. Cette troupe, que je me chargerais de faire guider et que les populations seconderaient, s'avancerait sans danger à travers les montagnes et se retirerait de même.

Le Préfet des Vosges au Général commandant à Besançon.

Epinal, 29 août, 2 h. 42 soir (D. T.).

Si vous ne pouviez pas envoyer le bataillon que je vous demande par dépêche de ce matin pour intercepter le chemin de Strasbourg à Paris.

prière envoyer 300 chassepots avec les munitions nécessaires; 100 cartouches par fusil. Des hommes de bonne volonté s'offrent à moi pour accomplir cette œuvre d'une importance capitale.

Le Préfet du Haut-Rhin au Commandant de place, Neuf-Brisach.

Colmar, 29 août, 4 h. 25 soir.

Le général commandant supérieur à Belfort m'autorise à faire prendre à Neuf-Brisach 400 fusils avec munitions que vous pourrez délivrer. Je charge le maire de Guebwiller de retirer 200 de ces fusils avec des munitions pour la garde nationale. Je ferai prendre les 200 autres armes par les gardes forestiers transformés en compagnies de guides.

Le Général commandant supérieur de Belfort au Général commandant à Besançon.

Belfort, 29 août, 4 h. soir (D. T.).

Expédition trop éloignée. D'Épinal à Sarrebourg et Saverne, trop grande distance pour une retraite : l'ennemi occuperait Phlasbourg qui se trouve entre ces deux villes. Voir carte. Je ne puis exposer mon seul bataillon solide à être enlevé. L'expédition peut être tentée par les francs-tireurs, qu'on emploie si rarement.

Le Sous-Préfet de Mulhouse au Ministre de l'Intérieur.

Mulhouse, 29 août, 5 h. 27 soir.

Vais établir une nouvelle compagnie de francs-tireurs à Saint-Louis et Huningue.

Concerté hier avec le général à Belfort pour livraison d'armes et munitions à une partie des gardes nationaux.

Le Ministre de la Guerre au Commandant de place de Neuf-Brisach (D. T.).

Paris, 29 août, 7 h. 56 soir.

On me signale de très vastes bateaux remisés dans la première passe en aval de Neuf-Brisach, en face de Bantzenheim ; on pourrait peut-être les brûler si l'ennemi ne les garde pas sérieusement.

Le Ministre de la Guerre au Commandant de place de Neuf-Brisach.

Paris, 29 août, 9 h. 25 soir.

Vous avez très bien fait de retenir les gardes mobiles dont vous parlez dans votre dépêche.

Le Préfet des Vosges au Ministre de l'Intérieur.

Épinal, 29 août.

En réponse à votre circulaire de ce jour relative aux états de situation de la garde mobile devant vous être envoyés, j'ai l'honneur de vous rappeler que depuis plus de quinze jours, il n'y a plus de gardes mobiles dans mon département.

Le Commandant de Neuf-Brisach au Général de brigade, à Belfort, et au Ministre de la Guerre.

Neuf-Brisach, 29 août.

La mobile reçoit ordre de renvoyer des soutiens de famille (230) admis par le conseil de révision après l'incorporation.

Cette mesure déplorable fait très mauvais effet et dégarnit la place. Plusieurs sont reconnus comme n'étant pas réellement soutiens. Je les retiens jusqu'à nouvel ordre.

Journée du 30 août.

Le Commandant de Neuf-Brisach au Ministre de la Guerre (D.T.)

Neuf-Brisach, 30 août, 6 h. 55 matin. Expédiée à 8 h. 10 matin (n° 38481)

Si j'avais à Neuf-Brisach 5.000 hommes de troupe, il serait facile de détruire le pont et le bac qui se trouvent près de Rhinau.

En marge, au crayon : Répondre : Essayez de vous entendre avec le commandant de Belfort, qui a des troupes. Je ne puis vous en envoyer de Paris.

Télégraphiez avec le chiffre du Ministre de l'Intérieur au commandant de Belfort en lui indiquant en clair que vous vous servez de ce chiffre.

Le Préfet des Vosges au Ministre de l'Intérieur (D. T.).

Epinal, 30 août, 3 h. 5 soir Expédiée à 5 h. 10 (n° 38739).

Les francs-tireurs ralliés, dont je vous ai entretenu par télégramme du 24 courant, demandent à être payés un franc par jour et par homme, cinq francs pour le sous-lieutenant. Ils sont 36 à 40. Que dois-je faire ? Ils sont isolés, parcourant la montagne.

Le Commandant supérieur à Langres, au Général commandant à Besançon.

30 août, 3 h. 50 soir.

J'apprends à l'instant par un rapport que j'ai sollicité du capitaine de gendarmerie de Chaumont, en date du 29 août, que les poudres contenues dans la poudrière de Chaumont (1,790 kilos) ont été enfouies ou immergées le 23 à midi, le lendemain du jour où quelques éclaireurs prussiens avaient fait une reconnaissance jusque dans la ville (par ordre du préfet, pour cause de sécurité publique !) Le fait m'a paru si grave que j'en informe le Ministre.

Le Préfet de la Haute-Saône au Ministre de l'Intérieur

Vesoul, 30 août. 11 h. 39 soir.

Aux termes de la circulaire de M. le Ministre de la Guerre du 31 juillet et de la dépêche télégraphique de Votre Excellence du 25 août, la solde de 1 franc et 1 fr. 25 par jour ne doit point être allouée aux corps de francs-tireurs volontaires.

M. le général de brigade à Vesoul insistant pour qu'il en soit autrement en ce qui concerne les francs-tireurs de Lure (1) qui doi-

---

(1) Compagnie de Luxeuil.

vent être déplacés dans le département, je viens vous demander à allouer la somme de 1 franc pour les soldats et 1 fr. 25 pour les officiers de ce corps, dont l'effectif est aujourd'hui de 32 hommes.

Le Général de Chargère, commandant supérieur, au Ministre de la Guerre.

Belfort, 30 août.

J'ai l'honneur de vous confirmer ma dépêche en date du 29, 11 heures du soir, ainsi conçue :

Je transmets la dépêche chiffrée (1) au sous-préfet de Schlestadt avec instructions. Quant au chiffre, je me servirai de celui de M. le sous-préfet de Belfort. J'ai en outre l'honneur de vous informer que j'ai transmis la dépêche chiffrée à M. le préfet du Haut-Rhin, pour que de son côté il prenne des mesures en conséquence. Je l'ai expédiée à ces deux fonctionnaires, par la raison qu'ils trouveront plus facilement des hommes connaissant parfaitement le pays et surtout les alentours de Strasbourg.

Dès que j'aurai reçu des renseignements sur cette mission, je m'empresserai de les faire connaître à Votre Excellence par le télégraphe.

Je n'ai trouvé à Belfort aucun homme consentant à se charger d'une mission pour le général Uhrich, attendu que le trajet qu'il faut parcourir à pied, dans les bois, dans les prairies, de Schlestadt à Strasbourg, est inconnu de la part des militaires et habitants de Belfort.

J'ai adressé au général Uhrich deux petits billets par ses exprès. Je lui disais qu'il circulait des bruits qui donnaient de grandes espérances relativement aux événements de la guerre.

Ordre de mouvement pour la 1re compagnie d'Eclaireurs du Doubs.

Besançon, le 30 août.

Le général de division commandant la 7e division militaire ordonne à M. le capitaine Schmitz, commandant la 1re compagnie *d'Éclaireurs du Doubs* composée de 1 capitaine, 1 lieutenant, 1 sergent-major, 6 sergents, 8 caporaux et 70 hommes, de se rendre de Besançon à Épinal, en passant par Vesoul ou Belfort.

---

(1) Cette dépêche n'a pas subsisté.

Les autorités civiles et militaires sont requises de leur prêter aide et assistance et de leur donner tous les renseignements qui sont nécessaires pour le succès de leurs opérations.

La compagnie d'*Éclaireurs* aura droit à toutes les prestations en argent et en nature allouées aux troupes régulières. MM. les sous-intendants militaires, les sous-préfets et les maires sont requis de leur assurer, chacun en ce qui le concerne, les allocations qui leur sont dues. Ils auront droit également au transport par les voies ferrées, toutes les fois que cela sera possible. MM. les chefs de gare sont requis, dans ce but, de déférer d'urgence et directement à leur demande, dont ils pourront se faire délivrer une réquisition écrite pour couvrir leur responsabilité et le remboursement ultérieur aux frais de l'État. Ils auront les mêmes droits vis-à-vis des agents du service télégraphique, pour les avis et renseignements utiles à leur service.

Dans le cas où M. le capitaine Schmitz se trouverait à proximité d'un corps de troupe français, il se fera connaître par le commandant ou par le chef d'état-major dudit corps, en lui communiquant le présent ordre, et recevra ses instructions pour coordonner ses mouvements avec ceux de ce corps.

Le capitaine Schmitz adressera, autant que les moyens de communication pourront le lui permettre, tous les cinq jours, au chef d'état-major de la 7e division, un rapport sommaire et succinct sur ses mouvements, son effectif, ses besoins et les résultats obtenus par lui.

Le Préfet des Vosges au Général de division à Besançon.

Epinal, 30 août.

Il n'y a dans les Vosges qu'une compagnie de francs-tireurs. Pourriez-vous me donner un homme capable de préparer une mine ?

Journée du 31 août.

Général, Belfort, à Commandant de place, Neuf-Brisach (D. T.).

Belfort, 31 août, 9 h. 50 matin.

L'opération ne peut avoir lieu demain matin. Un bataillon de 800 hommes arrivera demain à Colmar par voie ferrée. Faites-moi connaître la direction qu'il devra prendre ; si vous ne pouvez l'indiquer aujourd'hui, envoyez un télégramme au chef de bataillon à Colmar.

Capitaine des douanes de Bantzenheim à Commandant de place, Neuf-Brisach (D. T.).

Bantzenheim, 31 août, 11 h. 50 matin.

Les compagnies de francs-tireurs de Neuf-Brisach et de Colmar, avec les capitaineries des douanes de Bantzenheim et de Niffer, ainsi que les conducteurs des travaux de Chalampé et de Kembs avec les cantonniers de ces résidences ont saisi six bateaux, dont un coulé à fond à Bellingen (Bade), coupé les fils télégraphiques et ceux d'un disque, sans blessures, ce matin au point du jour.

Sous-Préfet de Mulhouse à Commandant de place, Neuf-Brisach (D. T.).

Mulhouse, 31 août, 3 h. 1 soir.

A la suite de l'enlèvement des bateaux badois à Petit-Landau et Niffer, 500 Badois attaquent les francs-tireurs de Neuf-Brisach. Depuis midi, une vive fusillade est engagée, on demande du secours. J'écris au général à Belfort.

Général commandant à Belfort à Commandant de place, Neuf-Brisach (D. T.).

Belfort, 31 août, 4 h. soir.

Le sous-préfet de Mulhouse m'informe que 500 Badois font feu sur Chalampé depuis 2 heures. Pourriez-vous porter secours au point d'attaque.

Capitaine des douanes de Bantzenheim à Commandant de place, Neuf-Brisach (D. T.).

Bantzenheim, 31 août, 6 h. 50 soir.

De retour à Petit-Landau, les francs-tireurs descendant le Rhin avec les bateaux saisis étaient en proie à une agression des Badois de

Neufbourg à Chalampé par une fusillade soutenue; j'ai de suite ordonné aux brigades que j'avais devancées de leur venir en aide promptement. Elles sont arrivées de suite.

Le feu continue.

Préfet à Commandant de place, Neuf-Brisach (D. T.).

Colmar, 31 août, 10 h. 45 soir.

Les francs-tireurs ont reçu des ordres importants, que je ne connais pas. Je n'ai donc pas qualité pour vous dicter une ligne de conduite. Adressez-vous au général commandant Belfort. J'ai l'intention de vous demander ce qui vous reste d'armes pour des communes qui en réclament. Si vous croyez utile d'en remettre 50 à Obersaasheim, j'y souscris.

Le Général commandant supérieur à Belfort au Ministre de la Guerre.

Belfort, 31 août.

J'ai l'honneur de vous informer que M. le Capitaine des douanes de Bantzenheim me rend compte que la compagnie des francs-tireurs de Neuf-Brisach, avec les conducteurs des travaux du Rhin, de Chalampé et de Kembs et les cantonniers de ces résidences, ont saisi six bateaux à Bellingen, un de ces bateaux a été coulé à fond.

Ce petit coup de main a réussi sans aucun accident.

En signe de représailles, les Badois tirent, depuis midi, sur les villages de Chalampé et de Niffer.

J'en informe le commandant de place de Neuf-Brisach, qui n'est pas éloigné.

Commandant de Neuf-Brisach à Général, Belfort (D. T.).

Neuf-Brisach, 31 août.

Le Ministre prescrit de m'entendre avec vous pour avoir troupe et détruire ponts ennemis. J'ai expédié un capitaine à Schlestadt pour combiner une sortie. Si je la fais, pourrez-vous disposer au premier signal de 800 volontaires bons marcheurs? D'après les renseignements que je reçois, le coup pourrait se faire demain, à 4 heures du matin, ou après-demain. J'enverrai ordre à Colmar, si votre colonne y arrive.

Commandant de Neuf-Brisach à Commandant de place, Schlestadt (D. T.).

Neuf-Brisach, 31 août.

Vous verrez aujourd'hui un messager. Ordre du Ministre de détruire et de m'entendre avec Belfort. Je demande 600 hommes de renfort. Pour avoir le temps de bien combiner la destruction, il faut peut-être attendre à vendredi matin.
Réponse par télégraphe.

Commandant de Neuf-Brisach à Général, Belfort (D. T.).

Neuf-Brisach, 31 août.

Ne faites pas partir les 800 hommes sans un avis, mes renseignements ne sont pas encore assez précis. Ce matin à 4 heures, j'ai ordonné l'enlèvement de six bateaux sur la rive badoise, en face de Chalampé. On m'annonce que le coup a réussi. Si nous avions 5,000 hommes, on ferait de bons coups.

Le même au même (D. T.).

Neuf-Brisach, 31 août.

Ne faites pas partir les 800 hommes, les renseignements reçus ne me permettent pas de tenter le coup.

Commandant de Neuf-Brisach à Général, Belfort (D. T.).

Neuf-Brisach, 31 août.

Les Badois tirent sur les francs-tireurs de la rive badoise, l'attaque n'est pas sérieuse, 500 hommes vont à leur secours. L'ennemi fait des préparatifs de passage près de Vieux-Brisach. Demain, j'enverrai des patrouilles le long du Rhin. L'affaire de Rhinau ne peut avoir lieu.

Le Préfet des Vosges au Général de division, Besançon (D. T.).

Epinal, 31 août, 9 h. 40 matin. Arrivée à 10 h. 40 soir (n° 1840).

Je viens d'envoyer un émissaire à Sarrebourg. Il verra les personnes avec lesquelles je corresponds dans cette ville et à Phalsbourg. Je saura iexactement les conditions matérielles d'exécution (1), le nombre des gardes que l'ennemi entretient sur ce point et l'état des esprits. On dit que beaucoup de troupes bavaroises sont en retraite.
Passage de nombreux blessés.

Le Ministre de la Guerre au Général de division, à Besançon (D. T. Ch.).

Paris, 31 août.

Je reçois votre lettre d'hier et je donne mon approbation à ce que vous proposez. Faites prendre au dépôt du régiment d'infanterie qui est à Besançon ce dont vous aurez besoin, et administration de la guerre pourvoira de suite au remplacement, sur votre demande. Je vous autorise à commencer de suite les opérations. Mais aurez soin de morceler (?) conduite dans le plus profond secret. Nous sommes entourés ici d'espions et le télégraphe même n'est pas sûr, lorsque vous n'employez pas la correspondance chiffrée.

Commandant de Neuf-Brisach à Préfet, Colmar (D. T.).

Neuf-Brisach, 31 août.

Les francs-tireurs de Colmar sont nécessaires à Chalampé, ils devraient y rester avec la douane tant qu'ils pourront. Vous n'avez pas répondu à la demande de 50 fusils pour un village près de Neuf-Brisach.

Journal du commandant supérieur de Schlestadt.

Journée du 31 août au 1ᵉʳ septembre.

... Une proposition d'un coup de main contre le bac de Rhinau et le pont d'Eschau m'a été faite par le commandant de place de Neuf-Bri-

---

(1) Il s'agit de la destruction projetée des ouvrages d'art de Saverne.

sach, mais, le nombre de nos hommes d'élite de la garnison étant si faible, je n'ai pas voulu les aventurer, ni à pied ni à cheval, à une distance de 6 lieues, au risque de me faire couper par une force de 1500 hommes à pied qui se trouvent à Rhinau avec 4 pièces de canon, et 650 cavaliers un peu plus bas.

Sur ma demande faite par télégramme, après avoir reçu des francs-tireurs deux jours auparavant l'offre de leurs services en cas de besoin, j'ai, par la même voie, été prévenu, par le lieutenant qui les commande, qu'ils arriveraient ce soir, au nombre de 45. (1).

Journée du 1ᵉʳ septembre.

Le Commandant supérieur de Langres au Général commandant la division militaire, à Besançon (D. T.).

Langres, 1ᵉʳ septembre, 7 h. matin. Arrivée à 7 h. 30 matin (n° 1907).

J'ai envoyé hier soir 10 gendarmes à pied, 10 gendarmes à cheval, des francs-tireurs des Vosges, des éclaireurs du Doubs, 100 hommes du 50ᵉ pris à Chaumont et 100 hommes de la mobile de la Haute-Marne en reconnaissance du côté de Domrémy, où j'ai appris que se trouvaient des contingents bavarois qui ne marchent qu'à contre-cœur et dont on pourra sans doute avoir bon marché. La voie ferrée est rétablie entre Langres et Neufchâteau.

Le Capitaine des douanes de Bantzenheim au Commandant de place de Neuf-Brisach (D. T.).

Bantzenheim, 1ᵉʳ septembre, 8 h. 45 matin.

La fusillade a été interrompue cette nuit entre Neuenbourg et Chalampé dès l'arrivée du renfort, mais ce matin après le départ des troupes qui sont revenues, elle a recommencé.

---

(1) Compagnie de Mirecourt.

Le Commandant supérieur de Langres au Général commandant la division militaire, à Besançon (D. T.).

Langres, 1er septembre, 10 h. 30 matin (n° 1912).

Il est certain qu'il ne reste à Saint-Dizier que 800 à 900 hommes valides et un millier de malades. Je propose d'envoyer là demain 2,000 hommes dont je puis disposer à Langres. Dites-moi de suite ce que vous en pensez : ce serait un bon coup de filet.

Préfet à Commandant de place, Neuf-Brisach (D. T.).

Colmar, 1er septembre, 11 h. 30 matin.

Je vous envoie la liste des communes qui ont demandé des armes : Rumersheim, 110 ; Blodelsheim, 175 ; Fessenheim, 58 ; Nambsheim, 44 ; Balgan, 35 ; Geiswasser, 34 ; Vogelgrün, 16 ; Dürrenentzen, 30 ; Algolsheim, 33 ; Roggershausen, 14. Total 549 fusils.
J'invite par courrier de ce jour les Maires à prendre livraison immédiatement à Neuf-Brisach.

Le Commandant supérieur de Langres au Général commandant la division militaire, à Besançon (D. T.).

Langres, 1er septembre, 2 h. 10 soir. Arrivée à 3 h. 30 soir. (n° 1918).

Le préfet m'informe que 1,200 cavaliers prussiens avec convoi sont arrivés à Colombey. Le détachement qui est à Domrémy est prévenu. Il peut se tirer parfaitement d'affaire et se replier au besoin sur Neufchâteau.
J'abandonne pour le moment le projet sur Saint-Dizier.
Le général Chauvin est toujours alité et ne peut encore prendre le service.

Le Général commandant la 8e division militaire aux généraux à Mâcon, Dijon, Besançon, Belfort (D. T.).

Lyon, 1er septembre, 4 h. 25 soir. Arrivée à 6 h. soir (n° 1924.)

Le 16e régiment de garde mobile, fort de trois bataillons, à l'effectif total de 3,600 hommes, non compris les officiers, et commandé par

M. le lieutenant-colonel Rochas, part cette nuit pour Belfort en quatre trains spéciaux à 11 heures du soir, 1 h. 20, 2 h. 45, 3 h. 20 du matin.

Commandant Neuf-Brisach à Préfet, Colmar (D. T.).

Neuf-Brisach, 1er septembre, 4 h. 50 soir.

Le maire de Biesheim demande des armes, je crois qu'il est nécessaire de lui en donner et de faire plutôt attendre les communes en amont de Neuf-Brisach.

Le Préfet du Haut-Rhin au Commandant de place, à Neuf-Brisach (D. T.).

Colmar, 1er septembre, 7 h. 7 soir.

Délivrez à la commune de Biesheim les armes qu'elle demande. Les 300 fusils dont m'entretient votre télégramme de ce matin ne sont pas arrivés à Colmar.

Le Préfet des Vosges au Général commandant la 7e division militaire, à Besançon (D. T. Ch.).

Epinal, 1er septembre, 9 h. 15 soir. Arrivée à 11 h. 15 soir (n° 1929).

Le rapport écrit que je vous ai envoyé par dernier courrier vous fera comprendre qu'en dehors de la petite guerre de montagne à organiser avec le temps et quand les populations seront armées, il y a un coup à faire tout de suite, sans différer, pour intercepter convois de gros matériel de siège qui passe incessamment ligne Strasbourg-Paris.

Commandant Neuf-Brisach à Préfet, Colmar (D. T.).

Neuf-Brisach, 1er septembre.

Pour distribuer les 549 fusils demandés par votre dépêche d'aujourd'hui, il faut recevoir de Besançon 300 fusils annoncés par le Ministre. Donnez ordre à Colmar de nous les expédier aussitôt qu'ils arriveront en gare.

Guebwiller a reçu 200 fusils; Ensisheim, 260; Obersaasheim, 50.

Commandant de Neuf-Brisach à Préfet, Colmar (D. T.).

Neuf-Brisach, 1ᵉʳ septembre.

Quand j'aurai livré 50 fusils à Obersaasheim, il m'en restera environ 550. Il serait urgent d'en donner aux villages qui bordent le Rhin.

Commandant de Neuf-Brisach à Conseiller de préfecture, Colmar (D. T.).

Neuf-Brisach, 1ᵉʳ septembre.

Envoyez-moi sans tarder ce qui est à la gare destiné pour Neuf-Brisach. L'avant-garde ennemie, 4000 hommes environ, se dirige sur Guémar.

Commandant de Neuf-Brisach à Ministre et à Général Belfort (D. T.).

Neuf-Brisach, 1ᵉʳ septembre.

Huit grands bateaux enlevés de la rive badoise en face du Petit-Landau, deux détruits, cinq coulés à Chalampé, un transporté à Neuf-Brisach; sur la rive badoise, télégraphe démoli.
Les Badois tirent sur ma colonne qui est à Chalampé. Une petite colonne suffirait pour protéger le Rhin.

Le Général commandant supérieur à Belfort, au Ministre de la Guerre.

Belfort, 1ᵉʳ septembre.

J'ai l'honneur de vous informer, pour faire suite à ma lettre du 31 août n° 212, par laquelle je vous annonçais la capture de six bateaux badois, que, l'ennemi ayant continué à tirer sur notre rive, le commandant de la place de Neuf-Brisach a fait marcher 500 hommes pour leur répondre. Après avoir réduit l'ennemi au silence, les troupes se sont retirées dans la place; un officier de la garde mobile, M. Guisse, a été blessé.

Ordre relatif à la répartition des troupes de Belfort pour la défense de la fortification.

Belfort, 1er septembre.

Le Château et ses défenses (bastion 20, ouvrage 22 et porte Brisach) seront occupés par le IVe bataillon de la garde nationale mobile du Haut-Rhin et par trois batteries d'artillerie. Ce bataillon et ces batteries seront répartis de la manière suivante :

La 1re batterie principale du 12e régiment d'artillerie, commandée par le capitaine Laborie et les quatre premières compagnies du IVe bataillon de la garde nationale mobile du Haut-Rhin défendront 'enceinte extérieure de ses dehors, le réduit 70 et la batterie 56. Ces corps fourniront les postes et piquets et serviront les pièces de ces divers ouvrages de fortifications, le capitaine Laborie commandant les troupes d'artillerie et de garde nationale mobile chargées de cette partie de la défense.

Les quatre dernières compagnies du IVe bataillon de la garde nationale mobile du Haut-Rhin concourront :

1° Avec la 4e batterie d'artillerie de la garde nationale mobile du Haut-Rhin, commandée par le capitaine Vallet, à la défense de l'enceinte intermédiaire entre le bastion 11 et l'ouvrage 66 et du fossé entre les bastions 11 et 50 ;

2° Avec la 1re batterie principale du 7e régiment, commandée par M. le lieutenant de la Laurencie, à la défense de l'enceinte intérieure et du cavalier du château, des casemates au-dessous du bastion 20 de l'ouvrage 22 et du fossé entre les bastions 11 et 12.

Ces corps fourniront les postes et piquets et serviront les pièces de ces divers ouvrages de fortification.

Le chef de bataillon Dollfus-Galline, du IVe bataillon de la garde nationale mobile du Haut-Rhin, commandera l'ensemble de la défense du Château.

La ville et ses dehors seront occupés par les 5e et 6e compagnies du IVe bataillon du 45e de ligne, le bataillon de dépôt de ce même régiment, le Ve bataillon de la garde nationale mobile du Haut-Rhin, la 1re batterie bis du 12e régiment d'artillerie et la fraction principale de la 3e batterie d'artillerie de la garde nationale mobile du Haut-Rhin. Ces bataillons et batteries seront répartis de la manière suivante :

Les 5e et 6e compagnies du IVe bataillon du 45e de ligne et la fraction principale de la 3e batterie d'artillerie de garde nationale mobile du Haut-Rhin, commandée par le capitaine Palangier, défendront l'ouvrage à cornes 32-34 et le couronné 34-35-42 de l'Espérance. Ces corps fourniront les postes et piquets et serviront les pièces de ces divers ouvrages de fortification. M. le chef d'escadron Rohr, de l'artillerie de la garde nationale mobile, commandera les troupes d'artillerie et d'infanterie chargées de cette partie de la défense.

Le Ve bataillon de la garde nationale mobile du Haut-Rhin et la 1re batterie bis du 11e régiment d'artillerie, commandée par le lieutenant Roussel, défendront le corps de place (tours 41 et 46 et flanc 7e) les contre-gardes 42 et 47, la demi-lune 44, le cavalier masqué en arrière de cette demi-lune, le front 48 et 49 de l'arsenal et la batterie 54. Ces corps fourniront les postes et piquets et serviront les pièces de ces divers ouvrages, à l'exception toutefois du piquet central. Le chef de bataillon Knauss, du Ve bataillon de la garde nationale mobile du Haut-Rhin, commandera les troupes d'artillerie et de garde nationale mobile chargées de cette partie de la défense.

Le chef d'escadron d'artillerie Bouquet commandera l'ensemble de la défense de la ville et de ses dehors.

Le bataillon de dépôt du 45e de ligne et la portion de la garde nationale sédentaire de la ville fourniront le piquet de la place d'armes et formeront, sous le commandement du major Bazélis, réserve centrale à la disposition exclusive du général, commandant supérieur.

Les deux limites de droite et de gauche du camp retranché permanent et les ouvrages de jonction de ce camp retranché avec le château (ouvrage 69, lunette 18 et demi-lune 26) seront occupés par les quatre premières compagnies du IVe bataillon du 45e de ligne, le Ier bataillon de la garde nationale mobile du Haut-Rhin et deux sections de la 3e batterie d'artillerie de cette même garde nationale mobile. Ces bataillons, compagnies et batteries, seront répartis de la manière suivante :

La 1re compagnie et la 1re section de la 2e compagnie du IVe bataillon du 45e de ligne et une section de la 3e batterie d'artillerie de la garde nationale mobile du Haut-Rhin commandée par le lieutenant N . . . défendront la lunette 18, l'ouvrage 69, la demi-lune 26 et la limite de droite du camp retranché permanent. Ils fourniront les postes de la coupure de la route de Bâle et la contrescarpe entre le Château et la Justice, et le piquet du glacis à droite de la porte de Brisach, près de la croisée des routes.

Le capitaine Cimetière, du 45e de ligne, commandera les troupes d'infanterie et d'artillerie chargées de cette partie de la défense.

La seconde section de la 2e compagnie, les 3e et 4e compagnies du

45ᵉ de ligne, le Iᵉʳ bataillon de garde nationale mobile du Haut-Rhin et une 2ᵉ section de la 3ᵉ batterie d'artillerie de la garde nationale mobile commandée par le lieutenant N..., défendront la limite de gauche du camp retranché permanent et formeront en outre réserve à l'intérieur de ce camp retranché. Ces troupes fourniront les postes et piquets et serviront les pièces de cette fortification. Ces postes, les deux premiers piquets et les troupes casernées et baraquées du rempart (moitié de la 2ᵉ compagnie du 45ᵉ de ligne, section d'artillerie et 1ʳᵉ et 2ᵉ compagnies du Iᵉʳ bataillon de garde nationale mobile du Haut-Rhin) fourniront, sous le commandement du chef de bataillon Dumas, du Iᵉʳ bataillon de la garde nationale mobile du Haut-Rhin, les troupes spécialement chargées de la défense de la limite de gauche du camp retranché permanent.

Les troupes baraquées en avant des glacis de la porte de Brisach et le piquet du fossé du bastion 32 en avant de la poterne de l'Espérance, formeront réserve à la disposition du chef de bataillon Gely, du 45ᵉ de ligne, qui commandera l'ensemble de la défense des deux limites de droite et de gauche du camp retranché permanent et des deux coupures de la route de Bâle.

Les forts de la Justice et de la Miotte et le front du vallon seront occupés par le IVᵉ bataillon du 84ᵉ de ligne, la 2ᵉ batterie principale et la 2ᵉ batterie bis du 12ᵉ régiment d'artillerie. Ce bataillon, ces batteries seront répartis de la manière suivante :

La 2ᵉ batterie bis, du 12ᵉ régiment d'artillerie, commandée par le capitaine Jourdanet, et les trois premières compagnies du IVᵉ bataillon du 84ᵉ de ligne, défendront le fort de la Justice. Ces corps fourniront les postes et piquets et serviront les pièces de ce fort. Le capitaine d'artillerie Jourdanet commandera les troupes d'artillerie et d'infanterie chargées de la défense du fort de la Justice.

La section principale de la 2ᵉ batterie principale du 12ᵉ régiment d'artillerie, commandée par le capitaine Sailly, la 2ᵉ section de la 5ᵉ, et 6ᵉ compagnie du IVᵉ bataillon du 84ᵉ de ligne, défendront le fort de la Miotte. Ces corps fourniront les postes et piquets et serviront les pièces de ce fort. Le capitaine d'artillerie Sailly, commandera les troupes d'artillerie.

La 4ᵉ compagnie et la 1ʳᵉ section de la 5ᵉ compagnie du 84ᵉ de ligne, défendront le front du vallon ; ces corps fourniront les postes et piquets et serviront les pièces de ce front de fortification.

Le capitaine Menu, du 84ᵉ de ligne commandera les troupes d'artillerie et d'infanterie chargées de cette partie de la défense.

Le chef de bataillon du 84ᵉ de ligne commandera ensemble de la défense des forts de la Miotte, de la Justice et du front du vallon.

Le fort des Barres, le front 3-4 et les lignes des faubourgs, seront occupés par le 85ᵉ de ligne, les 2ᵉ, 3ᵉ et 4ᵉ bataillons de la garde nationale mobile de la Haute-Saône et par la 5ᵉ batterie d'artillerie de la garde nationale mobile du Haut-Rhin. Ces bataillons et cette batterie seront répartis de la manière suivante :

Le IVᵉ bataillon de la garde nationale mobile de la Haute-Saône et une section de la 5ᵉ batterie d'artillerie de la garde nationale mobile du Haut-Rhin, commandés par le lieutenant N..., défendront le fort des Barres. Ces corps fourniront les postes et piquets et serviront les pièces de ce fort. Le chef de bataillon Fournier du IVᵉ bataillon de la Haute-Saône commandera les troupes d'artillerie et d'infanterie chargées de la défense du fort des Barres.

Les IIᵉ et IIIᵉ bataillons de la garde nationale mobile de la Haute-Saône et deux sections de la 5ᵉ batterie d'artillerie de la garde nationale mobile du Haut-Rhin, commandés par le lieutenant N..., défendront le fort des Barres. Ces corps fourniront conformément au tableau ci-joint les postes et piquets et serviront les pièces de ces lignes. M. le chef de bataillon Vivenot, du IIIᵉ bataillon de la Haute-Saône, commandera les troupes d'artillerie et d'infanterie de la garde nationale mobile chargées de cette partie de la défense.

Le 85ᵉ de ligne et la section principale de la 5ᵉ batterie de la garde nationale mobile du Haut-Rhin, commandée par le capitaine Deflayet, défendront le front 3-4 des faubourgs, fourniront les trois postes et les trois piquets des bastions 3-4 de la courtine 3-4 et de l'angle Sud-Ouest du quartier de cavalerie et serviront les six pièces de cet ouvrage de fortification. Ces postes et piquets, sauf celui de l'angle Sud-Ouest du quartier de cavalerie, les quatre premières compagnies du 85ᵉ de ligne, et la section d'artillerie formeront, sous le commandement du capitaine N..., du 85ᵉ de ligne, les troupes spécialement chargées de la défense du front des faubourgs.

Les 5ᵉ et 6ᵉ compagnies du 85ᵉ de ligne et la portion de la garde nationale sédentaire des faubourgs formeront réserve à la disposition du chef de bataillon Durochat du 85ᵉ de ligne, qui commandera l'ensemble de la défense du fort des Barres, du front et des lignes des faubourgs. Le capitaine d'artillerie Lods sera adjoint au chef de bataillon du 85ᵉ pour le commandement général de l'artillerie de l'ensemble de ces positions.

Le Iᵉʳ bataillon de la Haute-Saône sera chargé de la défense du Fourneau, mais il n'occupera ce faubourg qu'après la création des ouvrages destinés à le protéger; en attendant, il formera réserve à la disposition du général commandant supérieur.

Le Commandant de la Compagnie de gendarmerie du Haut-Rhin au Ministre.

Belfort, (3 septembre, événements du 1ᵉʳ septembre).

J'ai l'honneur de vous rendre compte que la brigade de Ribeauvillé, composée de 4 gendarmes et 3 chevaux, s'est repliée le 1ᵉʳ septembre courant sur celle de Rouffach, 200 Prussiens s'étant rendus à la gare d'Ostheim où ils ont fait sauter deux ponts de la ligne de fer de Colmar à Schlestadt, et coupé la ligne télégraphique.

Journée du 2 septembre

Le Préfet du Haut-Rhin aux Ministres de l'Intérieur et de la Guerre, et au Général commandant à Belfort (D. T.).

Colmar, 2 septembre, 2 h. 55 matin. Expédiée à 6 h. matin (n° 39618).

Le commandant de place de Schlestadt m'envoie le télégramme suivant :

« Schlestadt est investi, sept régiments d'infanterie, deux régiments de cavalerie, deux régiments du génie. Fils télégraphiques coupés autour de la ville, excepté Sainte-Marie ; commencent à dresser leurs batteries. »

Sous-Préfet de Schlestadt au Ministre de la Guerre.

Schlestadt, 2 septembre, 7 h. matin.

La nuit du 1ᵉʳ au 2 septembre s'est passée sans incidents sérieux. Quelques alertes causées par l'apparition de quelques cavaliers sur la route de Strasbourg à Schlestadt, par quelques roulements de voiture.

Ce matin, entre 5 et 7 heures, un certain nombre de tirailleurs ennemis, éparpillés dans les vignes, aux environs de la porte, dite de

Strasbourg, ont ouvert un feu de mousqueterie sur cette porte et sur les postes qui la défendent. On a signalé du même côté l'apparition de quelques cavaliers. Quelques coups de fusils de nos soldats et deux coups de mitraille les ont fait s'éclipser.

Au résumé, je crois à une feinte de l'ennemi, feinte qui doit cacher un autre projet, soit une attaque d'un autre côté de la place, soit de protéger les ravitaillements, des réquisitions à opérer pour eux dans le canton de Marckolsheim et du Haut-Rhin, denrées qu'ils dirigent, par les ponts de Rhinau et d'Eschau, de l'autre côté du Rhin, soit pour couvrir une attaque en arrière de leur armée qui ferait un mouvement vers Strasbourg, dans la direction duquel on entend, depuis ce matin, le canon gronder très vivement.

Le Ministre de la Guerre au Général commandant la 7e division militaire à Besançon (D. T.).

Paris, 2 septembre, 8 h. matin. Arrivée à 8 h. 20 matin (n° 1732).

Faites distribuer au bataillon de M. Delaune (1) des fusils modèle 1866 avec 100 cartouches par homme, en échange des fusils à tabatière. Rendez-moi compte du nombre distribué et faites-moi savoir quand le bataillon sera prêt.

Le Ministre de la Guerre au Préfet de la Haute-Saône.

Paris, 2 sept. 9 h. 1 matin.

Le mouvement dont vous me parlez (2) a été décidé sur la demande du général commandant la 7e division militaire. Entendez-vous avec lui pour que l'exécution en soit suspendue. Faites-lui savoir que l'impression est fâcheuse.

Le Préfet de la Haute-Marne aux Ministres de la Guerre et de l'Intérieur (D. T.).

Chaumont, 2 septembre, 11 h. 15 matin. Expédiée à 12 h. 25 soir (n° 40073)

La ville de Saint-Dizier est depuis 15 jours en proie aux exactions de l'ennemi. La population est exaspérée. 1,000 hommes environ

---

(1) Comte d'Ollone, commandant l'un des bataillons des mobiles du Doubs.
(2) L'évacuation des services territoriaux de Vesoul sur Gray.

d'infanterie et un gouverneur y gardent des malades qu'on fait évacuer peu à peu sur Bar-le-Duc. J'envoie ce matin deux notables délégués se concerter avec le général commandant à Langres. Les Prussiens ont emmené 12 militaires français restés malades à l'hospice de Saint-Dizier.

Le Maire de Sainte-Marie-aux-Mines au Ministre de la Guerre.

Sainte-Marie, 2 septembre, 4 h. 30 soir. Expédiée à 5 h. 5 soir (n° 39836).

Dans quelques jours, Strasbourg ne sera plus qu'un monceau de ruines. Schlestadt qui vient d'être investi, subira sans doute le même sort. N'avons-nous donc personne pour venir au secours de notre malheureuse Alsace ?

Le Ministre de la Guerre au Préfet des Vosges, à Épinal (D. T.)

Paris, 2 septembre, 5 h. soir (n° 29227).

Je vous donne connaissance des renseignements qui m'ont été communiqués, concernant les mouvements de troupes ennemies qui peuvent vous intéresser. Hier, un convoi de 600 voitures de munitions à Colombey escorté par 200 cavaliers, 500 fantassins ; la veille même convoi, même importance, même escorte, était passé à Vaucouleurs venant de Colombey, il est parti hier par Void. Il n'y a que 50 hommes valides à Gondrecourt. Un convoi considérable de munitions est attendu à Vaucouleurs. Il y a toujours 1,000 hommes à Saint-Dizier.

On me télégraphie aujourd'hui que le pont de Bayon n'est gardé par personne.

Le Sous-Préfet de Schlestadt au Ministre de la Guerre (D. T.).

Schlestadt, 2 septembre, 5 h. 46 soir. Expédiée à 9 h. soir (n° 39934).

Le commandant de place Schlestadt a reçu communication suivante qu'il me prie de vous transmettre :

« Le commandant du bataillon badois m'écrit ce qui suit : Ai ordre de vous faire connaître qu'un télégramme annonce défaite complète Mac-Mahon à Épernay. N'ont plus aucune armée française en ligne. Bazaine enfermé dans Metz depuis le 19. »

Considéré par nous comme moyen d'intimidation, et transmis à titre de renseignement.

Le Sous-Préfet de Schlestadt aux Ministres de la Guerre et de l'Intérieur (D. T.).

Schlestadt, 2 septembre, 6 h. 52 soir. Expédiée à 8 h. 50 soir (n° 39929).

Les renseignements qui me parviennent me donnent à penser que l'ennemi se replie du côté de Strasbourg, nous n'avons plus rien devant nous. Cependant nous veillons.

Le Sous-Préfet de Schlestadt aux Ministres de la Guerre et de l'Intérieur (D. T.).

Schlestadt, 2 septembre, 7 h. soir (n° 40043).

Rien de nouveau depuis ce matin. Ennemi a voulu, je crois, faire annoncer siège pour ne pas être contrarié dans transports de ses réquisitions.

Le Sous-Préfet de Belfort au Préfet de Besançon (D. T. Ch.).

Belfort, 2 septembre, 9 h. soir. Arrivée à 10 h. soir (n° 1945).

Le général connaît expédition projetée. Il a déjà donné l'ordre aux francs-tireurs des Vosges au nombre de 180 environ et à ceux de Colmar au nombre de 90, de se rendre à Épinal et se mettre à la disposition du préfet. Il peut encore disposer de 300 volontaires de Paris qui partiront au premier ordre. Général pourrait disposer pour cette opération d'un bataillon de 800 hommes anciens soldats.

Le Général commandant à Belfort au Ministre de la Guerre.

Belfort, 2 septembre.

Il n'y a pas lieu de faire une expédition avec troupes dans les environs de Neuf-Brisach, les hostilités se bornent à des engagements de tirailleurs d'une rive à l'autre. Les habitants des villages sont disposés à se défendre. Je télégraphie qu'on m'envoies des délégués pour recevoir fusils et cartouches. Je dirigerai francs-tireurs sur ce point.

Le Vice-Consul de France à Bâle, au Ministre de la Guerre.

Bâle, 2 septembre.

M. de Castex m'apprend (ce qu'il a, du reste, déjà dû faire connaître à Votre Excellence) que les 17 personnes arrêtées après l'affaire de Thanvillé, ont été mises en liberté à la suite de ses nombreuses démarches, et sur l'intervention de l'ambassade d'Angleterre. M. de Castex va retourner à Paris.

La nouvelle de Berlin arrivée hier et annonçant la défaite complète de l'armée de Mac-Mahon a amené des illuminations à Fribourg et Lœrrach. Heureusement Votre Excellence avait daigné m'adresser un télégramme (transmis à Berne) qui m'a permis de rétablir dès hier soir la vérité des faits. On lit dans la 2e édition des *Basler Nachri-chten* (édition épuisée en quelques minutes) après beaucoup de détails de combats à notre avantage, et le rejet de cavaliers prussiens sur le territoire de Luxembourg, *qui auraient ainsi violé la neutralité* ». Bazaine a remporté un avantage heureux sur la cavalerie du prince Frédéric-Charles. Le 30, les Prussiens ont eu un avantage sur Mac-Mahon, mais le 31, Mac-Mahon aurait remporté une victoire éclatante.

On apprend de Krotzingen (France) qu'une forte fusillade s'est fait entendre des deux côtés du Rhin près Mülheim. Le dépôt du 5e régiment de Badois est arrivé aujourd'hui à Fribourg où se trouve le général Weiler. Je me suis empressé de télégraphier ce fait à Votre Excellence. Le siège de Strasbourg aurait pris des proportions inquiétantes à cause de l'énorme portée des pièces amenées. On parle de dommages sérieux à la citadelle. Il n'y a pas 20.000 hommes devant Strasbourg. Je n'ai aucune nouvelle de l'homme qui est parti depuis deux jours pour y pénétrer. Je tenterai d'en envoyer un autre. Je fais partir aujourd'hui un émissaire sûr pour Fribourg. J'ai l'honneur etc.

Le Préfet du Haut-Rhin au Ministre de la Guerre.

Colmar, 2 septembre.

La dépêche si précise du commandant de Schlestadt, annonçant l'investissement de la place par une dizaine de régiments ennemis, dépêche que j'ai envoyée cette nuit à Votre Excellence, est absolument contredite par les renseignements qui me parviennent à l'instant, et que je m'empresse de vous transmettre.

Un messager parti de Schlestadt à 8 heures du matin, m'apporte, à midi la lettre incluse de M. le Sous-Préfet, dont j'ai transmis immédiatement l'original à Votre Excellence, et la dépêche télégraphique que j'ai eu également l'honneur de vous transmettre.

A Ministres Intérieur et Guerre.

« Schlestadt, nuit tranquille, alerte sans importance, coups de feu échangés avec l'ennemi. Ce matin, on entend bruit canonnade du côté de Strasbourg. » Le messager porteur de cette dépêche a quitté ce matin Schlestadt sans embarras, et n'a vu aux abords de la ville aucune force ennemie, aucune trace d'investissement.

Cette contradiction si absolue entre les faits constatés ce matin et les affirmations si précises de la dépêche du commandant de place, d'hier, étaient de nature à me faire croire que cette dépêche, bien que sur papier administratif, pouvait être une machination ennemie. Je fais donc procéder à une enquête, par les soins du service télégraphique, et j'en adresserai, sans le moindre retard, les résultats à Votre Excellence.

Le général de Chargère, commandant supérieur à Belfort, au Ministre de la Guerre.

Belfort, 2 septembre.

J'ai l'honneur de vous informer que j'ai donné l'ordre au capitaine commandant la compagnie des francs-tireurs de Colmar de prendre des mesures pour enlever des bateaux qui se trouvaient dans un bras du Rhin, sur la rive badoise, au pied du village de Bellingen.

50 hommes de cette compagnie, sous les ordres de MM. Kœnig, lieutenant, et Sattler, sous-lieutenant, ont passé sur l'autre rive, ont enlevé 10 douaniers et 10 bateliers. Quelques bateaux en mauvais état ont été détruits, cinq grands et en très bon état ont été ramenés dans le bassin du canal de Neuf-Brisach.

Ce petit coup de main a été exécuté vivement et sans perte d'homme. Officiers et francs-tireurs ont fait leur devoir avec beaucoup d'entrain.

Pour empêcher de faire appel aux populations voisines, le télégraphe a été coupé et trois poteaux brisés. Les consommations faites dans le village ont été payées, aucun dégât n'a été commis et les habitants n'ont pas été inquiétés.

Ordre du Général commandant supérieur à Langres.

Besançon, 2 septembre.

Le général commandant la 7ᵉ division militaire a prescrit, le 2 septembre, au général commandant supérieur de la Haute-Marne, de détacher trois bonnes compagnies d'infanterie de la garde mobile en garnison à Langres : deux à Port d'Atelier, une à Voivre pour protéger ces gares.

Commandant supérieur de Langres à Général de division, Besançon.

Langres, 3 septembre, 10 h. 10 matin (Sur les événements du 2).

J'ai dirigé hier 2,000 hommes, savoir : 500 hommes du 50ᵉ de ligne, 1,500 gardes mobiles, sous le commandement de M. Koch, chef de bataillon du 50ᵉ de ligne, sur Gondrecourt, pour couper les convois ennemis venant de Colombey en passant à Vaucouleurs et se dirigeant sur Void.

Le ministre est prévenu. Je les ai conduits moi-même jusqu'à Chaumont.

Le Commandant supérieur à Langres à M. le général de division Besançon. (D. T.).

Langres, 5 septembre, 10 h. 25 matin, reçue 11 h. 5 matin. (Événements du 3).

La colonne de 2,000 hommes, 500 du 50ᵉ, 800 mobiles des Vosges, 700 mobiles de la Haute-Marne conduite par moi, le 2, à Chaumont et dirigée sur Neufchâteau et Vaucouleurs sous le commandement de M. Koch, chef de bataillon du 50ᵉ de ligne, dans le but d'intercepter, couper les convois prussiens venant de Colombey et allant sur Vaucouleurs et Void, et tuer ou prendre les escortes, a fait le 3 au soir 66 prisonniers dont 3 officiers, 1 fournisseur, 2 médecins et 3 infirmiers qui arrivent dans ce moment à Langres.

D'après les ordres du Ministre de la Guerre du 4 septembre à 3 h. 40 du soir, je vais les diriger aujourd'hui même sur Libourne avec 14 autres qui se trouvent déjà ici depuis le 3 et qui ont été pris le 1ᵉʳ septembre à Joinville par les éclaireurs du Doubs, capitaine Schmitz et à Gondrecourt par les francs-tireurs vosgiens, capitaine Dumont.

Le Sous-Préfet de Belfort au commandant Dollfus.

Belfort, le 3 septembre 1870.

J'ai l'honneur de vous adresser M. Couchot, dont je vous ai parlé pour l'organisation d'une compagnie de francs-tireurs. Je crois que vous pouvez compter sur sa bonne volonté et sur son énergie.

Signé : POISAT.

Général Commandant supérieur à S. E. M. le Ministre de la Guerre (D. T.) (n° 40.205).

Belfort, 3 septembre, 5 h. 30 soir, expédiée le 3 septembre, 6 h. 25 soir.

Je connais la dépêche publiée à Bâle, qui vient de vous être communiquée par le Commissaire de Saint-Louis.

Puis-je démentir cette nouvelle qui ne peut tarder à s'ébruiter dans le pays?

Le Ministre de l'Intérieur à MM. les Préfets, Sous-Préfets et Généraux commandant les divisions et subdivisions et au Gouverneur général, Algérie (D. T.).

Paris, 3 septembre, 10 h. 25 soir, expédiée le 4 septembre, 12 h. 50 matin (n° 1803).

Circulaire

Français : un grand malheur frappe la Patrie : après trois jours de luttes héroïques soutenues par l'armée du maréchal Mac-Mahon contre 300,000 ennemis, 40,000 hommes ont été faits prisonniers.

Le général Wimpfen, qui avait pris le commandement de l'armée en remplacement du maréchal Mac-Mahon, grièvement blessé, a signé une capitulation. Ce cruel revers n'ébranle pas notre courage. Les forces militaires du pays s'organisent; avant peu de jours, une armée nouvelle sera sous les murs de Paris, une autre armée se forme sur les rives de la Loire. Votre patriotisme, votre union, votre énergie sauveront la France. L'Empereur a été fait prisonnier dans la lutte. Le gouvernement, d'accord avec les pouvoirs publics, prend toutes les mesures que comporte la gravité des événements. Le

Conseil des ministres, Général Comte de Palikao, ministre de la guerre, Henri Chevreau, ministre de l'intérieur, Amiral Rigault de Genouilly, ministre de la marine, Grand-Perret, garde des sceaux, ministre de la Justice, P. Magne, ministre des finances, Baron Jérôme David, ministre des travaux publics, Prince de la Tour d'Auvergne, ministre des affaires étrangères, J. Brame, ministre de l'instruction publique, Clément Duvernois, ministre de l'agriculture et du commerce, Busson-Billault, ministre président le conseil d'Etat.

Faire publier et afficher.

Sous-Préfet à son Excellence, M. le Ministre de la Guerre (D. T.).

Schlestadt, 3 septembre, 9 h. 30 soir, expédiée le 3 septembre, à 10 h. 50 soir (n° 40302).

Reçu votre dépêche chiffrée. Ferai mon possible pour la faire parvenir à Strasbourg.

L'ennemi a encore paru, mais en petit nombre, aux environs de Schlestadt. Il veut, je crois, interdire toute communication pour cacher ses mouvements.

Guerre (Organisation).

3 septembre 1870.

Par dépêche télégraphique en date du 3 septembre, le ministre a prescrit de diriger immédiatement, par le chemin de fer, de Neuf-Brisach sur Tarascon, le dépôt du 4ᵉ régiment de chasseurs.

Préfet des Vosges à Guerre, Paris (D. T. Ch.).

Epinal, 4 septembre, 10 h. 5 soir.

L'expédition projetée consistant à faire sauter les tunnels des Vosges, sur le parcours du chemin de fer de Strasbourg, est très praticable. J'attends que le général commandant à Besançon m'en fournisse les moyens. Il résulte des renseignements que m'apportent deux éclaireurs, que des chambres à mine existeraient dans les dits tunnels. Monsieur Collas, chef de section à Strasbourg, présentement à Paris, au chemin de fer de l'Est, pourrait indiquer les emplacements. Prière de faire rechercher ce Monsieur et de me l'envoyer immédiatement à Epinal.

Transmise à M. Jacqmin, directeur de l'Exploitation de l'Est.

Le Général de Chargère, commandant supérieur à Guerre.

Belfort, 4 septembre 1870.

... Avant la réception de la lettre que m'a adressée le général directeur du génie, mon attention avait été appelée sur les entreprises projetées par V. E., à l'effet d'interrompre les voies ferrées qui servent aux approvisionnements de l'ennemi.

Je puis compter sur le Préfet des Vosges, qui a prit fort à cœur ce expéditions ; il se charge de me fournir les guides nécessaires pour les conduire.

J'ai dirigé sur Épinal 3 compagnies de francs-tireurs, qui sont destinées à tenter quelques coups de main sur les chemins de fer dans les environs de Sarrebourg.

Aucun homme de Belfort n'a accepté la mission proposée ; je me suis mis en relation avec M. Renault, Inspecteur des Ponts et Chaussées, qui a décliné cette mission en déclarant qu'il ne connaissait pas le pays.

M. le commandant du génie Chapelain a émis l'opinion que ces tentatives ne réussiront qu'une fois, et que dans une contrée aussi boisée, l'ennemi pourra réparer immédiatement les dommages que nous pourrons causer sur la voie. Cette considération ne nous arrêtera pas et nous continuerons à agir toutes les fois que l'ennemi n'apportera pas une surveillance active sur ses convois.

ÉTAT NUMÉRIQUE DES FORCES SOUS LES ARMES DANS L'EST
à la date du *4 septembre 1870.*

1° Places non investies

Schlestadt :

Troupes de ligne.	6° régim^t d'artillerie, 1/2 batterie	95
—	2° lanciers (dépôt).............	330
—	6° lanciers (dépôt).............	290
—	Isolés et gendarmes...........	89
Garde mobile.	Artillerie (1re, 2°, 3°, 4° batteries. Bas-Rhin).................	280
—	Infanterie (11° bataillon Bas-Rhin)	1.170
Garde nationale sédentaire....................		400
	Total à reporter....	2.654

Neuf-Brisach :

		Report....	2.654
Troupes de ligne.	74ᵉ de ligne (IVᵉ, VIᵉ et dépôt)..	944	
—	4ᵉ chasseurs à pied..........	16	
—	4ᵉ chasseurs à cheval.........	50	
Garde mobile.	Artillerie (1ʳᵉ et 2ᵉ bⁱᵉˢ, Hᵗ-Rhin)	244	
—	Infanterie (IIᵉ et IIIᵉ bataillons, Haut-Rhin.)................	1908	
Douanes.	1 compagnie.................	102	
Francs-Tireurs.	1 compagnie.................	78	
Garde nationale sédentaire.....................		159	
			3.498

Belfort :

Troupes de ligne.	45ᵉ de ligne (IVᵉ bataillon et dépôt)		
	84ᵉ de ligne (IVᵉ bataillon)......	3.376	
	85ᵉ de ligne (IVᵉ bataillon)......		
	6ᵉ régiment d'artillerie (1 bⁱᵉ)..	772	
	12ᵉ rég. d'artillerie (4 bⁱᵉˢ à pied)		
Garde mobile.	Artill. (3ᵉ 4ᵉ 5ᵉ bⁱᵉˢ du Hᵗ-Rhin).	385	
	Génie (1 compagnie)..........	110	
	Infant. (Iᵉʳ, IVᵉ, Vᵉ bᵒⁿˢ, Hᵗ-Rhin)	2.361	
	— (Iᵉʳ, IIᵉ, IIIᵉ, IVᵉ bᵒⁿˢ, Haute-Saône)...............	3.832	
	Infanterie (IIᵉ, IIIᵉ, Vᵉ bᵒⁿˢ, Rhône)	3.685	
Pompiers.................................		67	
Garde nationale sédentaire.....................		730	
			15.338

Besançon :

Troupes de ligne.	78ᵉ de ligne (IVᵉ bᵒⁿ et dépôt)..	1.367
	16ᵉ bataillon de chasseurs (dépôt)	811
	9ᵉ régiment d'artillerie........	762
	12ᵉ régiment d'artillerie.......	753
	4ᵉ compagnie d'ouvriers.......	231
Garde mobile.	Artillerie (batterie du Doubs)...	
	Infanterie (IVᵉ, Vᵉ bᵒⁿˢ du Doubs)	2.602
Garde nationale sédentaire (artⁱᵉ, infⁱᵉ et pompiers)..		1.803
		8.429

	Total à reporter......	29.919

Fort de Joux :

	Report....	29.919
Garde mobile.	(7ᵉ et 8ᵉ compagnies du IIIᵉ bataillon du Doubs)..............	207
		207

Fort de Salins :

Garde nationale mobile (1 batterie du Jura)........		96
Garde nationale sédentaire Artillerie (1 batterie)....		82
Infanterie (1 bataillon)..		800
Pompiers.................................		57
		1.035

Langres :

Troupes de ligne.	30ᵉ de ligne (IVᵉ bat^on et dépôt).	1.051
	Artillerie....................	68
Gendarmerie.	—	51
Garde mobile.	Artillerie....................	146
	Infant^ie (Iᵉʳ, IIᵉ, IIIᵉ b^ons, H^te-Marne)	
	— (Iᵉʳ, IIᵉ, IIIᵉ b^ons, Vosges)	7.379
	— (IIᵉ bataillon, Meurthe)	
Garde nationale sédentaire Infanterie..............		1.000
	Artillerie et pompiers...	160
		9.855

2° **Villes ouvertes**

Gray :

Troupes de ligne.	85ᵉ de ligne (dépôt)............	550
		550

Lons-le-Saunier :

Troupes de ligne.	84ᵉ de ligne (dépôt)............	823
Garde mobile.	IIᵉ bataillon du Jura............	1.134
		1.957
	Total à reporter....	43.523

Dôle :

	Report....	43.523
Garde mobile.	Iᵉʳ bataillon du Jura............	952
Gendarmerie.................................		10
Pompiers.....................................		12
		974

Morez :

Garde mobile.	IIIᵉ bataillon du Jura..........	995
		995

Épinal :

Francs-Tireurs (de Frouard, Colmar, Mirecourt, des Vosges).................... 350

350

Faverney et Port d'Atelier :

Francs-Tireurs de Luxeuil.....................		48
Garde mobile	(2ᵉ compagnie de la Hᵗᵉ-Saône).	300
		348

Chaumont :

Francs-Tireurs.   (Éclaireurs du Doubs, 1 Cⁱᵉ).....

3° En cantonnements dispersés

Environs de Mirecourt

Francs-Tireurs (de la Meurthe)....................	60
Forestiers des Vosges, de la Haute-Marne environ	250
	310
Total général	46.502

ADDENDA

DOCUMENTS ANNEXES

Journée du 8 juillet.

Le général commandant le 3ᵉ corps, au général commandant la 6ᵉ division militaire, à Colmar.

Nancy, 8 juillet 1870, 9 heures 30

Le Ministre me prévient à l'instant qu'il y a des troubles à Mulhouse. Envoyez des troupes plus que suffisantes par chemin de fer, infanterie et cavalerie. Informez-moi de suite par télégraphe de la situation actuelle et du nombre de troupes engagées et rendez-vous de votre personne avec le Préfet à Mulhouse.

De Failly.

Journée du 9 juillet.

Du même au même.

Mulhouse, 10 juillet.

Bataillons du 45ᵉ et 5 escadrons du 9ᵉ cuirassiers arrivés à Mulhouse dans la nuit de vendredi à samedi. Toute la grève étant concentrée à Dornach, il m'a paru inutile d'occuper Rixheim. J'ai sous la main des troupes en quantité suffisante. Toutes les positions sont occupées de manière à protéger tous les grands établissements et à se relier entre elles. J'ai assuré les vivres pour toutes les troupes réunies à Mulhouse. Soirée et nuit calmes, nuit tranquille, mais esprit très mauvais.....

LA GUERRE DE 1870-1871

Journée du 10 juillet.

Le général commandant à Colmar, au général commandant le 3ᵉ corps, à Nancy.

Colmar, 9 juillet, 12 heures 35 soir.

Trois bataillons du 45ᵉ et 5 escadrons du 9ᵉ cuirassiers arrivés cette nuit. Toutes les positions militaires, Dornach, Lutterbach et Mulhouse occupées. Tous les ouvriers filateurs ou tisseurs au nombre de 5.000 sont en grève, ainsi que les 1 500 ouvriers de la fonderie Kœchlin, et parcourent la ville depuis 5 heures du matin en chantant. Ils ont cherché à entrer de force dans deux fabriques ; la troupe les en a empêchés. Plusieurs arrestations ont été faites....

Journée du 12 juillet.

Du même au même.

Mulhouse, 12 juillet.

Grève très grave à Guebwiller, des désordres ont été commis, des portes de fabrique enfoncées, des ouvriers travaillant violentés par les grévistes ; sur la réquisition du Préfet, je fais partir immédiatement pour Guebwiller 2 escadrons du 9ᵉ cuirassiers...

Journée du 16 juillet (suite).

Le Sous-Préfet de Guebwiller au Ministre.

Guebwiller, 16 juillet.

Au moment du départ de la troupe, une grande quantité d'ouvriers réunis près de la gare ont crié : Vive la Prusse, vive Rochefort (1). M. Lemercier, secrétaire général de la Préfecture qui avait pénétré dans la foule, n'a pu être écouté, et a été soulevé de terre... Indignation générale.

---

(1) Dans un rapport de la même date, le général de Saint-Sauveur déclare qu'il ne veut voir dans ces cris qu'une expression de la satisfaction des grévistes au départ des troupes.

SOMMAIRE

	Pages
Avertissement	1
I. Le projet de passage du Rhin.	3
II. Le Rhin en juillet 1870.	5
III. La rive française.	8
IV. La rive badoise.	10
V. Période de tension politique. Les grèves du Haut-Rhin	12
VI. Rupture des passages du Rhin (16-17 juillet).	16
VII. Déclaration de guerre du Grand-Duché de Bade (22 juillet).	18
VIII. Couverture de la concentration française.	20
IX. Le commandement territorial	25
X. L'œuvre du 7ᵉ corps à Belfort et dans la Haute-Alsace (22-30 juillet)	29
XI. Impossibilité matérielle du passage du Rhin	35
XII. Adoption de la défensive pour la Haute-Alsace (30 juillet)	41
XIII. L'appel des gardes mobiles dans la 6ᵉ division militaire	46
XIV. Concentration de la division badoise	53
XV. Passage des Badois à la défensive active.	58
XVI. Escarmouches de Selz et de Münchhausen (2-4 août).	61
XVII. Démonstrations des Wurtembergeois sur le Haut-Rhin (1-3 août).	66
XVIII. Déploiement du 7ᵉ corps en avant de Mulhouse (3-4 août). — Détachement de la 1ʳᵉ division dans le Bas-Rhin (5 août).	69
XIX. Marche de la division badoise sur Strasbourg (5-10 août).	73
XX. Passage de la garnison de Rastadt en Alsace	79
XXI. Strasbourg le 10 août 1870.	82
XXII. Premier investissement de Strasbourg.	94
XXIII. Affaire de la Cour Anglaise (14 août.	97
XXIV. Affaire d'Illkirch (18 août).	101

XXV.	Alerte et renforcement du corps d'investissement (16-17 août)	106
XXVI.	Affaire de Schilligheim (18 août). — Etablissement définitif du blocus	109
XXVII.	Concentration du 7ᵉ corps devant Mulhouse. — Retraite sur Belfort. — La panique après Frœschwiller	113
XXVIII.	Nouvelle évacuation du Brisgau par l'ennemi (10 août)	122
XXIX.	L'esprit de résistance en Alsace	125
XXX.	Les francs-tireurs	132
XXXI.	Les gardes nationales sédentaires	140
XXXII.	Le 7ᵉ corps dans la trouée de Belfort, du 8 au 17 août	145
XXXIII.	La garde des Vosges jusqu'au 20 août. — Évacuation d'Epinal et abandon des cols	153
XXXIV.	Les places fortes. — Armement de Neuf-Brisach	160
XXXV.	Armement de Schlestadt	165
XXXVI.	Tentatives de résistance locale. — Affaires de Thanvillé et de Saint-Blaise (17 août)	169
XXXVII.	Les mesures de répression dans le Bas-Rhin. — La proclamation de Beyer. — Les réquisitions	175
XXXVIII.	Rétablissement des passages du Bas-Rhin (17-31 août)	181
XXXIX.	L'organisation dans la 7ᵉ division militaire. Renforcement de Belfort (24-25 août)	187
XL.	Affaires de Bellingen (31 août) et de Chalampé (1ᵉʳ septembre)	197
XLI.	Le Haut-Rhin à la fin d'août 1870. — Armement des gardes nationales (1-2 septembre)	203
XLII.	La 5ᵉ division militaire devant l'invasion	212
XLIII.	Les reconnaissances de la cavalerie de la IIIᵉ armée allemande. — Alertes d'Epinal et de Chaumont (16-22 août). Leur écho dans la 7ᵉ division militaire	220
XLIV.	Les projets de diversion dans l'Est du général de Palikao	232
XLV.	Premières entreprises contre les communications de la IIIᵉ armée. Projets contre Saverne. — Coups de main de Vaucouleurs, Gondrecourt et Joinville (31 août-3 septembre)	242
XLVI.	Etat général des forces françaises dans l'Est à la date du 4 septembre 1870	256
	Documents annexes	287

Paris. — Imp. Chapelot et Cⁱᵉ

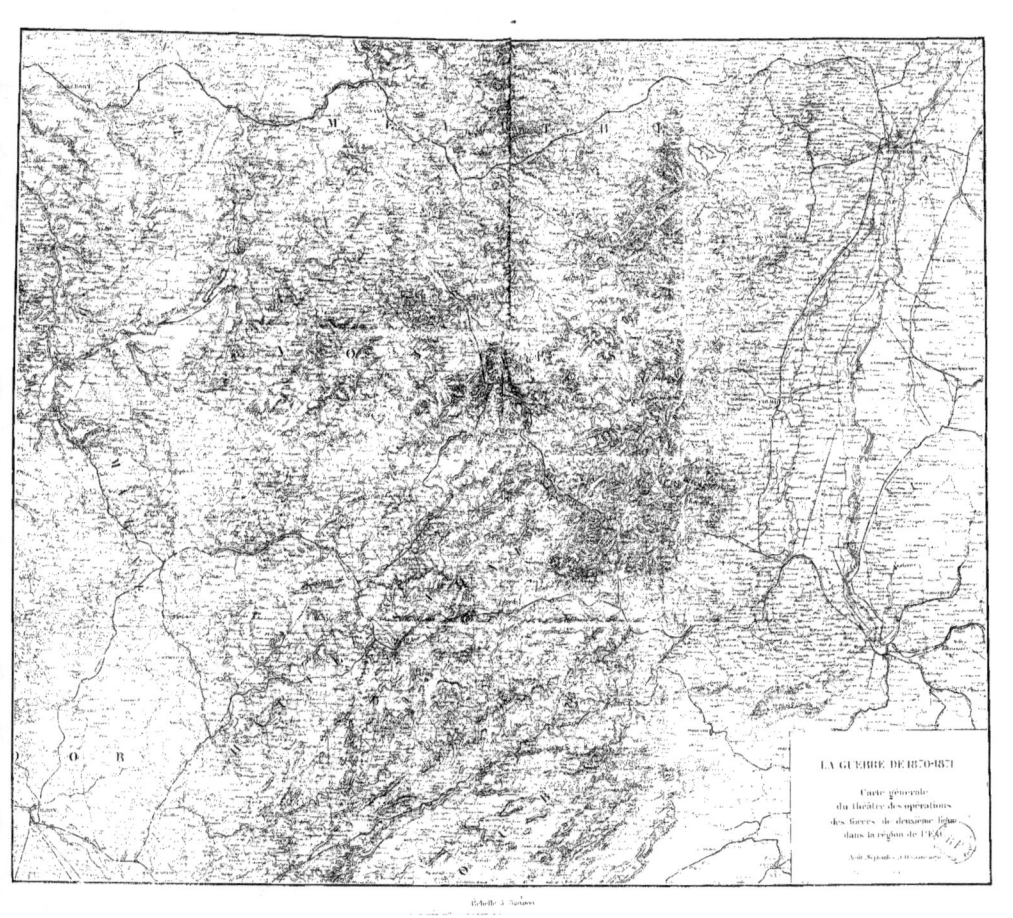

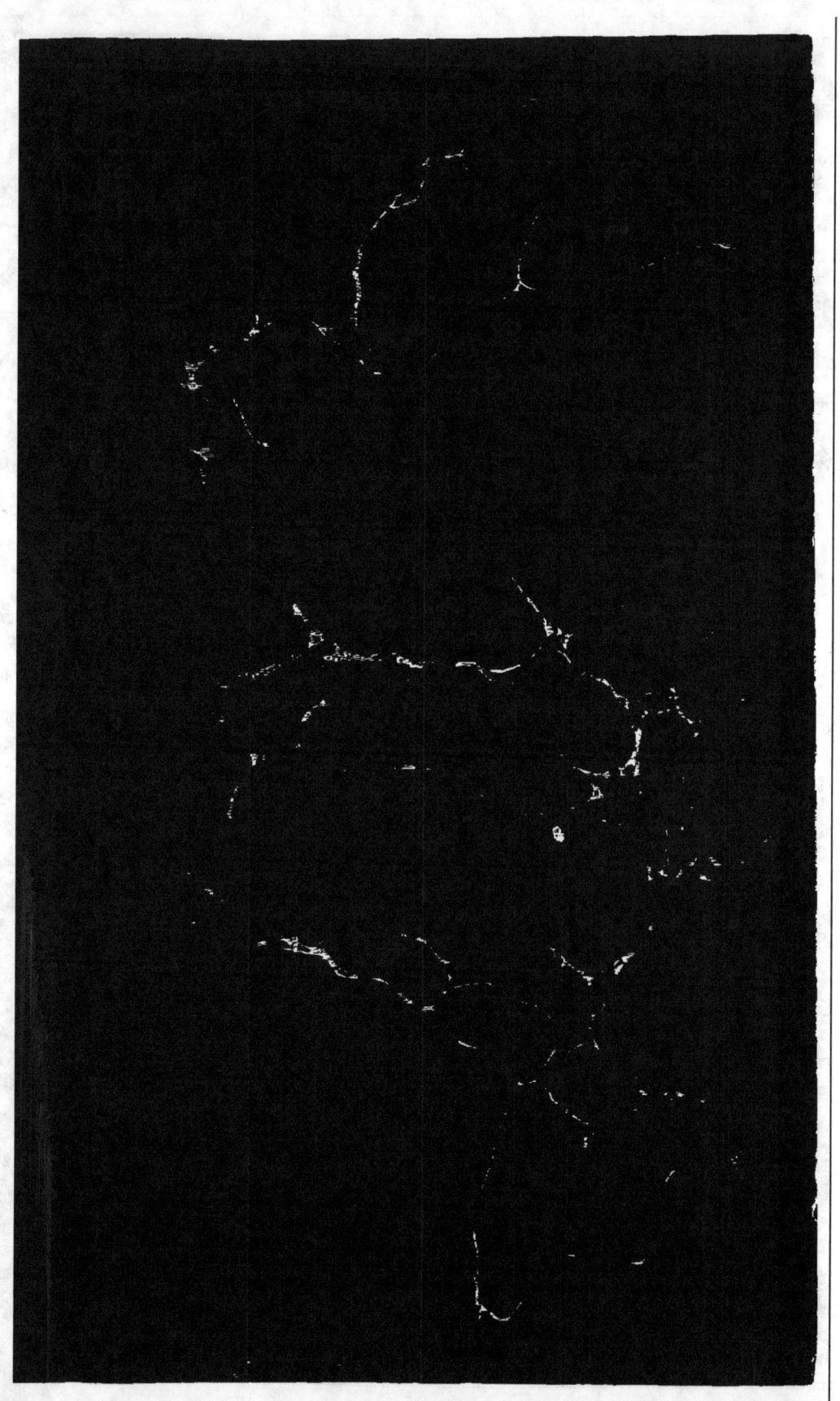